CORRIGÉ

DES

EXERCICES FRANÇAIS

SERVANT D'APPLICATION

A LA NOUVELLE GRAMMAIRE FRANÇAISE THÉORIQUE
ET PRATIQUE

selon la méthode de Lhomond

et les principes

DU DICTIONNAIRE DE L'ACADÉMIE.

PAR MM. AUBRAYE et FÉRARD

INSTITUTEURS,

auteurs de la Grammaire et de l'Arithmétique des Enfants.

A L'USAGE DES ÉCOLES PRIMAIRES.

ÉDITION

renfermant un grand nombre de dictées et d'histoires propres à être lues
dans les Cours d'adultes.

> Les règles ne se fixent dans la mémoire
> que lorsqu'on les a souvent appliquées.
> (ACADÉMIE.)

Prix cartonné: 1 fr. 50

CAEN

CHÉNEL, libraire éditeur, rue Saint-Jean, 16.

PARIS

DELAGRAVE et Cie, | Ve MAIRE-NYON libraire,
Rue des Écoles, 78. | Quai Conti, 13.

1869.

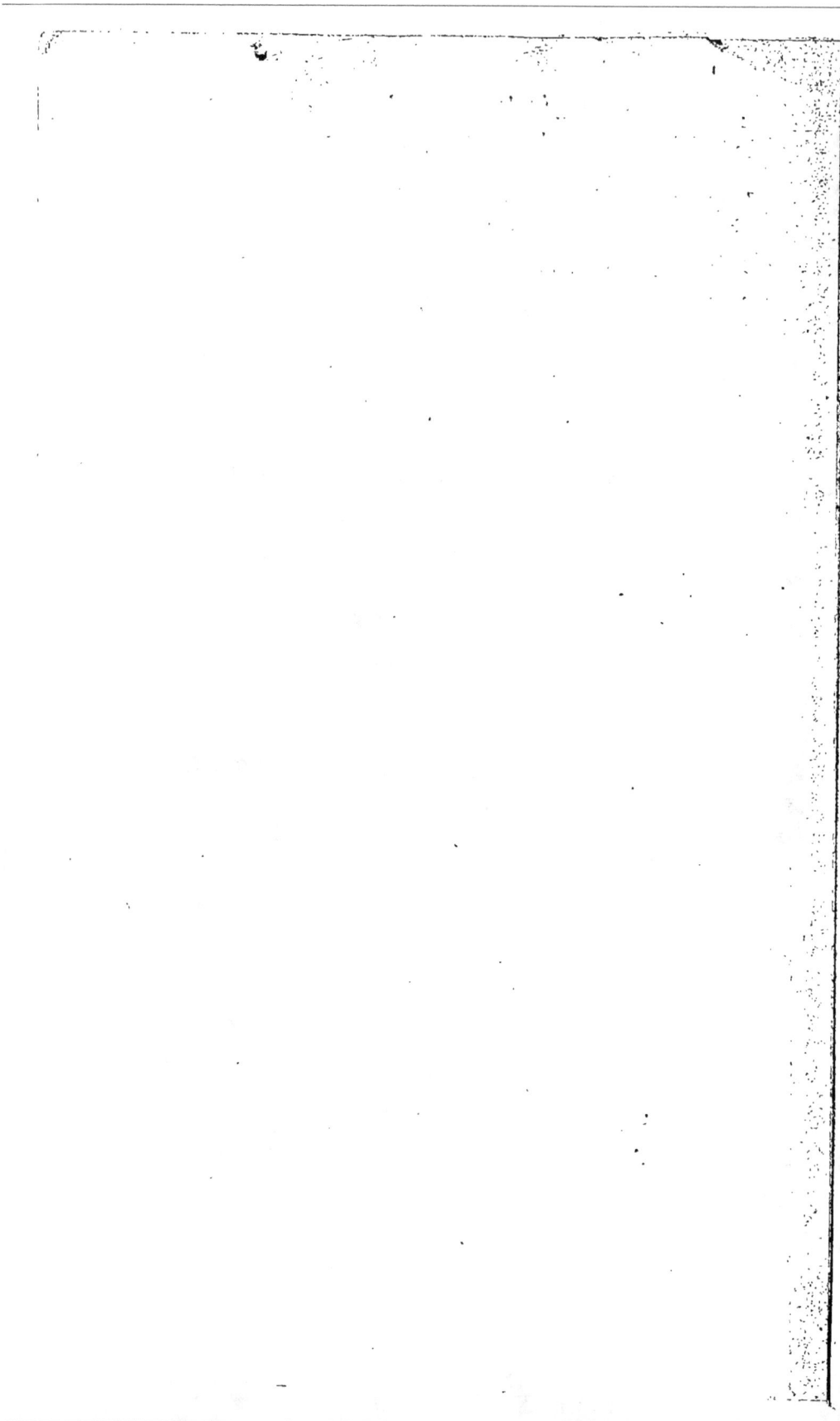

CORRIGÉ

DES

EXERCICES FRANÇAIS

SERVANT D'APPLICATION

À LA NOUVELLE GRAMMAIRE FRANÇAISE THÉORIQUE

ET PRATIQUE

selon la méthode de Lhomond

et les principes

DU DICTIONNAIRE DE L'ACADÉMIE.

PAR MM. AUBRAYE et FÉRARD

INSTITUTEURS,

auteurs de la Grammaire et de l'Arithmétique des Enfants

A L'USAGE DES ÉCOLES PRIMAIRES.

ÉDITION

renfermant un grand nombre de dictées et d'histoires propres à êtres lues
dans les Cours d'adultes.

Les règles ne se fixent dans la mémoire
que lorsqu'on les a souvent appliquées.

(ACADÉMIE.)

Prix cartonné : 1 fr. 50

La première ou la deuxième partie se vend séparément.

CAEN

CHÉNEL, libraire éditeur, rue Saint-Jean, 16.

PARIS

DELAGRAVE et Cie,
Rue des Ecoles, 78.

Vve MAIRE-NYON libraire,
Quai Conti, 13.

AVERTISSEMENT

Le présent volume comprend trois séries d'exercices corres-pondant aux trois séries de numéros de notre nouvelle *Grammaire française*.

La première série (grand texte et chiffres *gras*) est spécia-lement destinée aux moins avancés des élèves. Les jeunes gens qui auraient déjà fait de semblables exercices pourront se contenter de parcourir ceux-ci rapidement.

La seconde série (exercices en lettres et en chiffres *moyens*) convient spécialement à ceux qui, possédant déjà les notions fondamentales de la grammaire, doivent acquérir une instruc-tion plus étendue.

Enfin la troisième série (récapitulations et *petit texte*) est destinée aux plus avancés.

Afin que le Maître puisse toujours proportionner ses leçons à la force ou aux besoins de l'élève, nous distinguons généra-lement deux sortes d'exercices récapitulatifs: les premiers, dits *orthographiques*, ont plus particulièrement trait à l'étude de l'orthographe; les autres, dits *syntaxiques*, concernent sur-tout la syntaxe de subordination.

Chaque *exercice* se compose de deux parties: en premier lieu, il s'agit d'expliquer la définition ou d'appliquer la règle de la *Grammaire* sur un certain nombre d'exemples choisis dans l'Académie ou les bons auteurs: en second lieu, l'élève est appelé à chercher le sens des termes peu connus, ou à composer lui-même de petites phrases semblables à celles qui lui ont passé sous les yeux. C'est ce dernier travail que nous indiquons sous le titre particulier de *devoirs*, ou exercices d'invention. Il a pour but de familiariser les élèves avec les particularités de la langue, et, tout en gravant la règle dans leur esprit, de les préparer à faire les *narrations* et à traiter con-venablement les *sujets de lettres* qui se trouvent à la fin du volume (1).

_____

(1) Il n'est pas possible de donner le corrigé des devoirs ou exercices d'*in-vention*, chaque élève pouvant faire un travail spécial qui réunisse les conditions voulues. Voici la marche que l'on pourra suivre dans la correction de ces sortes de devoirs. Supposons que le professeur ait demandé une phrase où doive entrer un verbe en *cer*. On fera lire à haute voix l'exemple du 1er élève, puis celui du second, du 3e, du 4e, etc. Cela fait, le Maître indiquera quelle est la phrase qui répond le mieux à la question, et il la fera transcrire *par tous les élèves* sur un cahier spécial dit *Corrigé des devoirs français*. Cette manière de procéder est, comme on le voit, fort simple; elle s'applique à presque tous les cas. — Pour les devoirs de *style* proprement dits, voir page 209 la méthode à suivre.

Ces sujets de lettres ne sont pas les seuls que l'on puisse demander aux élèves. Nous nous sommes nécessairement bornés à indiquer les cas qui se présentent le plus généralement, mais il importe que chaque Maître, selon les besoins de sa classe, prépare lui-même, s'il y a lieu, d'autres devoirs qui compléteront les nôtres. L'étude de la langue, comme toute autre, doit avant tout avoir un caractère d'utilité pratique.

Outre les deux principaux exercices de style (*narrations* et *lettres* à faire), le professeur peut demander, de temps à autre, la traduction d'une fable en prose, le développement d'une maxime ou d'un précepte, etc. Rien n'empêche même qu'avec les jeunes gens suffisamment instruits, on n'aborde les sujets purement littéraires, tels que le *meurtre d'Abel,* le *tableau du Déluge,* la *prière d'Esther,* la *mort de saint Louis, Napoléon devant les Pyramides.* etc., mais il ne faut jamais oublier qu'il est indispensable de s'attacher au principal, c'est-à-dire au nécessaire ou à l'utile, avant de songer à l'accessoire. Nous insistons donc fortement pour que les exercices proposés aux élèves offrent toujours ce cachet d'utilité pratique qui permet aux familles, aussi bien qu'aux enfants, d'apprécier les avantages et les bienfaits de l'instruction.

Avant d'analyser une phrase, on aura soin de la lire, d'en faire la *construction,* et d'en expliquer le sens, propre ou figuré. Dans la conjugaison des verbes qui prennent l'auxiliaire *avoir,* le Maître aura soin, quand les élèves seront déjà familiarisés avec les diverses formes des temps *composés,* de ne faire écrire que la 1re personne de ces temps. Agir autrement, ce serait perdre un temps précieux.

Un dernier mot au sujet des *exceptions* que l'on trouvera mentionnées en tout petit texte à la fin de certains exercices ou au bas des pages.

Ces exceptions feront voir qu'en fait de langage il n'existe que fort peu de principes absolus ; elles pourront servir de complément ou d'application aux règles, toutes les fois que le Maître le jugera convenable ; elles fourniront enfin l'occasion de signaler aux meilleurs élèves un écueil à éviter. En lisant les ouvrages de nos grands écrivains, quelques jeunes gens, plus empressés que réfléchis, pourraient, de prime abord, leur reprocher l'emploi de termes surannés ou incorrects. Il convient de ne pas perdre de vue que les bons auteurs ont été, de tout temps, obligés de subir l'influence de leur siècle ; que telle expression reconnue bonne aujourd'hui, n'aurait pu être admise autrefois, et réciproquement, et que, dès lors, il ne faut pas se hâter de censurer des écrivains qui se sont servis d'une forme qui n'a plus cours. On sait que l'usage est le tyran des langues, et cet usage, comme l'a dit Varron, n'est jamais stationnaire.

CORRIGÉ DES EXERCICES FRANÇAIS

Le volume d'*Exercices* étant spécialement destiné aux élèves qui possèdent les premières notions du français, on ne doit pas s'attendre à rencontrer ici toutes les applications élémentaires qui se trouvent au commencement de la *Grammaire des Enfants* ou dans la première partie de nos *Exercices orthographiques*. Nous nous bornons, en débutant, à donner en quelques pages un certain nombre de devoirs sur les règles qui n'ont pu trouver place dans nos précédents ouvrages, ou à rappeler brièvement, par des exemples, les principes essentiels qu'il importe de ne point oublier.

NOTIONS PRÉLIMINAIRES

et remarques sur la lecture.

1er Exercice. — *Sons simples et sons articulés.* (Gramm., nos 1 à 4 (1).

(Indiquer de vive voix les différentes sortes de sons qui composent chacun des mots suivants.) (2).

Ami, être, image, opération, uniformité, syllabaire, inquiétude, oubli, miniature, peintre, sculpteur, paysage.

Devoir à faire. — I. Citer un mot où entre le son simple *a ?* — Un autre où entre le son *e ?* — Un autre le son *i ?* — Le son *o ?* — Le son *u ?* — Les sons *ou ? an ? in ? on ? un ?* (3).

II. Citer de la même manière des mots où entreront les sons articulés suivants : *ab ? ba ? rac ? car ? heur ? tac ? sta ? stu ? stric ? psal ? foi ? loi ? soi ?*

III. Écrire les sons simples ou articulés qui suivent : *le, iè, voi, dè, a, ni, u, ne, son, con, dè, par, lé, cu, ti, ar, son, lè, é, le, iè, voi, dè, par, té, zan, pré, re, man, le, ra, né, gé, son, lé, par, je, ga, lan, du, ple, sin, son, lè,* — puis lire ces différents sons en commençant par la fin et dire la phrase obtenue (4).

Ce dernier exercice fait voir comment les sons simples combinés, d'après certaines règles, avec les sons articulés finissent par former des mots et des phrases ayant un sens complet.

Il explique aussi pourquoi notre écriture, qui représente des sons, est dite *phonétique* (du grec *phônê*, voix ou son).

---

(1) Ne pas oublier que ce volume renferme trois séries d'*exercices* qui se distinguent à première vue, par les caractères employés (Voir l'*Avertissement*, p. 3).

(2) Notez que les différents sons du langage parlé correspondent aux syllabes du langage écrit : *autant de syllabes, autant de sons.* — *A-mi*, un son simple *(a)*, et un son articulé *(mi)*; *ê-tre*, un son simple *(ê)*, et un son articulé *(tre)*; *i-ma-ge*, un son simple et deux articulés, etc.

(3) Pour la correction de ce devoir, consultez l'*Avertissement*, p. 3, note du bas.

(4) Voici cette phrase : *Les sons simples du langage parlé sont généralement représentés par des voyelles, et les sons articulés par des consonnes unies à des voyelles.* — Nous disons *généralement*, parce que nous avons quelques sons simples *(an, in,... ah! hê, et,* etc.*)* qui s'écrivent au moyen d'une voyelle et d'une consonne, et quelques sons articulés *(st, brr...,* etc.*)* qui se représentent par des consonnes seules.

2ᵉ EXERCICE. — Voyelles et consonnes.
(GRAM. Nᵒˢ 8 et 11.)

(Nommer chacune des lettres qui composent les mots suivants, et dire si ce sont des voyelles ou des consonnes.)

Les élèves plus avancés diront pourquoi chaque lettre est consonne ou voyelle (1)

Grammaire, évêque, jardin, bastion, café, moka, zéphyr, zoophytes *ou* animaux qui ressemblent à des plantes.

Devoir à faire. — Citer et écrire un mot commençant par *a?* un autre par *b?* par *c?* par *d?* par *e?* par *f?* etc.; jusqu'à *z*, puis souligner les mots qui commencent par des voyelles.

3ᵉ EXERCICE. — Différentes sortes d'e.
(GRAM., Nᵒˢ 15 à 18.)

(Lire et écrire les mots suivants en signalant les trois sortes d'e, et en disant pourquoi ils sont *muets, fermés* ou *ouverts*.) (2).

Pepin, pépinière, âme, été, père, mère, chêne, chènevis, je prie, je prierai; collége, collégien, pèlerin, j'allége, je protége, je protégerai, vous jetez, vous projetez, vous projetterez; fer, hiver, terre, assez, changer, vous changez, vous appellerez, il repète, il répétera.

Devoir à faire. — Citer cinq mots où se trouve un *e* muet, cinq autres où se trouve un *é* fermé sans accent, et cinq où se trouve un *è* ouvert également sans accent.

4ᵉ EXERCICE. — *Valeur du tréma et de l'y.* (GRAM. Nᵒˢ 24 et 25.)

(Lire les mots et les phrases qui suivent en rappelant les remarques dont ils sont l'objet.) (3).

Saul, Saül; mais, maïs; voile, voïle; nef, naïf, naïveté; héroïque, héroïsme; figue, ciguë, ambiguë, contiguë, exiguë; faïence, oïdium, Raphaël, païen, coïncider, coïncidence, cointéressé.

Pays, paysan, abbaye, citoyen, moyen, doyen, style, péristyle, yole, jury, le Puy. — *Bayard, Bayeux, Bayonne.*

Devoir à faire. — Chercher dans le Dictionnaire la signification des mots incompris. Donner un exemple pour chaque mot

(1) Dans le mot *évêque*, l'é est une voyelle, car cette lettre représente un son simple; le *v* est une consonne, car il concourt avec l'é à représenter le son articulé *vè*, etc.

(2) Dans *pepin*, l'e est muet parce qu'il se prononce *e*; dans *pépinière*, le 1ᵉʳ é est fermé puisqu'il se prononce *é*, etc.

(3) *Saul* se prononce *sol*, mais *Saül* se prononce Sa-ül, en deux syllabes, à cause du tréma, etc. *Pays* se prononce *pai-is*, car l'y équivaut ici à deux *i*, etc. — Les trois derniers mots et quelques autres font exception à la règle.

5e Exercice.—Voyelles longues ou brèves.
(Gram., N° 26.)

(Lire les mots suivants en faisant sentir les longues et les brèves.)

Las, lasser, lacet; tas, tasser, tâcher, tacher; péché et pêcher; il pèche et il pêche; il dit, qu'il dît; il fit son devoir, il se fie à quelqu'un; le dos d'un livre et la dot d'une femme; une cotte de mailles et les côtes de la France; le sou du pauvre et le sous-officier; le jeune homme et le jeûne du carême.

Devoir. — Chercher le sens des termes incompris et donner un exemple pour chaque mot (1).

6e Exercice.—*Récapitulation sur la prononciation des voyelles.*
(Gram., nos 19 à 26.)

(Lire les mots et les phrases qui suivent, en rappelant les remarques dont ils sont l'objet.)

Août, curaçao, toast, femme, hennir, solennel, solennité, encoignure, faon, Laon, paon, oignon, aiguille, aiguillon, sanguinaire, Noël, poëte, symétrie, sibylle, mitoyenneté, mur et mûre, sur et sûre. On annonce au prône les fêtes et les jeûnes.

La Saône est une rivière de France. La fête de Pâques est très-solennelle. Caen est une jolie ville. Les petits de la biche se nomment faons. La gloire est un puissant aiguillon. Ne prononcez pas anguille comme aiguille. Le maïs ou blé de Turquie sert d'aliment chez tous les peuples des pays méridionaux. La plupart des paysans russes sont encore esclaves. Le vinaigre est sur. Je suis sûr que vous écouterez désormais mes explications. Robinson fit naufrage et fut jeté, par la tempête, dans une île déserte, où il resta longtemps seul. La patience est une vertu qui nous fait supporter patiemment les maux de cette vie.

Devoir. — Chercher le sens des termes inconnus, et dire ce que signifie : *la gloire est un puissant aiguillon.*

7e Exercice. — *Prononciation du g et du c.* (Gram., nos 28, 29, 30, 33.)

Curé, cure, gerçure, cage, façade, maçon, Mâcon, leçon, façon, faconde, langage, jaugeage, jardin, gardien, jarre, bagarre, jury, je le jure, envergure, partageons, Patagons.

Devoir.—Indiquer le sens des mots inconnus (1).

8e Exercice. — H muettes ou aspirées.
(Gram., nos 34 à 36.)

(Mettre *les* avant les mots suivants et prononcer.)

Huiles, harengs, hiboux, hannetons, hurlements, haricots, hallebardes, Hollandais, héros, héroïnes.

Devoir. — Distinguer les deux sortes d'h et indiquer le sens des termes peu connus.

1) Au besoin, le maître indiquera lui-même les mots à expliquer.

9ᵉ EXERCICE. — PRONONCIATION DE L'r, DE L'S ET DU t.
(Gram., nᵒˢ 45 à 48, puis 50 et 51.)

(Lire les mots suivants et rappeler les remarques.)

Monsieur, messieurs, saison, raison, poison, poisson, empoisonner, empoissonner, saisissement, résurrection, ressusciter.

Inepte, ineptie, partiel, partial, essentiel, digestion, indigestion, bastion, mixtion, immixtion, démocrate, démocratie, démocratique.

Parasol, préséance, antisocial, balsamine, transaction, transit, transir et transi de froid.

Devoir.—Expliquer et employer les termes incompris.

10ᵉ Exercice.—*Récapitulation* sur la manière de prononcer les consonnes. (Gram., nᵒ 27 à 60.)

Plomb, aplomb, cécité, calvitie, impéritie, banc, estomac, vermicelle, violoncelle, milord, Joab, serf, clef, chef-d'œuvre, œufs, bœufs, gage, gangrène, les zéros, les héros, les barils, les outils, les damnés, les albums, les post-scriptum, un spécimen, un examen, un lycéen, un chrétien, le schah de Perse.

Le baptême, les fonts baptismaux, la sculpture et les sculpteurs, un jeune coq, des coqs d'Inde, les préséances, les transitions, les transactions, les prix et les accessits, le granit et le quartz, un fat, une dot, les aspects, les respects, l'instinct des oiseaux, la gestion d'un bien, la scintillation (1) des étoiles, les écueils (2) dangereux, les whigs et les torys, aller à New-York, à Metz, révérer Newton, admirer Michel-Ange, lire Shakespeare, payer un schelling, examiner une statue équestre, faire partie de l'orchestre, acheter un almanach, mourir au champ d'honneur, avoir un képi ou un shako, boire de l'eau stagnante, être asthmatique, avoir un aphthe, étudier les mœurs des Cophtes, dessiner un sphynx.

11ᵉ EXERCICE. — Im et in au commencement des mots; syllabe oi; ble et bre à la fin des mots. (Gr., nᵒˢ 67 à 70.)

Incendie, initiale, immense, imaginaire, impulsion, infidèle, immensité, immangeable, immanquable, immanquablement, inhumainement, innocemment.

Moi, toi, soi, loi, foi, roi, moitié, toise, seigneux, loisir, foire, effroi, — roide, roideur, roidir.

Septembre, octobre, novembre, décembre; aimable enfant, personne honorable, jeune homme estimable, autorité respectable, cruel opprobre.

Devoir.—Chercher et indiquer le sens des termes incompris.

---

(1) Dans *scintiller* et *scintillation*, les l ne sont pas mouillées. (*Acad.*)
(2) *Ecueil* se prononce *ékeuil*. (*Acad.*)

12e Exercice. — Diphthongues. (Gram., nos 72 et 73.)

(S'appliquer à bien prononcer les mots suivants.)

Dieu, diable, diablotin, diète, étudier, idiot, gardien, chrétien, diantre, union, diamant, matière, manière, panier, saladier, Canadien, méridien, méridional, Diogène, opiniâtre, opiniâtreté, question, questionnaire, vous questionnez, vous questionniez, vous quittiez, vous vous acquittiez, vous vous inquiétiez mal à propos.

Devoir. — Chercher et expliquer le sens des termes incompris.

13e Exercice. — *Récapitulation sur les syllabes difficiles et les homographes.* (Gram., nos 61 à 74.)

J'eus, nous eûmes, enhardir, enivrer, agenda, antenne, antienne, sciemment, fréquemment, immédiatement, immensément, inodore, inhumation, inhumain, insensible, in folio, in-octavo, in-quarto, ardoise, Pontoise, étoile, nombre, pénombre, équilibre, stable, instable, lisible, inlisible, illisible, suggérer, succéder, succession collatérale, je le pense, je le veux, je ne puis, je ne sais, tiens, je le tiens, Péonien, miniature (1), nous étions, vous prétendiez, nous répondions, vous m'actionniez, nous nous défendions devant le président. Ils président bien, ces présidents. Ces peintres sont excellents. Ils excellent dans leur profession. Ils négligent leurs intérêts. Il devient négligent, ils deviennent négligents. Les résidents sont des envoyés qui résident en pays étranger ; ils sont moins que les ambassadeurs et plus que les agents. Il convient qu'ils convient leurs amis à assister à cette fête.

Devoir. — Chercher et expliquer le sens des mots incompris.

14e Exercice. — Liaison des mots. (Gram., no 75)

Sac à ouvrage, arc-en-ciel, bois sec et dur, temps froid et humide, long hiver, dix-neuf et demi, neuf hommes, dix ouvriers adroits, enfant trop étourdi, pot à l'eau, plat à barbe, gilet élégant, trois et quatre, deux et sept, prix et accessits, méritez-en, donnez-leur-en, restez où vous êtes, à qui est cet objet ? Ce n'est point à moi, ce n'est pas à vous, je ne sais pas à qui est-ce.

Pour les élèves plus avancés (nos 75 à 89).

Juillet et août, Adam et Eve, le clerc est à l'étude, respect à la loi, aspect étrange, instinct étonnant, passer d'un bord à l'autre, aller de part et d'autre, percer de part en part, c'est un bon avis, un métier ennuyeux, ce chemin est étroit, le plomb est lourd, je le leur ai dit, nous leur avons parlé, elle est si intrépide, ils sont six intrépides. Qui est-ce qui a fait cet accroc a votre habit ? Le respect et l'amour des peuples sont les plus sûrs appuis d'un trône.

---

(1) L'Académie dit que l'on prononce ordinairement *mignature*, mais cela ne prouve pas qu'il ne vaille mieux prononcer *miniature*.

15e Exercice.—*Récapitulation générale*
sur la prononciation des voyelles, consonnes, diphthongues, etc.
(Gram., nᵒˢ 15 à 89.)

I. Dans les exercices précédents, nous avons fait l'application des remarques qui concernent la prononciation des voyelles et des consonnes; il nous reste à résumer ici les plus importantes de ces remarques. Notons d'abord que, pour bien prononcer, il importe de bien distinguer les différentes sortes d'*e*, et de ne point supposer des accents où il n'y en a pas. Beaucoup de personnes lisent et écrivent mal les mots suivants : brevet et breveter, secret et secrétaire, recenser et recensement, publier un décret, décréter une mesure, avoir du zèle, être zélé comme un pèlerin, aller en pèlerinage, sortir du collége ou du lycée, répéter une question, je la répète, je la répéterai, semer du chènevis et des pepins, faire une chènevière, planter une pépinière, etc.

II. Il convient aussi de remarquer le son particulier de certaines lettres dans les expressions suivantes, qui sont assez fréquemment employées : citrouille aoûtée, louer des aoûterons à la mi-août, assister à un banquet, prendre du punch, porter un toast, les toasts sont parfois bruyants; aiguiser un couteau, dessiner un paysage, sarcler de l'oignon, acheter une houe, planter des houx, où est Dieu? quel chef-d'œuvre! quel héros! quel héroïsme! quels hurlements! le pouls me bat, prendre du laudanum, combattre l'oïdium avec la fleur de soufre, dompter un cheval, un féroce quadrupède, empoisonner un chien, empoissonner un étang, arroser des balsamines, rire d'un fat, n'avoir pas de tact, faire une partie de whist, ramasser du varech, payer un schelling, trouver le quotient d'une division, donner du fil à retordre, entonner le Magnificat, allumer un phare, avoir une voix de stentor, se rendre esclave, se rendre à Antioche, à Suez, à Windsor, à Laon, à Caen, etc.

III. Il est même bon de se familiariser un peu avec les phrases suivantes, qui sont, en général, moins usitées que les précédentes : la piqûre du taon est funeste aux bœufs; les yoles et les yachts sont de légers navires, les sloops n'ont qu'un mât, saint Paul s'appelait d'abord Saül; Christophe Colomb découvrit l'Amérique; le vermicelle est une espèce de pâte; la fumée du tabac enivre; la gangrène est à craindre; le spleen est une terrible maladie; les étoiles scintillent (1); le passé défini des verbes français correspond à l'aoriste des verbes grecs; les quakers sont forts laconiques; les banqueroutiers seront punis; cette loi est tombée en désuétude; l'Angleterre a donné le jour à Shakespeare et à Law; Michel-Ange est un Italien; le czar est l'empereur de Russie; l'Achéron ne rend point sa proie; les aphthes sont douloureux; je ne sais que dire de vous; les tuteurs ont la gestion des deniers de leurs pupilles; le condor a jusqu'à huit mètres d'envergure; les vergeures ou raies du papier sont quelquefois très-apparentes; saint Vincent de Paul est un des héros de l'humanité, une des plus grandes gloires du christianisme; le chrétien désire la mort pour être délivré des liens matériels qui le retiennent sur cette terre, où les pures jouissances qu'il goûte ne sont qu'une ombre légère de la félicité qu'il pressent.

Devoirs.—Rendre compte du sens des mots ou des phrases incompris.

_____

(1) On prononce les deux *l* sans les mouiller. (*Acad.*)

16e Exercice. — Manière de lire.

(Gram., nos 92 à 94.)

(Lire à haute voix, puis faire lire, apprendre et expliquer les morceaux suivants.)

I. — *Pour les commençants.*

LE BORGNE ET LE BOSSU.

Un borgne ayant, un matin, rencontré un bossu, le colloque suivant s'établit entre eux :

« Comme vous êtes chargé! l'ami, disait le borgne en se moquant de la bosse de l'autre ; il est encore de bonne heure pour avoir un si lourd bagage sur le dos! »

— « Vous avez raison, mon cher, répondit le bossu avec une présence d'esprit admirable ; il ne doit pas être bien tard, car vous n'avez encore qu'un œil d'ouvert. »

Devoir. — Expliquer le sens du mot *colloque* et dire quelle moralité on peut tirer de ce dialogue. — L'élève n'oubliera pas qu'en général le ton de la lecture doit être celui de la conversation.

II. — *Pour les élèves plus avancés.*

JUPITER ET MINOS (1).

« Mon fils, disait un jour Jupiter à Minos,
    Toi qui juges la race humaine,
Explique-moi pourquoi l'enfer suffit à peine
Aux nombreux criminels que l'envoie Atropos (2).
Quel est de la vertu le fatal adversaire,
Qui corrompt à ce poi t la faible humanité?
C'est, je crois, l'intérêt. »—« L'intérêt? Non, mon père. »—
« Et qu'est-ce donc? »—« L'oisiveté. »   FLORIAN. (3)

Devoir. — Chercher et expliquer le sens des mots ou des membres de phrases incompris, puis indiquer la moralité de cette fable.
Se rappeler qu'il faut 1° *lire avec naturel,* selon le genre du morceau choisi; 2° *articuler distinctement* sur un ton moyen, sans hâte et sans langueur; 3° *donner aux signes de ponctuation leur valeur légitime.* (Théry, *Principes de lecture à haute voix.*)

III. — *Pour les plus avancés des élèves.*

PRIÈRE D'ESTHER.

(Elle demande à Dieu le salut des Juifs, qu'Aman voulait détruire.)

O mon souverain roi,
Me voici donc tremblante et seule devant toi !
Mon père mille fois m'a dit dans mon enfance,
Qu'avec nous tu juras une sainte alliance,

(1) *Jupiter,* le plus grand des dieux du paganisme; *Minos,* son fils, roi de Crète, puis juge des enfers.—(2) *Atropos,* divinité païenne qui était censée couper le fil de la vie des hommes. —(3) *Florian,* fabuliste français, né en 1755, mort en 1794.

Quand pour te faire un peuple agréable à tes yeux,
Il plut à ton amour de choisir nos aïeux ;
Même tu leur promis, de ta bouche sacrée,
Une prospérité d'éternelle durée.

Hélas ! ce peuple ingrat a méprisé ta loi ;
La nation chérie a violé sa foi (1),
Elle a répudié son époux et son père
Pour rendre à d'autres dieux un honneur adultère...
Maintenant elle sert sous un joug étranger !

Mais c'est peu d'être esclave, on la veut égorger.
Nos superbes vainqueurs insultant à nos larmes
Imputent à leurs dieux le bonheur de leurs armes (2),
Et veulent aujourd'hui qu'un même coup mortel
Abolisse ton nom, ton peuple et ton autel !

Ainsi donc un perfide, après tant de miracles,
Pourrait anéantir la foi de tes oracles,
Ravirait aux mortels le plus cher de tes dons,
Le saint que tu promets et que nous attendons !!... (3)

Non, non, ne souffre pas que ces peuples farouches,
Ivres de notre sang, ferment les seules bouches
Qui, dans tout l'univers, célèbrent tes bienfaits,
Et confonds tous ces dieux, qui ne furent jamais.

                       J. RACINE, *Esther*, act. I ; scène 4 (4).

Devoir. — *Expliquer le sens des passages* difficiles.

N'oublions jamais que la lecture sentimentale doit être fondée sur la lecture
régulière. Vainement vous donnerez de l'éclat à la voix si vous frappez l'oreille
de sons illégitimes, ou si vous la fatiguez de sons confus. Tout doit être distinct,
détaché : les membres de phrases, les mots, les syllabes même. Ce n'est pas
par la voix qu'on se fait entendre, c'est par la prononciation. Jamais Lekain
(célèbre acteur tragique) ne portait à l'oreille des sons mieux entendus que
lorsqu'il parlait plus bas. — En général, rien n'est plus rare qu'un bon lecteur ; tout
le monde sait dire un mot après l'autre ; personne ne sait lire. (*Domergue.*) (5).

Si vous voulez bien parler et bien écrire, n'écoutez et ne lisez que des choses
bien dites et bien écrites. (*Boiste.*) (6)

---

(1) Faites sentir *légèrement* les trois syllabes de *nation* et de *violé* ; sans cela vous détruiriez
la mesure du vers. Observation analogue sur *ré-pu-di-é*, au vers suivant.

(2) *Imputent à leurs dieux...* prononcez *im-pu-te-ta-leurs dieux*. (Gramm., n° 91.)

(3) C'est-à-dire *le Messie*, qui devait descendre de David. Si Aman eût détruit la nation
juive, le Messie promis n'aurait pu naître.

(4) *Jean Racine* ou *Racine le père*, célèbre poète tragique, l'une des plus grandes gloires de
notre pays. Né à la Ferté-Milon (Aisne), en 1649, mort à Paris, en 1699.—Louis Racine, fils
du précédent, est connu pour ses poésies religieuses, mais il est loin d'avoir égalé son père.
Né à Paris en 1692, mort en 1763.

(5) *Domergue*, grammairien, né à Aubagne (Bouches-du-Rhône), en 1745, mort à Paris,
en 1810.

(6) *Boiste*, savant lexicographe français, né en 1765, mort en 1824.

CHAPITRE PREMIER.

EXERCICES SUR LES NOMS *ou* SUBSTANTIFS.

Nous ne donnons pas ici d'exercices spéciaux pour la distinction des différentes sortes de noms, ni pour celle des genres et des nombres. Si quelques élèves n'étaient pas familiarisés avec ces notions élémentaires, on les leur expliquerait sur les exemples suivants.

Aux élèves avancés, le maître pourra faire remarquer que les noms de jours, de mois, de saisons, de métaux et de villes sont généralement masculins. Il en est de même de ceux en *age*, en s ou *r*; en *au*, en *eu* et en *ou*, *al* et *ail*.—Mais les noms en *tié* et ceux en *ion* sont le plus souvent féminins.

Les noms de métaux ainsi que ceux de vertus et de qualités ne s'emploient pas *ordinairement* au pluriel.

17e Ex. — Pluriel des noms. (GR., Nº 123.)

(Dans le livre de l'élève, tous les noms en *italique* sont au singulier.)

Les *groseilliers* sont originaires des Alpes. Les *ivrognes* font souvent des *zigzags* en marchant. Il y a beaucoup de *rizières* en Lombardie. Les *chemins* de traverse sont ordinairement pleins d'*ornières*. La *fête* des *tabernacles* se célébrait sous des *tentes*, sous des *feuillées*. Les *boas* sont les plus forts et les plus grands de tous les *serpents*. Les *rouliers* transportent les *marchandises* sur des *chariots*, *charrettes*, *fourgons* et autres *voitures* roulantes de cette *espèce*. Les *Romains* consultaient les *livres* des *sibylles* dans les *affaires* importantes; on prétend qu'il y a eu jusqu'à douze *sibylles*.

Devoir. — Souligner les noms, puis expliquer les termes peu connus, et spécialement la dernière phrase.

18e Ex. — *Noms en* s, x *ou* z; au, eu *et* ou. (Gr., 124 à 126.)

En Bretagne, on rencontre souvent des *croix* sur le *bord* des *chemins*. On a vu des *vaisseaux* de plus de dix mille *tonneaux*. On mène les *buffles* par des *anneaux* qu'on leur passe dans les *naseaux*. Les *menuisiers* travaillent en *bois*; ils font les *ouvrages* nécessaires dans l'intérieur des *maisons*, tels que *portes*, *croisées*, *parquets*, *armoires*, *tables*, *lambris*, etc.

Les *gendarmes* arrêtent les *filous*. Les *hiboux* et autres *oiseaux* de nuit se retirent dans les vieilles *masures*. Les *poux* se cachent dans les *cheveux*. Les *bambous* croissent dans les *terrains* sablonneux des Indes. Les *sapajous* sont des *singes* dont la taille est au-dessous de la moyenne. Les *taillandiers* sont des *artisans* qui font toutes sortes d'*outils* pour les *charpentiers*, les *charrons*, les *tonneliers*, les *laboureurs*, etc., comme *faux*, *haches*, *cognées*, *serpes*, *hoyaux*.

Devoir semblable au précédent (17e exercice).

14　　　　　NOMS *ou* SUBSTANTIFS.

19ᵉ EXERCICE, — *Noms en* al *et en* ail. (GRAM. 127 à 130.)

(Dans la partie de l'élève, les noms en *italique* sont au sigulier.)

Tous les *maux* s'adoucissent avec le *temps*. Ce *naturaliste* a de beaux *coraux*, des *coraux* très-rares. On se sert de *cors*, à la *chasse*, pour exciter les *chiens* et pour donner certains *signaux*. Les *servals* se trouvent au Sénégal et au Cap. Il vient des *cals* aux *mains* à force de travailler. Les *émaux* doivent être très-fusibles. Ce *boucher* est riche, il a plusieurs *étaux*. Il y a des *aulx* cultivés et des *aulx* sauvages. Ce *jardinier* cultive des *ails* de plusieurs *espèces*. Ces deux *piédestaux* ne sont pas sur la même *ligne*. La *défense* des *narvals* fournit un bel *ivoire*. Il existe à *Paris* quelques *portails* fort estimés. On trouve des *nopals* de différentes *sortes*. Les *cordiaux* donnent du *ton* à l'*estomac*. Les jeunes *pousses* de l'*ajonc* servent à nourrir les *bestiaux*. Les *carnavals* de Venise, et, en général, ceux du Midi, sont les plus célèbres et les plus brillants; il en est de même des *festivals*.

Devoir.—Souligner les noms communs et les noms propres, les analyser oralement, puis expliquer les termes peu connus et spécialement la dernière phrase.

20ᵉ Exercice.—*Aïeul, ciel, œil; récapitulation.* (Gr. 131 à 134.)

(A mettre au pluriel.)

Ses deux *aïeuls* assistaient à son *mariage* (Acad.). Les *ciels* de ce *peintre* sont lourds (Id.). Les *mulots* coupent la *racine* des *blés*. Ce *pain* a de grands *yeux* (Acad.). Ce *bouillon* est gras, il a beaucoup d'*yeux* (Id.). Les *étables* de ce *fermier* sont remplies de *bestiaux*. Les *pilotis* sont d'énormes *pieux* que l'on enfonce en *terre* quand on bâtit sur un *terrain* marécageux. Les *servals* se nourrisent principalement d'*oiseaux*. On dit que les *baobabs* vivent plusieurs *milliers d'années*. Par leur forme générale, les *narvals* ressemblent aux *marsouins*. Les *anciens* croyaient à l'*existence* de plusieurs *cieux* de matière solide et transparente (Ac.).

L'*air*, la *fumée* et la *vapeur d'eau* sont des *gaz*. Les *rues* des grandes *villes* sont pavées de *filous*. Certaines *personnes* se figurent que la vie est une *succession* de *bals* et de *soirées*. Tailler à deux *yeux*, à trois *yeux*, c'est laisser sur la *branche* que l'on coupe, deux ou trois *boutons* à *fruit* (Ac.). Ce *ministre* a eu plusieurs *travails* cette semaine avec l'Empereur (Id.). Les *notaires* avaient autrefois des *grilles* en saillie aux *fenêtres* de leurs *études*. Les *madrépores* et les *coraux* doivent leur *origine* à des *animaux*. Ses *bisaïeuls* vivent encore (Ac.). Si nos *trisaïeux* mangeaient leurs *aliments* crus, nous n'en avons pas tout à fait perdu l'*habitude*. [Brillat-Savarin (1).]

Devoir semblable au précédent (19ᵉ Exercice).

NOTA. — Les *modèles d'analyse* se trouvent dans la Grammaire. Chaque jour, le Maître donnera, selon la force des élèves, quelques mots ou une petite phrase à analyser grammaticalement. Ces exercices se feront tantôt de vive voix, tantôt par écrit, mais plus souvent de vive voix.

(1) *Brillat-Savarin*, magistrat distingué, né à Belley (Ain), en 1755, mort en 1826; auteur de la *Physiologie du goût*, ouvrage étincelant de verve et d'esprit.

21e Exercice.—*Récapitulation.* (Gram., 123 et 135.)

La Géographie.—La géographie a pour but de nous faire connaître la surface de la terre, l'enchaînement des *montagnes*, le *cours* des *fleuves*, la situation des *étangs*, *lacs* et *marais*, l'aspect des *mers*, la distribution des trois *règnes* de la nature; les *climats* et leur influence sur les *pro-ductions* naturelles. Elle nous apprend aussi les *peuples* qui habitent la terre, les *lieux* qu'ils occupent et les *travaux* qu'ils y ont exécutés, soit pour les rendre plus habitables, pour embellir leur *séjour* ou multiplier leurs *ressources*, soit pour faciliter les *communications* entre les divers *pays* et les diverses *provinces*. Elle nous donne enfin les *notions* les plus indispensables sur les *rapports* qui existent entre la terre, les autres *planètes* et, en général, les *corps* qui, ainsi que notre globe, roulent dans l'espace. La géographie et la chronologie sont les deux *yeux* de l'histoire.

Devoir.—Chercher le sens des termes peu connus et dire, en particu-lier, ce que signifie la dernière phrase.

22e Exercice.—*Suite des précédents.* (Gram., 123 à 135).

Le Loir.—La robe de ces *animaux*, qui ont quelques *rapports* avec les *écureuils*, est garnie d'une épaisse fourrure et revêtue de *couleurs* sinon brillantes du moins douces et harmonieuses. Ils sont sujets à un en-gourdissement périodique qui, commençant avec les *froids*, cesse aux pre-miers *jours* du *printemps*. Ils sortent plusieurs *fois* de cet état de torpeur pendant l'hiver, et consomment les *provisions* qu'ils ont amassées durant la belle saison, et qui consistent ordinairement en *noix*, *noisettes*, *faines*, *glands*, *châtaignes*, etc. Dans l'été et l'automne, ils se nourrissent des *fruits* pulpeux des *arbres* fruitiers. Les *loirs* demeurent toujours sau-vages, mais leur *chair* est bonne à manger. Les *Romains*, qui en faisaient grand *cas*, en élevaient une grande quantité. Varron a donné la manière de faire des *garennes* de *loirs*; Apicius celle d'en faire des *ragoûts*.

Devoir semblable au précédent.

23e Exercice.—*Suite des précédents.* (Gram. 123 à 135.)

Les Oiseaux imitateurs.—Le singe, par la ressemblance des *formes* extérieures, et le perroquet, par l'imitation de la parole, ont toujours paru à l'homme des *êtres* privilégiés, intermédiaires entre lui et la brute. Les *sauvages*, très-insensibles au grand spectacle de la nature, très-indifférents pour toutes ses *merveilles*, n'ont été saisis d'étonnement qu'à la vue des *perroquets* et des *singes*; ce sont les seuls *animaux* qui aient fixé leur stupide attention. Ils arrêtent leurs *canots* pendant des *heures* entières pour considérer les *cabrioles* des *sapajous*, et les *perroquet* sont les seuls *oiseaux* qu'ils se fassent un plaisir de nourrir, d'élever, et qu'ils aient pris la peine de chercher à perfectionner; car ils ont trouvé le petit *art*, encore inconnu parmi nous, de varier et de rendre plus riches les belles couleurs qui parent le plumage de ces *hôtes*, étrangers à nos climats mais familiers à nos *demeures*.   BUFFON.

Devoir semblable aux précédents.

24e Exercice.—*Récapitulation*. (Gram., 123 à 135.)

L'Angleterre.—Ce pays fournit en abondance des *grains*, des *fruits*, des *légumes*, du houblon, des *plantes* farineuses et oléagineuses, mais pas de vin. Les *pâturages* sont magnifiques, le bétail et les *chevaux* excellents. Le gibier abonde sur beaucoup de *points*; les *loups* ont disparu depuis neuf *siècles*. Il y a encore de vastes *forêts* dans l'ouest, mais généralement la culture est bien entendue. On y trouve de belles *routes* et de nombreux *chemins* de fer. Londres, sur la Tamise, est la capitale de l'Angleterre. Cette ville, avec les vastes *faubourgs* qui en dépendent, occupe une surface de plus de cent *kilomètres* carrés et renferme plus de deux *millions d'habitants*. Presque toutes les *rues* ont des *trottoirs* et sont éclairées au *gaz* ainsi que les *quais*. On y remarque de nombreux *squares (places* avec *jardins* au centre), le tunnel construit sous la Tamise, des *docks* ou *bassins* magnifiques destinés à recevoir les *vaisseaux* et les *marchandises*, de beaux *parcs* et un grand nombre de *monuments* publics. L'industrie, extraordinairement développée, consiste principalement en *draps, soieries, lainages, cotonnades, indiennes, limes, aiguilles*, horlogerie, *ustensiles* d'acier, de fer et d'étain, coutellerie, chapellerie, faïencerie, miroiterie, carrosserie, pelleterie, *meubles, tapis, papiers* de tenture, *toiles à voiles* et autres, *armes à feu, instruments* de chirurgie, de *mathématiques*, de physique et d'astronomie; *produits* chimiques, *imprimeries, distilleries, brasseries, fonderies* et *teintureries*.

Devoir.—Expliquer le sens des termes incompris.

25e Exercice.—*Suite des précédents*. (Gram., 123 à 135.)

La France (1).—Parcourez la France du nord au sud, votre étonnement et votre plaisir iront toujours en croissant. Les gras *pâturages*, les fertiles *champs* de blé de la Flandre et de la Beauce céderont la place aux beaux *vergers* de la Normandie et aux fertiles *champs* de lin de la Bretagne. Les *côtes* de cette dernière province vous offriront les *tableaux* mélancoliques de l'Écosse et de la Norvège adoucis par un climat tempéré. Des célèbres *coteaux* de la Marne et des *rives* majestueuses du Rhin, vous pouvez passer aux *vignobles* de la Bourgogne, non moins fameux. Les *bords* délicieux de la Loire arrêteront vos *pas* si les *rochers* volcanisés de l'âpre et salubre Auvergne, les *basaltes* du Velay et du Vivarais et les *sites* helvétiques du Jura ne se disputent vos *regards*. Alors même que vous auriez voyagé dans les *montagnes*, le Dauphiné vous réserve des *surprises* : ses *rochers* nus et stériles bornant des *vallées* fécondes, les superbes *bois* de *mélèzes* et de *sapins* et la variété des *plantes* et des *minéraux* seront encore nouveaux pour vous. Si vous n'avez pas visité l'Italie et l'Espagne, vous vous consolerez lorsque les *orangers* et les *oliviers*, les *plantations* de *mûriers* et les *jardins* embaumés, sous le beau ciel de la Provence et du Languedoc, s'offriront à vos *regards*. Vous concevrez alors pourquoi ces *contrées* ont inspiré plus de *troubadours* et de *trouvères* que le reste de la France. Passez enfin la Garonne, et allez goûter le plaisir utile de vous abreuver des *eaux* des Pyrénées au milieu des *sites* les plus pittoresques, où des *physionomies* un peu moresques frapperont votre vue et où des *sons* étrangers vous feront souvenir du voisinage de l'Espagne. Quelle foule *d'objets* curieux s'offriront dans ce voyage à vos *regards* étonnés !

Devoir semblable au précédent. — Distinguer les noms communs et les noms propres.

---

(1) Ne pas oublier que les noms *propres* commencent par une majuscule (Gram., n° 107.)

26e Exercice.—*Récapitulation.* (Gram., 123 à 135).

L'Asie.—C'est la plus grande et la plus peuplée des cinq *parties* du monde. Elle est cinq *fois* plus étendue que l'Europe, dont elle diffère complétement, aussi bien que de l'Afrique, par sa configuration; car l'Afrique ressemble à un énorme *corps* sans *membres*, et l'Europe à un petit *corps* avec des *membres* immenses. L'Asie, réunissant à elle seule ces deux *caractères*, a la forme d'un grand quadrilatère d'où s'élancent de toutes *parts* des *membres* longs et puissants, qui se dessinent en *caps* et en *péninsules*, et auxquels se rattachent des *îles* plus ou moins considérables. La valeur absolue des *richesses* minérales de l'Asie est inconnue; avec le calcaire, les *schistes*, le granit et le quartz, on y exploite, et en quantité considérable, tous les *métaux* utiles et les *gemmes* les plus précieux : l'or, l'argent, l'étain, le cuivre, le mercure, le fer, le plomb, l'asphalte, le naphte, l'aimant, les plus beaux *diamants* de l'*univers*, le *rubis*, le saphir et le porphyre, l'émeraude, l'aigue-marine, le sel, etc. Le règne végétal n'y est pas moins varié; il donne tous les *produits* qu'on trouve dans les *pays* situés sous les *tropiques* : le caféier, la canne à sucre, les *plantes* à épices balsamiques, odorantes, médicinales ; le palmier-cocotier, le sagou, l'aréquier, le dattier, le figuier du Bengale, le teck, l'indigo, la garance, le jasmin grandiflore, le thé, l'arbre à poivre, l'arbre à soie, le bananier, le lentisque, le pin aromatique, le myrte, le camphrier, le cannellier, le bétel, le riz, le maïs, etc. La flore asiatique, plus variée que celle d'aucune des autres *parties* du monde, comprend toutes les *espèces* utiles de l'Europe, qui lui en doit un grand nombre, et possède la plupart des *végétaux* précieux des *contrées* tropicales.

La plus grande partie des *animaux* qui se trouvent en Afrique, en Europe et en Amérique, se trouvent aussi en Asie. Il est même quantité de ces *animaux* qui, originaires de l'Asie, y conservent toute la beauté des *formes*, la vigueur, l'énergie qu'ils ont dû recevoir au moment de la création; tels sont, entre autres, le cheval arabe, l'âne de Perse, la chèvre cachemire et la chèvre d'Angora. L'éléphant, le chameau, le bœuf, l'hermine, la zibeline, le musc, le pangolin, le gnous, le zèbre, l'antilope, le renne et mille autres *quadrupèdes ;* les *huîtres* à *perles*, les *vers* à soie, les *perroquets*, l'alouette du Tonkin, les *faisans*, les *paons*, sont également répandus d'une extrémité à l'autre de l'Asie. Les *mers* qui baignent le vaste continent asiatique fournissent une grande abondance de *poissons* de différentes *espèces*. On y trouve des *squales* de grande taille, des *balistes*, des *aleutères*, des *chétodons*, des *labres* et des *mimérophis*. Le gourami est un des *poissons* d'eau douce les plus délicats. Le Gange nourrit une espèce de *dauphins* connue de Pline l'Ancien (1) sous le nom de platyniste. Parmi les *crustacés* des *mers* méridionales, il faut citer les *langoustes*, la maïa à crête et la maïa pipa, le matouté vainqueur, le crabe bronzé, les *squilles*, le palémon carcin, etc. — Sur les *côtes*, on voit une grande variété de *géophytes* aux plus brillantes *couleurs*, des *coralinées* jaunes, bleues, rouges, vertes, des *gorgones* en forme d'éventail, et, sur les *côtes* orientales, la marée, en se retirant, laisse sur le rivage une foule d'*actinies* qui lui donnent l'aspect d'un brillant parterre de *fleurs*. L'Asie renferme environ cinq cents *millions* d'*habitants*, dont trois cent cinquante *millions* pour l'empire chinois.

Devoir semblable aux précédents. — Analyser les noms propres.

---

(1) Pline l'Ancien, célèbre naturaliste romain qui périt asphyxié par la fumée lors de la première éruption du Vésuve, l'an 79 de notre ère.

CHAPITRE II.

EXERCICE SUR L'ARTICLE.

27e Exercice. — **Au** ou **aux.** (Gram. nᵒˢ **137** à **147.**)

(Distinguer les différentes sortes d'articles et se rappeler qu'on met *au* avant un nom singulier et *aux* avant un nom pluriel.

On doit obéir *aux* lois. Les vivres sont fort chers dans cette ville *au* commencement de l'été. Dieu résiste *aux* superbes et donne sa grâce *aux* humbles. Toute la nature renaît *au* printemps. La chèvre aime à gravir *au* sommet des coteaux. Jeanne d'Arc fut blessée *au* siége de Paris. Il appartient *aux* pères de châtier leurs enfants. Le boire et le manger sont communs à l'homme et *aux* animaux. L'oisiveté est une tache *au* front d'un homme pauvre.

Devoir. — Analyser les articles, et expliquer le sens des mots ou des phrases incompris.

Nota.—On trouvera p. 65 des exercices sur l'emploi des articles simples *le* et *la* dans certains cas particuliers, puis p. 91 et suiv. (2ᵉ partie) toutes les remarques relatives à l'emploi et à la répétition de l'article en général.

CHAPITRE III.

EXERCICES SUR LES ADJECTIFS.

Voir p. 13, au haut, la note sur les noms, applicable aux adjectifs.

28e Exercice. — **Féminin des adjectifs.** (Gram., Nᵒˢ **155** à **158.**)

Dans le livre de l'élève, les adjectifs en italique sont au masculin.

Dieu *seul* est grand. La vertu *seule* est aimable. Ce cordon n'est pas assez *tors*. Cette soie n'est pas assez *torse*. Il est *bancal*. Elle est *bancale*. Le nature humaine est *encline* au mal. Cet homme est *décrépit* avant l'âge. Cette femme est toute *décrépite*. La prière rend l'affliction moins *douloureuse* et la joie plus *pure*. Une *glorieuse* mort est préférable à une vie *honteuse*. Ce billet est payable à jour *préfix*, à heure *préfixe*. Le fût d'une colonne *torse* est contourné en forme de vis. Il a le parler *bref*, la parole *brève*. *Brief* ne se dit plus guère qu'au féminin et dans ces locutions : *brième* description, *brième* narration (*Acad.*)

Devoir. — Souligner les adjectifs, puis chercher le sens des mots peu connus et expliquer la 10ᵉ phrase.

29e Exerc. — *Féminin des adjectifs en* el, et, eur, *etc.*
(Gram.; 159 à 163.)

Il met tous les jours un *nouvel* habit. Elle met tous les jours une *nouvelle* parure. Il a été condamné à me passer titre *nouvel* et reconnaissance. Le vice aura son *éternel* châtiment et la vertu sa récompense *éternelle*. L'allure *naturelle* du cheval est le pas, puis le trot et le galop; l'amble est une allure *artificielle*. Paul est *chrétien*; Pauline est *chrétienne*. Cet homme est *sujet* aux fluxions. Notre terre est *sujette* à de grandes révolutions. Jules est un habile *devineur*; Julie est une habile *devineuse*. Augustin fut *pécheur*, Madeleine fut *pécheresse*. Duguesclin fut le *vengeur* de la France, Jeanne d'Arc en fut la *vengeresse*. Cette religieuse est une exacte *observatrice* de sa règle. Cette femme est une *dangereuse corruptrice* de la jeunesse. Les poètes ont regardé Cérès comme l'*inventrice* du labourage.

Devoir. — Chercher le sens des expressions incomprises.

30e Exercice. — *Récapitulation sur le féminin des adjectifs.*
(Gram.; nos 155 à 169.)

Cet homme est un *grand chasseur*, cette femme est une *grande chasseuse* (1). Voilà une *vendeuse* de fruits, une *vendeuse* d'herbe, une *revendeuse* de légumes. La *vendeuse* s'est obligée, dans le contrat, à quitter sa maison à cette époque. Le père est le *tuteur naturel* de ses enfants. La mère est la *tutrice naturelle* de ses enfants. Il a été condamné comme *détenteur* des biens de la succession. Elle a été condamnée comme *détentrice* de ces biens. Louis XIII est le *fondateur* de l'Académie *française*. Sainte Thérèse est la *fondatrice* des Carmélites. Mme de Sévigné est un *auteur distingué*. Cette dame est *auteur* d'un fort joli roman. Mme Deshoulières était un *poète aimable* (2). La France compte aujourd'hui plusieurs femmes qui sont toutes d'*aimables* et *gracieux* poètes. Les ouvrages de Mme Williams la font regarder tour à tour comme *poète* et comme *historien*.

Le sol est *sec*, la terre est *sèche* à l'époque des *fortes* chaleurs. Nous ne nous connaissons que d'hier, il me traite déjà comme un *vieil* ami, comme une *vieille* connaissance. C'est l'homme du monde le plus *naïf*. Cette personne est *franche* et *naïve*. Chez toutes les nations, l'agriculture est la source la plus *pure* de la prospérité *publique*. L'ancienne langue *grecque* était fort *harmonieuse*. La paresse est la plus *ardente* et la plus *maligne* de toutes les passions. Il est quelquefois plus difficile de se défendre contre une insinuation *maligne* que contre une accusation *ouverte*. A Paris, l'eau-de-vie est la boisson *favorite* des chiffonniers et des gens de la *basse* classe. Cette personne est *témoin* de ce qui s'est passé entre eux et nous; elle est un *bon témoin*. Voici l'homme le plus *grognon*, la vieille la plus *grognon* que je connaisse. Laissez-là ce vieux *grognon*, cette vieille *grognon*. Voyez donc cette *petite laideron* qui fait la coquette (3). Elle est demeurée *capot* (Acad.).

Devoir. — Expliquer le sens des termes incompris.

(1) On n'emploie le féminin *chasseresse* qu'en poésie.
(2) L'Académie donne aussi *poétesse*: l'Italie moderne compte plusieurs poétesses célèbres, mais elle ajoute que cette forme est peu usitée.
(3) On dit de même une *petite souillon*, une *petite salisson*. On dit aussi cette *femme* est une *tatillon* ou une *tatillonne* insupportable. (Acad.)

31e Exercice. — Pluriel des adjectifs.
(Gram., Nᵒˢ 170 a 172.)

Un mouvement *brusque*, des mouvements *brusques*, des attaques *brusques*. Tout médicament *amer* est *tonique*. Presque tous les médicaments *amers* sont *toniques*. Les âmes les plus *simples* et les plus *pures* ne sont pas *exemptes* de tentations. Les vents *coulis* sont *dangereux;* le vent *coulis* est dangereux. Les saints furent les *doux* et *humbles* disciples du *doux* et *humble* Jésus. Cette femme a les yeux *bleus*. Elle porte un bandeau *bleu* sur ses cheveux *châtains*. Dans la ruine de Jérusalem, les prophètes *hébreux* voyaient sa renaissance.

Devoir. — Chercher puis expliquer le sens des termes incompris.

32e. Exercice. -- *Adjectifs en* al. (Gram., nᵒˢ 173 à 175.)

Les temples, les écoles et les mairies sont des bâtiments *communaux*. Les chemins *vicinaux* et les chemins *ruraux* sont classés ou reconnus par les conseils *municipaux*. Les biens *dotaux* sont *inaliénables*. Les seigneurs *féodaux* du moyen âge étaient autant de *petits* tyrans. *Quelques* abbés avaient le privilège d'officier en habits *pontificaux*. Les Persans et les Turcs nous appellent peuples *occidentaux*. Les peuples *septentrionaux* sont fort *carnassiers* en comparaison des *méridionaux*. Les quatre fruits *pectoraux* sont les dattes, les jujubes, les figues et les raisins. Sophie ne sait point les compliments *triviaux*. Tous les tableaux qu'il a chez lui sont des *originaux*. La peinture et la sculpture sont des arts *libéraux*. La valeur *seule* ne fait que des *brutaux*, la raison fait des braves.

Devoir. — Expliquer les mots incompris et la dernière phrase.

33e Exercice. — *Récapitulation sur le pluriel des adjectifs.*
(Gram., nᵒˢ 170 à 175.)

Il y a trois chevaux *andalous* dans l'écurie. Les biens de la fortune ne sont pas les *vrais* biens. La religion rend toutes les tribulations *supportables* et utiles. Le feu est le plus *puissant* de tous les agents *naturels*. La taille des pierreries est *différente* selon les *différents* pays. J'ai pour les livres *grecs* un *merveilleux* respect. Les Romains rendaient des honneurs *divins* à leurs empereurs. Plus les tombeaux sont *modestes*, plus ils sont *touchants*. Les ornements les plus *simples* sont ordinairement les plus *beaux*. Les *tireurs* de cartes sont de prétendus *devins*. Les *tireuses* de cartes sont de prétendues *devineresses*. L'éphod était une espèce de ceinture à l'usage des prêtres *hébreux*. Autrefois, les universités donnaient des avis *doctrinaux* sur les livres. Dans le but de hâter les progrès en tout genre, l'autorité a institué de *nombreux* concours *cantonaux*, *départementaux* et *régionaux*. Les décrets *impériaux* ont force de loi.

Devoir. — Chercher le sens des termes peu connus et expliquer les deux dernières phrases.

34ᵉ Ex.—Cet ou **cette**; *ces* ou *ses*, etc. (GR., 182 à 196.)

Cet écolier ne fait encore que des barres. Tant que j'occuperai *cette* place, j'en remplirai les devoirs. L'herbe est bien *drue* dans *cette* prairie. Vous n'étiez pas encore lorsque *cet* événement arriva. La pratique de ce pays est, à *cet* égard, *telle* que je vous le dis. Chaque nation a *ses* coutumes. Chacun sera récompensé selon *ses* œuvres. *Ces* prunes confites sont rances. Il est bien amer à un père de voir *ses* enfants ne pas répondre à *ses* soins. Ce discours enflamma *leur* courage. De tout ce qu'il vous dit là, il n'y a pas la *millième* partie de vrai. Avec *une telle* célébrité, on n'est *étranger nulle* part. Il n'y a *nulle* certitude dans les choses de ce monde. A *quel* quantième de la lune sommes-nous? *Quels* sont vos prénoms? Je vous les ai dits *maintes* fois.

Devoir.—Souligner les adjectifs déterminatifs et expliquer le sens des termes incompris.

RÈGLES D'ACCORD DES ADJECTIFS.

35ᵉ EXERCICE. — **1ʳᵉ Règle** (un seul nom).
(GRAM., nº **177**.)

Le diamant est toujours *cher;* les diamants sont toujours *chers.* Les âmes de cœur et de courage savent *seules* gagner le ciel. Une loi est *censée* abolie par le non-usage. L'usage des liqueurs *spiritueuses* est *dangereux.* Les plus *courtes* folies sont les *meilleures.* Fuyez les fautes *vénielles* si vous voulez éviter les fautes *graves.* Bien des choses qui auront paru *bonnes* en *cette* vie seront trouvées *mauvaises* ou *inutiles* en l'autre. Moïse propose aux hommes *charnels,* par des images *sensibles,* des vérités *pures* et *intellectuelles.* Il y a, en Italie, des *académiciens* et des *académiciennes.* Ces dames étaient habillées en *chasseuses.* Les sibylles des anciens n'étaient *autre* chose que des *devins* ou des *devineresses,* et cependant les princes, aussi bien que les particuliers, comblaient des présents les plus *riches tous* ces *diseurs* et *toutes* ces *diseuses* de *bonne* aventure. On leur a donné du vin *tel quel;* des étoffes *telles quelles.* Les acides font passer au rouge les couleurs *bleues* des végétaux. Les métaux les plus *compactes* sont les plus pesants (1). Les mères sont les *vrais précepteurs* du genre humain (2). Ah! les femmes *docteurs* ne sont pas de mon goût. L'affaire est *conclue*: il a dit les paroles *sacramentelles,* les mots *sacramentaux.* (Acad.)

Devoir. — Rendre compte de l'orthographe, et expliquer le sens des termes incompris.

---

(1) Quoique l'on trouve *compact* (sans *e*) au masculin singulier, l'Académie écrit *compacte* (avec un *e*) : *corps compacte, substance compacte.*

(2) Cette phrase est de Legouvé. L'Académie ne donne pas le féminin *préceptrice,* quoique quelques auteurs le trouvent admissible.

22 ADJECTIFS.

36ᵉ Exercice. — *Adjectifs se rapportant à deux noms du même genre.* (Gram., nᵒ 178.)

J'ai une faim et une soif *excessives*. Ce cheval a la tête et l'encolure *belles*. Il a le corps et les membres bien *proportionnés*. Les perdrix rouges ont les pieds et le bec *rouges*. Le condor est un oiseau d'une force et d'une grandeur *prodigieuses*. Cela est dépeint avec une naïveté et une vérité *admirables*. La religion et la vertu peuvent *seules* rendre heureux. Dans la primitive Église, il y avait des fidèles qui, pendant le carême, ne mangeaient que du pain et des fruits *secs*. Certains chênes, très-communs dans nos forêts, acquièrent une grosseur et une hauteur *considérables*. On enduit la carène des navires d'un mélange de suif, de brai et de soufre *fondus* ensemble. Il faut que le bœuf et le mouton *rôtis* ne soient guère *cuits*. Pour la santé des animaux, il serait à désirer que l'on eût un abreuvoir et un lavoir *séparés*. Le benjoin et le borax *mélangés* donnent une odeur fort agréable. Le plomb pèse onze fois plus que l'eau; il a une odeur et une saveur *désagréables*, surtout quand on l'a frotté. Le style de Xénophon (historien grec) est d'une élégance et d'une douceur *exquises*. Ecbatane, capitale de la Médie, fut fondée par Déjocès et environnée de sept murailles de hauteur et de couleur *différentes*.

Devoir. — Rendre compte de l'orthographe et chercher le sens des termes incompris.

37ᵉ Exercice. — *Adjectifs se rapportant à plusieurs noms de genre différents.* (Gram., nᵒ 179.)

L'eau et l'air nous paraissent *bleus*. Cette voiture part à jour et à heure *fixes*. Le beurre fort a une odeur et un goût *forts*. Le vautour est un gros oiseau de proie à tête et à col *nus*. Le cousin est une sorte de moucheron dont la piqûre et le bourdonnement sont fort *importuns*. Il existe certains lézards dont les jambes et les pieds sont si *courts* et si peu *apparents* qu'ils ressemblent à des serpents. Le gratteron est une plante dont les tiges et les fruits sont *hérissés* de petits crochets et s'attachent aux vêtements. Dans les lazarets, on se servait de parfums pour purifier les personnes et les effets *regardés* comme suspects. On appelait armes courtoises celles dont on se servait dans les tournois, parce que la pointe et le tranchant en étaient *émoussés*, et qu'elles n'étaient point meurtrières. Louis XVI mourut avec un courage, une résignation et une piété *admirables*. Sa Majesté était d'une sérénité et d'un calme *parfaits*. La girafe est un quadrupède ruminant de l'intérieur de l'Afrique, qui a une très-grande taille, le cou et les jambes de devant fort *longs*, la croupe très-basse, la tête petite, surmontée de deux espèces de cornes, et le poil ras tacheté de jaune fauve et de blanc. Le travail, l'économie et la vertu *seuls* peuvent empêcher que le passé ne soit perdu pour nous. Les lois du Japon ont été faites avec une sévérité et exécutées avec une ponctualité *extraordinaires*.

Devoir. — Rendre compte de l'orthographe et dire ce que signifient les mots *lazaret* et *tournoi*.

38ᵉ Exercice.—*Adjectifs avant le nom; récapitulation sur les règles d'accord.* (Gram., nᵒˢ 177 à 195.)

Impie et cruelle, Athalie fit massacrer tous les princes du sang de David, sauf Joas. *Heureuses* les sociétés humaines si elles avaient autant de sagesse que celles des abeilles. L'envie rend *haineuses* les personnes qui en sont atteintes. *Triste et affligeante* dans le jeune homme, l'ivrognerie devient *hideuse* dans les vieillards et dans les femmes. *Exempts* de maux réels, les hommes s'en forment de *chimériques*. Aman trouvait la puissance et la religion des Juifs *dangereuses* à l'empire. Le climat, le sol et la végétation du Thibet sont très-*variés*. L'ancienne Égypte était traversée par une infinité de canaux d'une longueur et d'une largeur *incroyables*. Les sols calcaires ont des propriétés et des vices *opposés* à ceux des sols argileux. Infatigable *destructrice* des vers blancs, la taupe mérite d'être *respectée*. Nous possédons des microscopes d'une délicatesse et d'une perfection *admirables*. Ne soyons pas bassement ni lâchement serviles; soyons modestes, humbles même, mais jamais *obséquieux* ou *vils* (1); soyons dignes, mais sans morgue, *complaisants* sans rien exiger des autres; *généreux* sans prodigalité, *économes* sans avarice, graves sans être *moroses*. Les Esquimaux pêchent, en hiver, ils dévorent, *crus* ou *cuits*, les animaux que chassent leurs chiens *intelligents*, et vivent *insouciants* et *heureux* au milieu de la plus horrible nature. La nature et le climat dominent presque *seuls* sur les sauvages. Il ne faut jamais se faire une couronne de ce qui est une honte; et c'est toujours une honte de porter atteinte aux intérêts et à l'ordre *publics*.

Devoir. Expliquer les mots *obséquieux, morgue*, etc.

39ᵉ Exercice.—*Récapitulation sur les adjectifs.*
(Gram., 155 à 195.)

Le Basque a l'air dégagé, la tête *haute*, le regard vif et fier, le teint brun et coloré, les cheveux *noirs*. Il est sobre et frugal, impétueux, fidèle et laborieux, mais vindicatif, ami des plaisirs, des habitudes *pastorales*, et esclave des *anciens* usages.

Les Aragonais sont *froids* et *sérieux*, souvent *brusques* et *rudes* dans leur ton comme dans *leurs* manières. Ils passent pour *opiniâtres*, *attachés* à leur pays et à *leurs* usages, ne se pliant jamais aux circonstances, et se vantant même de leur âpre inflexibilité d'humeur.

Les Arabes sont *grands*, bien *faits*, *vigoureux*, *sobres* et *frugaux* (2), endurcis au travail et à la fatigue. Ils montrent une gravité triste, une indifférence *fatale*, un égoisme insensible. La cruauté entretenue par le fanatisme fait le fond de leur caractère; malgré cela, ils sont *hospitaliers* et *fidèles* à remplir leurs engagements. Les Bédouins des déserts mènent la vie nomade, ayant conservé les mœurs *primitives*; les Arabes des villes se ressentent un peu des bienfaits de la civilisation et du contact des Européens. Chez cette nation comme chez presque *tous* les autres peuples de l'Asie, la polygamie est permise, et le divorce a lieu pour le moindre prétexte; aussi la vie des femmes est-elle *dépendante*, pénible et *laborieuse*. Les arts sont peu *estimés*, si ce n'est la fabrication des arcs, des javelots et des cimeterres. Il existe *certaines* contrées où l'agriculture et le commerce sont *florissants*.

Devoir.—Expliquer les termes peu connus.

(1) *Obséquieuses* ou *viles*, etc., si ce sont des femmes qui parlent.
(2) On dit aussi *frugals*, mais la forme en *aux* est préférable (Gram., nᵒ 175).

40ᵉ Exercice. — *Récapitulation (suite).*
(Gram., 155 à 195).

Le Loup. — *Cet* animal diffère du chien par son museau plus allongé, *ses* oreilles plus *développées,* son pelage plus touffu, *ses* proportions plus vigoureuses, sa taille plus grande ainsi que sa mâchoire et ses dents. Mais *ces* différences, qui n'ont rien de fondamental, doivent être en grande partie *attribuées* aux modifications que la vie sauvage ou la vie domestique ont dû nécessairement déterminer chez *ces* deux espèces. Le loup commun est de couleur fauve, avec le museau *noir* et allongé. Une ligne *noire* qui s'étend le long des membres *antérieurs* est un des caractères *physiques* qui distinguent plus particulièrement le loup du chien domestique. Par suite de la guerre *continuelle* qu'il fait aux bergeries et aux basses-cours, le loup est un des animaux les plus nuisibles ; aussi est-il partout l'objet d'une guerre *assidue,* et a-t-il presque entièrement disparu de pays où il était autrefois très-commun. Il se retire dans les lieux *boisés* et *touffus* les plus *distants* qu'il peut de la présence de l'homme, et n'en sort que *pressé* par le besoin. Pendant l'hiver, le froid et la faim conduisent les loups en troupes jusque dans les villages, où ils font entendre d'*affreux* hurlements. Ils peuvent, à ce qu'il paraît, se passer de nourriture pendant *plusieurs* jours, mais ils résistent moins à la soif, et on les voit fréquemment venir se désaltérer au bord des ruisseaux. *Affamés,* ils n'épargnent pas même l'homme, et on en a vu attaquer les bergers plutôt que les troupeaux, dévorer des femmes, emporter des enfants.

Devoir. — Expliquer les expressions *pelage, vie domestique,* etc.

41ᵉ Exercice. — *Récapitulation des adjectifs.*
(Gram., 155 à 195.)

Les Préjugés. — A Rome, les devins étaient *payés* par l'Etat pour lire l'avenir dans le cœur et dans le foie d'un bœuf. Il y avait même des poulets *sacrés,* qui, selon le plus ou moins d'appétit qu'ils montraient, annonçaient si les armées seraient *victorieuses* ou *vaincues.* Les plus *grands* personnages remplissaient la charge d'augures, qui consistait à conjecturer les événements *futurs* d'après le vol des oiseaux. Si une troupe de corbeaux volaient à droite, c'était *bon* signe ; s'ils volaient à gauche, c'était un présage sinistre. Et ce qu'il y a de curieux, c'est qu'en Grèce c'était le contraire : la gauche était le bon côté et la droite le mauvais. Il y avait aussi des interprètes des songes, et les songes jouent un grand rôle dans l'histoire *ancienne.* — De nos jours, malgré le progrès des lumières, et en dépit des condamnations dont la police *correctionnelle* frappe à chaque instant les *prétendus* sorciers, nous voyons encore bien des gens *dupés* par ces *impudents* escrocs. Dans les campagnes surtout, de *pauvres* sots s'imaginent que *ces* charlatans ont le pouvoir de faire retrouver les choses *perdues,* de guérir les maladies des bestiaux, de jeter des sorts ou des maléfices, de faire voir l'avenir dans un miroir et autres billevesées *semblables.* Que dis-je ? n'avons-nous pas vu, il y a peu d'années, les classes *élevées* de la société s'engouer des tables *tournantes,* et croire qu'en frappant du pied, ces tables pouvaient d'elles-*mêmes* répondre aux questions qui leur étaient *adressées ?* Après cela, nous n'avons plus le droit de nous moquer de la simplicité de nos pères, qui croyaient aux revenants, aux lutins, aux fantômes, aux enchanteurs et aux talismans, qui pensaient voir les sorcières traversant les airs pour se rendre au sabbat, *montées* sur un manche à balai.

Devoir. — Expliquer les termes incompris.

49ᵉ Exercice. — *Récapitulation* (suite). (Grammaire, 185 à 195.)

L'Autruche (1). — Bien que *pourvue* d'ailes, l'autruche est *privée* de la faculté de voler. Elle s'éloigne ainsi du type le plus ordinaire des oiseaux pour se rapprocher des mammifères, avec lesquels elle a des rapports *directs* de plus d'une espèce et tellement *prononcés*, que les anciens la désignaient sous le nom d'oiseau-chameau (2). L'autruche est le plus grand de *tous* les oiseaux ; celle d'Afrique atteint jusqu'à deux mètres de hauteur. Elle est *portée* sur des jambes *nues* d'un mètre de longueur. Son cou, de *pareille* dimension, est flexible et sans grâce, et supporte une tête *petite* en proportion de la grosseur du corps. Son bec *déprimé* et ses yeux *grands* et *ouverts* contribuent à lui donner un air d'étonnement et de stupidité qui lui a valu, de tout temps, sous ce rapport, la réputation la mieux *établie* : « Dieu l'a *privée* de sagesse, dit le livre de Job, et l'intelligence lui a été *refusée.* » On en a fait une mère *imprévoyante* qui abandonne ses œufs à la merci du ciel ; enfin on a dit que lorsqu'elle était *poursuivie,* elle croyait se soustraire au danger en cachant sa tête derrière le plus petit buisson, laissant le reste du corps à découvert. Elle court avec une *telle* rapidité qu'un cheval au galop ne peut l'atteindre que lorsqu'elle est *fatiguée.*

Les autruches sont *herbivores.* Leur ouïe est *fine* et leur vue *perçante,* mais le sens du goût et celui du toucher sont extrêmement *obtus* et presque *nuls,* à ce qu'il paraît, car, en domesticité, on les a vues avaler non-seulement *toutes* les substances *végétales* et *animales,* mais encore les matières *minérales* même les plus *pernicieuses, telles* que du fer, du cuivre, du plomb, des pierres, de la chaux, du plâtre, tout ce qui se présente enfin, jusqu'à ce que leur *grand* estomac soit rempli. Il est doué d'une force si digestive et si dissolvante qu'elles rendent les métaux qu'elles ont avalés *usés* et même *percés* par le frottement et la trituration. Les plumes d'autruche sont un objet considérable de commerce : chez tous les peuples, on a su tirer parti de l'élégance de ces plumes *gracieuses,* soit pour orner la tête des femmes ou les coiffures *militaires* des hommes, l'encolure même des chevaux au temps de la chevalerie, soit pour décorer les ameublements des riches ou des *grands* dignitaires. Leur peau est assez *épaisse* pour fournir aux naturels un cuir solide dont ils font des boucliers et des cuirasses. La chair en est médiocre, cependant des nations *entières* de l'Arabie s'en nourrissaient autrefois, et plusieurs tribus *africaines* s'en nourrissent encore aujourd'hui. Les Arabes ne parviennent à s'en emparer qu'après une poursuite des plus *opiniâtres,* mais la chasse devient moins longue et moins pénible quand ils emploient des lévriers. Plusieurs parties de leur corps étaient autrefois *employées* en médecine ; aujourd'hui, on n'en fait plus aucun usage.

Devoir. — Noter et expliquer les termes incompris.

---

(1) Grand oiseau de l'ordre des échassiers, que l'on trouve dans toute l'Afrique et dans les parties occidentales et méridionales de l'Asie.

(2) Vue de loin, dans le désert, l'autruche ressemble assez à un chameau.

CHAPITRE IV.

EXERCICES SUR LES PRONOMS.

Voir la remarque sur les noms, p. 13, au commencement.

43ᵉ Exercice. — *Se* ou *ce.* — Gram. nᵒ 209.

Voyez comme *ce* serpent *se* replie. Elle *se* porte avec ardeur à
tout *ce* qu'elle fait. La paye de ces ouvriers *se* fait tous les sa-
medis. Tout change en *ce* monde; il n'y a rien de constant.
Ce qui est amer à la bouche est doux au cœur. *Ce* jeune homme
s'attache à copier *ce* qu'il y a de meilleur dans son modèle. On
peut ne pas dire tout *ce* qu'on pense, mais il faut penser tout
ce qu'on dit. Dans l'autre monde, il faudra rendre compte de *ce*
que nous aurons fait dans celui-ci. Quelques marchands ayant
enlevé tous les draps pour *se* rendre maîtres des prix, on *se*
plaignit de *ce* monopole. *Ce* fait *se* retrace à mon esprit comme
s'il était encore présent à mes yeux. Rendre un homme camus,
c'est le réduire à ne savoir que dire. Quiconque *se* charge des
affaires d'autrui, est souvent obligé de négliger les siennes. Quand
ce bon homme *se* mêle de railler, il est plus malin que personne.

Devoir. — Expliquer *monopole* et les autres termes incompris.

Accord des pronoms.

44ᵉ Exercice. — GRAMMAIRE, nᵒ 217.

Jules est paresseux, *il* ne travaille pas. Ces écoliers sont
paresseux, *ils* ne font rien qui vaille. L'humilité est la vertu
des forts, *elle* prépare l'âme à de grandes choses. Si les
populations rurales étaient plus éclairées, *elles* seraient
plus heureuses. Les comètes reçoivent du soleil le peu
de clarté dont *elles* jouissent. Les feuilles du marronnier
sont composées et *celles* du chêne sont simples. Dix de
ces pièces de monnaie n'en valent qu'une de *celles-là*. On
met des sonnettes aux pieds des oiseaux de proie avec
lesquels on chasse. Il y a des lunettes à travers *lesquelles*
on voit les objets renversés. Il m'a tenu un discours
auquel je n'ai rien compris. Vous avez des habitudes
auxquelles il faut renoncer. La France est divisée en départements à la tête *desquels* se trouve un préfet.

Devoir. — Expliquer les mots *comètes, lunettes* et autres
termes incompris, puis développer le sens de la 4ᵉ phrase.

45ᵉ Exerc.—*Accord des pronoms.* — Gr. n° 217.

La porcelaine est belle, mais *elle* est fragile. Quand les terres sont bien fumées, *elles* en fructifient davantage. Les racines sont sujettes à s'altérer quand *elles* ne sont pas couvertes de terre. Consultez les vieillards : *ils* ont appris à leurs dépens la route de la vie, *ils* vous empêcheront de vous égarer. Les barbes des épis d'orge sont plus longues que *celles* des épis de seigle. Les fleurs de la seconde fleuraison (1) sont ordinairement moins grandes et moins belles que *celles* de la première. On appelait autrefois vil'es franches *celles* qui ne payaient pas la taille. Les fruits d'un grand nombre de plantes servent à la nourriture des hommes ou à *celle* des animaux. Les sacrements sont les canaux par *lesquels* Dieu répand ses grâces. Il est certaines choses pour *lesquelles* on éprouve de la répugnance. La gomme-résine est un suc laiteux qui découle de certains végétaux *auxquels* on fait des incisions. Romulus (2) et ses successeurs jetèrent les fondements des institutions *auxquelles* Rome dut sa grandeur.

Devoir.—Expliquer les mots *taille, successeur*, et autres termes incompris.

46ᵉ Exercice. — *Récapitulation sur les* N°ˢ 209 et 217.

Cette chaise-ci est moins haute que *celle-là*. La chair des truites saumonées est rouge comme *celle* des saumons. C'est une affaire dont il est bien instruit, il en pourrait parler savamment. Quand la rivière déborde, *elle* inonde toute cette plaine. Les poêles répandent une chaleur plus égale que *celle* des cheminées. Les infirmités sont le cortége de la vieillesse ; les inquiétudes *celles* de la puissance. Les hommes sont des roseaux fragiles sur *lesquels* on ne saurait s'appuyer sans s'exposer à chanceler et à tomber. Il ne faut pas marchander sa vie quand il s'agit de sauver *celle* d'un ami. Ceux qui n'ont jamais souffert ne savent rien ; *ils* ne connaissent ni les biens ni les maux ; *ils* s'ignorent eux-mêmes. Les faux dévots aiment mieux faire des œuvres de surérogation que de satisfaire à *celles* qui sont obligatoires. Les branches du saule pleureur sont plus longues et plus flexibles que *celles* du saule ordinaire. Il a poussé les enchères de cette maison au plus haut point où *elles* pouvaient aller. Tel est le caractère des hommes qu'*ils* ne sont jamais contents de *ce* qu'ils possèdent. Les saturnales étaient des jours privilégiés pendant *lesquels* les esclaves romains jouissaient d'une apparence de liberté. Les lois selon *lesquelles* Dieu a créé l'univers sont *celles* selon *lesquelles* il le conserve. Les savants ont calculé que la chaleur envoyée à la terre par le soleil compense exactement *celle* qu'*elle* peut perdre encore.

Devoir. — Expliquer les mots et les phrases incompris.

---

(1) On dit aussi *florçison* (Acad.).
(2) Romulus, premier roi de Rome, vivait en 754 avant Jésus-Christ.

47ᵉ Exercice. — *Se ou ce; pronoms et adjectifs en rapport avec plusieurs noms de même genre ou de genres différents.* (Gr., nᵒˢ 209 et 217.)

Quand un pronom remplace des noms de même genre ou de genres différents, on suit les règles d'accord des adjectifs (*Gr.*, 178 *et* 179).

La beauté est comme la rose : elle *se* flétrit au souffle du plaisir. Cette demoiselle manque de grâce, *elle* n'a point de tenue. Pauline et Louise manquent de grâce; *elles* n'ont point de tenue. Voici des hommes et des femmes *auxquels* on ne peut *se* fier. L'histoire naturelle nous révèle les magnificences de la terre, l'astronomie *celles* du ciel. L'orang-outang est une espèce de singe dont la taille et la conformation *se* rapprochent de *celles* de l'homme. Il y a des instruments, comme le piano et la harpe, sur *lesquels* on peut exécuter plusieurs parties à la fois. Dieu nous a donné le travail et l'intelligence, à l'aide *desquels* nous pouvons faire produire à la terre *ce* qui est nécessaire à nos besoins. Après un certain temps, les planètes et les astres reviennent au même point d'où *ils* étaient *partis;* Dieu a défini le temps et le lieu *auxquels* cela arrivera. On ne *se* fait pas assez d'idée, dans le monde, des inquiétudes et des fatigues sans nombre *auxquelles* sont *exposées* les personnes qui travaillent pour satisfaire nos besoins et nos plaisirs. La mémoire des tyrans est odieuse : *celle* des bienfaiteurs de l'humanité doit être éternelle. Le zèle et l'exactitude avec *lesquels* je me suis *acquitté* de l'emploi que S. Exc. m'avait confié n'ont pas dû lui inspirer de défiance. L'homme, la marchandise, le ballot, la lettre une fois *affranchis* sont *libérés* des droits *auxquels ils* étaient *soumis.*

> Ce que l'on conçoit bien s'énonce clairement,
> Et les mots, pour le dire, arrivent aisément. [Boileau.] (1)

Devoir. — Expliquer le sens des expressions incomprises.

48ᵉ Exercice. — *Récapitulation sur les pronoms.* (Gr., 209-217)

(Rendre compte de l'orthographe.)

Du progrès agricole. — Pourquoi les Anglais, avec un sol moins favorable que *le nôtre,* obtiennent-*ils* près de 22 hectolitres d'un hectare de terre, tandis que *nous* ne savons encore en tirer que 16 ? C'est qu'ils sont plus habiles que nous en agriculture, et que, loin de toujours répéter, comme nous : « Faisons ainsi, parce que nos pères ont fait de même, » *ils* savent innover à propos. Il y a des moyens sûrs d'élever *notre* agriculture au niveau des besoins qu'*elle* doit satisfaire, si nous nous décidons à *les* employer. Que le cultivateur, dans chaque petite ferme, *se* donne la peine de recueillir tout le fumier qui *se* produit sur sa terre, de *lui* creuser une fosse, de l'arroser, de le retourner, de l'enfouir; qu'*il* sache disputer aux vents les feuilles sèches, extraire la boue des fossés, ramasser les débris de plâtre et de chaux, répandre quelques tombereaux de sable sur un champ argileux, ou d'argile sur un terrain sableux. En voilà assez déjà pour que le rendement en blé soit augmenté. *Il* pourra alors accorder plus d'espace aux fourrages artificiels, et avoir ainsi la facilité d'entretenir ou d'engraisser quelques bêtes de plus. De là encore de nouveaux engrais, de nouveaux perfectionnements et de nouveaux profits.

Devoir. — Chercher et expliquer le sens des expressions incomprises.

(1) Boileau, un de nos plus grands poëtes. Auteur des *Satires,* de l'*Art poétique* et du *Lutrin.* Né à Paris en 1636, mort en 1711.

49ᵉ Exercice. — *Récapitulation.* (Gr., 209-217.)

Les fourmis. — A l'aide de leurs antennes, qu'*elles* frottent contre *celles*
de leurs compagnes, les fourmis ont un moyen de *se* communiquer leurs
pensées ou leurs impressions. On ne saurait expliquer la rapidité avec
laquelle elles s'avertissent. L'une d'*elles* a-t-*elle* découvert, en errant çà
et là, un pot de miel ou de sucre, un fruit à terre, une chenille, une
branche chargée de pucerons? en un instant des milliers de fourmis arrivent, averties par la première, qui en a prévenu une deuxième, *celle-là*
une troisième et ainsi de suite. Vous avez dû en voir souvent traîner un
fardeau un peu lourd. *Elles* sont là plus de cent tirant de toutes leurs
forces, tandis que d'autres les excitent et les encouragent. — Quand *on*
les attaque, *elles* se défendent avec un courage étonnant. On remarque
aussitôt un grand mouvement dans la fourmilière. Ne croyez pas qu'*elles*
aient peur et qu'*elles* se hâtent de fuir. Les unes *se* précipitent au-devant
de l'ennemi, les autres vont chercher du secours dans la fourmilière en
appelant les ouvrières; d'autres enfin transportent les larves au fond de
l'habitation, pour les mettre en sûreté. Mais quand, après de courageuses
tentatives, *elles* s'aperçoivent que la lutte est inutile, *elles se* retirent et *se*
mettent promptement à l'abri en ayant soin d'emporter, quand *elles* le
peuvent, les cadavres de *celles* de leurs compagnes qui ont été tuées, et
qu'*elles* entraînent dans leur trou.

Devoir. — Expliquer les mots *antenne, larve,* etc.

50ᵉ Exercice. — *Récapitulation des pronoms.* (Gr., 209-217.)

Les Germains. — Les anciens Germains étaient grossiers plutôt que
féroces, francs, loyaux, hospitaliers, observateurs religieux de leur parole. *Ils* ne s'adonnaient pas à l'agriculture, et ne vivaient que du lait et
de la chair de leurs troupeaux et de leur chasse. Ils avaient des demeures
fixes, bien qu'*ils* détestassent les villes. *Ils* étaient grands mangeurs et
surtout grands buveurs : fêtes, visites, délibérations même en matière de
gouvernement, tout *se* résolvait en festins. Ils *se* groupaient autour de
chefs de leur choix pour de grandes expéditions. *Ils* obéissaient la plupart à des rois héréditaires; mais, *ils* n'en avaient pas moins une sorte
d'aristocratie dans le conseil des grands et des vieillards, et une démocratie dans les assemblées ou diètes nationales, où tous les hommes libres
se rendaient. *Il* faut bien distinguer, chez les Germains, la nation d'avec
la bande : *celle-ci* se composait des hommes armés qui *s'*associaient à la
fortune d'un guerrier renommé et le suivaient dans une expédition ; dans
celle-là étaient compris les femmes, les enfants et les vieillards. Leurs
armes étaient, pour l'infanterie, des épées longues et lourdes, comme
celles des Germains franciques et allemaniques, ou courtes et tranchantes,
comme *celles* de Suèves ; des arcs et des flèches, des épieux ou courtes
lames, la hache à deux tranchants, la framée ou javelot à crochet, la cui-
rasse en peaux de bêtes ou en fer, le bouclier long et étroit, etc. *Ils*
croyaient aux sorts et aux oracles. Les femmes surtout *leur* semblaient
aptes à prédire, et *ils* témoignaient à quelques-unes d'entre *elles* une
grande vénération.

Devoir. — Expliquer les mots et les phrases incompris.

CHAPITRE V.

EXERCICES SUR LES VERBES.

51ᵉ Exer.—Avoir et être. (Gram., p. **34** et **35**.)

Tu *as*, il *a*, elle *a* faim. J'*avais*, tu *avais*, il *avait*, ils *avaient* soif. J'*eus*, tu *eus*, il *eut*, il faudrait qu'il *eût* du courage. J'*aurai*, tu *auras*, il *aura* raison. Nous *aurons*, ils *auront* tort. J'*aurais*, tu *aurais*, il *aurait*, elles *auraient* froid. J'*eusse eu*, tu *eusses eu*, il *eût eu*, ils *eussent eu* peur. *Aie* pitié des malheureux. J'*ai* confiance en Dieu. Il faut que j'*aie*, que tu *aies*, qu'il *ait*, qu'ils *aient* terminé demain. Tu *es*, il *est*, Paul *est* studieux. J'*étais*, tu *étais*, il *était*, elle *était* docile. Ils *étaient*, elles *étaient*, Jacques et Jean *étaient* sages. Je *fus*, tu *fus*, il *fut*, elle *fut* honnête. Tu *seras*, il *sera*, elle *sera* timide. Nous *serons*, ils *seront*, Charles et Louis *seront* calmes. Je *serais*, tu *serais*, elle *serait* sévère s'il le fallait. *Sois* tranquille. Il faut que je *sois*, que tu *sois*, qu'elle *soit* affable. Il faudrait qu'ils *fussent*, qu'elles *fussent*, que Paul et Jules *fussent* sincères. On ne peut *avoir* et *avoir eu*, *être* et *avoir été*.

Devoir. — Expliquer et analyser la dernière phrase.

52ᵉ Exercice.—Verbes en er. (Gram., p. **36** et **37**.)

● L'écureuil *aime* les noisettes. On *aime* un bon plaisant, on *abhorre* un caustique. Les honnêtes gens *abhorrent* les fripons. Dis-moi qui tu *fréquentes*, je te dirai qui tu *es*. La peur *aggrave* le mal sans y remédier. Souvent les enfants *aggravent* leurs torts par la manière dont ils *s'excusent*. Les âmes fortes *repoussent* la volupté comme le nautonier *évite* les écueils. L'intempérance *exténue* le corps à la longue. Vous *manquiez* seul à la fête qu'on *avait* préparée pour vous. Il faut que nous nous *acquittions* de nos devoirs et que nous n'*épargnions* pas notre peine. Il a *surhaussé* sa marchandise. Votre vaisseau *voguait* en pleine mer, et nous *voguions* nous-mêmes à pleines voiles en même temps. Ces deux peuples se *liguèrent* contre leur ennemi commun. Le blé *sue*, les foins *suent* jusqu'à ce que toute l'humidité qu'ils *renferment* soit évaporée.

Devoir. — Expliquer, abhorrer, caustique, aggraver, nautonier, écueil, voguer, et évaporer, puis analyser la 1ʳᵉ phrase.

53ᵉ Ex.—Verbes en cer et ger (Gr. 257-258.)

J'acquiesce à votre demande par amour de la paix. On applique des sangsues afin qu'elles *sucent* le sang. Ne *menaçons* personne. Il ne faut pas *soupçonner* ceux que l'on emploie, ou ne pas employer ceux que l'on *soupçonne*(1). Le coup qu'il *reçut* le *transperça*. Je le *dégageai* de ses liens. On *exigea* la représentation de son passe-port. Louis XIV *protégeait* les lettres et les sciences. Sésostris (roi d'Egypte) *subjugua* ou, pour mieux dire, *ravagea* toute l'Asie. On *l'obligea* à se démettre de son emploi. Vous lui *adjugeâtes* le prix tout d'une voix. Nous nous *jugeons* rarement comme les autres nous *jugent*. Ceux qui pêchent les perles *plongent* dans la mer pour en rapporter les huîtres.

Devoir:—Expliquer *acquiescer, soupçonner, transpercer, subjuguer, adjuger, plonger* et rendre compte de l'orthographe.

54ᵉ Exercice. — *Verbes en* eler *et* eter. (Gram., 259 et 260.)

Cet homme est ivre, il *chancelle*. On n'exécute pas tout ce que l'on *projette*. Ils *rejetèrent* cette mesure comme trop violente. Quand le feu est à une maison, on *appelle* les pompiers. On *nivelle* la rivière depuis tel endroit jusqu'à tel autre, pour savoir combien elle a de pente. Vous *renouvellerez* sa douleur si vous lui parlez de cet événement. Elle *soufflette* son enfant pour les moindres fautes. Vous n'avez pu prendre la balle quand je vous l'ai *jetée*; renvoyez-la-moi, je vous la *rejetterai*. Le vent *amoncelle* les sables. Je *cachette* ma lettre, vous *décachetez* la vôtre. Dites au cocher qu'il *attelle*. O Dieu, si notre cause est victorieuse, avant la fin du jour le sang d'une hécatombe *ruissellera* sur vos autels. Avant que les moines eussent des églises, ils priaient dans de petites chapelles que l'on *appelait* oratoires.

Il *gèle* à pierre fendre, il *dégèle* ensuite. L'eau se *congèle* par le froid. Cette liqueur se *congèlera* promptement. Son action *décèle* une âme corrompue. Sa malice s'est *décelée* dans cette affaire. Un si grand bonheur *rachète* bien des peines. Il *achèterait* volontiers cette maison, mais l'argent lui manque. Vous avez là un habit qui *décollète* beaucoup. Je *l'épousseterai* comme il faut. Si vous me faites ce plaisir, vous me *rachèterez* la vie. Cette affaire me *martèle* le cerveau. Durant les neiges, les lapins *pèlent* les jeunes arbres. Le corbeau croasse, l'aigle *trompète*. Les apothicaires *étiquètent* leurs fioles. Cette affaire ne *compète* point à tel tribunal. On *tachète* la tranche et la couverture des livres en y appliquant de la couperose et d'autres substances colorantes. (*Académie à marbrer.*)

Devoir.—Expliquer *chanceler, amonceler, ruisseler, déceler, marteler, trompeter, étiqueter, competer* et *tacheter.*

---

(1) Notez qu'ici la cédille se trouve dans le radical du verbe.

55ᵉ Ex. **Lever, mener,** etc. (Gr., nº 261.)

Je me *lève* de bon matin. Il faut voir comme il se *démène.*
Vous lui avez porté le coup de grâce; il ne s'en *relèvera*
jamais. Cet argént ne le *mènera* pas loin. Quittez ces vaines
pensées, qui ne vous *mèneront* à rien. Le printemps
ramène les beaux jours. Montez dans ma voiture, je vous
ramènerai. Cet homme *achève* paisiblement sa carrière.
On *achèvera* cela plus tard. Ce sac *crèverait* si vous l'em-
plissiez tant. La charge de poudre est trop forte, elle
crèvera ce canon. Je le *relèverai* bien du péché de paresse.
Les ciboules *relèvent* le goût des sauces. Pour combien en
achèterons-nous ? On *recèpera* toutes les vignes prochainement. Quand on tarde trop à vendanger, le raisin *s'égrène.*

Devoir. — Expliquer *démener, ciboule,* et *receper.*

56ᵉ Exercice. — *Céder, régler, recéler,* etc. (Gr., nºˢ 262 et 263.)

Je *cède* à la force. Tu *règles* du papier. L'or *adhère* fortement
au mercure. Dieu *pénètre* le fond des cœurs. Il nous *confère* ses
grâces. Il ne délaisse jamais ceux qui *espèrent* en lui. Je *déses-*
père de venir à bout de cette affaire. Il a des manières hautes
qui *aliènent* les esprits. Le vin mêlé avec de l'eau *désaltère*
mieux que l'eau pure. On dit que les ours *lèchent* leurs petits
pour achever de les former. Il ne faut pas confondre l'abus avec
l'usage : les exemptions trop fréquentes *dégénèrent* en abus.
Toute la nature annonce, *révèle,* publie qu'il y a un Dieu. La
gloire de ses belles actions *reflète* sur toute sa famille. La mer
recèle de grands trésors dans son sein. Les montagnes de l'Ar-
dèche *recèlent* toutes sortes de substances minérales. Ce laboureur
empiète peu à peu sur son voisin. Il *répète* toujours le même
mot. Cela m'*inquiète* beaucoup. Mille peines nous fatiguent et
nous *inquiètent* ici-bas. Il faut s'acquitter de ses devoirs et ne pas
s'*inquiéter* du reste. Ne vous *inquiétez* point de cette affaire.
Les États généraux de 1789 *décrétèrent* la constitution de 1791.
Le temps *séchera* vos larmes. Ces plantes ne *sécheront* pas si
vous ne les étalez. Je ne *céderais* pas pour un empire. Ils *céde-*
ront si vous montrez de la fermeté. Je *pénétrerai* ce mystère.
Celui qui *persévérera* jusqu'à la fin sera sauvé. On *procédera* à
la vente de tous ces meubles. Sans le travail, l'homme *végéte-*
rait sur la terre. Nous *conférerons* de cette affaire. Je prendrai
le parti que vous me *suggérerez.* Si notre raison, qui doit régler
toutes choses, est déréglée, qui est-ce qui la *réglera* ? Il a fait
une mauvaise action, il ne *prospérera* pas. C'est un estomac
d'autruche, il *digérerait* le fer. Si le soleil paraît, il *rassérénera*
le temps. Je vous l'ai toujours dit et je vous le *répéterai :* priez
sans cesse. Tous les peuples connaîtront et *vénéreront* le nom du
Seigneur. Les plaisirs *abrègent* les jours. La conversation *abrège*
la route. Cette citadelle *protége* et *protégera* toujours la ville.

Devoir. — Expliquer *adhérer, conférer, aliéner, — refléter,*
recéler, empiéter, décréter, — conférer, suggérer, rasséréner,
vénérer, etc.

57ᵉ Exercice. —Créer, prier, etc. (GRAM., 264-265).

(Rendre compte de l'orthographe.)

Le vert *récrée* la vue. Il faut des jeux qui *récréent* et qui ne fatiguent pas l'esprit. Quand on a beaucoup travaillé, il est bon de se *récréer* un peu. Dieu seul est un être *incréé*; la matière a été *créée*. Une belle personne n'*agrée* pas toujours. De nouveaux besoins *créent* de nouvelles industries. On *supplée* quelquefois à l'habileté par la finesse. Son mérite *suppléait* au défaut de sa naissance. La valeur *supplée* au nombre. Si vous ne pouvez venir, je vous *suppléerai*. Notre vaisseau fut *dégréé* par le mauvais temps.—Ne nous *associons* qu'avec nos égaux. Il ne faut pas que nous nous *associions* avec toute espèce de gens. J'ai fait *planchéier* mon cabinet; il est fort bien *planchéié*.

Devoir.—Expliquer *récréer, recréer, dégréer*, etc.

58ᵉ Exercice. — Verbes en yer. (GRAM., nᵒˢ 266 à 268.)

Si vous le *rudoyez*, vous le découragerez. Si vous le *rudoyiez*, vous le décourageriez A quoi vous servirait d'avoir de l'esprit si vous ne l'*employiez* pas? A quoi vous servira d'avoir de l'esprit si vous ne l'*employez* pas, et que vous ne vous *appliquiez* pas? (909) Vous *payez*-vous de chansons? Je crains que vous ne vous *égayiez* quelquefois aux dépens des absents. Quand nous sommes estropiés, nous nous *appuyons* sur des béquilles. Il est bon que nous *appuyions* notre sentiment de l'autorité des savants. Dans les mots de plusieurs syllabes, il y en a toujours une sur laquelle nous *appuyons* plus fortement que sur les autres (Acad.),

Cette mère *choie* trop ses enfants. Ce prédicateur *ennuie* ses auditeurs. La lecture *désennuie*. Les loups hurlent et n'*aboient* pas. Ne souffrez pas qu'il vous *côtoie*. Quand on se *noie* on s'accroche où l'on peut. Dans les endroits où l'eau *tournoie*, il y a ordinairement un gouffre. On *emploiera* ses déblais à combler le fossé voisin. Les gens infirmes s'*appuient* sur des béquilles.

Qui casse les verres les *paye* (1). Cent ans de chagrin ne *payent* pas un sou de dettes. Vous avez *payé* pour moi aujourd'hui, je *payerai* pour vous à la première rencontre. Cet homme *bégaye* si fort qu'on a toutes les peines du monde à l'entendre. Ce balancier *monnaye* tant de pièces d'or par jour. Autant l'esclavage me répugne, autant la liberté m'*effraye*. Allez voir de près ce qui vous *effraye*, et, le plus souvent, vous rirez vous-même de votre frayeur. Le diamant est le plus dur des minéraux : il les *raye* tous et n'est *rayé* par aucun. Cette femme *grasseye* agréablement.

Devoir. — Expliquer *rudoyer, choyer, bégayer, monnayer*, etc.

(1) L'Académie permet aussi d'écrire *paie, je paierai, bégaie, monnaie, m'effraie*, etc., mais elle donne constamment la préférence aux premières formes.

59e Exercice. — *Verbes en ir.* (Gram., 269 à 271.)

Le pain *nourrit* beaucoup. Les fruits et les légumes ne *nourrissent* pas autant que la viande. Cet homme a du mérite, il *réussira*. Ils sont trop étourdis: il ne *réussiront* à rien. *Saisissez* bien ce que je vous dis. Ce traducteur a mal *saisi* ce passage. L'esprit *vieillit* comme le corps. Les chagrins l'ont bien *vieilli*. Le combustible *enchérit* tous les jours. Il ne faut pas que plusieurs *pâtissent* pour un seul. La vraie philosophie élève l'âme et *affermit* la raison. La mer a *englouti* bien des vaisseaux. Le luxe a *perverti* bien des femmes.

A l'entrée des églises, on trouve de l'eau *bénite*. Les personnes pieuses placent une branche de buis *bénit* au-dessus de leur lit. Les drapeaux de ce régiment ont été *bénits* par l'archevêque. *Bénis* soient vos drapeaux qui ont sauvé l'honneur de la France! Le prêtre a *béni* l'assistance. Dieu *bénit* autrefois la race d'Abraham. A la Chandeleur, on porte des cierges *bénits*. *Bénie* soit la main qui m'étrenne. On *rebénit* une église lorsqu'elle a été profanée. — Les anémones *fleurissent* de bonne heure. Les arts *fleurissaient* sous le règne de ce prince (1). Le poète Ronsard *florissait* en France à la fin du xvie siècle. Athènes *florissait* sous Périclès. Nous sommes nés dans un royaume *florissant*. Le plus illustre sculpteur de l'antiquité fut l'Athénien Phidias, qui *florissait* en l'an 450 avant Jésus-Christ. — Qui *hait* la vérité *hait* aussi la lumière. Les hommes qui *haïssent* la vérité *haïssent* aussi ceux qui ont la hardiesse de la dire. Nous *haïmes*, vous *haïtes* toujours l'hypocrisie.

Devoir. — Expliquer les mots *traducteur, combustible, pâtir.* — *Chandeleur, art, sculpteur* et *sculpture.*

60e Exercice. — *Verbes en oir.* (Gram., 272 à 277.)

La matière *reçoit* toutes sortes de formes. La ronde-major *reçoit* toujours le mot (2). Cette phrase est mal *conçue*. Il a été bien *déçu*. Je l'*aperçois* de loin. On le raille et il ne s'en *aperçoit* pas. Ce sont eux qui *perçoivent* les revenus de cette propriété. — Je vous demande mon *dû*. Un grand effet est toujours *dû* à une grande cause. Le culte d'adoration n'est *dû* qu'à Dieu seul. Il ne faut pas rendre aux hommes des honneurs qui ne sont *dus* qu'à Dieu. Il lui est *dû*, tant en principal qu'en arrérages, la somme de... Combien vous *redoit*-il? Il m'est *redû* cent francs. — Les hommes d'aujourd'hui sont bien différents de ceux que nous *voyions* autrefois. *Riez*-vous, ou est-ce tout de bon? *Riez*-vous, ou était-ce tout de bon? Il est très utile que nous *prévoyions* ce que nous aurons à faire. Je m'*aperçois* que vous *souriez* de mon embarras. Nous nous *aperçûmes* que vous *souriiez* de notre embarras. Seigneur, nous avons attendu la paix et ce bien n'est pas encore venu; nous nous *confiions* en vous, nous *croyions* toucher au temps de consolation, et voilà encore des troubles. Il importe que je *fuie*, que tu *fuies*, que les jeunes gens *fuient* les mauvaises sociétés.

Devoir. — Expliquer les mots *matière, décevoir, arrérages,* etc.

(1) On peut dire aussi *florissaient* (Acad.)—(2) *Ronde*, visite autour d'une place; *ronde-major*, celle que fait le major; *mot* ou *mot d'ordre*, terme qui sert à se reconnaître.

61ᵉ. Exercice. — *Verbes en* re. — (Gram., 278 à 283.)

Dieu *répand* ses grâces comme il lui plaît. Le feu durcit le limon et amollit la cire; l'orage *abat* les plantes et affermit le chêne robuste. Il est guéri de sa goutte, mais il *feint* encore un peu du pied gauche. Le feu *résout* le bois en cendre. On a *résolu* vingt fois ce problème. Il *paraît* que vous avez tort. Ces raisons me *paraissent* bonnes. Il n'a point *comparu*. La viande se *recornit* à force de *cuire*. Si on veut que des chevaux travaillent bien, il faut les bien *nourrir*. Entendez-vous *bruire* les vagues, le vent, le tonnerre? On donne le nom de corporal au linge bénit que le prêtre *étend* sur l'autel pour recevoir le calice et ensuite l'hostie.

Devoir. — Expliquer *limon, goutte, feindre, résoudre*, etc.

62ᵉ Exercice. — *Récapitulation sur les verbes en* cer, ger, eler, eter, etc. (Gram., 257 à 283.)

1 Mon père a *exhaussé* un mur. 2 Le ciel *exauça* nos vœux. 3 Ces fleurs *exhalent* une douce odeur. 4 *Saluons* respectueusement nos supérieurs. 5 Il ne faut pas *acquiescer* aveuglément aux sentiments de ceux qui nous *entourent*. 6 Je *regrette*, je *regretterai* toujours d'avoir perdu mon temps (1). 7 Quand ils furent à telle hauteur, il survint une tempête qui les *obligea* de relâcher. 8 Si vous me le permettez, je *décachetterai* cette lettre. 9 Il y a des étoiles qui *étincellent* plus que d'autres. 10 Le vrai moyen d'éviter la guerre, c'est de cultiver les armes, c'est d'honorer les hommes qui *excellent* dans cette profession (1). 11 Sa fortune *chancelle*, elle a besoin d'être *étayée*. 12 En été, les rosées abondantes *suppléent* à la rareté des pluies. 13 Nous nous *confions* dans la bonté de notre cause. 14 Si nous nous *confiions* trop en nous-mêmes, nous risquerions de nous égarer. 15 Quant à la raison que vous m'*alléguez* aujourd'hui, je m'y rends; mais que pouvais-je penser de celle que vous *alléguiez* hier?

Devoir. — Expliquer les mots *exhausser, exaucer, exceller, étayer*, etc.

63ᵉ Exercice. — *Suite de la récapitulation.* (Gr., 257 à 283.)

1 Il ne *gèle* jamais sous les tropiques. 2 Quand il *dégèlera*, les murailles *sueront*. 3 Dans les temps humides, les blés se *carient* promptement. 4 Cet homme a *projeté*, *projette* et *projettera* toute sa vie. 5 La neige est formée par des vapeurs qui se *congèlent* dans l'atmosphère. 6 J'*achèterai* cette marine (2) pour faire pendant à une autre que j'ai déjà. 7 Je vous prêterai ma voiture, et vous me la *ramènerez*. 8 Il *pénétra* dans la chambre et ouvrit les armoires avec de fausses clefs. 9 Cet homme *élevé* si haut, le voilà tombé, et il ne se *relèvera* jamais de sa chute. 10 Le jour de la manifestation *révélera* toutes nos actions aux yeux de l'univers. 11 Si Dieu nous *protège*, qu'avons-nous à craindre? 12 Le Seigneur *agrée* les prières du juste et les offrandes du pauvre, plus encore que les présents des riches. 13 Il y a bien des choses qui sont bonnes et qui cependant n'*agréent* pas à tout le monde. 14 Cet homme *bégaye* si fort qu'il aurait besoin d'un truchement (3). 15 Dieu humilie les présomptueux, tandis qu'il *protège* et *protégera* toujours ceux qui se *confient* en lui. 16 Les paysages de la Suisse offrent une foule de tableaux où la nature *déploie* sa grandeur et sa fécondité.

Devoir. — Expliquer *tropique, se carier, paysage*, etc.

---

(1) Notez que dans *regretter, exceller*, etc., les *l* et les *t* appartiennent aux radicaux.
(2) *Marine*, en termes de peinture, se dit d'un tableau représentant un port de mer ou quelque vue de la mer.
(3) *Truchéman* ou *truchement*, sorte d'interprète. — *Bégaye* ou *bégaie*. (Acad.)

64ᵉ **Ex.**—*Suite de la récapitulation sur les verbes en* eler, eter, ier, *etc.*
(Gram., 257 à 283.)

1. Je vous *céderai* ma place. 2. Lui *céderiez*-vous vos droits? 3. Voici un sentier qui *abrége* le chemin d'une lieue. 4. Au jour du jugement, mon péché *s'élèvera* contre moi. 5. L'écorce de cet arbre *adhère* fortement au bois. 6. Dieu seul peut anéantir les êtres qu'il a *créés*. 7. Cet homme a un excellent estomac : il *digérerait* le fer. 8. Les troupes mercenaires sont des troupes étrangères dont on *achète* les services. 9. L'homme ne *pénétrera* jamais une foule de mystères dont Dieu s'est réservé la connaissance. 10. Minos avait consulté l'oracle d'Apollon (1) pour savoir combien de temps sa race *régnerait* suivant les lois qu'il venait d'établir. 11. Chacun doit choisir le chemin qui le *mènera* au terme de la carrière à parcourir ici-bas. 12. Se faire *connaître*, c'est faire ou dire quelque chose qui *décèle* les dispositions, les qualités bonnes ou mauvaises que l'on a. 13. *Employons* bien notre temps. 14. Celui qui écoute *emploie* souvent mieux son temps que celui qui parle. 15. Cet enfant *bégaye*, il n'a pas la prononciation libre. 16. Quelques personnes affectent de *grasseyer*, rien n'est plus ridicule. 17. Les marchandises qui passent de bout *payent* moins de droit que les autres. 18. Ce n'est pas le récit détaillé des moindres actions d'un homme supérieur qui nous *révélera* le secret de son ascendant, mais la recherche attentive des mobiles élevés de sa conduite.

Devoir.—Expliquer *passer debout, mobiles*, etc.

65ᵉ Exercice. — *Suite de la récapitulation précédente.*
(Gram., 257 à 283.)

1. La valeur *supplée* aux armes. 2. L'or *supplée* souvent au mérite. 3. Cette place fut *créée* pour un tel. 4. Il faut que nous *pratiquions* la vertu. 5. Un discours monotone *assoupit* ordinairement les auditeurs. 6. Nous nous *confiâmes* en Dieu. 7. Elles se *confièrent* mutuellement leurs projets. 8. Si cela ne vous *désagrée* point, je me *recréerai* maintenant. 9. Cela *décélerait* trop l'intention que vous avez : 10. On distribua six pains *bénits*. 11. Aujourd'hui, les drapeaux sont *bénits* dans l'église métropolitaine du lieu où le régiment tient garnison. 12. Un autel portatif est une pierre plate et *bénite* selon les formes ordinaires de l'Eglise pour célébrer la messe en pleine campagne. 13. Dans les villes qui paraissent *jouir* de la paix et où les arts *fleurissent*, les hommes sont dévorés d'envie, de soins et d'inquiétudes. 14. D'où vient que tant de colonies grecques qui *florissaient* sur cette côte sont actuellement détruites? 15. Les arts ont *fleuri* dans cette contrée, il y en reste encore des traces. 16. Quand tout nous *réussit* au gré de nos désirs et que nous n'éprouvons aucune contrariété, nous ne *songeons* pas à Dieu, nous ne nous occupons qu'à regret des choses de l'éternité.

Corrigé des exceptions tirées des bons auteurs (2).

1 Dieu promit à Abraham qu'en lui et en sa postérité toutes les nations seraient *bénies* (Bossuet). 2 On voit dans la formule de la consécration de Pepin le Bref que Charles et Carloman, ses fils, furent aussi oints et *bénis* [Montesquieu (3)].

Devoir.—Expliquer *monotone, auditeur*, etc.

(1) *Apollon*, dieu de la lumière, de la poésie et des beaux-arts.

(2) Phrases modifiées d'après l'usage actuel. (V. l'*Avertissement*, p. 4.)

(3) *Bossuet* (1627-1704), évêque de Meaux, auteur du *Discours sur l'Histoire universelle*; des *Oraisons funèbres*, etc. — *Montesquieu* (1689-1755), célèbre magistrat auteur de l'*Esprit des Lois*, des *Causes de la grandeur et de la décadence des Romains*, etc.

Orthographe des personnes.

66ᵉ EXERCICE.—(GRAM., nᵒˢ 284 A 293.)

Je *parus* à la cour dès ma plus tendre jeunesse. Je *puis* le dire, mon cœur ne s'y *corrompit* point. Je *formai* même un grand dessein: j'*osai* y être vertueux. Dès que je *connus* le vice, je m'en *éloignai*.

Garde-toi de désirer tout ce que tu *vois*, de croire tout ce que tu *entends*, de dire tout ce que tu *sais*, de faire tout ce q' et u *peux*.

Il *est* à présumer qu'il n'en *demeurera* pas là.—Qui *n'entend* qu'une cloche *n'entend* qu'en son.—Plus on y *songe*, plus on se *convainc* de la sublimité des livres saints.

Quand nous *ferons* un pas en avant, les Anglais en *feront* deux.— *Agissez* comme vous l'*entendrez*.—Nous *exigeons* nos droits en toute rigueur et nous *voulons* que les autres *soient* désintéressés quand il *s'agit* des leurs; nous *sommes* pointilleux à garder notre rang, et nous *voulons* que les autres *soient* humbles et condescendants; nous nous *plaignons* volontiers du prochain, et nous ne *voulons* pas que l'on se *plaigne* de nous; nous *estimons* beaucoup ce que nous *faisons* pour autrui, et nous *comptons* pour rien ce que l'on *fait* pour nous. Vous *êtes* juste, Seigneur, et vos jugements *sont* équitables !

Devoir.—Expliquer les mots *cour*, *dessein*, *présumer*, etc.

67ᵉ Ex.—**Futur** et **Impératif.** (**294** et **295**.)

Je vous *confierai* un secret. Je *confirai* ces prunes à l'eau-de-vie. On *fondera* un hôpital en ce lieu. La glace se *fondra* au soleil. Tous les hommes *ressusciteront* un jour. Adressez-vous à ce banquier, il vous *négociera* votre billet.

Va à la campagne, *vas*-y voir ton père ; *mènes*-y tes amis, *rapportes*-en des fruits, *manges*-en quelques-uns. Cette affaire est très-importante, *examine*-la bien, *songes*-y tous les jours, *donnes*-y tous tes soins. *Laisse*-les parler, ils s'*enferreront* d'eux-mêmes.

Devoir. — Expliquer *confier*, *confire*, *fonder*, *fondre*, etc.

68ᵉ EXERCICE.—*Récapitulation.*—(GRAM., nᵒˢ 294 à 298.)

Ne *charge* pas trop cette poutre, elle *romprait*. Quand tu accuses la Providence, *descends* en toi-même, et tu la *justifieras*. Il *pleuvra* furieusement à l'endroit où cette nuée *crèvera*. *Penses*-y bien, jeune homme, que sont dix, vingt, trente ans pour un être immortel ? Ne parlez pas à un fou, vous *perdriez* votre temps. *Admire* l'élégance de cet objet, *admires*-en le charme. *Admire* en quel état me voilà (1). *Soyons* logique et nous *serons* justes.

---

(1) Au mot *aller*, l'Académie dit, avec un *s* et sans trait d'union: *vas en savoir des nouvelles*. D'après cela, faut-il écrire *vas y mettre ordre*, *daignes y mener ton père*, *saches en trouver*, etc. Nous ne le pensons pas. Si l'on disait sans *s* *va en savoir des nouvelles*, l'hiatus *va en* formé de deux sons peu distincts serait insupportable ; mais dans *va y mettre ordre*, les deux sons (*a* et *y*) se trouvent détachés sans le secours de l's, et ainsi cette lettre euphonique ne semble pas indispensable. Quant aux autres expressions: *daigne y mener ton père*, *sache en trouver*, etc., on peut très-facilement les prononcer sans s. — Quelques grammairiens, qui admettent parfaitement *va le chercher*, *je vais y aller*, etc. (sans tiret), proposent d'écrire : *vas-en*

... charlatan qui s'est ... pour me vendre ses pilules ... Juifs en France, quoique ... des Juifs. Défiez-vous ... bien à ceux qui vous ...

et le ciment *lient* les pierres ...

71ᵉ Exercice. *Sujet avant ou après le verbe.* (Gr., 305 et 306.)

C'est là qu'*habitent* ces pauvres gens. Les maux qu'*entraîne* la guerre sont incalculables. Qui pourrait nombrer les désordres et les malheurs que *causent* les guerres civiles. Partout *régnaient* le carnage et l'horreur. Quelles *furent* alors sa fermeté et sa sagesse. Les maladies et les misères *sont* le partage du genre humain. Il a conservé cet éclat, cette fraîcheur de teint que *donnent* la jeunesse et la beauté. Ce que vous *dites* là *est* une puérilité. Les dépenses que *font* faire la vanité et la débauche sont le plus lourd de tous les impôts. Dussiez-vous me prendre en pitié, il faut que vous sachiez jusqu'où *pouvaient* aller ma candeur et mes illusions. L'action qu'*exercent* sur notre corps les variations de la température est grande. Il a un coup d'œil, un sang-froid et un courage qui le *rendent* propre à la guerre. Les chaires ou chaises curules *étaient* des chaises d'ivoire sur lesquelles *siégeaient* les principaux magistrats de la république romaine. Dans le vaste bassin des mers se *rendent* tous les fleuves qui *arrosent* les diverses contrées du monde. De leur sein s'*élèvent* sans cesse dans l'air les vapeurs dont se *forment* les nuages, et que les vents *dispersent* sur toute la surface de la terre. Si les préceptes de la foi *élèvent* notre âme au-dessus des intérêts de ce monde, les enseignements de l'histoire, à leur tour, nous *inspirent* l'amour du beau et du juste, et la haine de ce qui *fait* obstacle aux progrès de l'humanité.

Devoir.—Expliquer la 9ᵉ phrase: *Les dépenses*, etc.

72ᵉ Ex. — 3ᵉ *Règle (sujets de toutes sortes).* (Gr., nᵒˢ 302 à 306.)

1 Albert et moi *sommes* tombés d'accord. 2 Tous les changements que *semblaient* opérer les magiciens d'Egypte n'*étaient* que des prestiges. 3 L'exposition au midi, la chaleur et la légèreté de la terre *contribuent* à la précocité des fruits. 4 Votre mère, votre grand-père et moi *avons* besoin de repos. 5 La peste, la famine, la guerre, etc., *sont* de terribles fléaux. 6 Une maison simple et bien réglée, où *règnent* l'ordre, la paix et l'innocence, *fait* plaisir à voir. 7 Les lois divines et humaines nous *imposent* des devoirs ; la bienséance, l'amitié, la décence nous en *imposent* aussi. 8 Il faut que toi et ceux qui sont ici *fassiez* les mêmes serments. 9 Les prières du juste, les cris des innocents qu'on persécute *montent* jusqu'au ciel. 10. Les gens de lettres, ordinairement sédentaires, sont sujets à une foule de maladies qu'*ignorent* les personnes qui *travaillent* en plein air et en prenant de l'exercice. 11 Les heures, les jours, les semaines, les mois, les années *coulent* comme les minutes et les secondes. 12 Dieux ! que sont devenus ces toits de chaume et ces foyers rustiques qu'*habitaient* jadis la modération et la vertu ! 13 La course à pied, la course à cheval, la course dans les chariots se *pratiquaient* en Egypte avec une adresse admirable. 14 Un je ne *sais* quoi m'avertit que je *dois* me défier de cet homme. 15 La pensée seule d'une humiliation ou d'une douleur nous *inquiète* et nous *chagrine.*

16 Je n'*adore* qu'un Dieu, maître de l'univers,
Sous qui *tremblent* le ciel, la terre et les enfers [CORNEILLE] (1).

Devoir. — Expliquer le sens de la dernière phrase.

(1) *Corneille,* célèbre poète tragique, né à Rouen en 1606, mort en 1684.

73° Exerc. — *Récapitulation sur l'accord du verbe (302 à 306).*

1 *Puisse* votre projet réussir ! 2 A qui *appartiennent* les objets trouvés ?
3 Mon avocat et moi *sommes* de cet avis. 4 Le froid et la bise *gercent* les lèvres
et les mains. 5 La pie et le perroquet *articulent* très-bien plusieurs mots de suite.
6 Trop de longueur et trop de brièveté *obscurcissent* un discours. 7 Voici une
terre où *croissent* en foule des herbes nuisibles et malsaines. 8 L'arithmétique et
la géométrie *sont* la clef des mathématiques. 9 Il *relève* de maladie, les ragoûts,
la salade ne lui *valent* rien. 10 Son père, sa mère et moi le lui *avons* défendu.
11 On doit avoir de l'indulgence pour les fautes que l'inexpérience et la vivacité
de la jeunesse *font* commettre. 12 L'italien, l'espagnol et le français *sont* du latin corrompu. 13 Le tien et le mien *engendrent* beaucoup de guerres et de procès. 14 Un objet effrayant, un bruit terrible *produisent* chacun en nous une vive
émotion. 15 Le castor, qui se *bâtit* une cabane, l'oiseau, qui se *construit* un nid,
n'agissent que par instinct. 16 Une contre-marque est un second billet que
délivrent les contrôleurs d'un théâtre à ceux qui *sortent* pendant le spectacle,
afin qu'ils *aient* la faculté de rentrer. 17 Est-ce qu'Annibal en passant les Alpes,
César en débarquant en Épire ou en Afrique *regardaient* en arrière ? 18 Tant de
naissance, tant de biens lui *attiraient* les regards de toute l'Europe. 19 Le foyer
d'une lentille est le point vers lequel *convergent* les rayons lumineux qui la tra-
versent. 20 Il fallait que Madame la princesse et moi *fussions* bien fortes pour
résister à tout ce que nous éprouvâmes jusqu'à notre arrivée à Maroc.

Devoir. — Chercher le sens des expressions incomprises.

74° **EXERCICE.** — *Différentes sortes de verbes* (Gn., N°s 319 à 336.)

(Les souligner et en indiquer la nature.)

Il *pleut* (impers.) souvent en automne. Les honneurs *pleuvent*
(intr.) sur lui. Que *murmurez*-vous là (tr.). Je *m'empresse* (pron.)
de vous *satisfaire* (tr.). Jésus dit (tr.) à Saint Pierre : Paissez (tr.)
mes agneaux. *Dormez* votre sommeil (intr. empl. tr.) grands de la
terre. Les hommes sont (subst.) comme des machines que la
coutume *pousse* (tr.) M'ordonner (tr.) du repos, c'est (subst.) croître
mes malheurs (intr. empl. activ.). On dit de même poétiquement
roucouler une romance, *hurler* un chant barbare, *soupirer* des
vers, etc.

1er *Devoir.* — Changer les formes transitives ou actives qui suivent en formes passives (1) : *La lumière pénètre le verre. Les
mères aiment tendrement leurs enfants. On dit que le général
a pris telle ville. En 1807, l'Angleterre abolit la traite des
noirs* (2). *On aime mieux flatter et applaudir que redresser. On
n'a pas encore répondu la pétition. Il a renvoyé son frère et
moi. Elle a mécontenté ses parents et vous.*

2° *Devoir.* — Tourner par l'actif ou transitif les phrases suivantes :
*Le verre est pénétré par la lumière. Les enfants sont tendre-
ment aimés de leurs mères. On dit que telle ville a été prise
par le général. En 1807, la traite des noirs fut abolie par
l'Angleterre. On aime mieux être flatté et applaudi que
redressé. La pétition n'a pas encore été répondue. Son frère
et moi avons été renvoyés par lui. Ses parents et vous avez été
mécontentés par elle.*

_____

(1) Le 2° devoir est le corrigé du 1er.
(2) Expliquer ce qu'était l'horrible trafic connu sous le nom de *traite des noirs*.

Verbes irréguliers.

(Les exercices 75, 76 et 77 concernent les verbes irréguliers qui suivent les règles de la formation des temps (1er *Tableau* de la Gram.); les 78e et 79e exercices sont relatifs aux verbes tout à fait irréguliers (2e *Tableau*); enfin le 80e s'applique aux verbes *défectifs*.)

75e Exercice.—1er *tableau*; 2e et 3e *conjug.*—(Gram., p. 58 et 59).

Mon sang *bout* quand je vois de pareilles choses. Quand l'eau *bouillira*, vous me le ferez savoir. Il n'a pas encore payé les vêtements qui le *couvrent*. Qui *dort* dîne. Avez-vous bien *dormi*? L'hiver a *fui*. Nos beaux jours *fuient* rapidement. *Fuyons* le mal. La loi de Dieu défend de *mentir*. Ne le croyez pas, il *ment*. Il m'a *offert* sa maison. Je *pars* pour la promenade. Dieu *départ* ses grâces avec équité. Je *sens* mon ignorance. Il se *ressent* de son rhumatisme. Tu *sers* Dieu. Nul ne peut *servir* deux maîtres. A quoi *servirent* vos expédients. Le renard *sort* de son terrier. Tout le monde est *sorti*. Nous avons bien *souffert*. Son cœur *tressaillait* d'aise. Les justes *tressailliront* de joie. *Vêtez*-vous promptement. Que ne vous *vêtez*-vous mieux? A son enterrement on a *vêtu* douze pauvres. Il est dangereux de se *dévêtir* trop tôt. L'Empereur *pourvoit* à toutes les magistratures. *Pourvoyez* à cette affaire. Dieu y *pourvoira*. On y a *pourvu*. Les hommes sages *prévoient* les événements. Nous ne *prévoyions* pas que cela dût arriver ainsi. *Sursoyez* aux poursuites. Il sera *sursis* à l'exécution de l'arrêt.

Devoir.—Expliquer le sens des mots et des phrases incompris.

76e Exercice.—1er *Tableau*; 4e *conjugaison*. (Gram., p. 59.)

Je *bats* des mains. Ces quatre hommes se *battaient*. Le désespoir nous *abat*. Si vous poussez votre cheval, il *s'abattra*. Cela ne *conclut* rien. Nous *conclurons* cette affaire. La chose est *conclue*. Que faut-il que nous en *conclurions?* Il s'est bien *conduit*. Elle prit des guides qui la *conduisirent*. Nous *confirons* ces cerises. Vous *connaissez*-vous à cela? Elle s'y *connaît*. Il s'y est toujours *connu*. Ce tailleur *coud* bien. Je *cousis* mes cahiers, je les *recoudrai*. Je *crains* de vous déplaire. Nous *craignons* tous la mort du corps, mais celle de l'âme qui est-ce qui la *craint?* Vous *craigniez* d'avoir affaire à un malhonnête homme, vous voilà bien désabusé. Le peuple *croit* aux prédictions de l'almanach. Nous *croyions* passer la soirée en famille chez lui, il s'y trouva quantité de monde. Je *crois* l'âme immortelle. Il *croît* du lin dans ce pays. La violette *croît* ordinairement dans les lieux solitaires et ombragés. Celui qui fait *croître* deux brins d'herbe où il n'en *croissait* qu'un rend service à l'État. Les sapins *croissent* surtout dans les régions du Nord et sur le haut des montagnes. Je vous *écrirai* demain. Il *joint* les mains. *Joignons* la prudence à la valeur. J'ai *lu* votre lettre; je la *lus* et la *relus* hier. On l'a *exclu* du concours. On l'*exclura* de l'assemblée. La rudesse et la grossièreté n'*excluent* ni la ruse ni l'artifice. Il y a près de chez moi un forgeron dont le marteau me *rompt* la tête. Faites du bien à ceux qui vous *maudissent*, et priez pour ceux qui vous persécutent et vous calomnient.

Devoir.—Expliquer le sens des mots et des phrases incompris.

77ᵉ Exercice.—1ᵉʳ *Tableau, fin de la* 4ᵉ *conjug.* (Gram., p. 59).

Mets en Dieu ta confiance. Ce meunier *moud* trop gros; il faudrait qu'il *moulût* plus fin. Depuis quand êtes-vous *né*? Je *naquis*, nous *naquîmes*, ils *naquirent* en telle année. Il est reconnu que les meilleurs levrauts sont ceux qui *naissent* au mois de janvier. Cet aliment *nuit* à la santé. Cela m'a bien *nui*. Trop gratter *cuit*, trop parler *nuit*. On *oint* les évêques à leur sacre. Il a *paru* de grands génies dans notre siècle. Un ange *apparut* à Marie. Le temps *paraît* beau. Ceci me *plaît*, cela m'a *plu*. Nous nous *repaissons* de fumée, de vaines espérances. Le brouillard se *résout* en eau. Les vapeurs se *résolvent* en pluie. Avez-vous *résolu* votre problème? Ne *souriez* pas. Il convient que nous *riions* avec ceux qui *rient*, et que nous pleurions avec ceux qui pleurent. La volupté affaiblit l'esprit et *corrompt* le cœur. Cette somme vous a-t-elle *suffi*? Cela me *suffit*. Je *suivrai* votre conseil; il mérite d'être *suivi*. Il faut savoir se *taire* à propos. *Tais*-toi, babillard. Cette laine est fort bien *teinte*. Il s'est *peint* lui-même, voilà son portrait. Le fond de l'œil est comme une toile sur laquelle se *peignent* les objets. Il vous *convaincra* par expérience. Malheur aux *vaincus!* *Vivent* les braves! *Vive* l'Empereur! *Vivent* nos libérateurs! La soie est le fil que *produisent* des chenilles qui *vivent* sur le mûrier, et qu'on appelle vers à soie. Remercions Dieu d'avoir *créé* pour nous le soleil, sans lequel nous *vivrions* dans une nuit profonde.

Devoir.—Expliquer le sens des termes incompris.

78ᵉ Exercice.—2ᵉ *Tableau,* 1ʳᵉ *et* 2ᵉ *conjug.*—(Gram., p. 60 et 61.)

Comment *va* votre santé? J'*irai* bientôt chez vous. Il faut que j'*aille*, que nous *allions* vous voir. Ce charlatan *enverra* son malade dans l'autre monde. On garde sans remords ce qu'on *acquiert* sans crime. Le bon ton *s'acquiert* par la fréquentation des personnes bien élevées. Le bien mal *acquis* qu'on offre à Dieu est une oblation qu'il rejette. Les ardoises chauffées au four *acquièrent* une grande ténacité. Les coutumes s'autorisent par le temps et *acquièrent* force de loi. Je vous prie, et, au besoin, vous *requiers* de faire telle chose. Le passavant doit être représenté aux préposés, sur la route, toutes les fois qu'ils le *requièrent*. *Courons* à toutes jambes. Nous *courrons* bientôt un grand danger. J'*accueille*, j'*accueillis*, j'*accueillerai*, nous *accueillerons* votre proposition. *Accueillez* favorablement ma demande. Nous *mourons* tous les jours. Cet homme *mourra* dans sa peau. Il est *mort* ce matin. A Dieu seul *appartiennent* la gloire et la grandeur. Nous nous *entretînmes* de cette nouvelle, comme nous aurions fait de toute autre chose. Elle aura quinze ans *viennent* les prunes. Après avoir échangé quelques politesses, nous en *vînmes* à l'objet de notre entrevue. Il *vint* à nous tout effrayé. Je voudrais qu'il *vînt* à ma rencontre. Je souhaiterais que tu *vinsses* toi-même, qu'ils *vinssent* eux-mêmes s'assurer du fait. Dieu *connaît* l'accusateur et l'accusé, *viendra* le temps où il rendra à chacun selon ses actes. C'est du Brésil que *viennent* presque tous les diamants livrés au commerce.

Devoir.—Expliquer la 7ᵉ phrase: *Le bien mal acquis* etc.

79ᵉ. Ex. *(2ᵉ Tableau, 3ᵉ et 4ᵉ conjugaison.)* (Gr., p. 60 et 61.)

Cent hommes ne sauraient *mouvoir* cette pièce; ils ne la *mouvraient* pas. C'est la passion qui le *meut*. C'est la colère qui l'a *mû* à cette action. *Puissent* vos efforts être agréés du ciel! *Puisse* sa paternelle protection descendre sur nous! Il ne faut pas que la coutume *prévale* sur la raison. Je crains que sa réponse n'*équivaille* à un refus (1). *Asseyons*-nous, *assoyez*-vous. On *s'assied* quand on est fatigué. On donne le nom de banc des avocats aux banquettes sur lesquelles *s'asseyent* les avocats dans les tribunaux. Il n'a point été à la campagne, que je *sache*. Je ne *sache* personne qu'on *puisse* lui comparer. *Sachez* tirer parti des divers talents de vos subordonnés. Je lui ai donné de l'ouvrage, il n'a rien fait qui *vaille*. Un tiens *vaut* mieux que deux tu l'auras. Dieu, en créant le monde, a disposé toutes choses dans cet ordre admirable où nous les *voyons*. Si nous *voyions* l'étendue des montagnes en profondeur, les cheveux nous en dresseraient à la tête. *Prévoir* se conjugue comme *voir*, excepté au futur de l'indicatif et au conditionnel, où il fait je *prévoirai*, je *prévoirais*. Je vais sortir un moment, *veuillez* garder ma place. Qui a *bu boira*. Je *dis* quelquefois en moi-même : La vie est trop courte pour que je m'en *inquiète*. Ne me *dédisez* pas. Il *fait* un si grand froid que le vin se *gèle* dans les verres. Qui court deux lièvres n'en *prend* aucun. Je m'en *prendrai* à vous de tout ce qui pourra arriver. Les vers *s'apprennent* plus facilement que la prose.

Devoir. — Expliquer les expressions incomprises.

80ᵉ Exercice, *Verbes défectifs.* (Grammaire, p. 62 et 63.)

Pour un moine, l'abbaye ne *faut* pas. Ses forces *défaillent* tous les jours. Cet homme, qui remplissait l'univers de son nom, *gît* maintenant dans le tombeau. Avez-vous *ouï* dire cette nouvelle ? Le premier terme de son bail *échoit* à la Saint-Jean. Il *faut* que dans quelques jours, vous *voyiez* cette affaire faite ou *faillie*. Le peuple croit qu'il *pleut* quelquefois des insectes. Mon argent est flambé, je n'espère plus le *ravoir*. Ce bonnet et ce chapeau coiffent bien; ils *siéent* bien à l'air du visage. Les couleurs trop voyantes ne vous *siéront* pas. La coiffure que cette dame portait lui *seyait* mal. La dissipation ne *sied* guère à un magistrat. Jamais un criminel ne *s'absout* de son crime. Il a été renvoyé *absous*. Elle a été renvoyée *absoute*. C'est une personne simple à qui l'on fait *accroire* tout ce qu'on veut. Cet homme ne chante pas, il *brait*. Le vent *bruit* dans la forêt. Les flots *bruyaient*. Cette porte ne *clôt* pas bien; quand vous y aurez fait telle réparations, elle *clora* mieux, elle *clora* juste. Ce jardin est *clos* de murailles. Ce paquet a été *clos* par nécessité. Voilà des poussins qui viennent d'*éclore*. Ces fleurs *écloront* bientôt. Le beurre *frit* dans la poêle. Voici du poisson *frit*, une carpe *frite*. Le soleil *luit* pour tout le monde. Les agneaux *paissent* l'herbe. Le jour ne fait que *poindre*. Les chèvres sont *traites*. Vous êtes bien *distrait*. Il faut savoir se *soustraire* à la tyrannie des passions.

Devoir. — Développer le sens de la dernière phrase.

---

(1) Au subjonctif *prévaloir* fait *que je prévale*, mais *équivaloir* se conjugue comme *valoir*.

81ᵉ Exercice. *Récapitulation*. (Gr., p. 57 à 63.)

Je *combattrai* pour vous. Le bluet croît ordinairement parmi les blés. Une soupe bien consommée est celle qui a *cuit* longtemps. La lecture des mauvais auteurs *corrompt* le goût et le style. *Vivent* la Champagne et la Bourgogne pour les bons vins. L'if *croît* lentement, mais il *acquiert* parfois des dimensions énormes. Les aveugles *acquièrent*, en général, une grande finesse de tact. Lorsque nous *croyions* finir cette affaire, il se trouva qu'on y *mit* de nouveaux obstacles. Les loochs se *prennent* ordinairement par cuillerées. Ce que vous me *dites* aujourd'hui ne s'accorde pas avec ce que vous me *dites* hier. Cette maison me *convient*, il faut que je l'*achète*. Après avoir transformé le logis, je *refis* le jardin, je plantai des massifs, je *construisis* des serres. En appre- *nant* à *connaître* les hommes, il est rare qu'on *apprenne* à les estimer. Bien que nous *voyions*, chaque jour, le soleil se lever, monter dans le ciel, puis se coucher, cependant le soleil en réalité est immobile. Quand il vit la tournure que *prenaient* les affaires, il revira de bord. *Fassent* les dieux que vous n'éprouviez jamais de semblables malheurs! Une mine est un lieu souterrain où *gisent* et d'où l'on peut extraire en grand des métaux, des miné- raux et certaines pierres précieuses. On voit l'eau *sourdre* de tous côtés. Si vous gardiez longtemps ces fleurs dans la même eau, elles *pueraient*. (Acad.)

Devoir.—Expliquer le sens des termes incompris.

82ᵉ Exercice. *Formes interrogatives*. (Grammaire, 397 à 403.)

Est-ce, mon cher Mentor, que vous ignorez la faiblesse et l'em- barras des princes? Je me souviens d'avoir été malade à Paris: j'étais fort pauvre, aussi *n'eus-je* ni amis ni médecins, et je guéris. Ce projet *dût-il* échouer, il sera toujours beau de l'avoir conçu. *Dussé-je* en mourir, je ferai ce que j'ai résolu. Qu'*aperçois-je*? est-il bien vrai, Frosine, et ne *rêvé-je* point? Me *trompé-je* au- jourd'hui ou me *trompai-je* hier? Quand on voit quelqu'un faire une faute, il faut se demander à soi-même, comme Platon: Ne lui *ressemblé-je* point? *Céderai-je* à ces violences? si je le fais, chacun croira que c'est un acte de faiblesse. Si ce malheur m'ar- rive, à quoi *serai-je* réduit? Que *pourrais-je* faire qui me causât une douleur plus sensible? Que *voulez-vous* que je fasse? *renon- cerai-je* à mon père, à ma mère, à ma patrie? Pourquoi ne le *ferais-je* pas? Vous me promettez, *dira-t-on*, d'être sage, mais quelle garantie en *aurai-je*? Comment *jugerais-je* un homme que je n'ai vu qu'une fois? Jusqu'ici j'ai rencontré beaucoup de mas- ques; quand *verrai-je* des visages d'homme? *Pourrais-je* ne pas aimer ma mère? Si je ne l'aimais plus, t'en *parlerais-je* encore? Tu as quitté ta patrie pour t'instruire et tu méprises toute instruction; tu viens pour te former dans un pays où l'on cultive les arts, et tu les regardes comme pernicieux; te le *dirai-je*, ou tu ne penses pas ce que tu dis, ou bien tu fais mieux que tu ne penses.

Devoir.—On peut dire *serai-je* ou *serais-je* toujours malheureux? Où *pourrai-je* ou bien où *pourrais-je* vous rejoindre?—Expliquer le sens dans chacun de ces cas.

83ᵉ Exercice. Récapitulation générale sur les verbes.

Tremblement de terre de Lisbonne (1).—Ce *fut* le 1ᵉʳ novémbre 1755 qu'*eut* lieu le tremblement de terre de Lisbonne, le plus épouvantable des temps modernes. A 9 heures 45 minutes du matin, on *commença* à entendre sous terre un bruit semblable à celui du tonnerre, et immédiatement après un violent choc *renversa* la plus grande partie de la ville : en six minutes environ, soixante mille personnes *périrent*. La mer se retira d'abord et ensuite s'*éleva* subitement à plus de 16 mètres audessus de son niveau ordinaire. Les montagnes voisines et les plus grandes chaînes du Portugal *furent* violemment ébranlées : la plupart d'entre elles s'*ouvrirent* à leur sommet et se *déchirèrent* jusque vers leur base ; des masses de rochers *roulèrent* dans les vallées. Un quai nouvellement et solidement construit en marbre s'*affaissa* tout à coup ; un grand nombre de navires attachés à l'ancre et où le peuple s'était réfugié *furent* ensevelis dans un gouffre qui se *forma* instantanément et qui *parut* avoir une centaine de brasses de profondeur.

Devoir.—Souligner les verbes et expliquer les termes peu connus.

84ᵉ Exercice.—Récapitulation générale sur les verbes (Suite).

Une tempête.—Pendant que les matelots *oubliaient* les dangers de la mer, une soudaine tempête *troubla* le ciel et la terre. Les vents déchaînés *mugissaient* avec fureur dans les voiles, les ondes noires *battaient* les flancs du navire qui *gémissait* sous leurs coups. Tantôt nous *montions* sur le dos des vagues enflées, tantôt la mer *semblait* se dérober sous le navire et nous précipiter dans l'abîme. Nous *apercevions* auprès de nous des rochers contre lesquels les flots irrités se *brisaient* avec un bruit horrible. Alors je *compris* par expérience ce que j'*avais* souvent *oui dire* à Mentor, que les hommes mous et abandonnés aux plaisirs *manquent* de courage dans les dangers Tous nos Cypriens (2) abattus *pleuraient* comme des femmes : je n'*entendais* que des cris pitoyables, que des regrets sur les délices de la vie, que de vaines promesses aux dieux pour leur faire des sacrifices si l'on *pouvait* arriver au port. Personne ne *conservait* assez de présence d'esprit ni pour ordonner les manœuvres ni pour les *faire*. Il me *parut* que je devais, en sauvant ma vie, sauver celle des autres. Je *pris* le gouvernail en main, parce que le pilote, troublé par le vin comme une bacchante, *était* hors d'état de connaître le danger : j'*encourageai* les matelots effrayés ; je leur *fis* abaisser les voiles ; ils *ramèrent* vigoureusement ; nous *passâmes* au travers des écueils, et nous *vîmes* de près toutes les horreurs de la mort.

Devoir.—Souligner les verbes et expliquer les termes peu connus.

85ᵉ Exercice. — *Suite de la récapitulation générale des verbes.*

Le bœuf.—Le bœuf, le mouton et les autres animaux qui *paissent* l'herbe, non-seulement *sont* les meilleurs, les plus utiles, les plus précieux pour l'homme, puisqu'ils le *nourrissent*, mais ce sont encore ceux qui *consomment* et *dépensent* le moins. Le bœuf surtout est, à cet égard, l'animal par excellence, car il *rend* à la terre tout autant qu'il en *tire*, et même il *améliore* le fonds sur lequel il *vit*. C'est sur lui que *roulent* tous les travaux de la campagne ; il *est* le domestique le plus utile de la ferme, le soutien du ménage champêtre ; il *fait* toute la force de l'agriculture. Autrefois il *faisait* toute la richesse des hommes, et

(1) Capitale du Portugal, à l'embouchure du Tage, sur le bord de l'océan Atlantique.
(2) *Cypriens*, habitants de l'île de Cypre ou Chypre, dans la Méditerranée.

aujourd'hui il *est* encore la base de l'opulence des Etats, qui ne *peuvent* se soutenir et *fleurir* que par la culture des terres et par l'abondance du bétail.—Le bœuf ne *convient* pas autant que le cheval et l'âne pour porter des fardeaux : la forme de son dos et de ses reins le *démontre* ; mais la grosseur de son cou et la largeur de ses épaules *indiquent* assez qu'il est propre à tirer et à porter le joug. Il *semble* avoir été fait exprès pour la charrue. La masse de son corps, la lenteur de ses mouvements, le peu de hauteur de ses jambes, tout, jusqu'à sa tranquillité et à sa patience dans le travail *semble* (814) concourir à le rendre propre à la culture des champs, et plus capable qu'aucun autre de vaincre la résistance constante et toujours nouvelle que la terre *oppose* à ses efforts.

Devoir.—Souligner les verbes et expliquer le sens des passages difficiles.

86e Exercice. — *La propreté.* — Ce que la pureté est pour l'âme, la propreté l'est pour le corps. La nature elle-même *t'enseigne* la propreté. Comme il n'est pas possible que, quand tu *as* mangé, il ne reste quelque chose dans tes dents, elle te *fournit* de l'eau et t *ordonne* de te laver la bouche afin que tu *sois* un homme et que tu ne *ressembles* pas à un animal immonde. Elle te *donne* un bain et des linges contre la sueur et la crasse qui *s'attachent* à la peau. Ne t'en *sers*-tu pas ? Tu *n'es* plus un homme. Est-ce que tu *n'as* pas soin de ton cheval, que tu *fais* étriller, de ton chien, que tu fais frotter et nettoyer ? Ne *traite* donc pas ton corps plus mal que ton cheval ou que ton chien ; *lave*-le, *nettoie*-le, ne *fais* pas peur ; que personne ne te *fuie* ; car qui est-ce qui ne *fuit* pas un homme sale et qui sent mauvais ? Mais tu veux être malpropre ; *sois*-le donc seul t *jouis* de ta saleté ; mais *quitte* la société, *va* dans un désert, *vas*-y pour toujours, et *n'empoisonne* pas tes voisins, tes amis. Tu *n'es* qu'ordure et tu *oses* venir avec nous dans les temples où il est défendu de cracher et de se moucher ! (*Maximes d'Epictète* (1), traduction Dacier.)

Devoir.—Expliquer les mots peu connus et indiquer les inconvénients de la malpropreté.

87e Exercice.—*Le boulanger qui ne donne pas le poids.* — « *Prends* ce pain de deux kilos, disait à son garçon un boulanger qui avait l'habitude de tromper ses pratiques ; *prends*-le, *porte*-le chez l'épicière, *demande* en même temps deux kilos du sucre et *paye* ce qui sera dû. » Le garçon *prend* le pain, se rend chez le marchande, *fait* sa commission et *revient* vers son maître. « Diable ! *fit* celui-ci, ton paquet me semble bien léger ; ne *t'es*-tu point trompé ? » Et il *pesa* lui-même l'objet. S'étant *aperçu* qu'il y manquait 150 grammes : « *Retourne*, continua-t-il, chez la voisine ; *retournes*-y promptement, et *dis*-lui que je *tiens* à mon poids. » Le garçon *obéit* ; mais, comme il *revint* avec le même paquet, le boulanger furieux *voulut* éclaircir le mystère. Il se *rendit* chez l'épicière : « Voisine, lui dit-il, mon garçon ne vous *a*-t-il pas demandé deux kilos de sucre, et ce paquet *n'est*-il pas celui que vous avez remis pour moi ? » — « Oui, Monsieur. » — « Alors je suis surpris que vous m'*envoyiez* en moins 150 grammes de marchandise, et je vous *invite* à m'en tenir compte. » — « Voisin, dit l'épicière, il n'y *a* pas de quoi réclamer si haut Ce pain est bien le vôtre, *n'est*-ce pas ? » — « Oui vraiment. » — « Je l'ai placé dans ma balance pensant qu'il avait le poids que vous *demandez*. S'il ne l'a pas, à qui la faute ? et *suis*-je obligée d'être aujourd'hui plus scrupuleuse à votre égard que vous ne l'*êtes* ordinairement au mien ? » Le boulanger confus *comprit* la leçon et sut en profiter, car, à partir de ce jour, il donna exactement le poids.

Devoir.—Expliquer le mot *garçon* et indiquer la moralité de l'histoire.

(1) *Epictète,* philosophe stoïcien, qui vivait à Rome sous les empereurs Domitien, Adrien et Marc-Aurèle, vers l'an 100 de l'ère chrétienne. Zénon et Socrate, dont il est parlé dans le 89e exercice, étaient les chefs des stoïciens. Epicure (vers 300 avant Jésus-Christ) fut celui des épicuriens. Les stoïciens menaient une vie très-austère ; les épicuriens ne songeaient qu'aux plaisirs.

Suite de la récapitulation générale.

88e Exercice. — *Le présent et l'avenir.* — Les hommes *passent* comme les fleurs qui *s'épanouissent* le matin et qui, le soir, sont flétries et foulées aux pieds. Les générations des hommes *s'écoulent* comme les ondes d'un fleuve rapide ; rien ne *peut* arrêter le temps, qui *entraîne* après lui tout ce qui *paraît* le plus immobile. Toi-même, ô mon fils ! mon cher fils ! toi-même qui *jouis* maintenant d'une jeunesse si vive et si féconde en plaisirs, *souviens*-toi que ce bel âge n'est qu'une fleur qui *sera* presque aussitôt séchée qu'éclose. Tu te *verras* changer insensiblement : les grâces riantes, les doux plaisirs qui t'*accompagnent*, la force, la santé, la joie *s'évanouiront* comme un beau songe ; il ne t'en *restera* qu'un triste souvenir : la vieillesse languissante et ennemie des plaisirs *viendra* rider ton visage, courber ton corps, *affaiblir* tes membres, faire *tarir* dans ton cœur les sources de la joie, te dégoûter du présent, te faire *craindre* l'avenir, te rendre insensible à tout, excepté à la douleur. Ce temps te *paraît* éloigné ; hélas ! tu te *trompes*, mon fils, il se *hâte*, le voilà qui *arrive* : ce qui *vient* avec tant de rapidité n'est pas loin de toi, et le présent qui *s'enfuit* est déjà bien loin, puisqu'il *s'anéantit* dans le moment que nous *parlons* et ne peut plus se rapprocher. Ne *compte* donc jamais, mon fils, sur le présent ; mais *soutiens*-toi dans le sentier rude et âpre de la vertu par la vue de l'avenir. *Prépare*-toi, par des mœurs pures et par l'amour de la justice une place dans l'heureux séjour de la paix. [*Fénelon.* (1).]

Devoir. — Expliquer le sens des mots *épanouir, ondes*, et autres expressions peu connues.

89e Exercice. — Quelle est ta vie ? Après avoir bien dormi, tu te *lèves* quand il te plaît ; tu *bailles*, tu t'*amuses*, tu te *laves* le visage. Après cela, ou tu *prends* quelque méchant livre, pour tuer le temps, ou tu *écris* quelque bagatelle pour te faire admirer. Tu *sors* ensuite et tu *vas* faire des visites, te promener et te *divertir*. Tu *rentres*, tu *soupes*, tu te *mets* au lit. Avec ces mœurs d'un épicurien et d'un débauché, tu *parles* comme Zénon et comme Socrate. Mon ami, *change* de mœurs ou *change* de langage, *changes*-en au plus tôt. Si tu *cesses* pour un moment d'avoir de l'attention sur toi-même, et que tu te *flattes* que tu la *reprendras* quand il te *plaira*, tu *seras* trompé. Une légère faute négligée aujourd'hui te *précipitera* demain dans une plus grande, et cette négligence répétée *formera* une habitude que tu ne *pourras* plus corriger, quelque envie que tu en *aies*.

Les habitudes ne se *surmontent* que par les habitudes contraires : tu es accoutumé à la volupté ? *dompte*-la par la douleur ; tu *vis* dans la paresse ? *embrasse* le travail ; tu *es* prompt, *souffre* patiemment les injures ; tu es adonné au vin ? ne *bois* que de l'eau ; ainsi de toutes les habitudes vicieuses, et tu *verras* que tu n'*auras* pas travaillé en vain. Mais ne l'*expose* pas légèrement à la rechute avant que d'être bien assuré de toi, car le combat est encore inégal, et l'objet qui t'a vaincu te *vaincra* encore, si tu n'y *prends* garde. — Quand tu es attaqué d'une tentation, si tu *diffères* au lendemain à la combattre, le lendemain *viendra* et tu ne *combattras* point. Ainsi, de lendemain en lendemain, il se *trouvera* non-seulement que tu *seras* vaincu, mais que tu seras tombé dans une insensibilité qui t'*empêchera* de l'*apercevoir* même que tu *pèches*, et tu *éprouveras* effectivement en toi la vérité de cette maxime : Que celui qui *diffère* de jour à autre est toujours accablé de maux. (*Epictète, traduction Dacier.*)

Devoir. — Expliquer les mots *stoïcien, épicurien*, etc.

---

(1) *Fénelon*, archevêque de Cambrai, né en 1651, mort en 1715, auteur de l'ouvrage dans lequel sont racontées les aventures de *Télémaque*, fils d'Ulysse.

Suite de la récapitulation générale.

90ᵉ Exercice. — *Les beaux esprits.* — J'étais ce matin dans ma chambre, qui, comme tu *sais*, n'est séparée des autres que par une cloison mince et percée en plusieurs endroits, de sorte qu'on *entend* tout ce qui se *dit* dans la chambre voisine. Un homme qui se *promenait* à grands pas disait à un autre : Je ne *sais* ce que c'est, mais tout se tourne contre moi : il y a plus de trois jours que je n'ai rien dit qui m'ait fait honneur, et je me suis trouvé confondu pêle-mêle dans toutes les conversations, sans qu'on *ait* fait la moindre attention à moi, et qu'on m'ait deux fois adressé la parole. J'avais préparé quelques saillies pour relever mon discours, jamais on n'a *voulu souffrir* que je les *fisse* venir. J'avais un conte fort joli à faire ; mais, à mesure que j'ai voulu approcher, on l'a *esquivé* comme si on l'avait fait exprès. J'ai quelques bons mots qui depuis quatre jours *vieillissent* dans ma tête, sans que j'en *aie* pu faire le moindre usage. Si cela continue, je crois qu'à la fin je serai un sot ; il semble que ce soit mon étoile et que je ne *puisse* m'en dispenser. Hier, j'avais espéré de briller avec trois ou quatre vieilles femmes qui certainement ne m'en *imposent* point, et je devais *dire* les plus jolies choses du monde ; je fus plus d'un quart-d'heure à diriger ma conversation ; mais elles ne *tinrent* jamais un propos suivi ; et elles coupèrent comme des parques fatales (1), le fil de tous mes discours. Veux-tu que je te *dise ?* la réputation de bel esprit coûte bien à soutenir. Je ne sais comment tu *as* fait pour y parvenir.

— Il me vient une pensée, reprit l'autre : *travaillons* de concert à nous donner de l'esprit ; *associons*-nous pour cela. Chaque jour nous nous dirons de quoi nous devons parler, et nous nous *secourrons* si bien que, si quelqu'un vient nous interrompre au milieu de nos idées, nous l'*attirerons* nous-mêmes ; et, s'il ne veut pas venir de bon gré, nous lui ferons violence. Nous *conviendrons* des endroits où il faudra approuver, de ceux où il faudra *sourire*, des autres où il faudra rire tout à fait et à gorge déployée. Tu *verras* que nous donnerons le ton à toutes les conversations, et qu'on *admirera* la vivacité de notre esprit et le bonheur de nos réparties. Nous nous *protégerons* par des signes de tête mutuels. Tu brilleras aujourd'hui ; demain, tu seras mon second. J'entrerai avec toi dans une maison et je *m'écrierai* en te montrant : Il faut que je vous dise une réponse bien plaisante que monsieur vient de faire à un homme que nous avons trouvé dans la rue. Et je me *tournerai* vers toi. Il ne s'y attendait pas ; il a été bien étonné. Je *réciterai* quelques-uns de mes vers et tu diras : J'y étais quand il les *fit* ; c'était dans un souper et il ne *rêva* pas un moment. Souvent même nous nous *raillerons* toi et moi ; et l'on dira : Voyez comme ils *s'attaquent*, comme ils se défendent ; ils ne s'*épargnent* pas. Voyons comment il sortira de là ; à merveille ! quelle présence d'esprit ! voilà une véritable bataille. Mais on ne *dira* pas que nous nous étions escarmouchés la veille. Il faudra *acheter* de certains livres qui sont des recueils de bons mots composés à l'usage de ceux qui n'ont point d'esprit et qui en *veulent* contrefaire ; tout *dépend* d'avoir des modèles. Je *veux* qu'avant six mois nous *soyons* en état de tenir une conversation d'une heure toute remplie de bons mots. Voilà, mon cher, le parti qu'il nous faut prendre ; *fais* ce que je te dirai, et je te *promets* avant six mois une place à l'Académie ; c'est pour te dire que le travail ne sera pas long, car pour lors tu pourras renoncer à ton art : tu seras homme d'esprit malgré que tu en *aies*, et je ne crains point pour toi que l'embarras des applaudissements.   (MONTESQUIEU.)

Devoir. — Chercher et indiquer le but ou la moralité de cette piquante satire.

---

(1) *Parques*, les trois déesses nommées Clotho, Lachésis et Atropos (p. 11) qui, selon les anciens, filaient, dévidaient et coupaient le fil de la vie des hommes.

91ᵉ Exercice.—Verbes et phrases à conjuguer (1).

(Il suffira généralement d'indiquer la 1ʳᵉ personne des temps composés.)

Le chiffre 1 indique la conjugaison ordinaire, ou *affirmative*; 2 indique la *négative*; 3 l'*interrogative* et 4 l'*interrogative et la négative* tout à la fois. Pour chacun de ces cas, l'élève dira si la phrase exprime une idée *bonne* ou *mauvaise, vraie ou fausse.*

1. Je n'aime pas les paresseux. *Bien.* (2 et 3.) (*a*).
2. Je hais les menteurs. (1, 2, 3 et 4.)
3. Je m'effraye de peu de chose. *Mal.* (1, 2, 3 et 4.)
4. J'ai honte de bien faire. (1, 2, 3 et 4.)
5. Je ne suis pas responsable des fautes d'autrui. *Vrai.* (2 et 3.)
6. Je réponds à toutes les lettres que je reçois. (1, 2, 3 et 4.) (*b*).
7. Je suis bien éloigné de faire ce que je dis (1, 2 et 3).
8. Quand je prie bien, je persévère. (1 et 2.) (*c*).
9. Je parle de ce que je ne connais pas. (1, 2, 3 et 4.)
10. Je mécontente tous ceux qui ont affaire à moi. (1, 2, 3 et 4.)
11. J'ai un panaris qui me cause une grande douleur. (1 et 4).
12. Je prends plaisir à voir voleter les abeilles. (1, 2, 3 et 4.)
13. Je fais semblant de ne pas entendre ce qu'on me dit. (1, 3 et 4.)
14. Je désire que vous partagiez mon opinion. (1, 2, 3 et 4.)
15. Je n'ai rien que je n'aie reçu; *puis interrog.* Ai-je rien, etc.
16. J'aime que l'on me flatte. (1, 2, 3 et 4.)
17. Je n'avance rien que je ne prouve. (2 et 3.)
18. J'ai défendu qu'on me réveille. (1, 2, 3 et 4.)
19. La menace m'irrite et ne m'effraye point. (1, 2, 3 et 4.)
20. Je souffre impatiemment qu'on leur ait refusé ce service. (1, 3 et 4). — 21. Je cherche la solitude afin qu'on ne puisse me distraire de mon travail. (1 à 4.)
22. Les devoirs de la société exigent que je ménage l'amour-propre d'autrui. (1, 2, 3 et 4.) — 23. Quand (où *si*) je ne supporte pas les fautes d'autrui, je commets moi-même une faute (*d*). — 24. Je ne désire avoir de la fortune que pour en faire part à ceux qui m'entourent. (2 et 4.) — 25. Le grand monde m'étourdit, je préfère un petit cercle d'amis. (1, 3 et 4.) — 26. Je puis faire ce que vous me dites. (1, 2, 3 et 4.) (*e*). — 27. A peine ai-je réparé une faute que je retombe dans une autre. (*e*). — 28. Je puis encore (ou *alors*) me dédire et faire ce qu'il me plaira. (1, 2, 3 et 4.) — 29. Par la lecture, j'acquiers une foule de connaissances qui me sont fort utiles. (1 et 4.) — 30. Je m'assieds *ou* m'assois quand je suis fatigué. (1, 2, 3 et 4.) — 31. Je me souviens des offenses que j'ai reçues. (1, 2, 3, 4.) — 32. Quand il s'agit de faire un payement, je ramasse ce qui m'est dû en plusieurs endroits, et je m'en retourne avec une grosse somme. (1 et 4.)

(1) Un numéro chaque semaine ou chaque jour.

(*a*) Tu n'aimes pas les paresseux, il n'aime pas les paresseux, etc. *Puis;* Aimé-je les paresseux? aimes-tu les paresseux? aime-t-il les paresseux? etc. Quand le complément ne varie pas, on pourra se borner à l'écrire à la première personne de chaque temps seulement.

(*b*) Tu réponds à toutes les lettres que *tu* reçois, il répond à toutes les lettres qu'*il* reçoit, etc.

(*c*) Au subjonctif on dira: Il faut que je prie bien pour que je persévère; il faut que tu pries bien pour que tu persévères; il faut qu'il prie bien, etc.

(*d*) Quand tu ne supportes pas les fautes d'autrui, tu commets toi-même une faute, etc. Au subjonctif: Il faut que je supporte les fautes d'autrui pour que je ne commette pas moi-même de fautes; il faut que tu supportes les fautes d'autrui, etc.

(*e*) A peine as-tu réparé une faute que tu retombes dans une autre; à peine a-t-il réparé, etc. Notez qu'on dit bien aussi *à peine* j'ai réparé, tu as réparé, etc. (nᵒ 745).

CHAPITRE VI.

EXERCICES SUR LES PARTICIPES.

Nota. Sur les participes présents et les adjectifs verbaux, *n.* 2e partie, p. 145 et suiv.

92e EXER. — 1re Règle d'accord. — (GRAM., n° 416.)

Lieu *élevé,* montagne *élevée.* Le tonnerre tombe d'ordinaire sur les lieux les plus *élevés.* On se sert de canards *privés* pour prendre les canards sauvages. On donne le nom de courson à une branche de vigne *taillée* et *raccourcie* à trois ou quatre yeux. Cet homme n'a point d'autre lit que deux ais *posés* sur des tréteaux. La sève liquide, *absorbée* par les racines des plantes, s'élabore dans leurs parties foliacées (1). Dès qu'ils se virent *assiégés* dans leurs murailles, ils se livrèrent au désespoir.

Devoir. — Expliquer la 6e phrase : *La sève liquide,* etc.

93e EXERCICE. — 2e Règle (et 1re). — (GRAM., 417 et 416.)

Cet habit est *usé,* cette robe est *usée.* La mèche de votre fouet est *usée.* Au printemps, la terre est *tapissée* de fleurs. Au dernier jour, les bons seront *séparés* des méchants. La plupart des rues de Paris sont *garnies* de trottoirs. Caïn a été *maudit* de Dieu. La pénitence n'est point véritable si elle n'est *accompagnée* d'une ferme résolution de ne plus pécher. Il ne faut pas rendre aux hommes les honneurs qui ne sont *dus* qu'à Dieu. Une heure après que la nouvelle fut *arrivée,* elle fut *divulguée* partout. Après cinq ans, on n'est pas *reçu* à demander les arrérages d'une rente *échue.*

Devoir. — Expliquer le sens de la dernière phrase.

94e EXERCICE. — 3e Règle (et 2e). — (GRAM., 418 et 417.)

Il m'est redevable des 600 francs que je lui ai *prêtés.* Je voudrais d'une étoffe pareille à celle que vous m'avez *montrés.* Je lui ai *renvoyé* sa canne, qu'il avait *oubliée* chez moi. Je fus bien *tenté* de lui répondre d'une manière qui ne lui aurait pas *plu.* Entre les nouvelles qu'il a *débitées,* il y en a quelques-unes de vraies. Quelque proposition qu'on lui ait *faite,* elle n'a jamais *voulu* entendre raison.

---

(1) *S'élabore,* se modifie, se transforme par un travail particulier.

On a *commencé*, *suspendu*, *interrompu*, *abandonné*, *repris*, *continué* ces travaux. La langue primitive est celle qu'on suppose que les hommes ont *parlée* la première.

Devoir. — Expliquer le sens des deux dernières phrases.

95e Ex. — Verbes pronominaux (GRAM., 419)

Ces deux courriers se sont *croisés*. Ma lettre s'est *croisée* avec la sienne. Les brigands se sont *retirés* dans les montagnes. Ces deux femmes se sont *prises* aux cheveux et se sont *décoiffées* l'une l'autre. Ce jeune homme s'est bien *perfectionné* par la fréquentation des honnêtes gens. Les deux parties s'étant *arrangées*, on déchira le dédit. Les ambassadeurs se sont *communiqué* leurs pleins pouvoirs. Elle s'est *permis* de tenir des propos contre moi. Elle s'est *plu* à vous contredire. Ils se sont *plu* à me persécuter. Nous ne nous serions jamais *défiés* qu'ils dussent nous abandonner ainsi.

Devoir. — Expliquer le sens de *courrier*, *dédit*, *ambassadeur*, etc.

96e EXERCICE. — *Récapitulation.* (GR., 413 à 419).

Les membres *engourdis* par le froid se dégourdissent peu à peu auprès du feu. Cet événement est cause de tous les désordres qui sont *arrivés*. Voilà une étoffe qu'on n'a encore *montrée* à personne, vous en aurez la fleur. Depuis un siècle, tous les genres de fabrication se sont *perfectionnés*. Cette dame s'est bien *montée* en dentelles. Ce sont des sentiments que la nature a *empruntés* dans le cœur de tous les hommes. Il faut précompter sur cette somme de dix mille francs les trois mille francs que vous avez *reçus*. L'entreprise dût-elle échouer, il sera toujours beau de l'avoir *tentée*. La lune a été *créée* par Dieu pour éclairer nos nuits, qui, sans elle, ne nous offriraient que ténèbres profondes.

Devoir. — Expliquer la dernière phrase.

97e EXERCICE. — *Suite de la récapitulation.* (GR., 413-419).

La correction de cette page est *terminée*. Cet enfant a les dents *gâtées* pour avoir mangé trop de sucreries. De tous les pays que j'ai *parcourus*, aucun ne m'a *paru* plus beau que la France. Les saumons qu'on prend dans la mer n'ont pas si bon goût que ceux qui se sont *dégorgés* dans les rivières. Ils se sont *succédé* de père en fils dans cette charge. Avec votre permission, je vous dirai que la chose s'est *passée* un peu différemment. Dans les airs *notés*, les mesures sont *séparées* par des barres qui coupent la portée de distance en distance. Il faut respecter les princes et ménager leur délicatesse, même en les *reprenant*. Sous les premiers rois de France, Clotaire Ier fit une loi pour qu'un *accusé* ne pût être *condamné* sans être *oui*.

Devoir. — Expliquer la dernière phrase.

98ᵉ Exercice.—*Récapitulation*. (Gram., 413 à 419).

L'amitié que je lui ai *vouée* ne s'est pas *refroidie*. Il exige des honneurs qui ne lui sont pas *dus*. Les pleurs qu'elle avait longtemps *retenus* débordèrent à la fin. La conduite qu'il a *tenue* dans cette affaire mérite les plus grands éloges. Cette femme était belle, mais le temps a *effacé* sa beauté. Il n'a point *justifié* les espérances qu'on avait *conçues* de lui. Que de services il m'a *rendus*! Je ne veux point, mon fils, que vous haïssiez le prochain, quelque grave injure qu'il vous ait *faite*. Ces deux femmes se sont bien *peignées*. En me *payant*, il m'a *retenu* la somme qu'il m'avait *prêtée* J'ai *transmis* à un tel la lettre que vous m'aviez *envoyée* pour lui. Il a *prodigué* toutes les richesses que son père avait *amassées*. Je lui ai *recédé* la maison qu'il m'avait *vendue*. Il avait *formé* beaucoup de projets qu'il n'a pas *réalisés*. Elles se sont *juré* une amitié éternelle. La vérité historique devrait être aussi *sacrée* que la religion. Pour bien juger certains faits *éloignés*, il faut se transporter chez le peuple, à l'époque, au milieu des circonstances où ils sont *arrivés*. On représente les sphinx *couchés* sur le ventre, les jambes de devant *étendues* et la tête droite. Il n'y a rien d'impossible à ceux qui savent oser et souffrir ; ainsi ceux qui s'endorment, *comptant* que les choses difficiles sont impossibles, méritent d'être *surpris* et *accablés*.

Devoir.—Expliquer la dernière phrase.

99ᵉ Exercice.—*Suite de la récapitulation*. (Gram., 413 à 419).

Ces jeunes gens se sont *querellés*. Voilà précisément le lieu où la chose s'est *passée*. La vanité est bien *ancrée* dans la tête de cet homme. Plusieurs personnes se sont *proposées* pour cet emploi. Elles se sont bien *promis* de ne plus remettre les pieds dans cette maison. Ce pays abonde en blé depuis les défrichements qu'on a *faits*. Tous les arbres que ce jardinier a *écussonnés* sont bien *venus*. On est parfois assez mal *payé* des peines qu'on s'est *données* pour réussir. Les événements s'étaient *succédé* avec rapidité. Je suis encore en reste avec vous des bons offices que vous m'avez *rendus*. Il porte toujours les marques des blessures qu'il a *reçues* à la guerre. Toutes les persécutions qu'on a *exercées* contre les chrétiens n'ont *servi* qu'à en augmenter le nombre. Toute saisie-exécution doit être *précédée* d'un commandement. Les lâches empereurs que les Turcs ont *eus* depuis le XVIIᵉ siècle, leurs mauvais généraux et le vice de leur gouvernement ont *été* le salut de la chrétienté. Les grands pins *gémissant* sous les coups de hache, tombent en *roulant* du haut des montagnes. Quand Télémaque approcha de Salente, il fut bien *étonné* de voir toute la campagne des environs, qu'il avait *laissée* presque inculte et déserte, *cultivée* comme un jardin et pleine d'ouvriers *diligents*. Si, pendant près de mille ans, les Romains sont toujours *sortis* des plus dures épreuves et des plus grands périls, c'est qu'il existait une cause générale qui les a toujours *rendus* supérieurs à leurs ennemis, et qui a *permis* que des défaites et des malheurs partiels n'aient pas *entraîné* la chute de leur empire.

Devoir.—Expliquer *ancrée*, *écussonner*, et la 13ᵉ phrase.

100ᵉ Exercice. — *Mettre au féminin* les phrases suivantes :

Ils se sont *rencontrés* nez à nez (1). Ils se sont *embrassés.* Ils se sont d'abord *mesurés* des yeux. Ils se sont *rendu* mutuellement des services. La médecine qu'il a *prise* l'a fort *soulagé.* A votre place, un autre se serait *empressé* de venir. Sa tête s'est *montrée* et il nous a *injuriés.* Suivons l'exemple de ceux qui nous ont *devancés* dans la carrière. Je ne compte pas la perte qu'il a *faite,* on l'en a suffisamment *dédommagé.* Ils se sont *partagé* la somme. La petite vérole est une peste dont la vaccine nous a *délivrés.*

Devoir. — Développer le sens de la dernière phrase.

101ᵉ Exercice. — *Mettre au pluriel* les phrases suivantes :

L'étoffe qu'il a *achetée* ne vaut rien (2). On a *retrouvé* chez un recéleur l'effet qu'il avait *volé.* Cet homme s'est bien *battu*; il a bien *disputé.* Ce soldat avait *déserté,* les gendarmes l'ont *repris* et l'ont *ramené* à son régiment. J'ai *trouvé* la bague qu'il avait *perdue,* et je la lui ai *renvoyée.* Il réalisa l'espérance qu'il avait *donnée.* Il a *acheté* une terre et il l'a *payée* sans rien débourser. La promesse qu'on lui a *faite,* l'a *ébloui.* Ce cocher est maladroit, il nous a *versés* deux fois. Je vous ai *crédité* des 500 francs que je vous avais *prêtés* et que vous m'avez *remboursés.*

Devoir. — Expliquer le sens de la dernière phrase.

Suite de la récapitulation sur les participes.

102ᵉ Exercice. — *Éruption du Vésuve* (3). — La plus terrible éruption du Vésuve dont l'histoire ait *gardé* le souvenir, est celle qui eut lieu l'an 79 de notre ère. Deux villes, Herculanum et Pompéi, furent *englouties,* avec tous leurs habitants, sous un monceau de cendres et de laves ou matières brûlantes *sorties* du volcan. A cette époque, le Vésuve était *couvert* de forêts; on ne se doutait pas des dangers qu'offrait son voisinage. Tout à coup d'épouvantables tremblements de terre se firent sentir, le sol fut *fendu* en divers endroits, les anciennes laves, qui s'opposaient à la sortie des nouvelles, furent *lancées* en l'air avec un bruit affreux, des tourbillons de cendres et de fumée obscurcirent l'atmosphère, des torrents de matières *brûlantes* couvrirent les campagnes ainsi que les deux malheureuses villes qui viennent d'être *citées.* Quelques-uns des habitants purent échapper à la mort, mais le plus grand nombre, ne *prévoyant* pas la grandeur du danger, furent *ensevelis* sous les cendres et les laves. De nos jours, on les a *retrouvés* dans leurs maisons, avec leurs meubles, après dix-huit cents ans. Ces fouilles attirent un grand nombre de curieux visiteurs, qui retrouvent là des traces de la manière dont se logeaient et vivaient les anciens.

Devoir. — Expliquer les mots *volcan, cratère, lave,* etc.

_____

(1) Elles se sont *rencontrées* nez à nez. Elles se sont *embrassées,* etc.
(2) Les étoffes qu'ils ont *achetées* ne valent rien. On a *retrouvé* chez des recéleurs, etc.
(3) Vésuve, volcan situé en Italie, près de Naples. (1020 mètres de hauteur.)

Suite de la récapitulation.

103ᵉ Exercice. — *La Patrie.* — La patrie, c'est une terre *bénie* où l'on trouve plus qu'ailleurs le soleil bienfaisant, la riante verdure, la nature *animée*. C'est là que dorment d'un sommeil paisible les parents de nos parents *descendus* au tombeau. C'est là que nous sommes *nés* (1), là que notre mère nous a *reçus*, en pleurant, dans ses bras, a *oublié* ses souffrances pour ne penser qu'à nous, nous a *nourris* de son lait, et, la nuit, s'*asseyant* en silence auprès de notre berceau, heureuse de nous voir, a *veillé* bien souvent pour nous chérir quelques instants de plus. C'est là qu'elle nous a *parlé*, la première, de Dieu et de cette vie, où souvent la vertu subit de cruelles épreuves, pendant que les méchants prospèrent, nous *recommandant* de ne jamais porter envie à l'homme dont le bonheur n'a pas son principe en Dieu. C'est là que se sont *passées* les premières années de notre enfance. C'est là que notre père nous a tant de fois *parlé* de devoir, de piété, d'honneur. C'est là qu'il nous a dit adieu pour la dernière fois, et que nous avons *suivi*, bien jeunes encore, sa dépouille mortelle au champ du repos.

Devoir. — Quelle est notre patrie? Quels sont nos devoirs envers elle? — (*L'aimer, la servir, la défendre,* même au péril de notre vie.)

104ᵉ Exercice. — *Les chauves-souris.* — Les chauves-souris ne sont pas des oiseaux; ce sont des mammifères *volants* (2) qui ont des ailes membraneuses (3), et qui ressemblent à une souris pour la forme et la grosseur du corps. Nous en comptons six ou sept espèces en France, parmi lesquelles on remarque les chauves-souris ordinaires. *Retirées* pendant le jour dans les carrières, dans les greniers, dans les troncs d'arbres, elles attendent l'heure du crépuscule dans un état d'immobilité presque constante et sans doute de sommeil. C'est surtout dans les salles souterraines de certaines cavernes qu'on les trouve ainsi *réunies*. Aussitôt que le crépuscule commence à faire place à la nuit, on voit ces chasseurs *affamés* sortir de leurs sombres retraites et courir après leur proie avec une gloutonnerie qui les aveugle sur le danger, et ne leur permet pas de distinguer les piéges les plus grossiers. Aussi peut-on prendre des chauves-souris à la ligne, en *amorçant* un hameçon avec un insecte, et en agitant cet appât dans l'air. Ces animaux ne sont nullement faciles à observer *vivants. Privés* de leur liberté, ils ne tardent pas à périr, quelque soin qu'on prenne pour les conserver. Leurs mœurs nocturnes, le choix de leur retraite, en ont fait pour des peuples entiers un objet de dégoût et d'horreur. Moïse les met au nombre des animaux impurs dont le peuple de Dieu ne doit jamais manger la chair. Les Grecs semblent les avoir *prises* pour modèles de leurs Harpies (4). Au moyen âge, elles sont les compagnes des sorciers, des loups-garous, et quand on a *voulu* représenter Satan, on a *chargé* ses épaules de vastes ailes de chauves-souris.

Devoir. — Mots à expliquer: *Mammifère, crépuscule, hameçon,* etc. Pourquoi dit-on que les chauves-souris sont des *chasseurs?*

---

(1) Ou *nées,* au féminin pluriel, si ce sont des femmes qui parlent. Même observation pour *reçus* et *nour;is,* qui suivent.

(2) Ces exercices étant destinés aux élèves avancés, nous soulignons, dès maintenant, les adjectifs verbaux.

(8) *Ailes membraneuses,* formées d'un tissu mince et large, sans plumes.

(4) Harpies, monstres ailés à figure de femme, au corps de vautour, aux oreilles d'ours.

Suite de la récapitulation.

105° Exercice. — *La moralité dans le travail.* — Le travail étant la grande fonction de l'homme sur la terre, chacun est *tenu* de la remplir, selon son énergie, loyalement, sans récrimination ni défaillance. *Travailler* à contre-cœur, ou sous l'empire de l'envie et d'un antagonisme haineux, c'est *altérer* le travail, *ajouter* l'amertume à la fatigue, se *condamner* presque toujours à mal faire, et *jeter* souvent un embarras de plus dans l'économie générale, car l'action de chaque homme a sa portée. Bien *employée*, cette force produit des résultats qui étonnent ; mal *employée*, surtout si elle est *égarée* par une mauvaise passion, elle cause un véritable ravage ; c'est le ver qui ronge et fait mourir le chêne ; c'est la fissure qui submerge le navire. Que d'établissements, d'abord solides et prospères, ont été *détruits* et *ruinés* par des employés infidèles ou des ouvriers paresseux ! Que de familles *perdues* par l'action solitaire et *cachée* d'un seul de leurs membres ! Que de riches exploitations tout à coup *arrêtées* et *tombant* dans un incurable étiolement par la faute et la mauvaise volonté, ici d'un directeur, là de quelques travailleurs ! Que d'industries *créées* et *organisées* par l'intelligence elle-même, longtemps heureuses et *brillantes*, se trouvent tout à coup *arrêtées* comme par une force invisible, *frappées* de paralysie, sans la moindre maladie apparente ! Elles se savent capables de parfaitement marcher, et pourtant elles se sentent *embarrassées*, *entravées*. Le malaise dure un an, deux ans, quelquefois plus.

Devoir. — Mets à expliquer : *récrimination, antagonisme, économie générale,* etc.

106° Exercice. — *Suite du précédent.* — Mais voilà que tout à coup la vie revient. Quelle main mystérieuse a *pu* vaincre un mal qui paraissait si profond et sans remèdes ? Il a *suffi* d'un berger qui gardât bien le troupeau, d'un agriculteur qui traitât bien ses champs, de quelques ouvriers actifs et *rangés* qui, de concert avec un honnête et intelligent contre-maître n'ont point *triché* au travail et ont *pris* un sérieux souci de la responsabilité du patron. Le commis frivole ou vicieux *gaspillant* son temps et toujours à *parler* des fabuleux bénéfices du maître a été *remplacé* par un homme laborieux, sincère, désireux de se conquérir bon poste et bon salaire, mais également ambitieux de faire prospérer la maison. Un peu de bon sens a tout *changé* ; chacun a *vu* que le mal ne pouvait engendrer que le mal, puisque le maître, le patron, le propriétaire, le chef enfin ne peut être ni *frappé* ni *atteint* sans que tous ceux qui travaillent autour de lui soient également *atteints* et *frappés*. Le travail de chacun s'est alors *moralisé*, *discipliné*, et a sincèrement *marché* au but commun, et aussitôt la prospérité de renaître. La merveille n'a pas d'autres secrets ; il n'y a ni erreur ni paradoxe à *affirmer* que partout où se montrent et se développent la bonne volonté, la franche énergie, et l'intelligence *accompagnées* de la moralité, la misère et l'infortune sont toujours *vaincues*. La fortune est beaucoup moins capricieuse et injuste que ne le disent les paresseux, les joueurs et les voluptueux. Elle se plaît surtout à *seconder* les œuvres honnêtes, bien *conçues* et sagement *menées* par l'ordre, la sobriété, la constance et l'esprit de mesure. Le peuple qui veut *monter* et prospérer doit donc mettre lui-même à l'ordre du jour la moralité dans le travail, et cette moralité doit être partout *exigée* sincère et austère. Du moment où les ouvriers de toute espèce, *convaincus* de cette vérité, la mettront fermement en pratique, la misère sera *vaincue*, avec la prospérité accourra la paix et la concorde des esprits, qui seules la conservent et la fécondent.

Devoir. — Expliquer les mots *patron, paradoxe, fortune, moralité dans le travail,* etc.

Suite de la récapitulation.

107ᵉ Exercice. — *Arts libéraux et mécaniques.* — On peut, en général, donner le nom d'art à tout système de connaissances qu'il est *permis* de réduire à des règles positives, invariables et indépendantes du caprice ou de l'opinion ; et il serait *permis* de dire, en ce sens, que plusieurs de nos sciences sont des arts, étant *envisagées* par leur côté pratique. Mais comme il y a des règles pour les opérations de l'esprit ou de l'âme, il y en a aussi pour celles du corps, c'est-à-dire pour celles qui, *bornées* aux corps extérieurs, n'ont besoin que de la main seule pour être *exécutées.* De là la distinction des arts en libéraux et en mécaniques ; et la supériorité qu'on accorde ordinairement aux premiers sur les seconds. Cette supériorité est sans doute injuste à plusieurs égards : si, en effet, les arts libéraux exigent un travail intelligent, dans lequel il est difficile d'*exceller,* les arts mécaniques nous procurent, en revanche, des avantages supérieurs. C'est cette utilité même qui a *forcé* de les réduire à des opérations purement machinales, pour en *faciliter* la pratique à un plus grand nombre d'hommes. Mais la société, en respectant avec justice les grands génies qui l'éclairent, ne doit point avilir les mains qui la servent. La découverte de la boussole n'est pas moins avantageuse au genre humain que ne le serait à la physique l'explication des propriétés de cette aiguille. Et puis, à considérer en lui-même le principe de la distinction dont nous parlons, combien de savants *prétendus* dont la science n'est proprement qu'un art mécanique ?

Devoir. — Expliquer la différence entre une *science* et un *art.*

108ᵉ Exercice. — *Suite du précédent.* — Le mépris qu'on a pour les arts mécaniques semble avoir *influé* jusqu'à un certain point sur leurs inventeurs mêmes. Les noms de ces bienfaiteurs du genre humain sont presque tous *inconnus,* tandis que l'histoire de ses destructeurs, c'est-à-dire des *conquérants,* n'est *ignorée* de personne. Cependant c'est peut-être chez les artisans qu'il faut aller chercher les preuves les plus admirables de la sagacité de l'esprit, de sa patience et de ses ressources. J'avoue que la plupart des arts n'ont été *inventés* que peu à peu, et qu'il a *fallu* une assez longue suite de siècles pour porter les montres, par exemple, au point de perfection où nous les voyons. Mais n'en est-il pas de même des sciences ? Combien de découvertes, qui ont *immortalisé* leurs auteurs, avaient été *préparées* par les travaux des siècles *précédents,* souvent même *amenées* à leur maturité, au point de ne *demander* plus qu'un pas à faire ? et, pour ne point sortir de l'horlogerie, pourquoi ceux à qui nous devons la fusée des montres, l'échappement et la répétition ne sont-ils pas aussi *estimés* que ceux qui ont *travaillé* successivement à *perfectionner* l'algèbre ? D'ailleurs, si j'en crois quelques philosophes que le mépris de la multitude pour les arts n'a point *empêchés* de les *étudier,* il est certaines machines si *compliquées* et dont toutes les parties dépendent tellement l'une de l'autre qu'il est difficile que l'invention en soit *due* à plus d'un seul homme. Ce génie rare, dont le nom est *enseveli* dans l'oubli, n'eût-il pas été bien digne d'être *placé* à côté du petit nombre d'esprits créateurs qui nous ont *ouvert* dans les sciences des routes nouvelles ? [D'ALEMBERT (1).]

Devoir. — Expliquer les termes difficiles.

(1) D'Alembert, célèbre mathématicien né à Paris en 1717, mort en 1783.

109ᵉ Exercice. — *Les Insectes.* — Avant d'atteindre le terme le plus brillant de leur existence, les insectes sont *obligés* de passer par *différents* états, que l'on nomme métamorphoses. Ces métamorphoses sont, pour la plupart, l'état de larve, celui de nymphe ou de chrysalide, et celui d'insecte parfait. La structure des organes des insectes est d'une extrême complication. L'expérience a *prouvé* qu'ils sont *doués* de sensibilité, et que c'est à la présence des nerfs *répandus* dans toute leur économie qu'ils doivent la perfection des sensations et leur vie organique. Leur tête est constamment *munie* de l'organe de la vue. Les yeux sont *taillés* en facettes hexagonales au nombre de plusieurs milliers, *reflétant* plusieurs nuances. Quoique l'on n'ait pas encore *reconnu* le siége des sensations de l'ouïe et de l'odorat chez les insectes, il est cependant certain qu'ils les perçoivent. Les antennes paraissent être chez eux l'organe du toucher. Leurs pattes, ordinairement au nombre de six paires, sont *reçues* chacune dans une partie du thorax et *divisées* en quatre parties : la hanche, la cuisse, la jambe, et le tarse. Leurs ailes sont transparentes, membraneuses, *parsemées* de nervures. Elles sont *recouvertes* de deux ailes supérieures, plus épaisses chez les coléoptères. Le mécanisme de la respiration des insectes a été l'objet de grandes recherches. Il est maintenant *constaté* que l'oxigène est nécessaire à leur respiration, que ce gaz est *absorbé*, l'acide carbonique dégagé, et que dans cette opération il se développe de la chaleur.

Devoir. — Expliquer les termes incompris.

110ᵉ Exercice. — *L'Australie* (1). — Sous le rapport des produits naturels, le continent de l'Australie, *vu* son étendue, semble appartenir aux parties les moins *favorisées* de la surface du globe. Les métaux *reconnus* jusqu'ici sont le fer, le plomb, et le cuivre, mais ces métaux sont *inexploités*. La végétation est presque exclusivement *bornée* aux plateaux et aux hautes vallées. La flore (2) de cette contrée présente un grand nombre d'espèces qui lui sont propres, mais on n'y trouve presque aucune des plantes les plus utiles à l'homme. Les céréales et les fruits de toutes sortes y ont été *introduits*, et leur culture réussit parfaitement. La faune de l'Australie est également très-pauvre en espèces utiles. Les animaux domestiques de l'Europe, aussi bien que les plantes, ont dû y être *importés*, et les troupeaux, surtout ceux de mérinos, forment aujourd'hui la principale richesse des colonies européennes. Les habitants indigènes de l'Australie, dont on ne porte pas le nombre à plus de soixante mille, appartiennent à la race des nègres océaniens, dont ils forment une variété particulière. Ces nègres, au teint couleur de suie, aux cheveux *crépus*, mais non laineux, au nez *épaté*, sont moins intelligents que ceux de la Guinée. *Divisés* en petites tribus, *vivant* des produits de la pêche et de la chasse, sans autre industrie que celle qui leur est nécessaire pour construire des canots informes, *préparer* des filets et quelques armes, *livrés* au fétichisme, *faisant* même, dit-on, des sacrifices humains ; *plongés*, en un mot, dans le dernier degré de l'abrutissement et de la barbarie, ils semblent, par leurs caractères physiques comme par leurs facultés intellectuelles, occuper l'un des derniers rangs dans la série des variétés de l'espèce humaine. Les Anglais sont encore les seuls peuples de l'Europe qui aient *fondé* des établissements dans l'Australie, et, malgré toutes les tentatives qui ont eu lieu, la civilisation des indigènes n'a *fait*, presque aucun progrès.

Devoir. — Expliquer le sens des expressions incomprises.

---

(1) On *Nouvelle-Hollande*, île immense, qui se trouve dans la partie occidentale de l'Océanie, vers le sud-ouest.

(2) La *flore* d'un pays est la collection des végétaux ou des plantes qui croissent naturellement dans ce pays. — La *faune* est la collection des animaux.

MOTS INVARIABLES.

CHAPITRE VII.

EXERCICES SUR LES ADVERBES.

111ᵉ Exercice. — Adverbes en amment ou emment. — (Gram., n° 422, note.)

Il faut être vêtu *décemment*. On doit se conduire *prudemment*. Cet enfant profite *étonnamment*. Il parle un peu trop *insolemment*. Il a fait cela *sciemment*. Je vous dis ceci *confidemment*. On ne saurait agir plus *innocemment*. Il ne méritait point cette place, on l'a *évidemment* favorisé. Le sage ne recherche pas *ardemment* les biens de la fortune. Ils sont rares, les hommes *constamment* désintéressés. Les personnes qui ont de la charité supportent *patiemment* les offenses.

Devoir. — Expliquer l'orthographe des adverbes en *ment*, et dire de quels adjectifs ils sont formés.

112ᵉ Exercice. — Là ou la; où et ou, amment ou emment.
(Gram., n° 425, puis 423, note.)

Ici, il y a une forêt; *là* se trouve une montagne. Il faut dire, à *la* gloire de ce prince, qu'il ne commit jamais *sciemment* l'injustice. Celui qui est dans les ténèbres ne sait plus *où* il va. On donne le nom de juif à celui qui prête à usure, *ou* qui vend *exorbitamment* cher. L'animal nommé paresseux se traîne *pesamment* et laborieusement sur *la* terre. Les astres suivent *constamment* la route qui leur fut tracée. D'ici *là*, nous comptons dix lieues. Tous ses meubles étaient jetés çà et *là*. J'ai chez moi un belvédère (1) d'*où* je vois deux lieues à la ronde.

Devoir. — Expliquer le sens de *sciemment*, *belvédère*, etc.

_____

(1) L'Académie écrit aussi *belvéder*, et fait remarquer que l'r se fait sentir. *Belvéder* étant du masculin, cette dernière orthographe semblerait même préférable à la première, puisque l's final est généralement le signe du féminin.

113ᵉ Exercice.— Récapitulation. — (Gram., 421-426.)

On croit *volontiers* ce qu'on désire. Il ne faut rien faire *précipitamment*. Ce remède agit *violemment*. Il a *vaillamment* combattu. Il supporte *fort impatiemment* ce revers. Ses yeux parlent plus *éloquemment* que sa bouche. Candide écoutait *attentivement* et croyait *innocemment* ce qu'on lui disait. *Là où* est notre trésor, *là aussi* est notre cœur. Ce mariage a été fait *solennellement*. L'impression de ce livre est *assez* soignée : on y trouve pourtant quelques fautes *par-ci par-là*. On emploie *fréquemment* les sangsues pour opérer des saignées locales. Cela est arrivé *récemment*, tout *récemment*. Il a agi *très-imprudemment* en cette rencontre. On ne dit pas les choses *si crûment*. Les femmes veulent *ardemment* ce qu'elles veulent, et elles viennent *ordinairement* à bout de l'obtenir. La récidive entraîne une peine *plus forte* que celle à laquelle on a été condamné *précédemment*. Le paradis ne coûterait *guère* si on l'obtenait en *ne se privant de rien* pendant sa vie, et en témoignant, à la mort, de la haine à sa famille.

Devoir. — Expliquer le sens des deux dernières phrases et dire si l'on doit toujours imiter la conduite de Candide.

Nota. — Comme exercice sur les adverbes, on peut encore faire le 120ᵉ ci-après.

Suite de la récapitulation sur les adverbes.

114ᵉ Exercice. — *Brièveté et néant de la vie.* — C'est bien peu de chose que l'homme, et tout ce qui a fin est bien peu de chose. Le temps viendra où cet homme qui vous semblait si grand ne sera plus, où il sera comme l'enfant qui est encore à naître, où il ne sera rien. Si *longtemps* qu'on soit au monde, y fût-on mille ans, il faut en venir là. Il n'y a que le temps de ma vie qui me fait différent de ce qui ne fut *jamais*. Cette différence est bien petite, puisqu'à la fin je serai encore confondu avec ce qui n'est point ; ce qui arrivera le jour où il ne paraîtra pas seulement que j'aie été, et où peu m'importera combien de temps j'ai été, puisque je ne serai plus. J'entre dans la vie avec la loi d'en sortir, je viens faire mon personnage ou me montrer comme les autres ; *après*, il faudra disparaître. La vie est de quatre-vingts ans tout au plus ; prenons-en cent : qu'il y a eu de temps où je n'étais pas ! qu'il y en aura où je ne serai point ! et que j'occupe peu de place dans ce grand abîme des ans ! Je ne suis rien ; ce petit intervalle n'est pas capable de me distinguer du néant, où il faut que j'aille. Je *ne* suis venu *que* pour faire nombre, encore n'avait-on que faire de moi, et la comédie ne se serait pas moins bien jouée quand je serais resté là, derrière le théâtre. Ma partie est bien petite en ce monde et si peu considérable que, quand je regarde de près, il me semble que c'est un songe de me voir *ici*, et que tout ce que je vois ne sont (1) que de vains simulacres (de vains fantômes). (*Bossuet.*)

Devoir : — Souligner les adverbes, appliquer les règles et expliquer le sens des expressions incomprises.

(1) *Grammaire*, n° 809.

CHAPITRE VIII.

EXERCICES SUR LES PRÉPOSITIONS.

115ᵉ EXERCICE. — *à* ou *a*, *dès* ou *des*.
(GRAM., nᵒ 434.)

À bon chat bon rat. On *a* plâtré cela du mieux qu'on *a* pu. Il y *a des* gens qui affectent à tort de faire sentir toutes les lettres finales. *Dès* l'enfance, on doit s'accoutumer au travail. Je partirai *dès* demain, *dès* la semaine prochaine. La cire se ramollit *dès* qu'on l'approche du feu. Les fleurs commencent *à* se faner *dès* qu'elles sont cueillies. J'ai pris note de ce que j'ai *à* payer et *à* recevoir *à* la fin du mois. Il avait de grandes prétentions, mais il *a* eu *à* décompter. La vraie politesse ne consiste pas *à* faire *des* révérences, mais *à* dire et *à* faire des choses agréables *à* ceux avec qui l'on vit.

Devoir. — Appliquer les remarques et expliquer la première et la dernière phrase.

116ᵉ EXERCICE. — *Récapitulation.* (GRAM. 479-480.)

À Paris, il y a vingt mairies. Chaque chose *à* son terme. À la longue tout s'use. À l'impossible nul n'est tenu. Nous nous sommes trouvés nez *à* nez *à* la promenade. Il y *a* ordinairement une préposition devant le régime indirect; il n'y en *a* pas devant le régime direct. *Dès* Roanne, la Loire est navigable. C'est votre père, et *dès* lors vous lui devez le respect. *Dès* qu'un esclave touche la terre de France, il est libre. L'oiseau-mouche *à* la fraîcheur *des* fleurs comme il en *a* l'éclat. À Wardhüus, en Laponie, on *a* un jour de six semaines et une nuit d'égale durée. *En* hiver, le soleil est plus près de la terre, en été il en est plus éloigné. Le prince arrive, allons *au devant de* lui. La tranquillité règne *au dedans* du royaume. Il m'*a* cédé tout son bien sa vie *durant, sauf* ses rentes. L'instituteur *a* un grand rôle *à* remplir dans l'éducation des enfants du peuple. Apprendre *à* lire et *à* écrire serait un danger, si l'on n'apprenait en même temps *à* comprendre et *à* choisir ce qu'on lit, *à* le juger avec une conscience pure, un sens droit et des convictions arrêtées.

Devoir. — Expliquer la dernière phrase.

CHAPITRE IX.

EXERCICE SUR LES CONJONCTIONS.

17e EXERCICE. — (GRAM. Nos 438 à 443.)

(Souligner les conjonctions.)

Dès qu'on a trouvé un objet, il faut en rechercher le maître, *soit* en faisant annoncer sa trouvaille, *soit, et* mieux encore, en la remettant au maire de la commune *ou* au bureau de police, qui font faire eux-mêmes les recherches. On inscrit sur un registre la désignation de l'objet perdu *et* le nom de celui qui l'a trouvé, *et si*, au bout de trois ans, cet objet n'a pas été réclamé par son propriétaire, la loi permet de le remettre à celui qui l'a trouvé. *Mais* encore, celui-ci est obligé par la conscience *et* l'honneur, de le restituer, *autant que* cela se peut, au véritable propriétaire, s'il vient à être connu, même après un plus long délai. — Il faut toujours être probe et loyal : *quand* même on échapperait à la justice des hommes, on n'échapperait pas aux reproches de sa conscience *ni* à l'œil de Dieu.

Devoir. — Expliquer la dernière phrase.

CHAPITRE X

EXERCICE SUR LES INTERJECTIONS.

18e EXERCICE. — (GRAM. nos 445 à 448.)

(Souligner les interjections.)

Un duc de Duras, voyant un jour Descartes qui faisait bonne chère lui dit, en le raillant : *Hé quoi !* les philosophes usent-ils de ces friandises ? — Pourquoi pas, répondit Descartes ; vous imaginez-vous que la nature n'a produit les bonnes choses que pour les ignorants ?

Un ami de Bacchus atteint d'hydropisie
S'écriait, sur le point de descendre au tombeau !
Hélas ! comment mon corps peut-il être plein d'eau
Puisque je n'en bus de ma vie ?

Devoir. — Rendre compte du sens des phrases.

CHAPITRE XI.

REMARQUES ORTHOGRAPHIQUES

119ᵉ EXERCICE. — Dérivés et primitifs.
(GRAM., 458-459.)

(Faire épeler et écrire les *primitifs*, qui sont en *italique*.)

Plomber, *plomb*; sachet, *sac*; froidure, *froid*; lardoire, *lard*; bourgade, *bourg*; litière, *lit*; outillage, *outil*; fouetter, *fouet*; essaimer, *essaim*; trotter, *trot*; tyrannie, *tyran*; brassée, *bras*; reposoir, *repos*; parenté, *parent*; laitage, *lait*; fruitier, *fruit*; tricoter, *tricot*; gantier, *gant*; plateau, *plat*; potage, *pot*; futaille, *fût*; ratière, *rat*; instinctif, *instinct*; fluxion, *flux*; rizière, *riz*; gazomètre, *gaz*; cousine, *cousin*; coussinet, *coussin*; ronde, *rond*; goûter, *goût*; quartier, *quart*; artiste, *art*; archer, *arc*; banqueter, *banquet*; loterie, *lot*; parier, *pari*; aérer, *air*; panier, *pain*; vanner, *van*; venter, *vent*; fondateur, *fondation*; déserteur, *désertion*; manuel, *main*; vinaigre, *vin*; vanité, *vain*; cheminer, *chemin*; temporaire, *temps*.

Devoir. — Chercher le sens des termes incompris.

120ᵉ EXERCICE. — *Primitifs et dérivés*. — (GR., 458 à 460.)

(Écrire les primitifs suivants en cherchant les dérivés.)

Drap, marchand, granit, ciment, abricot, aliment, gland, hareng, moment, instant, grabat, canot, certificat, sénat, tribut (*impôt*), attentat, soldat, gigot, parfum, regard, mandat, salut, sourcil, aérostat, élément, magistrat, scélérat, brigand, arsenic, renard, tisserand, enfant, client, géant, transparent, courtisan, paysan, complaisant, obéissant, requis, conquis, soumis, étroit, suspect, fagot, placard, support, dard, respect, éclat, argent, rabot, début, affront, sanglot, arrêt, galop, retard, débit, transport, crédit, acquit, profit, péril, emprunt, éclat, complot, poignard, souhait, accent, récit, tourment, babil, débit, dépit, avis, cachot, mépris, exploit, lambris, égout, combat, trépas, bruit, sirop, départ, estomac, serment, défaut, dégât, tentation, rédemption, butin, notaire, marin, charlatan, magasin. *Exceptions* : Contrat, conscrit, escroc, époux, heureux, emploi, appétit, courroux, bijou, absous, dissous, discours, concours, relais, effort, renfort, choix, croix, or, étain, suppôt, impôt, dépôt, intérêt, délit, *et quelques autres*.

Devoir. — Indiquer pourquoi les derniers mots font exception.

121ᵉ Exercice. — *Primitifs sans dérivés.* (Mots à lire, à épeler et à écrire fréquemment.)

Son final a : bahia, baobab. — cotignac, almanach ; — appas (*charmes*), canevas, châsselas, frimas, galetas, repas, verglas, ananas, cervelas, coutelas, fatras, galimatias, hélas ! lilas, plâtras, taffetas ; — achat, apparat, appât (*amorce*), aplomb, apostolat, carat, élément, état, goujat, odorat, pensionnat, plagiat, potentat, résultat, orgeat, consulat, forçat et *autres mots où il est une finale ajoutée à un mot français.* — *Son* ar : bazar, hangar, égard, étendard, boulevard, brancard, brouillard, fuyard, hussard, milliard, vieillard, rempart ; — *Son* eu ou eux : jeu, lieu, vœu, nœud. — *Son* é : volontiers, nez, rez-de-chaussée, assez, chez. — *Son* è : baïs, jais, biais, frais, marais, laquais, palais, panais, désormais, jamais, niais, rais (*rayon*) ; — *un mets, un legs, décès, congrès,* abcès, cyprès, près, auprès, après ; — *un fait, un trait, et les composés* forfait, attrait, portrait, etc. — bosquet, hoquet, cabinet, effet, pistolet *et tant de mots où le son* è *final bref se fait entendre.* — *Son* i : cri, nid, midi ; — api, bain, bistouri, demeni, parti, autrui, étui ; — avril, alguazil, baril, fenil, fournil ; — abattis, appentis, brebis, cassis, châssis, cliquetis, coloris, croquis, devis, gâchis, ghetto, hachis, logis, paradis, parvis, pilotis, radis, ris, souris, sursis, tailli, torticolis, buis, caribous, guris, chènevis ; — acabit, bandit, biscuit, conflit, délit, habit, esprit, répit, verdict ; — crucifix, perdrix ; — *Son* o : écho (*bruit*), brco, trop ; — chaos, héros ; — billot, escargot, falot, loriot, cabiot, camelot, chariot, chicot, écot (*part*), haricot, îlot, javelot, matelot, mot, mulot, paletot, paquebot, pavot, prévôt ; — boyau, noyau, artichaut, assaut, héraut (*d'armes*), levraut, quartaut ; — *la chaux, le faux* (*intérêt*). — *Son* or : cor, lord, nord ; — remords, corps, *un mors* (*frein*), ressort, sort, tort. — *Son* u : salut, plus, bût. — *Son* ou : coup, beaucoup, loup, marabout, surtout, atout. — *Son* our : à rebours, toujours, velours. — *Son* an : bilan, cadran, écran, différend ; étang ; orang-outang ; aimant, talent, vêtement. — *Son* in : thym, sein, dessein. — *Son* on : tronc, gond, plafond, fonds (*de terre*). — *Son* oi : anchois, carquois, *une ou deux fois,* autrefois, chinois, pois et poids, détroit, endroit, surcroît, poix (*goudron*), voix. — *Son* eur : ailleurs, d'ailleurs. — (*Expliquer les termes incompris.*)

122ᵉ EXERCICE. — *M avant* b *ou* p, *etc.* — (GRAM., nᵒˢ 461 à 471.)

Ambition, emmancher, exemple, impie, combat, humble, nombre, campagne, champêtre, sciemment, prudemment. — Imprudence, impuissance, arrogance, évidence, éloquence, compétence, exigence, résidence ; — auteur, acteur, serviteur, laboureur, cultivateur, dessinateur, sculpteur, heure, demeure, lueur, grattoir, abreuvoir, réservoir, balançoire, écritoire, moire, observatoire ; — bonté, légèreté, curiosité, oisiveté, impartialité, équité, sainteté, dictée, jetée, portée, saignée, bourrée, gelée, fumée, armée, renommée, cuvée, charretée, cuillerée, brassée ; — expiation, attention, détention, suspension, ascension, discussion, abstention ; — annexion, complexion, réflexion, affection, correction, fiction, exaction, distinction, extinction, onction, friction, décoction ; — rendement, assaisonnement, complètement, essentiellement, subséquemment, constamment ; — convoquer, convocation, disloquer, dislocation, remarquable, camphre, bonbon, néanmoins, embonpoint, nous vînmes, nous tînmes, existence, connivence, leurre, pelletée, prétention, affection, provocation, révocation.

Devoir. — Expliquer le sens des termes incompris.

123ᵉ EXERCICE. — *Consonnes doubles.* — (GRAM., 472-482.)

Affirmer, affermir, *africain* ; effort, effet, *éfaufiler* ; difficile, différence, offense, officier, suffisance, suffoquer, suffocation. — *Abbé, abbesse, abbaye, rabbin,* rabat, aboiement, abattement, subrogation ; — *océan,* oculiste, occasion, occupation ; — *reddition, addition, additionner,* adapter, adoption, rédemption ; — affranchissement, efficace, diffamer, diffamation, offre, offrande, office, suffrage, suffocant, suffisamment ; — *suggestion, agglomération,* agrafe, agrandir, agrégation, agréable, agréger, agresseur, agricole ; — *île, îlot,* illégal, illisible, illégitime ; — *image, imaginaire,* immédiat, immerger, *imiter,* immatriculer, s'immiscer, immixtion ; — opposer, opprobre, opprimer, oppression ; — *ironie,* irascible, irritable, irrégulier ; — poisson, empoissonner, ressentiment, ressemblance, ressort, resserrer, ressemeler, ressource, cession, concession ; — relever, semer, blâmer, blâme, fête, *châsse, châssis, enchâsser,* enchaîner ; — aboyer, occasionner, tudoyer, rudesse, affliction, affluence, effusion, difforme, *agglutination, ilôtisme,* illustre, immense, immangeable, opportun, oppresseur ; *préséance,* précession, possession, assassin, déchaînement, Hippolyte, hypothèse, hypothèque.

Devoir. — Chercher le sens des termes incompris.

124ᵉ EXERCICE. — *Majuscules.* — GRAM., n° 483.)

Dieu seul est grand. — Jésus-Christ dit à Marie-Magdelaine : Tes péchés te sont pardonnés. — Notre pays s'étend, de l'est à l'ouest, depuis le Rhin jusqu'à l'Océan. — La France possède un grand nombre de fabulistes à la tête desquels brille La Fontaine. — Fils aînés de l'antiquité, les Français, Romains par le génie, sont Grecs par le caractère. — Les toits en pointe sont en usage dans le Nord ; les toits plats dans le Midi. — Les fleuves du Nord transportent dans les mers une prodigieuse quantité de glaçons. — Les Turcs se coiffent d'un turban ; les Français d'un chapeau. — Les Allemands sont les descendants des anciens Germains. — Il m'est venu faire une querelle d'Allemand. — Généralement parlant, les Espagnols sont sobres, les Français gourmets, les Italiens friands, les Anglais gourmands et les Anglo-Américains goinfres. — L'esprit de l'homme ne peut concevoir un effet sans cause, la créature sans le Créateur. — Pâques est une fête que les chrétiens solennisent tous les ans en mémoire de la résurrection de Notre-Seigneur. — On représente la Mort sous la forme d'un squelette armé d'une faux. — La Paresse va si lentement que la Pauvreté l'atteint bientôt. — Le désordre déjeune avec l'Abondance, dîne avec la Pauvreté, soupe avec la Misère et va se coucher avec la Honte. (*Dans les 2 dern. phr. on peut omet. les maj.*)

> Le cruel Repentir est le premier bourreau
> Qui dans un sein coupable enfonce le couteau. (*L. Racine.*)

Devoir. — Souligner les noms et employer les majuscules, puis chercher et expliquer le sens des expressions incomprises.

125ᵉ Exercice. — *Suite des majuscules.* (Gr., nᵒˢ 483 à 488).

Les prêtres des faux *dieux* étaient des imposteurs. Dieu conduit le *monde* selon les desseins cachés de sa *providence*. L'usage des poêles nous est venu du Nord. L'Empereur est le chef de l'État. Il y a des charlatans dans tous les *états*. Indiquez à ce *monsieur* la route qu'il doit suivre. Louis XIII est le fondateur de l'Académie française. J'ai admiré les beaux tableaux de la cathédrale d'Anvers, entre autres la *Descente de croix* de Rubens. La Renommée, dans l'Énéide, et la Mollesse, dans le Lutrin, sont des personnages allégoriques. Saint Fiacre est le patron des jardiniers ; saint Eloi celui des orfèvres ; saint Crépin celui des cordonniers. Cette dame logea près le Palais-Royal, à Paris. Il demeure près la porte *Saint-Antoine*. Les tribunaux ne se rassemblent qu'après la *Saint-Martin*. Voulez-vous qu'un homme soit fidèle à tenir sa parole ? *soyez* discret à l'exiger. Cette mesure n'est qu'un palliatif qui *aggrave* les maux de l'État en paraissant les soulager. Il n'y a guère de livres *anglais* où il n'y ait quelque chose contre les Français, d'*italiens* où il ne se trouve des idées folles, d'*espagnols* qui ne soient farcis de miracles, et de *français* où l'auteur ne se loue dans sa préface. Où se trouve la mer Rouge ? la basse Normandie ? la basse Bretagne ? le département des Basses-Alpes ? celui des Hautes-Pyrénées ? les États-Unis ? les Pays-Bas ? Voici un pays bas et plat. Connaissez-vous ce bas Breton, ce bas Normand ? Un poëte a dit, en parlant de la fausse dévote :

Toujours sur sa toilette est la sainte Écriture ;
Auprès d'un pot de rouge on voit un Massillon. (*Voltaire*).

Devoir semblable au précédent (124ᵉ exercice).

Un *Massillon*, recueil de sermons par Massillon, célèbre prédicateur (1663 à 1742.)

126ᵉ EXERCICE. — *Accents et apostrophe* (GR., nᵒˢ 489 à 499).

La violette est l'emblème de la modestie. Cet événement se passa sous l'empire de Charlemagne. Les hôpitaux sont des établissements très-utiles. Pour s'instruire à réformer les hommes, il faut commencer par se réformer soi-même. Je serai chez vous entre onze heures et midi. De vingt il n'en est resté que onze (1). Avez-vous acheté de la ouate (2) ? Les yachts sont fort communs en Angleterre et en Hollande. Cette dame est morte, le chagrin l'a conduite au tombeau. Voyez-*le* à son retour. La *grand*'route est achevée (3). Cette personne a été bien vexée ; elle a eu *grand*' peur. Il doit s'attendre à quelque aventure fâcheuse. Les hommes doivent s'*entr*'aider. Adressez-vous à quelque autre personne. J'ai *grand*'faim, j'ai extrêmement faim. Il n'y *a* pas de honte *à* être pauvre. Quand cet assassin serait exécuté, il n'y aurait pas *grand*'perte. Une fois, *entre* autres, il arriva que... Il est presque idiot. Lorsque Alexandre pénétra dans l'Inde, il rencontra Porus, roi de ce pays. *Entre* amis, on ne regarde point aux petites choses. Ils auront tort *s'ils* se fâchent de cela. Les rebelles désobéissent à l'autorité légitime ; ils se révoltent *contre* elle. Tous les hommes sont égaux devant Dieu : la sagesse, les talents et les vertus mettent seuls de la différence *entre* eux.

Devoir. — Expliquer le sens des passages incompris.

(1) On *qu'onze*, en conversation. (*Acad.*) — (2) Ou quelquefois *de l'ouate*. (*Acad.*) Notez qu'on dit *camisole, couverture* d'ouate ; *jupe doublée* d'ouate. (*Acad.*) — (3) On dit aussi *grande route, grande messe,* avoir une *grande faim,* etc. (*Acad.*)

127ᵉ EXERCICE. — *Cédille, tréma, trait-d'union et parenthèses.*

(GRAM., nᵒˢ 500 à 505.)

En Belgique, le *français* est la langue commune. Homère et Virgile sont appelés les princes des *poëtes* (1). Les *païens* exposaient les *martyrs* aux bêtes féroces. Le mot *héroï-comique* s'applique aux *poëmes* et aux autres ouvrages d'esprit. Pour indiquer que deux voyelles ne forment point de diphthongue, on met un tréma sur la seconde, comme dans *faïence*. Ma maison est *contiguë* à la vôtre. Ces deux provinces sont *contiguës*. L'année commune se compose de *trois cent soixante-cinq* jours. Les apôtres reçurent le *Saint-Esprit* le jour de la Pentecôte. *Allons-nous-en* d'ici. *Va-t'en*, *va-t'en* porter ma lettre. Il prend des airs familiers, *très-familiers* avec ses supérieurs. Cette femme était *très-colère*; il faut qu'elle ait bien pris sur elle pour être maintenant d'un commerce aussi doux. Il ne fait pas bon se frotter à cet *homme-là*. Assurez-vous de cette nouvelle; *allez vous en assurer*. *Venez* me parler. *Va te récréer*. Les *éphémères* (*insectes d'un jour*) se montrent quelquefois en si grand nombre que l'air en est obscurci. Le peuple se figure une félicité imaginaire dans les situations élevées, où il ne peut atteindre, et il croit (*car tel est l'homme*) que tout ce qu'il ne peut avoir c'est cela même qui est le bonheur qu'il cherche. (*Massillon*.)

Devoir. — Expliquer le sens des expressions incomprises.

128ᵉ Exercice. → *Récapitulation.* — (Gram., 483 à 505).

Là où sont nos soldats, *là* se trouve *la* victoire. Le *clair-obscur* est la juste distribution *des* ombres et de la lumière. Nos *aïeux*, à leur gré, faisaient un *dieu* d'un homme. Il est quelquefois nécessaire de prendre son parti *sur-le-champ*. Il y a des occasions *où* il est bon d'avoir du flegme. La *ciguë* des jardins, qui a beaucoup de ressemblance avec le persil, *a occasionné* plus d'une fois de dangereuses méprises. Ce jeune homme lit toutes sortes de livres *indifféremment* et sans choix: il n'a pas *tout à fait* raison. Elle parle *très-pertinemment* de beaucoup de choses. Cette embarcation est *au ras de* l'eau. Il employa *tour à tour* les caresses et les menaces, et *peu à peu* il réussit. Notre cœur change sept fois le jour: *tantôt* joyeux et tantôt triste; *aujourd'hui calme* et demain agité; *naguère* fervent, maintenant tiède, il est aussi inconstant que les flots de la mer. Plus un objet se refroidit facilement et *complètement*, plus l'air *qui* l'environne se refroidit aussi. La diète fut *dûment*, légalement, légitimement convoquée. Les ennemis s'enfuirent *jusqu'à* un certain endroit *où* ils firent *volte-face*. *D'où* avez-vous appris cette nouvelle? Le jeu est *très en usage* en Europe: pour bien des gens, c'est un état que d'être joueur. Le Rhône s'engouffre et se perd à seize kilomètres *au-dessous* de Genève, et reparaît à un quart de lieue de *là*. Si jamais homme a été capable de soumettre un vaste empire, quoique *récemment* conquis, c'a été sans doute Alexandre. Des Limousins fort simples demandaient à un pape qu'il leur *accordât* dorénavant deux récoltes de blé chaque année: « *Très-volontiers*, dit le Saint-Père, à condition que dorénavant vous ferez durer votre année *vingt-quatre* mois. » (*Anonyme*.)

---

(1) *Homère* (environ 900 ans avant J.-C.) a composé en grec l'*Iliade* et l'*Odyssée*. Virgile, poëte latin ou romain, vivait du temps d'Auguste et de Jésus-Christ. Il est l'auteur d'un poëme immortel intitulé l'*Enéide*, ou récit des aventures d'Énée.

129ᵉ Exercice. — *Notre-Seigneur Jésus-Christ.* — Quatre mages ou philosophes d'*Orient* vinrent l'adorer dans son berceau. Pour le soustraire à la colère d'Hérode, qui voulait le faire mourir, Marie s'enfuit en Egypte avec *saint* Joseph, son époux, et y resta avec l'enfant jusqu'à la mort du *Roi*. Ils revinrent ensuite dans la Galilée et s'établirent à Nazareth. A l'âge de douze ans, Jésus alla à Jérusalem avec ses parents. Il *exerça* ensuite la profession de charpentier avec saint Joseph. A trente ans, il sortit de Nazareth et alla sur les bords du Jourdain, où il se fit baptiser par saint Jean, son précurseur. Puis il choisit douze disciples, connus depuis sous le nom d'*Apôtres*, et parcourut avec eux les villes de la Judée, prêchant aux hommes la charité, l'amour de Dieu, l'attente d'une autre vie, donnant l'exemple de toutes les vertus et confirmant ses dogmes par une foule de miracles. Il changea l'eau en vin aux noces de *Cana*, rendit la santé aux malades, la vue aux aveugles, l'ouïe aux sourds; il ressuscita le fils de la veuve de *Naïm*, ainsi que Lazare. La troisième année de sa prédication, il retourna à Jérusalem, et il entra triomphant. Ses dogmes soulevant contre lui les pharisiens et les prêtres *juifs*, ils résolurent de le faire mourir. Ils séduisirent Judas, un de ses disciples, qui le leur livra moyennant trente deniers. Alors ils le menèrent chez *Ponce-Pilate*, qui gouvernait la Judée pour les *Romains*, et l'accusèrent de vouloir renverser le gouvernement établi. Ayant été déclaré digne de mort, il fut conduit au *Calvaire* et mis en croix entre deux voleurs. Comme il l'avait prédit, il ressuscita le troisième jour, et *quoiqu'on* eût mis des gardes auprès de son tombeau. Il apparut ensuite à ses disciples, qu'il eut *grand'* peine à convaincre, et les chargea de prêcher l'*Evangile*.

Devoir. — Expliquer *précurseur, pharisiens,* etc.

130ᵉ Exercice. — *Effets du Christianisme sur le génie de l'homme.* — Quel noble et imposant caractère la religion chrétienne sait imprimer au talent! Le lyrique français plane dans les nues lorsqu'il suit le vol du *Psalmiste*. *Athalie* est le fruit de la lecture des livres saints, et le *Discours sur l'histoire universelle,* le plus beau monument *peut-être* dont se puisse enorgueillir notre littérature, a été tout entier inspiré par cette même religion dont il décrit l'origine, la suite, les combats et le triomphe. Sans doute, à *quelque* époque et en quelque pays qu'ils fussent nés, Pascal (1), Racine et Bossuet n'auraient point été des hommes ordinaires; mais on peut douter cependant qu'ils eussent atteint ces hauteurs, dernières limites tracées pour à l'esprit humain, si leur génie n'eût été nourri et fortifié par la méditation habituelle des vérités les plus sublimes. Voltaire et Rousseau *même* sont toujours admirables *lorsque,* dominés par un ascendant irrésistible, ils rendent hommage à ce culte qu'ils n'ont que trop souvent outragé: le premier n'est jamais plus pathétique et plus touchant que quand il célèbre les vertus chrétiennes, et le morceau le plus éloquent qu'ait écrit l'autre est un éloge de Jésus-Christ. D'où vient que le génie dirigé par l'influence des opinions religieuses s'élève ainsi *au-dessus* de lui-même? Pourquoi les auteurs chrétiens *sont-ils* supérieurs aux autres sages quand ils parlent de Dieu, de l'homme, de l'éternité? *Est-ce* l'effet du perfectionnement de l'art, ou cela ne tient-il pas plutôt à la puissance de la vérité?

VILLEMAIN, *Mélanges littéraires.*

Devoir. — Expliquer les expressions incomprises.

_____

(1) *Pascal* (1623-1662), célèbre écrivain français, auteur des *Pensées* et des *Provinciales.*

68 HOMONYMES ET PARONYMES.

131ᵉ Exercice. — *Homonymes.* — (Gram., 507-509).

Nota. — Un grand nombre d'homonymes ayant déjà été cités dans les *Exercices orthographiques* en rapport avec la *Grammaire des enfants*, nous nous appliquerons surtout ici à en signaler quelques autres.

Ami. Paul est mon *ami*. C'est par l'*amict* que le prêtre commence à s'habiller. Qui vous *a mis* en cet état?

Archer. Les gendarmes ont remplacé les *archers*. Cet artiste manie l'*archet* avec grâce.

Beaucoup. J'ai *beaucoup* ri. Tu as fait un *beau coup.*

Bonace. Cette tempête fut précédée d'une *bonace.* Cet homme est bien *bonasse.* La bonace retarde les navires.

Bonheur. Chacun court après le *bonheur* sans pouvoir l'attraper. On a fait les seigles de *bonne heure* cette année.

Clou. Faute d'un *clou*, on perd son cheval. Etes-vous allé à Saint-*Cloud?* Une maladie me *cloue* dans mon lit.

Ecot. J'ai payé mon *écot*. Cette salle a beaucoup d'*écho.*

Date. Quelle est la *date* de ce fait? Avez-vous mangé des *dattes*? Tous les notaires *datent* leurs actes.

Délacer. Cette enfant ne peut pas se *délacer* elle-même. On se *délasse* d'un travail par un autre travail.

Desseller. Ce cheval a trop chaud; il ne faut pas le *desseller* sitôt. On va *desceller* ces gonds.

Devoir. — Indiquer les différentes manières d'écrire les sons *a, e, é, è, i, o, u,* et citer des exemples (1).

132ᵉ Exercice. — *Suite des homonymes.* (Gr., 507-509).

Détoner. La poudre *détone*. Ce chantre *détonne* souvent.

Falaise. Etes-vous allé à *Falaise*? Cette côte est toute bornée de *falaises*. Les *falaises* de la Normandie.

Fard. Les eaux de senteur et les *fards* sont des cosmétiques. Le *phare* d'Alexandrie a donné son nom aux autres *phares.*

Leur. *Leur* conduite me surprend. Il ne se laissera pas prendre à ce *leurre*. Tu te *leurres* d'un vain espoir.

Sensé. Les hommes *sensés* ne croient pas aux maléfices. Une loi est *censée* abolie par le non-usage.

Sur. *Sur* l'avenir, insensé qui se fie. Ces pommes sont *sures.* Rien n'est si *sûr* que la mort. L'affaire est *sûre.*

Surtout. *Surtout* pensez à moi. Voici deux beaux *surtouts.* Il donna *sur* le poisson comme il avait fait *sur* tout le reste.

Sou. J'ai trouvé un *sou.* Mettez cette lettre *sous* enveloppe. Les pauvres gens ne mangent pas à demi leur *soûl.*

Trop. On prétend que la soupe à l'oignon dessoûle ceux qui ont *trop* bu. Allez bon *trot.* Ce cheval a le *trot* bien dur.

Zélé. Ce missionnaire est fort *zélé*. Les anciens croyaient à l'existence de serpents *ailés.*

Devoir. — Indiquer les différentes manières d'écrire les sons *ou, an, in, on, un, oi, oir, eur, our, ar,* etc.

(1) Exemples pour *a*: il *a*, à qui, tu *as*, ah! ha! sopha, bah! combat, mat, mât, bats, trépas, etc.

123ᵉ Exercice. — *Suite des homonymes.* — Je fournirai des *acquits* bons et valables. Le poisson a avalé l'*appât*. On a *assis* un impôt. Je vous expliquerai cela une *autre fois*. Il ne faut pas se tenir entre deux *airs*. Ce cheval ne va que par *sauts* et par *bonds*. Je n'ai d'autre *but* que de vous être utile. Je suis en *butte* à la raillerie. Le *corps* de tel *saint* est en *chair* et en *os* dans *cette* église. Les *contes* dont les bonnes amusent les enfants *sont* des récits puérils et *sans* vraisemblance. Les sucreries gâtent les *dents*. *Dans* les Indes, on se *sert* ordinairement de bœufs pour monture. Voici une magnifique robe de *gaze*. On trouve le *jais* dans le voisinage des mines de houille. Les *foies* de certains animaux servent de *mets*. L'Église honore la mémoire des *martyrs*. Ce malade me fait souffrir le *martyre*. La filleule porte ordinairement le *nom* de sa marraine. Le roi, par son ordonnance du... avait créé *tant* de *pairs*. Tâchons de vivre en *paix*. On m'a retenu *cinq* francs sur ma *paye*. La plupart des arbres coupés jusque sur *leurs* racines reproduisent un nouveau *plant*. La lumière passe au travers des *pores* du verre. L'*airain sert* principalement *à faire* (1062) des cloches. La distance du talon du pied du *cerf* aux *os* ou ergots *sert* à connaître son âge. Pour l'ordinaire, les *sots* sont présomptueux. Il y a, dans cette rivière, des *sauts* en trois *ou* quatre endroits. *Aux* noces de Cana, J.-C. convertit l'*eau* en *vin*. Les aliments *se* convertissent *en* chyle dans notre estomac. Autant je mets de *prix* à l'estime des gens *sensés*, autant je méprise les jugements téméraires de la multitude. (J.-J. R.)

Devoir. — Indiquer les homonymes des mots en *italique.*

124ᵉ Exercice. — *Suite et fin des homonymes.* — La peinture et la sculpture sont des *arts* d'imitation. Dans le *chaos*, tous les éléments *étaient* confondus. La mélisse est une des plantes les plus *chères* aux abeilles. Un marquis est plus qu'un *comte* et moins qu'un duc. Le raisiné est une espèce de confiture liquide faite avec du raisin *doux*, auquel on ajoute quelquefois des poires ou des *coings*. Tu *dors*, Brutus ! Le soleil *dore* les moissons. Cet *écho* répète les *sons*. J'ai eu bien des *croix* en ma vie. *Jéhu* fut un roi d'Israël. En Angleterre, les femmes de chevaliers prennent le titre de *lady* (1). Ce biscuit est un peu *mat*. Il m'a fait échec et *mat*. Les grands cutters (2) portent un *mât* de hune. Le 22 novembre, on célèbre la *fête* de sainte Cécile, vierge et *martyre*. C'est un *martyre* que d'avoir *affaire* (1062) à des chicaneurs. Toute proposition affirme ou *nie*. A laver la tête d'un *More*, on perd sa lessive (3). La Guadiana (4) s'engouffre et se *perd* l'espace d'environ trois *lieues*. Minerve est appelée la déesse aux yeux *pers*. Le *tain* des glaces est un mélange de vif-argent et d'*étain*. A la Nouvelle-Hollande, il y a des *cygnes* noirs. Le lichen s'implante jusque dans les *pores* des rochers. Le *taon* et le frelon sont des espèces de mouches. L'air était parfumé du souffle des *zéphyrs*. Il a les bras trop *courts* pour sa taille. Je suis *court* d'argent. Ne donnons pas *cours* à l'erreur. Je couperai *court* à la discussion en les invitant à se taire. Fasse le ciel que je revoie les *lares* paternels ! Il a produit son *baptistaire*. Le *baptistère* de Constantin est auprès de Saint-Jean de Latran (église de Rome). A *voir* l'ordre qu'il mettait dans ses affaires, on *eût* dit qu'il pressentait sa *fin*. Tout le monde était de cet avis, *voire* même monsieur un tel, qui n'est jamais de l'*avis* de personne.

Devoir. — Citer les homonymes et les paronymes des mots en *italique.*

---

(1) Prononcez *lédi*. — (2) On prononce et plusieurs écrivent *cotre* (Acad.). — (3) *Mores* ou *Maures*, peuples de l'Afrique septentrionale, au teint brun. — (4) Fleuve d'Espagne.

Récapitulation générale sur la première partie.

135. Exercice.—*Bretons et Normands.*—Aux environs de la Flèche (Sarthe), un nouveau garde chasse, *Breton* d'origine, et, comme tel, assez disposé à croire aux sorciers, au diable et aux revenants, vient d'être admis chez le *comte* de C... (1) — Il y a quelques jours, l'enfant de l'Armorique traversait le parc lorsqu'il avise, sur la branche la plus élevée d'un arbre, un superbe corbeau. Notre garde-chasse, qui avait reçu le matin même un fusil dont il ne connaissait pas la portée, trouve l'occasion excellente pour son expérience, et ajuste la bête. Au moment où il va lâcher la détente, une voix très-accentuée, qui paraît sortir du bec du corbeau, lui crie : « Ne me tuez pas ! » et l'oiseau reste immobile. — La frayeur gagne aussitôt le nouveau garde, qui *jette* son fusil et revient au château, la terreur dans l'âme, disant qu'il a vu le diable, que le diable est noir, que le diable lui a parlé. — Au récit de son aventure, un fou rire *part* de la cuisine, gagne l'office et monte bientôt au salon. — Voici le mot de l'énigme : Le fils du comte de C... a élevé un corbeau qui s'est attaché à lui, et auquel on a *appris* quelques mots, *entre autres* ceux-ci : « Ne me tuez pas ! » afin de le préserver lorsqu'il se trouve en promenade dans les environs.— Le pauvre garde-chasse a bien de la peine à croire qu'il n'y ait pas de sorcellerie dans cette affaire.

Le *poëte* normand Malherbe avait un frère avec qui il fut en procès : « Quoi ! lui dit quelqu'un, des procès entre personnes si proches ! » — « Et avec qui donc voulez-vous que j'en aie ? répondit l'autre ; avec les Turcs et les Moscovites ? Je n'ai rien *à démêler* avec eux. »

Devoir. — Indiquer la moralité de ces deux histoires.

136e Exercice. — *État présent de Jérusalem.* — Cette ville, qui fut le berceau de la religion *judaïque*, de la religion chrétienne, et qui est encore le second sanctuaire de la religion mahométane, présente comme trois villes aussi différentes de mœurs que de croyances. On y trouve environ 7,000 juifs, 6,000 chrétiens et 5,000 musulmans. *Divisés* en plusieurs sectes, les Juifs ont trois *synagogues* qui attestent l'état de leur misère. Ce sont de pauvres salles souterraines où le jour arrive à peine par quelques ouvertures. Les Chrétiens sont malheureusement *partagés* aussi, dans la ville sainte, en trois communions : les Latins ou Catholiques, les Grecs et les Arméniens. Ces diverses nations se partagent la garde du Saint-Sépulcre, et *célèbrent* tour à tour, dans l'église qui le renferme, les cérémonies de leur culte. Cette vieille *basilique*, si respectable par ses souvenirs, si remarquable par son architecture, a été presque entièrement consumée en 1808. Les Arméniens avaient allumé l'incendie, les Grecs en réparèrent le désastre l'année suivante ; mais le temple n'a *recouvré* que ses anciennes dimensions, sa noble architecture a disparu. Un autre édifice attire encore les regards du voyageur à Jérusalem : c'est la *mosquée* d'Omar, bâtie sur l'emplacement du temple de Salomon, au centre de la Cité, habitée par les musulmans. Cet édifice est imposant, mais les Européens n'en peuvent voir que l'extérieur, car il y a peine de mort contre tout chrétien qui met seulement le pied sur le parvis qui *l'environne*. Tel est l'esprit de l'islamisme, tel est le caractère du gouvernement turc, qui domine à Jérusalem. Il semble que cette terre ne s'est pas consolée, depuis dix-huit siècles, d'avoir été témoin de l'immolation de l'Homme-Dieu.

Devoir. — Expliquer le sens des termes incompris.

Exposition universelle de 1867.

137. — *Dictée donnée dans les écoles de filles.*

MORT DE JEANNE D'ARC (2).

Le bûcher était dressé sur la place du Vieux-Marché. Lorsqu'on

---

(1) Ceci se passait en 1866. — (2) Le 30 mai 1431, à Rouen.

y fit monter Jeanne, on *plaça* sur sa tête une mitre où étaient *écrits* les mots : hérétique, relapse, apostate, idolâtre. Son confesseur était monté sur le bûcher avec elle ; il y était encore, que le bourreau alluma le feu. « Jésus ! » s'écria Jeanne, et elle fit descendre le bon prêtre. « Tenez-vous en bas, lui dit-elle ; levez la croix devant moi, que je la voie en mourant, et *dites-moi* de pieuses paroles jusqu'à la fin. » Elle assura encore que les *voix* venaient de Dieu, qu'elle ne croyait pas avoir été trompée, et qu'elle n'avait rien fait que par ordre de Dieu. « Ah ! Rouen, ajoutait-elle, j'ai *grand'peur* que tu ne *souffres* de ma mort. » Ainsi protestant de son innocence et se recommandant au Ciel, on l'entendit encore prier à travers la flamme ; le dernier mot qu'on pût distinguer fut : « Jésus ! »

Il y avait peu d'hommes assez durs pour retenir leurs larmes ; tous les Anglais, sauf quelques gens de guerre qui continuaient à rire, étaient *attendris*. « C'est une belle fin, disaient quelques-uns, et je me tiens heureux de l'avoir *vue*, car elle fut bonne femme. » Les Français murmuraient que cette mort était cruelle et injuste. « Elle meurt *martyre* pour son vrai Seigneur. — Ah ! nous sommes perdus, on a brûlé une sainte. — *Plût* à Dieu que mon âme fût où est la sienne ! » Tels étaient les discours qu'on tenait. Un autre avait vu le nom de Jésus écrit en lettres de flammes au-dessus du bûcher. (DE BARANTE. *Histoire des ducs de Bourgogne.*)

138. — *Dictée donnée dans les écoles de garçons.*

BONAPARTE AU SAINT-BERNARD (1).

Le général Bonaparte se mit enfin en marche pour traverser le col le 20 avant le jour. Son aide de camp et son secrétaire l'*accompagnaient*. Les arts l'ont dépeint franchissant les neiges des Alpes sur un cheval fougueux ; voici la simple vérité. Il gravit le *Saint-Bernard*, monté sur un mulet, revêtu de cette enveloppe grise qu'il a toujours *portée*, conduit par un guide du pays, montrant dans les passages difficiles la distraction d'un esprit occupé ailleurs, entretenant les officiers *répandus* sur la route, et puis, par intervalles, *interrogeant* le conducteur qui l'accompagnait, se faisant *conter* sa vie, ses plaisirs, ses peines, comme un voyageur oisif qui n'a pas mieux *à faire*. Ce conducteur, qui était tout jeune, lui exposa naïvement les particularités de son obscure existence, et surtout le chagrin qu'il éprouvait de ne pouvoir, faute d'un peu d'aisance, épouser l'une des filles de cette vallée. Le premier consul, tantôt l'écoutant, tantôt *questionnant* les passants dont la montagne était remplie, parvint à l'hospice où les bons religieux le reçurent avec empressement. A peine descendu de sa monture, il écrivit un billet qu'il confia à son guide, en lui recommandant de le remettre exactement à l'administrateur de l'armée, *resté* de l'autre côté du Saint-Bernard. Le soir, le jeune homme retourné à Saint-Pierre, apprit avec surprise quel puissant voyageur il avait conduit le matin ; et *sut* que le général Bonaparte lui faisait donner un champ, une maison, des moyens de se marier enfin, et de réaliser tous les rêves

1) En mai 1800.

de sa modeste ambition. Ce montagnard vient de mourir de nos jours, dans son pays, propriétaire du champ qué le déshabitut du monde lui avait donné. (Thiers, *Histoire du Consulat et de l'Empire*.)

139ᵉ Exercice. — *Sens des mots* (Gr., 510 à 520.)

(Indiquer le sens des mots suivants d'après leur décomposition.)

Amener, apporter, apposer, attirer, accroître.

Antechrist, antichrétien, antichambre, antécédent (240).

Défaire, dédire, desserrer, désosser, disparaître, disconvenir, désavouer, désespérer, déshonorer, désabuser, dissuader.

Ex-officier, ex-député, ex-maire, ex-conseiller, ex-notaire.

Infidèle, infortuné, insensible, instable, insipide.

Imberbe, impoli, imprudent, impartial, immortel, immangeable, immédiat, immense (*non mesurable*).

Illégal, illégitime, irrégulier, irréflexion, irrécusable, irréparable, irrémissible.

Innover, innovation, importer, importation, immixtion.

Médire, médisance, méfait, méfaire, mésuser, mésaventure, mésintelligence, méfiance.

Redire, refaire, revenir, rappeler, reprendre, rapprocher.

Surveiller, surveillance, soutirer, soumettre, soumission, semi-preuve, demi-année, mi-carême, quasi-délit.

Transporter, transport, transvaser, transalpin, cisalpin.

Vice-roi, vice-président, vice-consul, vicomte, vicomtesse.

Arceau, cerceau, tableau, caveau, jardinet, chambrette, rondelet, follicule, pellicule, jaunâtre, noirâtre, verdâtre, etc.

Soutenable, insoutenable, supportable, insupportable, abordable, inabordable, lisible, illisible, perceptible, imperceptible, insatiable, irréprochable, immanquable.

140ᵉ Exercice. — *Suite du précédent.* (Gram., 510-520.)

Renvoyer, reconquérir, accourir, redormir, rouvrir, découvrir, reparaître, pressentir (1), desservir, ressortir, soutenir, revenir, disconvenir, contrevenir, revoir, prévoir, entrevoir (2), se rasseoir, reconduire, reconstruire, méconnaître, découdre, recoudre, décroître, redire, dédire, médire, prédire, contredire, contrefaire, récrire, inscrire, prescrire, souscrire, transcrire, transmettre, refaire, défaire, surfaire, satisfaire (*faire assez*), rejoindre, déjoindre, adjoindre, disjoindre, relire, renaître, apparaître, comparaître (*paraître avec*), reparaître, disparaître, déplaire, reprendre, apprendre, désapprendre, sourire, survivre, criailler, buvotter, clignoter, tapoter.

Exemple d'harmonie imitative

Que le poète, dit Charles Nodier, fasse bruire les brises à travers les bruyères, murmurer les ruisseaux qui roulent lentement leurs eaux entre les rivages fleuris, soupirer les scions ondoyants qui se balancent, qui gémissent, frémir et frissonner les frais feuillages, roucouler la tourterelle ou hurler au loin le hibou; qu'il fasse se lamenter les vents plaintifs; qu'il les fasse rugir furieux; qu'il mêle leur clameur effrayante à la sourde rumeur de l'ouragan, au fracas des torrents qui se brisent de roc en roc, au tumulte des cataractes qui tombent, aux éclats des tonnerres qui grondent, aux cris des pins qui se rompent.

---

(1) Pré vent dire à l'avance; prédire, préjuger, prévoir, préparer, prescrire.
(2) Voir entré, prévoir confusément ce qui doit arriver.

FIN DE LA PREMIÈRE PARTIE.

AUBRAYE & FÉRARD

CORRIGÉ

DES

EXERCICES FRANÇAIS

DEUXIÈME PARTIE

SYNTAXE

CAEN

CHÉNEL, LIBRAIRE ÉDITEUR

Rue-Saint-Jean, 16

PARIS

DELAGRAVE et C⁰   MAIRE-NYON, LIBRAIRE
Rue des Écoles, 78   Quai Conti, 13

4

Nom de l'Élève

Date

PRÉSENT DE L'INFINITIF.

Le prés. de l'inf. forme 2 t. — re
Le futur simple. — r
Le présent du conditionnel.

PARTICIPE PRÉSENT.

Le part. prés. forme 2 t. — ant.
L'imparf. de l'indicatif.
Le prés. du subjonctif.

PARTICIPE PASSÉ.

Le participe passé forme tous les temps composés avec *avoir* ou *être*.

PRÉSENT DE L'INDICATIF.

Je — s, e
Le présent de l'indicatif ne forme qu'un seul temps : l'impératif.

PASSÉ DÉFINI.

Je — s
Le passé défini ne forme aussi qu'un temps : l'imparfait du subjonctif.

FUTUR SIMPLE.

Je	. . .	rai.
Tu	. . .	ras.
Il	. . .	ra.
N	. . .	rons.
V	. . .	rez.
Ils	. . .	ront.

IMPARFAIT DE L'INDICATIF.

Je	. . .	ais.
Tu	. . .	ais.
Il	. . .	ait.
N	. . .	ions.
V	. . .	iez.
Ils	. . .	aient.

AVEC AVOIR.

J'ai . . .
J'eus . . .
J'avais . . .
J'aurai . . .
Q. j'aie . . .
Q. j'eusse. . . .

PRÉSENT DE L'INDICATIF.

Je	. . .	s	. . .	e.
Tu	. . .	s	. . .	es.
Il	. . .	t	. . .	e.
N	. . .	ons	. . .	ons.
V	. . .	ez	. . .	ez.
Ils	. . .	ent	. . .	ent.

PASSÉ DÉFINI.

Je	. . .	s.
Tu	. . .	s.
Il	. . .	t.
N	. . .	mes.
V	. . .	tes.
Ils	. . .	rent.

PRÉSENT DU CONDITIONNEL.

Je	. . .	rais.
Tu	. . .	rais.
Il	. . .	rait.
N	. . .	rions.
V	. . .	riez.
Ils	. . .	raient.

PRÉSENT DU SUBJONCTIF.

Q. je	. . .	e.
Q. tu	. . .	es.
Qu'il	. . .	e.
Q. n.	. . .	ions.
Q. v.	. . .	iez.
Qu'ils	. . .	ent.

AVEC ÊTRE.

Je suis . . .
Je fus . . .
J'étais . . .
Je serai. . . .
Q. je sois. . . .
Q. je fusse. . . .

IMPÉRATIF.

Ce temps n'a point de 1re pers. au singul. ni de 3e au sing. et au pluriel.

IMPARFAIT DU SUBJONCTIF.

Q. je	. . .	sse.
Q. tu	. . .	sses.
Qu'il	. . .	t.
Q. n.	. . .	ssions.
Q. v.	. . .	ssiez.
Qu'ils	. . .	ssent.

Nous devons ce tableau et d'utiles conseils à l'obligeance de M. Potier, ex-directeur de l'École primaire annexée au Lycée de Caen.

IIᵉ PARTIE. — SYNTAXE.

CHAPITRE Iᵉʳ. — SYNTAXE DES NOMS.

141ᵉ Exercice. — *Genre douteux*. (Gram., 533 et 534.)

(Dans la partie de l'élève, tous les mots en *italique* sont au masculin singulier.)

L'argent est *blanc*. *Le premier* âge de la vie est l'âge du bonheur. Ce vaisseau a perdu *toutes* ses ancres. *Cet* amadou serait *meilleur s'il* était plus *sec*. Il y a une lampe qui brûle toujours devant *cet autel*. Une loi autorise ce département à s'imposer deux centimes *additionnels*. La messe est bien avancée, le *premier* évangile est dit. Un homme de votre rang devrait ne donner que de *bons* exemples. *Quelle* image devrait être plus *familière* à l'homme que *celle* de la mort. L'ivoire de Guinée est *le* plus *serré*, *le* plus *lourd* et *le* plus *estimé* de *tous*. Il ne faut qu'une étincelle pour allumer *un grand* incendie. La pomme de terre est *un excellent* légume. Les ouvrages bien *écrits* seront les *seuls* qui passeront à la postérité. Les orages sont très-*fréquents* en été. Le fruit et le suc du mancenillier sont des poisons très-*subtils*. J'ai reçu *un léger* reproche. Vous ne courez *aucun* risque. *Une* sentinelle est ordinairement de faction pendant deux heures. Les vêpres sont *finies*.

Devoir. — Expliquer les mots peu connus, et analyser la première phrase.

142ᵉ Exercice. — *Genre douteux* (suite). — (Gram., 533-534.)

Le groseillier est *un* arbuste. Le lait est, dans certains cas, *un excellent* antidote. Elle a beau cacher son âge, on *le* connaît par ses rides. Anne, sans se troubler, regarde *toutes* les approches de la mort. Une horloge est *un* automate, *un* automate fort *curieux*. Cette circonstance est d'*un malheureux* augure. La cheminée était ornée de deux *beaux* candélabres. Il n'y a pas de plus utile épargne que *celle* du temps. Ce précepteur a de *bons* émoluments. *Cette* gaze est à la fois *fine* et *chère*. *Cet* herbage est d'un très-grand revenu. Les égouts reçoivent *toutes* les immondices des villes. Cette pauvre mère n'a que des langes *grossiers* pour son enfant. Ce météore n'a paru que momentanément. Voici *un grand* ovale, un ovale bien *formé*. Les feuilles et les fleurs sont les organes *essentiels* des végétaux. Voilà *ma dernière* offre. Tout est en joie dans cette maison, on y entend des ris *continuels*, des ris *éclatants*. Partager les rênes, c'est en prendre *une* dans chaque main et conduire ainsi son cheval. On lui a fait *un* reproche *sanglant*, *un sanglant* outrage. Les topinambours sont des tubercules *bons* à manger. Abaissez *un* des stores. Les rosacées forment une famille de plantes dont les corolles se composent de pétales *disposés* comme *ceux* de la rose.

Devoir. — Chercher le sens des mots peu connus et analyser la 1ʳᵉ phrase.

Noms de genre douteux (suite).

143ᵉ **Exercice.** — Voici *un grand* interligne (*m*). L'approche d'un pestiféré est moins *dangereuse* que *celle* d'un homme vicieux. Les premiers habitants de la Grèce n'avaient pour demeures que des antres *profonds*. J'ai attendu deux mortelles heures dans *une* antichambre. *Certains* automates sont des machines fort ingénieuses (1). Notre existence est un point, notre durée un instant, notre globe *un* atome. Les comestibles sont rares et *chers* dans cette ville. L'empeigne de ce soulier est trop *dure*. Le suc *de la* fumeterre produit sur les yeux le même effet que la fumée. Les homards sont de *grosses* écrevisses de mer. Cet homme n'est pas toujours dans sa folie, il a de *bons* intervalles. Les épinards, les artichauts et les salsifis sont d'*excellents* légumes. Les hypocrites se couvrent du masque de la dévotion. *La* nacre est une matière blanche et brillante qui forme l'intérieur de beaucoup de coquilles. Les odes les *plus élevées* sont *celles* qui célèbrent la Divinité. Il y a une espèce de lis dont les pétales sont *renversés* et *recourbés*. Ce savant a laissé quelques opuscules très *curieux*. Il faut tempérer la sévérité *du* reproche par la douceur des expressions. *Tous* ces stores sont à ressort *spiral*. La dureté *de la* topaze est assez grande pour rayer *le* quartz. Quand un officier passe devant *la* sentinelle, *elle* présente les armes. Il entre beaucoup d'ingrédients dans la composition *de la* thériaque. Le poumon est composé d'une infinité de *petites* vésicules. Cet homme a *un* ulcère qui le ronge.

Devoir. — Sens des termes incompris. Analyse de la 1ʳᵉ phrase.

144ᵉ **Exercice.** — Elle a de l'esprit comme *un* ange. Le câble d'*une* ancre a ordinairement 120 brasses de longueur. Les Autrichiens avaient retranché *toutes* les approches de Rivoli. *Un beau* camée est plus rare qu'une belle pierre taillée en creux. *Cette* louange est si exagérée qu'elle a l'air d'*une* épigramme. Il a publié *le* troisième fascicule de son traité sur les mousses. On croit que les filandres sont *formées* par de petites araignées. Quand on range une armée en bataille, on laisse *certains* intervalles entre les bataillons. Vous dites que cela est, *quel* indice en avez-vous? L'ivraie *annuelle* est le fléau des champs. Cette nuit il est tombé *du* givre. La Morée est jointe au continent par *un* isthme. Mettez *de la* réglisse dans votre tisane. On vient de distribuer *la* notice des livres du cabinet de monsieur un tel. Un cœur droit est *le premier* organe de la vérité. La terre, en tournant autour du soleil, décrit, non pas précisément un cercle, mais *un* ovale ou *une* ellipse. On découvre chaque jour en Egypte de *nouvelles* oasis. Les obélisques qui sont à Rome ont été *apportés* d'Egypte. Quand l'ocre est *calcinée*, on en fait une couleur rouge. Les pétales de cette fleur sont *disposés* en croix. Enlevez *la* pellicule qui s'est *formée* sur cette tasse de lait bouilli. Cette plante est *un* simple d'une grande vertu. Les balles de coton s'imprègnent quelquefois de miasmes *pestilentiels*. Dans les lieux humides, *la* fresque (sorte de peinture) ne dure pas longtemps. Un grand État comme la France ne saurait vivre, même au sein d'une prospérité générale, sans ressentir quelques malaises *accidentels*.

Devoir. — Sens des mots. — Analyse de la 1ʳᵉ phrase. (*Ange* sujet de *a* s-ent).

(1) On cite, entre autres, le *Joueur de flûte* puis le *Canard* de Vaucanson (1709-1782), qui prenait du grain avec son bec et le digérait.

Noms masculins ou féminis, selon le cas.

145e Ex. — Amour, Délice, Orgue et Enfant.

L'amour *paternel* ne doit pas être faible. Les *premières* amours sont ordinairement les plus *vives*. *Quel* délice que de faire du bien ! Je fais de la lecture mes plus *chères* délices. L'orgue de cette église est *excellent*. Il y a de *bonnes* orgues en tel endroit. Léon est *un* bon enfant. Adèle est *une bonne* enfant. J'aime toujours *ma petite* enfant (c'est une fille), malgré les divines beautés de son frère. La loi a veillé avec soin à ce que les pauvres enfants *auxquels* Dieu enlève leurs parents ne fussent pas *dépouillés* de ce qui leur appartient.

Devoir. — Sens des mots. Analyse de la première phrase.

146e EXERCICE. — *Aide, aigle, amour, délice, orgue, couple, enfant et foudre.*

Ce maçon a besoin *d'un* aide. La rime est *une* aide pour la mémoire. Il y a des aigles *noirs* et des aigles *roux*. Cet homme est *un* aigle. Il chante au *petit* aigle tous les dimanches. Achetez-moi donc une rame de *grand* aigle. Les aigles *romaines* n'étaient point des aigles *peintes* sur des drapeaux ; c'étaient des aigles d'argent ou d'or au haut d'une pique. Il n'y a point de belles prisons ni de *laides* amours. L'amour *maternel* est de *tous* les amours *le seul* qui soit réel. Cette mère a été la nourrice de *tous* ses enfants. Vous ne ferez jamais rien de *cet* enfant, c'est un *petit* volontaire (1). Nous avons mangé *une* couple d'œufs frais. Une paire ou *un* couple de pigeons se compose de deux pigeons vivants et appariés. La foudre sillonne les nues. Les armes de l'empire français sont *une* aigle tenant *un* foudre dans ses serres.

Devoir. — Composer huit petites phrases où entreront chacun des mots *aide, aigle, amour,* etc., et analyser : *ce maçon,* etc.

147e Exercice. — *Récapitulation.* — (Grammaire, nos 536 à 555).

Je compte vous aller voir l'automne *prochain*. Louise et Juliette sont de *vrais petits* amours. *Cet* enfant ne vient pas bien (1). Les militaires portent *le* crêpe au bras. Cette femme est *ma* locataire. Cet esclave s'est *sauvé* de chez son maître (1). Elle a été mon élève *reconnaissante*. Carthage était *la* digne émule de Rome. Berthe était, de *tous* mes enfants, *celle* que j'avais le plus *aimée*. L'espace était *étroit*, mais nous trouvâmes moyen de nous y loger tous. Son maître d'écriture lui donne tous les jours de *nouveaux* exemples. Il y a un très-*beau* finale au deuxième acte. La cruauté des tyrans cherche chaque jour de *nouvelles* délices parmi les larmes et le désespoir des malheureux. N'inspirons jamais aux enfants le goût des expériences *cruelles* : lorsqu'ils sont barbares envers les bêtes innocentes, *ils* ne tardent pas à le devenir envers les hommes. Les drapeaux des Romains étaient décorés *d'une* aigle aux ailes éployées tenant *un* foudre dans ses serres.

Devoir. — Sens des termes peu connus. Analyse de la première phrase.

_____

(1) *Cet* ou *cette*, à volonté. Dire pourquoi.

148ᵉ Ex. — Gens (masc. ou fém.) GR., **557 à 560.**

Quelles gens êtes-vous? Vous êtes de *bonnes* gens. Il s'accommode de *toutes* gens. Les gens *insolents* se font détester. Comment pouvez-vous vous trouver avec de *pareilles* gens? On n'obtient rien de *certaines* gens s'ils n'ont pas l'espoir d'être *récompensés*. Les gens les plus inexcusables sont les plus *féconds* en excuses. *Certaines* gens savent si bien observer les nuances qu'ils n'ont de probité que juste ce qu'il en faut pour n'être pas *traités* de fripons. Les gens *grossiers* mais *bons* ressemblent aux fruits hérissés de piquants. Les Malouins sont les *meilleurs* gens de mer qui soient en Europe. Les *faux* honnêtes gens sont *ceux* qui déguisent leurs défauts.

Devoir.—Sens des mots. Analyse de la première phrase comme s'il y avait *vous êtes quelles gens ?* (Gens attribut de *vous.*)

149ᵉ Exercice. — *Gens, hymne, œuvre, orge, Pâque, période, quelque chose et témoin.*

Les jeunes gens ne sont pas assez *ménagers. Tous* les honnêtes gens sont bien *reçus* dans cette maison. Les *anciennes* hymnes de l'Eglise ont le mérite de la simplicité. La Marseillaise est *un* hymne *guerrier*. L'œuvre de la rédemption fut *accomplie* sur la Croix. Les alchimistes passaient leur vie à chercher ce qu'ils appelaient la pierre philosophale ou *le grand œuvre*. Le graveur Leclerc a laissé *un* œuvre qui comprend plus de 4000 pièces. Voilà de l'orge bien *levée. La meilleure* orge *employée, seule* donne un pain mat. Quand Pâques sera *venu*, je ferai telle chose. N.-S. célébra *la* Pâque avec ses disciples. Il est *au plus haut* période de la gloire. Il y a dans ce qu'il dit quelque chose de *vrai*. C'est quelque chose de bien *doux* que la liberté. Quelque chose que vous ayez *promise*, donnez-la. Cette dame est témoin de ce qui s'est passé, elle en est *un bon* témoin.

Devoir.—Composer huit petites phrases où entreront chacun des mots *gens, hymne, œuvre,* etc., et analyser la première phrase ci-dessus.

150ᵉ Exercice.—*Récapitulation.*—(Grammaire, nᵒˢ 556 à 575).

Ce militaire est entré dans *la* garde *impériale*. Les gens *malins* ont toujours l'œil ouvert. Il n'y a pas de têtes plus vides que celles des gens *pleins* d'eux-mêmes. Les *grandes* guides sont *celles* que le cocher tient dans ses mains afin de pouvoir, par leur moyen, diriger les chevaux. *Un* mémoire est un écrit sommaire qu'on remet à quelqu'un pour le faire ressouvenir de quelque chose. L'œuvre (enchâssure) de ce diamant est fort *délicate*. L'office de la cathédrale est *pompeux*. Les cœurs nobles et généreux aiment à rendre de *bons* offices. Il y a une étuve dans *cette* office. L'orge *mondé* est de l'orge *dépouillée* de *sa* pellicule et bien *nettoyée*. L'orge perlé est de l'orge *dépouillée* de toutes ses parties corticales et *arrond e* par la meule et la râpe en forme de petites perles. J'irai vous voir à Pâques *closes*. Ces deux lignes sont des parallèles mal *tracées*. Faites *le* parallèle d'Alexandre et de César. Il y a *telles* gens qui s'enorgueillissent des travers dont *ils* devraient le plus rougir. L'orgue de Saint-Germain-l'Auxerrois, à Paris, dû à Lebrun, est *un* des plus *beaux* de France.

Devoir.—Sens des mots. Analyse de la première phrase.

Suite de la récapitulation sur les noms des deux genres.

151ᵉ Exercice. — (555 à 575). Cela m'est échappé *de la* mémoire. Il arrive toujours quelque accident aux gens *querelleurs* (1). *Cette* office est *placée* bien commodément. Il est difficile de se parer des *mauvais* offices secrets. Mettez-vous en état de faire de *bonnes* pâques. Tous les lieux qui sont sur *le* même parallèle ont les jours et les nuits de la même longueur. Les gens *attachés* à la glèbe n'avaient pas la faculté de disposer de leurs biens. Cet artiste a *tout* l'œuvre d'Albert Durer (2). Je vous ai rendu toutes sortes de *bons* offices, mais vous n'y avez pas correspondu. Ce n'est point un avantage d'avoir l'esprit vif si on ne l'a juste : la perfection *d'une* pendule n'est pas d'aller vite, mais d'être bien *réglée*. Il y a plusieurs espèces d'orge : l'orge *commune*, vulgairement appelée grosse orge, l'orge *carrée*, l'orge *anguleuse*, l'orge *noire* et l'orge *pyramidale*. En découvrant les Indes, les Espagnols semblèrent n'avoir pensé qu'à découvrir aux hommes quel était *le dernier* période de la cruauté. Le soleil fait *sa* période en 365 jours et près de six heures ; la lune fait *la sienne* en 29 jours et demi. Le régulateur d'une montre est le ressort *spiral* : celui d'une horloge est *le* pendule. Les charlatans distribuent aux gens simples des remèdes *auxquels ils* attribuent toutes sortes de vertus. Si quelque écrivain célèbre s'avisait de prédire aujourd'hui, sans aucune preuve, qu'on parviendra un jour à faire de l'or, nos descendants auraient-ils droit, sous ce prétexte, de vouloir ôter la gloire *du grand* œuvre à un chimiste qui en viendrait à bout ?

Devoir. — Sens des mots. Analyse de la 1ʳᵉ phrase.

152ᵉ Exercice. — (535 à 591). Quelle inscription porte *ce* cartouche ? *La* critique est aisée, mais l'art est difficile. Ils se sont rendus *au* greffe du tribunal. L'*ancienne* livre *tournois* valait vingt sous (3). *La* Manche est une des mers de l'Europe. Les dames sacrifient journellement *à la* mode. Le platine est un métal fort dur. Est-elle à *son* poste ? A-t-il reçu *sa* demi-solde ? J'ai fait *un bon* somme. Il m'a joué *un vilain* tour. Voilà *un beau* vapeur qui arrive. Elles se rendent réciproquement de *mauvais* offices. Je ne connais personne de plus *malheureux* que lui. Il n'y a personne qui ne soit *sujet* à errer. Cet homme est au *dernier* période de sa vie. Pendant la marche du convoi, les coins *du* poêle seront tenus par MM N... et N... Cette carpe était encore toute vive quand on l'a mise dans *la* poêle. Il y a quelque chose de *mystérieux* dans cette affaire. Quelque chose qu'il eût *faite*, il ne la niait jamais. On ne connaît plus l'espèce de murex d'où les anciens tiraient *la* pourpre. Les relâches sont *fréquents* à ce théâtre. Poursuivez vivement cet escroc ; ne lui donnez *aucun* relâche. Venez, mesdames, être *témoin* de son triomphe Je les ai pris tous à témoin ; je vous prends toutes à *témoin*. Les ennemis envoyèrent *un* trompette pour demander à enterrer leurs morts. Les professes portent *le* voile *noir*. S'il a quelque chose de *bon*, il *le* tient des exemples qu'on lui a donnés. Avouons que les savants n'ont pas toujours besoin d'être récompensés pour se multiplier : *témoin* l'Angleterre, à qui les sciences doivent tant, sans que le gouvernement fasse rien pour *elles*.

> C'est dans le foie et surtout dans la rate
> Que Galien, Nicomaque, Hippocrate (4),
> *Tous* gens savants, placent les passions. (VOLTAIRE.)

Devoir. — Rendre compte des termes peu connus, analyser la 1ʳᵉ phrase et dire pourquoi, dans la dernière, *tous* reste au masculin.

---

(1) *Chien hargneux a toujours l'oreille déchirée,* dit-on proverbialement.
(2) Célèbre peintre et graveur (1471-1528). — (3) *Tournois,* adjectif des deux genres ; frappé à Tours. Ce terme rappelle *livre* sterling. — (4) Célèbres médecins de l'antiquité.

153ᵉ Exercice. — *Noms propres de genre douteux.* — Mars est plus petit et plus *éloigné* du soleil que la terre. *La savante* Toulouse et *la florissante* Marseille sont des villes du Midi (1). Rouen est *renommé* pour ses toiles. Lyon est *fameux* par ses étoffes de soie. Amsterdam n'est *commerçant* que pendant la paix. Orléans fut *délivré* par Jeanne d'Arc. Londres (m) est *plus grand* que Paris. Madrid est, comme Rome, *entouré* d'une campagne déserte. Babylone semblait être *née* pour commander à toute la terre. Rome *entière* fit dire à Porsenna, qui venait de *la* réduire à l'extrémité, qu'il cessât d'intercéder pour les Tarquins, puisque, *résolue* de tout hasarder pour sa liberté, *elle* recevrait plutôt ses ennemis que ses tyrans. Lorsque Lisbonne fut *renversée* par un tremblement de terre, ses habitants, en s'échappant de leurs maisons, s'embrassaient les uns les autres. En approchant de Naples, vous éprouvez un bien-être si parfait que rien n'altère la sensation agréable qu'*elle* vous cause. Là (dans les plaines de Lens), on célébra Rocroy *délivré.* Les ennemis sont poussés partout, Oudenarde (2) est *délivrée* de leurs mains. Dunkerque fut *prise* en treize jours au milieu des pluies de l'automne. Albion (f), *maîtresse* du commerce dans toutes les régions du globe, prend moins d'intérêt aux destinées intérieures de l'Europe. Quand Louis II disparaît, Constantinople est *prise.* Calais n'est *séparé* de Douvres que par un canal étroit ; cette ville est célèbre par le siége qu'*elle* soutint contre Edouard III, qui *la* prit par la famine en 1347.

Devoir. — Sens des mots. Analyse de la 1ʳᵉ phrase. (*Terre* sujet de *est éloignée*, sous-entendu ; c'est comme s'il y avait que *la terre n'en est éloignée.*)

154ᵉ Exercice. — *Nombre douteux.* (Singulier ou pluriel.)

Après dîner, nous irons à *vêpres.* Après *vêpres* on chante *complies.* Nous sommes encore loin de *Pâques.* Est-il donc, pour jeûner, Quatre-temps ou *Vigiles ?* Les cloches dans les airs, de leurs voix argentines, appelaient à grand bruit les chantres à *matines. Matines* sont sonnées ; on a dit *matines et laudes.* Autrefois, l'année commençait à *Pâques* ou à Noël. On chante à *ténèbres* les lamentations de Jérémie. On ne donne point de *gages* à ce domestique : on l'a pris pour sa nourriture. Dans l'armée française, les épaulettes à graine d'*épinards* indiquent un grade supérieur. La tyrannie a quelquefois d'*heureuses prémices.* Après un certain temps, on n'est pas reçu à demander *les arrérages* d'une rente échue. Un locataire doit garnir son logement de *meubles.* S'il vous manque quelque chose, je vous *le* donnerai. Les grands *courages* ne se laissent point abattre par l'adversité. Il lui est arrivé plusieurs *bonheurs* en un jour. Voici une boîte de deux *ors.* Il y a des *ors* de différentes couleurs. Les droits sur les *fers* ont été réduits. Il fait le commerce des *fers* (3).

Devoir. — Sens des mots. Analyse de la première phrase.

NOTA. — On trouvera, p. 86 et suivantes, des exercices sur l'emploi du singulier ou du pluriel avec les noms compléments d'une préposition.

---

(1) En général, tout nom de ville qui se termine par une syllabe féminine (*Gram.,* p. 11, note de bas) est féminin ; dans tout autre cas, il est masculin. On excepte *Jérusalem, Sion, Ilion* et *Albion,* qui sont féminins. (*Domergue.*) — Dans le doute, le mieux est de faire précéder le nom du mot ville, et de dire, par exemple, la ville de Bruxelles, la ville de Calais, etc.

(2) *Oudenarde,* ville de Belgique, sur l'Escaut.

(3) Ces quatre derniers exemples, tirés du *Dictionnaire de l'Académie,* prouvent que beaucoup de noms que l'on ne trouve ordinairement qu'au singulier, peuvent en certains cas s'employer au pluriel.

155ᵉ Ex. — Pluriel des noms propres.
(GRAMMAIRE, 592 et 593).

La famille des *Corneille* a encore aujourd'hui des représentants. Il n'y a si petite nation moderne qui n'ait ses *Alexandres* et ses *Césars*. N.-S. J.-C. compte les *David* et les *Salomon* parmi ses ancêtres Quand Louis XIV donnait des fêtes, c'étaient les *Corneille*, les *Molière*, les *Quinault*, les *Lulli* et les *Lebrun* qui s'en mêlaient. Quel plaisir d'aimer la religion et de la voir crue et soutenue par les *Bacon*, les *Descartes*, les *Newton*, les *Grotius*, les *Corneille*, les *Racine*, les *Boileau*, les *Turenne*, les *d'Aguesseau*, l'éternel honneur de l'esprit humain!

Devoir.—Sens des mots. Analyse de la première phrase.

156ᵉ EXERCICE.—*Suite du précédent.* — (GRAM., 592 à 596).

Les jeunes *Achilles* ont besoin de *Nestors*. La Seine a eu ses *Bourbons*, le Tibre a eu ses *Césars*. La famille des *Scipions* et celle des *Gracques* chez les Romains; les *Ptolémées* en Égypte, les *Héristals* en France et les *Stuarts* en Angleterre ont été de tout temps célèbres. Le survivant des trois *Horaces* trouva son salut dans l'appel au peuple. L'école florentine a eu pour chefs Léonard de Vinci et Michel-Ange; l'école romaine, Raphaël; l'école lombarde, le Corrège et les *Carrache*. Le czar est l'autocrate ou monarque absolu de toutes les *Russies*. Vainqueurs des pirates, des *Espagnes* et de tout l'Orient, Pompée devint tout puissant dans la république romaine. On est effrayé quand on considère que les nations qui sont à présent des royaumes si redoutables, toutes les *Gaules*, toutes les *Espagnes*, etc., n'ont été, durant plusieurs siècles, que des provinces romaines.

Devoir.—Analyser la première phrase et en composer cinq autres où entreront les expressions suivantes : les *Alexandres*, les *Césars*, les *Corneille*, les *Racine*, les *Molière*, avec ou sans s.

157ᵉ Exercice. — *Récapitulation.* (592-598.)

Ce joueur perdit dans la soirée cinquante *napoléons*. Il parut, dans les premiers siècles de l'Église, un grand nombre d'*évangiles*. Les *Condé* et les *Turenne*, aussi bien que les *Bélisaire*, ont éprouvé l'inconstance de la fortune. Souvent nos malheurs et nos torts sont la faute de nos *mentors*. Le monde est une grande comédie où l'on trouve mille *tartufes* pour un Molière. La Meuse eut ses *Ruyters*, la Seine eut ses *Tourvilles*. Donnez-moi des *Davids* et des *Pharaons* amis du peuple de Dieu, et ils pourront avoir des *Nathans* et des *Josephs* pour ministres. Il avait dix *louis* dans sa poche, les filous l'ont déniaisé. La rage des *Zoïles* porte souvent la calomnie aux oreilles de ceux qui peuvent nuire. Le 15ᵉ siècle fut l'époque des *Léonard* de Vinci, des *Pérugin*, des *Michel-Ange*, des *Titien* et des *Raphaël*. Les *Téniers* se vendent fort cher. L'empereur Valérien donna dans plusieurs occasions, à Aurélien, des *antonins* d'or et des *philippes* d'argent. La belle collection des classiques latins, imprimée par les *Didot*, fut commencée en 1818 et terminée en 1832. Seigneur Gil Blas, voici deux *hippocrates* qui viennent vers vous et qui vous remettront sur pied en peu de temps. J'ai toujours oublié à vous dire qu'il y a des *Escobards* de différentes impressions.

Devoir. — Sens des mots. Analyse de la 1ʳᵉ phrase.

158ᵉ Exercice.—*Pluriel des mots invariables.* (Gr., n° 599).

Il y a toujours avec lui des *si* et des *mais.* (*Acad*).

> Les *si*, les *mais*, les *oui*, les *non*,
> Toujours à contre sens, toujours hors de saison,
> Échappent au hasard à sa molle indolence.   (Delille.)

Vos *pourquoi* finiront-ils ? (*Acad*.)

> Les *quand*, les *qui*, les *quoi* pleuvent de tous côtés,
> Sifflent à mon oreille en cent lieux répétés.   (Voltaire.)

Il faut avec cet homme mettre les points sur les *i* (*Acad*.)

159ᵉ Ex. Noms étrangers. Gr., n°ˢ 600 à 608.

Les *aldermans* de Londres sont chargés de la police. Les querelles du jansénisme firent éclore une multitude de *factums*. Les valets haïssent les *factotums*. Les *macaronis* et le vermicelle sont des pâtes d'Italie. Il me manque deux *numéros* de ce journal. Les *opéras* de Gluck et de Mozart sont célèbres. Il y a, dans les *pianos*, une pédale qui sert à étouffer les sons. Voici toute une bande de petits *populos*. Jules a eu trois *pensums* cette semaine. J'ai appris cela de certains *quidams*. Quand vous me rendrez mes *récépissés*, je vous rendrai vos papiers. Les apothicaires gardent les *récipés* des médecins. On confond souvent les canapés avec les *sofas* (ou *sophas*). Trois *zéros* après un quatre font 4000. Il a eu un prix et deux *accessit* (ou *sits*). Les bateleurs et les charlatans amusent le peuple par des bouffonneries et des *lazzi* (ou *zis*). Les *quintetti* sont des morceaux de musique à cinq parties. Il n'y a guère de *soprani* que parmi les femmes et les enfants. On a quelquefois confondu les *carbonari* avec les francs-maçons.

Devoir.—Sens des mots. Analyse de la première phrase.

160ᵉ Ex.—*Suite des noms étrangers.* (Gr., 604 à 606).

A la grand'messe, on a chanté un *Credo* en musique. Dites votre *confiteor*. On chanta cette année-là plusieurs *Te Deum*. Les *alibi* sont fréquents en matière criminelle. Cette pièce commence par un bel *andanté*. Mᵐᵉ de Sévigné lisait des *in folio* en douze jours quand il pleuvait. Il faisait tenir ses bénéfices par des *custodi-nos* Un grand nombre d'*ex-voto* sont suspendus à la voûte de cette chapelle. Les *fac-simile* sont des copies figurées. Il met des *post-scriptum* à toutes ses lettres. En Espagne comme à Rome, l'inquisition est abolie, et l'affreux spectacle des *auto-dafé* ne se renouvellera pas. On a mis ce religieux dans l'*in-pace* (prison) du couvent. Il fait des *meâ culpâ* a n'en plus finir. Tous les *Gloria Patri* de ce musicien sont fort beaux. Les *olim* (anciens registres du parlement de Paris) furent commencés en 1313. Les plus célèbres *Ecce homo* ont été peints par le Titien, le Corrège, les Carrache, le Guide, Albert Durer, etc.

Devoir. — Analyser la première phrase et en composer dix autres avec : *bifteck, domino, examen, lady, piano, quolibet, quintetto, in-octavo, ex-voto* et *sénatus-consulte* au pluriel.

161ᵉ Exercice.—*Noms étrangers sur le pluriel desquels l'Académie n'est pas d'accord avec les grammairiens.* (Grammaire, 602 à 606).

Nous donnons ici l'orth. de l'Acad.; les grammairiens ajoutent une *s*.

Observer les *alinéa*. Les *aparte* doivent être rares et courts. A cette tirade, il s'est élevé de grands *brouhaha*. Des *cicerone* nous proposèrent leurs services. Il y a plusieurs *déficit* dans cet inventaire. A-t-on envoyé les *duplicata* de ces dépêches? Les *errata* sont nécessaires dans les livres. Les prêtres d'un diocèse ne sont point reçus dans un autre s'ils n'ont l'*excat* de leur évêque. Cet évêque a expédié plusieurs *exeat*. Etes-vous allé voir les *fantocchini* (pr. *tot*). Quand on veut se rappeler quelque chose, on peut se servir de différents *memento*. Les *quatuor* de ce compositeur sont fort estimés. Cet homme fait sans cesse des *quiproquo*. Ce violoniste a exécuté plusieurs *solo*. Il y a dans le rosaire quinze *Pater* et cent cinquante *Avé*.

Devoir.—Analyser la première phrase, puis expliquer le sens des termes peu connus, et dire en quoi l'orthographe de l'Académie diffère ici de celle des grammairiens.

162ᵉ Ex.—Noms composés. — 1ʳᵉ et 2ᵉ RÈGLES.

Cette *longue-vue* est excellente. Ces *longues-vues* sont excellentes. Les *mortes-saisons* ruinent les pauvres ouvriers. On a composé, pour les *sourds-muets*, un langage particulier. Voici des *plates-bandes* garnies de fleurs. On élève les pigeons dans les colombiers et dans les *basses-cours*. Les brocolis se mangent accommodés comme les *choux-fleurs*. Les *beaux-fils* et les *belles-filles* ne s'accordent pas toujours avec les *beaux-pères* et les *belles-mères*. Toulon, Brest et Cherbourg sont des *chefs-lieux* de préfectures maritimes. Les *bas-reliefs* sont des ornements dont l'architecture fait usage pour décorer les parois des temples et des palais.

Devoir.—Sens des mots. Analyse de la première phrase.

163ᵉ Exercice. — *Suite du précédent.* (GRAM., 609 à 614.)

Ce *tambour-major* a un joli colback (bonnet à poil). Ces *tambours-majors* ont de jolis colbacks. Les *biens-fonds* sont des biens solides. Les *prix-fixes* se sont fort multipliés à Paris. Cet homme ne fait que tergiverser ; il prend sans cesse des *fauxfuyants*. Les *procès-verbaux* de saisie contiennent la description des meubles. Les martins ou *martinets-pêcheurs* sont des espèces d'alcyons (oiseaux de mer). Il ne faut pas tuer les *chatshuants*, car ils se nourrissent de souris, de mulots et de taupes. Cette femme est une vraie *pie-grièche*. Voilà un aveugle des *Quinze-Vingts*. Les *hôtels-Dieu* sont des hôpitaux. Avez-vous quelquefois mangé des *reines Claude*? La voix monte par tons et par *demi-tons*. Il ne faut pas ajouter trop de foi aux *semipreuves*. Il y a des contrats et des *quasi contrats*, des délits et des *quasi-délits*. Le Sénat et le Corps législatif ont chacun un président et plusieurs *vice-présidents*. Les *blancs seings* sont des armes perfides dans les mains d'un fripon.

Devoir. — Analyser la première phrase et en composer quatre autres où entreront les expressions suivantes: *basse-cour*, *chathuant*, *chef-lieu*, *vice-roi*.

164ᵉ Exercice. — Suite des noms composés.
(3ᵉ Règle, 615-617.)

Les *eaux-de-vie* de Cognac sont fort estimées. Cet intendant s'est enrichi par les *pots-de-vin.* Presque tous les tableaux de ce peintre sont des *chefs-d'œuvre.* Les *culs-de-sac* ou impasses sont de petites rues qui n'ont plus d'issue. Les *œils-de-bœuf* de la cour du Louvre, à Paris, sont ornés de sculptures. Allez dans la prairie, et vous pourrez admirer à la fois mille *arcs-en-ciel* peints sur chaque goutte de rosée. Il fait sans cesse des *coq-à-l'âne.* Voilà d'excellents *pot-au-feu.* Ils ont de fréquents *tête-à-tête.* Ce pâtissier est renommé pour ses *vol-au-vent.* Les *becs-de-cane* et les *becs-de-corbin* ou de corbeau sont des instruments qui ont quelque ressemblance de forme avec le bec des oiseaux dont ils portent le nom.

Devoir.—Sens des mots. Analyse de la première phrase.

165ᵉ Exercice.—Trois premières règles.—(Grammaire, 609-617.)

I.—Les *plates-formes* sont communes en Italie. L'étude des *belles-lettres* polit les esprits. Voilà des *bouts rimés* difficiles à remplir. Il est deux de les *ponts-neufs* qui courent les rues (1). Ce cheval m'a fait cent *ponts-levis.* On fera la revue des *havre-sacs.* Il fut assigné par-devant des *juges-consuls.* Il n'y avait pas de preuves entières contre lui; il n'y avait que des *semi-preuves.* Les auteurs médiocres croient se donner du relief en critiquant les *chefs-d'œuvre.* On ne peut ouvrir ces *coffres-forts* si l'on n'en sait le secret. Cette femme a épousé un veuf et elle a eu deux *beaux-fils.* Les *loups-garous* n'existent pas. Les *loups-cerviers* sont probablement les animaux que les anciens appelaient lynx. On se sert de dogues pour garder les maisons et les *basses-cours.* La France exporte des grains et des *eaux-de-vie.* Là fleur de la pâquerette a des fleurons au centre et des *demi-fleurons* à la circonférence. Ces *bas-reliefs* sont si effacés qu'on ne peut pas démêler ce que le sculpteur a voulu figurer.

II.—Les *aigues-marines* sont des espèces de pierres précieuses. Ils sont venus sur la foi de deux *sauf-conduits.* Les *commissaires-priseurs* sont aussi vendeurs de meubles. Les intendants et les hommes d'affaires s'enrichissent assez souvent par des *pots-de-vin.* La mimique est le principal moyen de transmettre les idées aux *sourds-muets.* Les loriots mangent la chair des cerises, et les *gros-becs* cassent les noyaux et en mangent l'amande. Les *porcs-épics* vivent dans des terriers profonds. Les *bas-fonds* sont fertiles mais humides et souvent inondés. Le père de famille est en droit de punir chacun de ses enfants et *petits-enfants* qui commet une mauvaise action. Les *sapeurs-pompiers* sont de braves et honnêtes citoyens qui se dévouent au salut de leurs semblables dans les incendies. On prétend que les *chats-huants* voient plus clair la nuit que le jour. Boïeldieu est auteur d'un grand nombre d'*opéras-comiques.* Il faut que ces *arcs-boutants* soient bien forts et bien construits pour soutenir la poussée de cette voûte. Les *chevau-légers* étaient d'anciennes compagnies de cavaliers. Les gluaux sont surtout employés pour prendre les *becs-fins* à la pipée.

Devoir.—Analyser les premières phrases; en composer d'autres où entreront les mots suivants : *appui-main, bain-marie, brèche-dent, terre-plein* et *blanc seing* (sans trait-d'union), puis indiquer le sens et le pluriel de ces noms composés.

(1) Ici *pont-neuf* désigne une chanson populaire semblable à celles que l'on vendait autrefois sur le Pont-Neuf, à Paris.

166ᵉ Ex. *Suite des noms composés.* (4ᵉ RÈG., 618 à 622.)

On est quelquefois obligé de montrer son *passe-port*. Il a essuyé bien des *passe-droits*. J'achèterai un paquet de *cure-dents*. Beaucoup d'entreprises s'adjugent à des *prête-noms*. Cet homme a toujours des *arrière-pensées*. Il est accompagné d'une bande de *coupe-jarrets*. Il se tient toutes les *après-dînées* chez lui. L'édredon sert à faire des *couvre-pieds* et des couvertures. Les préfets ont sous leurs ordres autant de *sous-préfets* qu'il y a d'arrondissements dans le département. Les petits frissons, les lassitudes sont les *avant-coureurs* de la fièvre. Il y a des gens qui ne louent ou qui ne blâment que par des *contre-vérités*.

Ceux qui travaillent sur les ports à décharger le bois ou à tirer de l'eau sont des *gagne-deniers*. Cette maison n'est jamais louée en totalité; elle est sujette à bien des *non-valeurs*. En France, on nommait autrefois chefs d'escadre les officiers que l'on appelle maintenant *contre-amiraux*. Appuyez cette muraille par des *contre-fiches*, cet édifice par des *arcs-boutants*. Les *passe-ports* se donnent aux amis et les *sauf-conduits* aux ennemis.—Vous avez là un joli *serre-papiers*. Je lui ai donné deux *à-compte*. Les *abat-jour* sont destinés à éclairer les étages souterrains. Les jardiniers garantissent les couches avec des paillassons et des *brise-vent*. Les maisons de jeu sont souvent des *coupe-gorge*. Ces escaliers sont de vrais *casse-cou*. Quel est le pluriel de *garde-manger* et de *garde-malade ?*

Devoir. — L'Académie dit et écrit un *attrape-mouche* et un *chasse-mouche*, un *casse-noisette*, un *chausse-pied* et un *couvre-pied*, un *coupe-jarret*, un *cure-dent* et un *cure-oreille*, un *essuie-main*, un *fesse-cahier*, un *gagne-denier*, un *sous-pied* et un *tire-botte*, un *vide-bouteille*, des *passe-poils* et des *pique-niques*. Chercher le sens de ces expressions et les employer.

167ᵉ EXERCICE. 5ᵉ *Règle et récapitulation.* (623 à 625.)

J'ai acheté deux *brûle-tout*. Ces enfants sont de vrais *brise-tout*. Il ne faut pas s'arrêter aux *ouï-dire* ni condamner sur des *on dit*. Les *qu'en dira-t-on* inquiètent peu le sage. Il est toujours avec des *je ne sais qui*. Les supérieurs des communautés avaient des *passe-partout*. Un *pince-sans-rire* est un homme malin et sournois. Il ne pouvait suffire à tous les *rendez-vous* qu'on lui donnait. Il a soin de prendre pour lui tous les *sot l'y laisse*.

Les jongleurs font des tours de *passe-passe*. Il a fait dix *manque-à-toucher* dans la partie. Ne lui prêtez point d'argent, c'est un *haut-le-pied*. On a forgé cette nouvelle pour se moquer de ce *gobe-mouches*. Les *porte-voix* sont d'un grand usage dans la marine. Les *passe-poils* servent à distinguer les différents corps de troupes. La sympathie sert en nous de *contre-poids* à l'intérêt personnel. La corneille, en deux *tire-d'aile*, s'élève au-dessus des autres oiseaux. Les lougres et les *chasse-marées* sont de petits navires. Si le guide d'un peloton ne marche pas également, il occasionne des *à-coup* (temps d'arrêt brusque). On jette des *chausse-trapes* dans des gués, dans les avenues d'un camp pour enferrer les hommes et les chevaux. Les *contre-maîtres* se servent d'un sifflet pour commander les manœuvres.

Devoir.—Analyser les 4ʳᵉˢ phrases et employer *passe-debout*, *boute-en-train* et *boute-tout-cuire*. Notez que *boute-feu* fait *boute-feux* au pluriel. (*Acad.*

168ᵉ Exercice — *Pluriel des noms compléments d'une préposition.*
(Gram., 626 à 632.)

Un noyau d'abricot, des noyaux d'abricots. Nestor vécut trois âges d'homme.
Il fut comblé de *louanges* Les poissons ont la peau couverte d'*écailles*. Il y a
plusieurs variétés de *guigniers.* Les filous ont cent sortes d'*attrapoires.* Un
homme d'honneur doit tenir sa parole. Une bonne éducation préserve la jeunesse de quantité de *désordres.* La conversation a roulé sur toutes sortes de
matières. Ce qu'il vient de vous dire n'est qu'un tissu de *faussetés.* Cet homme
a beaucoup d'*esprit*, mais il n'a point de *lettres.* Il a dépensé en pure perte
beaucoup de *paroles* et beaucoup d'*esprit.* Sardanapale, si fameux par ses voluptés, fut, dit-on, le premier qui fit usage de lits de *plume.* Le coucher des
petits enfants est ordinairement fait de balle d'*avoine.* Ce prince accorde sa
protection à tous les gens de *mérite* et de *talent.* Quand les marchandises
que les diverses nations portent aux Indes y sont chères, les Indes donnent beaucoup de leur *marchandise*, qui est l'or et l'argent, pour peu de *marchandises*
étrangères : le contraire arrive lorsque *celles-ci* sont à vil prix.

Devoir. — Sens des mots. Analyse de *Nestor vécut* (pendant), etc.

169ᵉ Exercice. — *Suite du précédent.* — Allons nous prosterner *au pied* des
autels. Tombons *aux pieds* de notre divin Sauveur. J'ai mes jours de *gaieté* et
mes jours de *tristesse.* Voici un homme de bonne *humeur* qui dit force *joyeu-
setés.* Les nèfles sont des fruits à *noyaux.* Le saule, le noyer, le coudrier, le
chêne sont des arbres à *chatons* Ce fermier élève à la fois des bêtes à *cornes*
et des bêtes à *laine.* Les terres à *blé* ont beaucoup donné cette année. On ne
voit plus guère de lits à *quenouilles* (*colonnes*) que chez les gens de la campagne. Toutes les liqueurs perdent de leur *force* et diminuent de *volume* par
l'évaporation. Expliquez cela en meilleurs *termes.* Vous prendrez d'*heure*
heure une cuillerée de cette potion. Les géographes modernes ne comptent plus
par *climats*; ils comptent par *degrés* de latitude. Ce sont tous des gens à *talents*, des gens d'*esprit* César avait pour *principe* de ne rien remettre au
lendemain. Il n'est point de roses sans *épines.* Ce prince va souvent sans *suite*
et sans *escorte.* Les blatiers achètent à des fermiers pour revendre en *détail*
dans les marchés.

De *larrons* à *larrons* il est bien des degrés :
Les petits sont pendus et les grands sont titrés.   (FR. DE NEUFCH.)

Devoir. — Sens des mots. Analyse de la première phrase.

170ᵉ Exercice. — *Suite du précédent* (1). — Un bouquet de *primevère:* Une
bordure de *primevères.* Son discours est plein d'*obscurité* ou d'*obscurités.*
Donner, répandre de l'argent à pleine *main* ou à pleines *mains.* C'est un
homme qui ne manque pas de *talent.* Ce sont des gens à *talents.* Les oies sauvages vont en *troupe.* Elles ne vont pas toutes ensemble, elles marchent par
troupes de dix, de vingt, etc. Cette affaire est en bonne *main.* 'éducation de
ce jeune homme est en bonnes *mains.* Les abeilles et les papillons voltigent de
fleur en *fleur.* Eugène est sans *défaut* (2). Sa femme étant morte sans *enfant*,
il doit rapporter le mariage. Dans ce pays, il n'y a point de *pierres*(3). Les troupes
ont eu une longue marche à faire et peu de *séjours.* Autrefois les soldats se servaient de *mèche* pour faire partir leurs mousquets. Les marabouts servent d'ornement à diverses coiffures de *femmes.* Ce boulanger cuit beaucoup de *pains* tous
les jours. Il ne faut pas de *cérémonie* entre amis. Un bouquet de *cytises.* Une
élévation de 15 à 16 pieds sous *poutre.* Choses de différente *espèce* (4). Instrument de *mathématique*, etc.

Devoir. — Rendre compte de l'orthographe des mots en *italique.*

---

(1) Les expressions suivantes sont tirées du Dictionnaire de l'Académie.
(2) Plus expressif que *sans défauts.* — (3) Au mot *torchis.* — (4) À *séparer.*

171ᵉ EXERCICE —*Compléments des noms.* (GRAM., Nᵒˢ 633 à 635).

(Remplacer *de* par *en* quand l'usage actuel le permet),

Il y a des étaux *de* bois. Les meules de moulin sont *de* pierre. Il y a des meules *de* bois pour faire du cidre. Cette terrasse est de terres rapportées. Voici une maison *de* (ou *en*) pierre de taille. Achetez ce coupon *de* toile de batiste. Voilà une bergère *de* point de Hongrie. Le basin est une étoffe croisée dont la chaîne est *de* fil et la trame *de* coton. Les panneaux de ce lambris sont *de* bois de sapin et les pilastres *de* chêne. Ce lustre n'est pas *de* cristal de roche; il n'est que *de* cristal fondu. Il y a sur les fenêtres de cette église des treillis *de* fil d'archal pour conserver les vitraux. Les sculpteurs font leurs modèles *de* terre. On donne le nom de billes à de petites boules *de* pierre ou *de* marbre qui servent à des jeux d'enfants, d'écoliers. (*Acad.*)

(Dire pourquoi on peut ou non employer *de* dans les expressions suivantes.)

Place Vendôme. Rue Saint-Eustache. Quartier Saint-Honoré. Faubourg Saint-Jacques. Porte Saint-Antoine. Prison Sainte-Pélagie. Port Saint-Nicolas. Porte Saint-Denis. Paroisse Saint-Jean. Palais Pitti. Musée Clémentin. Villa Borghèse. Quartier du Marais. (*Acad.*) — *Exceptions modifiées* : collège Charlemague; collège Saint-Louis; théâtre Saint-Charles, à Naples. (*Acad.*) —On dit également bien *le 1ᵉʳ juin* ou *le 1ᵉʳ de juin*. (Acad.)

Devoir.—Analyse de la 1ʳᵉ phrase (*étau* sujet reel de *y a*).

172ᵉ Exercice.—*Récapitulation.*—Nᵒˢ 633 à 635.

(Dire pourquoi on peut employer *à, de, en,* etc.)

I.—Des confitures *au* miel. Tirer les bottes *à* quelqu'un. Oter la bride *à* un cheval. Mesure *de* bois et mesure *en* bois. Un mètre *de* ruban et un mètre *en* ruban. Table couverte *de* mets et toit couvert *en* ardoise. Croix *en* broderie d'argent (1). Clocher *en* pierre de taille. Inscription *en* caractères grecs, *en* hiéroglyphes. Couturière *en* linge, en robes, pour femmes. La récolte *en* vin n'a pas été fort abondante. La popeline est une étoffe dont la chaîne est *de* soie et la trame *de* laine (*Acad.*) Lequel vaut le mieux, dit Mentor, ou une ville superbe *en* marbre, *en* or et *en* argent, avec une campagne négligée et stérile, ou une campagne cultivée et fertile avec une ville médiocre et modeste dans ses mœurs? (*Fén.*)— Bâcher un bateau, c'est le mettre dans un lieu commode du port, pour la charge et la décharge *des* marchandises. La douane perçoit les droits imposés sur l'entrée et la sortie des marchandises. Formuler une ordonnance de médecine, c'est la rédiger selon les règles et avec les termes *de* l'art (2).

II. — *Le sud de l'Asie.* — Ces contrées se distinguent par leurs étoffes *de* coton et *de* soie, les beaux tapis de Perse, les châles de l'Inde renommés dans le monde entier, les peaux *de* cordouan et *de* chagrin, les travaux *en* ivoire, *en* nacre, *en* écaille et *en* laques, les camelots *de* poil de chameau, les porcelaines, les bijoux, l'acier *de* l'Inde, d'une trempe tellement dure qu'il coupe l'acier d'Europe. Ce sont les Européens qui font le commerce extérieur par la voie maritime; le commerce intérieur se fait ordinairement par caravanes. Les principaux articles d'exportation consistent en coton, sucre, thé, riz, indigo, opium, café, chevaux, ivoire, pierres précieuses, cuivre, poils de chèvre, soie, étoffes *de* soie et *de* coton, châles *de* première qualité, crêpes, porcelaines et laques de Chine, etc. Les principaux articles d'importation sont la quincaillerie, les armes, la poudre, les étoffes, les draps, les mousselines et autres marchandises de fabrique européenne.

Devoir.—Sens des mots. Analyse de la phrase *la douane perçoit*, etc.

(1) Acad. mot *esprit.* — (2) Dans ces 3 dernières phrases, les noms ont un compl. commun.

RÉCAPITULATION

sur la syntaxe des noms. — (Grammaire, 533 à 635).

173e Exercice.—Les *bonnes* gens sont *aisés* à tromper. *Le* gingembre est une espèce de plante. *Le* hanneton est *un* scarabée. *Le* pêne de cette serrure est *brisé*. On a répété cette calomnie dans *un* libelle. On l'a *précipité* (ou *-tée*) dans *un* abîme de maux. Je vous ai attendu l'après-midi *entière*. Les *bonnes* œuvres sont agréables à Dieu. On envoya *un* trompette sommer la place; Son mal commence à lui donner *du* relâche. Cette année, nous aurons *Pâques* en avril. La mélisse est *un* simple d'une grande vertu. Les *géraniums* et les *fuchsias* (sortes de plantes) sont très-sensibles aux gelées. Ce jeune homme est étourdi comme le premier coup de *matines* Les forts de la halle sont des *portefaix* qui font le service de la halle aux blés. C'est une grande consolation *pour* un père de voir *tous* ses enfants établis. Faites mettre des *contrevents* à toutes ces fenêtres. La population de ce quartier n'est qu'un ramassis d'*étrangers*. Lulli composa en quinze ans dix-neuf *opéras* dont les paroles étaient dues au poète Quinault. Il s'était réservé les gages de *cet* office, et il en laissait les émoluments (revenus éventuels ou variables) à ceux qui travaillaient sous lui. Faire une fausse confidence à quelqu'un, c'est lui dire en secret quelque chose de *faux* dans le dessein de le tromper. La mythologie est l'histoire fabuleuse des dieux et des *demi-dieux* de l'antiquité. Les batailles de Louis XII et de François Ier sont les sujets des *bas-reliefs* qui sont autour de leurs tombeaux.

Devoir.—Sens des mots. Analyse de la première phrase. (*Gens*, m. pl.)

174e Exercice (533 à 635).—Le plaisir passe comme *une* ombre Il passe au café *toutes* ses après-dînées. On servit *un* ambigu magnifique. Les ortolans et les *becs figues* sont d'ordinaire extrêmement gras. La langue des *oiseaux-mouches* est composée de deux fibres *creuses*. C'est de l'Inde que nous viennent presque *toutes* les épices. La plupart des vigiles sont *accompagnées* de jeûnes. Autrefois, on baptisait principalement le jour de *Pâques*. Il y a eu plusieurs *pourparlers* entre les ministres de ces deux cours. Les *plafonds* sont faits pour cacher les poutres et les soliveis. Ce marchand a perdu l'année dernière dix mille francs en *non-valeurs*. Cela vous engagera dans *un* dédale de procédures. S'il arrive quelque chose de *fâcheux*, je *le* prends sur mon compte. Une promesse sous seing *privé* ne donne point hypothèque. Les *vieilles* gens sont *soupçonneux*, les jeunes gens sont *imprudents*. Le rossignol élève ses concerts dans les bocages *témoins* de ses *premières* amours. Dans cette maison l'office est *très-nombreux*. Il n'y a personne de moins *curieux* d'apprendre que les gens qui ne savent rien. Deux parents du marié et de la mariée tenaient les bouts *du* poêle. Les jeux de mains finissent souvent par des querelles; ils ne conviennent qu'à des gens mal *élevés*. La manière de ce peintre, de ce sculpteur, a quelque chose de *contraint*. Les *bornes-fontaines* sont destinées à entretenir la propreté des rues des villes. *La* silice entre dans la composition des pierres gemmes et de presque *tous* les quartz. Les pénitents se revêtent d'un *cilice*. Nous avons fait plusieurs *pique-niques* le mois dernier. Les *contre-allées* de cette avenue sont réservées aux piétons. Les *sergents-majors* sont les premiers des *sous-officiers* d'une compagnie. Si les *passe-droits* sont fâcheux dans toutes les administrations, ils sont surtout funest dans l'armée, car ils y portent la désaffection.

Devoir.—Sens des mots. Analyse de la première phrase (*ombre* sujet de *passe* sous-entendu).

sur la syntaxe des noms (suite).

175ᵉ Exercice. — Il y a des gens qui ont la manie des *albums*. Le célèbre Mozart (1756-1791) a laissé plusieurs *opéras* qui sont des *chefs-d'œuvre*. Si l'amour de la liberté élève l'âme, il exalte aussi souvent les passions d'une manière dangereuse. Les enfants *étourdis, bruyants, légers,* ne deviennent guère que des gens médiocres. On lui a fait *un léger* reproche, il a pris le mors aux dents. Les longs *factums* qu'il publia contre eux ne produisirent aucun effet. Il y a dans la masse des contributions de ce département pour cent mille francs de *non-valeurs.* Il n'y a eu personne de *lésé* dans cette affaire. Beaucoup de *semi-preuves* réunies ne font jamais une preuve complète. Dans toutes les manœuvres, les *serre-files* se conforment aux mouvements du peloton. Les Cosaques sont ordinairement les *avant-coureurs* des armées russes. Les *premières* vêpres se disent la veille de la fête. C'est *un* critique impitoyable; il étrille les gens d'une rude manière. Ces jeunes gens sont *employés* dans l'administration des vivres comme *gardes-magasins.* Grâce aux conseils éloquents de J.-J. Rousseau, les enfants ne sont plus *gênés, serrés* dans des langes *étroits,* comme *ils* l'étaient autrefois. Les vermicelliers fabriquent ou vendent du vermicelle, des *macaroni* et autres pâtes semblables. Les radis, les figues, le beurre, les anchois se servent en *hors-d'œuvre.* Les pendentifs du Val-de-Grâce sont *sculptés*; ceux du dôme de Saint-Pierre sont *ornés* de mosaïques. La plupart des *Mécènes* (protecteurs des lettres et des arts) ont été des hommes peu instruits: *témoin* (n° 1166) Auguste et Louis XIV.

Devoir. — Sens des mots. Analyse de la première phrase.

176ᵉ Exercice. — Les antennes de *certains* insectes sont filiformes (1). Je ne connais personne d'aussi *heureux* que cette femme. Les *quiproquo* d'apothicaire sont très-*dangereux.* Voilà une frise ornée de *bas-reliefs,* il faut mettre deux *portemanteaux* dans cette chambre. Il sait tous les *numéros* de ses ballots. On cultive dans les jardins plusieurs espèces de *clématites.* En carême on dit *vêpres* avant midi, excepté le dimanche. L'Ascension est quarante jours après *Pâques.* L'épilogue doit être *court; il* doit résumer les principaux points du discours. Elle est témoin de ce qui s'est passé; elle en est *un bon* témoin. Rien ne peut faire disparaître *ce* stigmate flétrissant. Les passions les plus violentes nous laissent quelquefois *du* relâche, mais la vanité nous agite toujours. Les *beaux-arts* étaient en grande estime chez les Grecs. Les obélisques sont ordinairement *chargés* de caractères hiéroglyphiques. Voltaire enrôla tous les *amours-propres* dans une ligue insensée. Les *Anglo-Saxons* furent vaincus et soumis par Guillaume-le-Conquérant. En iconologie, *un* foudre *ailé* est le symbole de la puissance et de la vitesse. La plupart des poëmes épiques italiens sont *écrits* en *stances.* Les *vrais* gens de lettres et les vrais philosophes ont beaucoup plus mérité du genre humain que les *Orphée,* les *Hercule* et les *Thésée, tous* gens bien *connus, tous* gens d'esprit et de mérite. On ne peut aller de Suède en Norwége que par des défilés assez *dangereux,* et, quand on les a passés, on rencontre de *distance* en *distance* des flaques d'eau que la mer y forme entre les rochers. Il sut affronter la tempête de cent foudres d'airain *tournés* contre sa tête. J'aurais voulu établir, disait Napoléon Iᵉʳ, qu'il n'y eût d'*avoués* ni d'*avocats* rétribués que ceux qui gagneraient leur cause.

Devoir. — Sens des mots. Sens et analyse de la première phrase.

___

(1) *Antennes,* petites cornes mobiles que les insectes portent sur la tête. *Filiforme,* délié comme un fil.

RÉCAPITULATION

sur la syntaxe des noms (fin).

177ᵉ Exercice. — Suétone (historien romain) a écrit l'histoire des douze *Césars*. Les chœurs d'Esther et d'Athalie sont des *chefs-d'œuvre*. On appelle nectaires *certains* appendices floraux. Les ailes d'une fleur *papilionacée* (1) sont les deux pétales *latéraux*. Le palme romain est de huit pouces trois lignes et demie. Il y a une césure, un repos à la fin *du premier* hémistiche. Les gens *marqués* au B (2) passent en général pour *spirituels* et *malicieux*. Plusieurs aigles furent *prises* par les Germains après la défaite de Varus. Les proses diffèrent des hymnes en ce que *celles-ci* sont de véritables pièces de poésie mesurée. Les pétales de la capucine sont *ciliés*, c'est-à-dire garnis de poils rangés comme des cils. La puissance, la grandeur de cet empire touchait à *son dernier* période. Les épisodes, dans un poëme, doivent être *subordonnés* à l'action principale. Le scarabée *pulsateur* fait entendre, la nuit, le tic-tac d'une montre pour appeler sa famille. Nous avons souvent chanté des *Te Deum* que bien des mères traduisaient en *De Profundis*. Un finale d'opéra renferme souvent des airs, des *duos*, des *trios*, ou des *quatuors*, ou des *quintetti* ou des chœurs. Le rosaire est un chapelet composé de quinze dixaines d'*Avé*, chacune précédée d'un *Pater*. Les *hauts-de-chausses* des Cent-Suisses étaient à taillades. Là (en enfer) commencera *ce pleur éternel* qui n'aura jamais de fin. Les actions qui comblèrent Pompée de gloire firent que, dans la suite, quelque chose qu'il eût *faite* au préjudice des lois, le Sénat se déclara toujours pour lui. Le parc français et surtout le jardin réservé de l'Exposition universelle de 1867 offraient *un* aspect féerique. La foule se pressait dans *cette charmante* oasis où des serres, des grottes, des *aquarium* avaient été *organisés* comme par enchantement.

> Les *si*, les *car*, les contrats sont la porte
> Par où la noise entra dans l'univers. (LA FONTAINE.)

178ᵉ Exercice — *Exceptions tirées des bons auteurs.*

(Phrases modifiées d'après l'usage actuel.)

Le comté de Clermont et le comté de Toulouse. (MONTESQ.)
> Du langage français bizarre hermaphrodite,
> De quel genre te faire, équivoque *maudite*? (BOIL.)

Je commence à sentir les effets *du* poison. (ANC. AUTEURS.)
> De livres et d'écrits, bourgeois admirateur,
> Vais-je épouser ici quelque *apprentive* (pour *tie*) auteur? (BOILEAU.)

Comme *un* aigle qu'on voit toujours, soit qu'*il* vole au milieu des airs, soit qu'*il* se pose sur le haut d'un rocher, etc. (BOSSUET.)

Quand Dieu veut savoir quelque chose, il *le* sait. (MONTESQ.)
> L'*odorante* primevère élève sur la plaine
> Ses grappes d'un or pâle et sa tige incertaine. (ST-LAMBERT.)

L'œuvre de Callot est si vaste qu'on a peine à *le* rassembler, et pourtant il est mort bien jeune. (COUSIN.)

La bardane est une plante à fleurs composées dont le calice est formé de folioles *crochues*, et qui croît le long des chemins. (ACAD.)

Le sacerdoce a encore ses *Phinées*, la magistrature ses *Samuels*, l'épée ses *Josués*, la cour ses *Daniels*, ses *Esthers* et ses *Davids*. (MASSILLON.)

Il serait facile de multiplier les citations. Celles-ci suffisent pour montrer comment les langues se modifient peu à peu. (*Préface*, p. 4.)

(1) Ou *papilionacée*. (ACAD.) — (2) Borgnes, bigles, bossus ou boiteux.

CHAPITRE II.

SYNTAXE DE L'ARTICLE.

179e Ex.—Emploi de l'article. (Gr. 637 et 638).

Le soleil est brillant. La lune est *le* flambeau *des* nuits. *Les* étoiles ont été créées par Dieu. La langue italienne s'est formée de *la* langue latine. Le professeur classe *les* copies suivant *le* degré de mérite *des* compositions. Les feux follets sont encore *la* frayeur *des* villageois, *des* voyageurs superstitieux, *des* femmes et *des* enfants. Dans *les* réjouissances publiques, *les* anciens ornaient de couronnes *les* statues *des* dieux, *les* temples, *les* maisons, *les* vases, *les* navires, etc.

Devoir.—Dire pourquoi on emploie l'article.

180e Exercice. *Ellipse de l'article.* (GRAM., n° 639.)

Veuillez, *Monsieur*, agréer mes hommages. Pensons, *chrétiens*, à notre dernière heure. *Tombeaux, trônes, palais,* tout périt, tout s'écroule. *Contentement* passe *richesse. Pierre* qui roule n'amasse pas *mousse. Bien* mal acquis ne profite jamais. Les fruits de la campagne: *blés, raisins, pommes, noix,* etc., sont sous la garde de Dieu, et Dieu punit les voleurs quand les *hommes,* qui ne les voient pas, ne peuvent le faire. A vaillant *homme* courbe *épée. Chose* promise, *chose* due. Après l'herbe verte, ce que l'autruche mange avec le plus de plaisir, ce sont les salades, *fruits, graines, feuilles, bourgeons,* et jusqu'à des morceaux d'écorce de bois.

Devoirs. — Expliquer le sens des phrases, analyser la première et dire les motifs de l'ellipse de l'article avant les mots en *italique.*

181e Exercice. — *Remarques et récapitulation.* (Gram., 637 à 640.)

Une fille *de* roi. Une fille *du* roi. Un maire *de* village. Le maire *du* village. Une femme *de* bon ton. Une femme *du* bon ton. Nous sommes *de* même âge. Nous sommes *du* même âge. — Hé! l'ami, venez donc (1). A sotte *demande* pointde réponse. *Ville* qui capitule est à demi-rendue. Sous Louis XIV, la calotte était d'un usage presque général pour tous les laïques d'une profession grave: *magistrats, avocats, hommes de lettres, bons bourgeois.* Cette affaire est très-obscure, c'est la bouteille à *l'encre.* Perrette sur sa tête, avait un pot *au* lait. Entendre *la* raillerie, c'est avoir la facilité, le talent de bien railler; *entendre raillerie,* c'est ne point s'offenser des plaisanteries dont on est l'objet.

Devoir.—Sens des phrases. Motifs de l'emploi ou de l'ellipse de l'article.

(1) Cet exemple prouve qu'avant les noms en apostrophe on emploie quelquefois l'article. Cela se voit aussi dans les énumérations et les proverbes. (179e Exerc.)

182ᵉ Exer. — *Répétition de l'article.* (Gram., 641 et 643.)

Les rues et *les* chemins publics appartiennent à tout le monde. On a établi en France l'unité des poids et *des* mesures. Pendant que ces oiseaux sont dans le nid, le père et *la* mère vont leur chercher de la nourriture. Naturaliser un étranger, c'est lui accorder les droits et *les* privilèges dont jouissent les naturels du pays. On doit éviter de confondre les affaires spirituelles et *les* affaires temporelles, les intérêts spirituels et *les* intérêts temporels. Cette mesure exige le concours de l'autorité civile et de *l'*autorité militaire. — Ce ne fut que vers le XVᵉ et *le* XVIᵉ siècle que la dévotion à saint Joseph prit un grand accroissement. Le XVIIᵉ et *le* XVIIIᵉ siècle ont été les temps les plus florissants de la littérature française. Ce pourvoyeur a fait marché pour fournir la grosse et *la* menue viande. Sans le bœuf, les pauvres et *les* riches, les grands et *les* petits auraient beaucoup de peine à vivre. Le cycle lunaire est une révolution de 19 années au bout des quelles les nouvelles et *les* pleines lunes retombent à peu près au même jour et à *la* même heure.

Devoir. — Rendre compte des règles, puis indiquer les autres tournures possibles (642, 644 et 645). Analyse de la 1ʳᵉ phrase.

183ᵉ Exercice. — *Non répétition de l'article.* (Gram., nᵒ 646.)

Les bruits *ou* tapages nocturnes sont punis. Loth habitait la ville *ou* bourg de Sodome. L'esprit de vin *ou* alcool entre dans la plupart des élixirs. Un blanc seing est un papier *ou* parchemin signé que l'on confie à quelqu'un pour qu'il le remplisse. Avec les bateaux à vapeur, on n'a plus à redouter les effets du calme *ou* absence de vent. Quand nous voyageons, les belles *et* fertiles plaines elles-mêmes nous ennuient. Le juge d'instruction est un magistrat établi pour rechercher les crimes *et* délits, en recueillir les preuves *ou* indices, et faire arrêter les prévenus.

> Les bons *et* vrais dévots, qu'on doit suivre à la trace,
> Ne sont pas ceux non plus qui font tant la grimace. (Mol.)

Devoir. — Expliquer la règle puis composer cinq petites phrases semblables aux précédentes.

184ᵉ Exercice. — *Récapitulation.* — (Gram., nᵒˢ 641 à 648.)

Son père et *sa* mère lui ont laissé un grand patrimoine. Les enfants sont obligés de nourrir leur père et *leur* mère dans le besoin. Chaque jour, *chaque* heure m'apporte de nouvelles inquiétudes. Cet homme a toutes ses aises, *toutes* ses commodités. Notre bonne et *notre* mauvaise fortune dépendent de notre conduite. Cette affaire a deux faces : un bon côté et *un* mauvais. Ce noble *ou* gentilhomme a pour sa part mille arpents de terre. Le savant *et* modeste auteur de l'*Imitation de Jésus-Christ* n'est pas connu. Quel beau, *quel* grand appartement que vous avez! Je garderai longtemps le souvenir de cette belle, de *cette* heureuse, de *cette* grande journée (1). J'ai loué mon grand *et* bel appartement. Mon grand et *mon* petit appartement sont occupés. Le style simple et *le* sublime diffèrent ordinairement l'un de l'autre. Veuillez, mon bon *et* digne ami, vous souvenir de moi. J'avais à cœur la publication de mon dernier *et* meilleur ouvrage (J. J. R.). Plein de mon ancienne *et* aveugle confiance, j'étais bien loin de soupçonner le motif de ce voyage (Id.).

Devoir. — Sens des mots. Cinq phrases semblables aux premières.

(1) Exception. Cette tournure est plus expressive que la forme ordinaire.

185ᵉ Ex. — Article avant les partitifs.
(GRAMMAIRE, **650**).

J'ai acheté de la viande, de bonne viande. Il a de bons et de mauvais jours. Louise et Adèle sont de jeunes filles. Ce fermier a eu de bonnes et de mauvaises années. Cette affaire aura de fâcheuses suites. Les enfants sont de tendres fleurs qu'il faut préserver du souffle impur des vices. Les seuls jours mauvais sont ceux dans lesquels on commet de mauvaises actions ou on néglige d'en faire de bonnes. Il est bien de prier, mais il est mieux de faire de bonnes œuvres. J'ai reçu de cet homme-là de bons offices et de bons avis. Il pénétra dans la chambre et ouvrit les armoires avec de fausses clefs. (*Acad.*)

Devoir. — Expliquer la règle puis modifier les phrases en plaçant l'adjectif après le nom.

186ᵉ Exercice. — Suite du précédent. (GRAM., 651 et 652).

Il a bu du petit lait. Elle mangera des petits-choux. Nous sommes des jeunes gens. Voilà des petits-maîtres qui passent. Achetons des petits pâtés tout chauds. L'homme qui a du bon sens voit de loin et se tient sur ses gardes. On dit des bons mots, on fit des chansons, on se donna des ridicules. Il faut de la bonne foi entre les parties contractantes. Croyez-vous, de bonne foi, qu'il ait reçu des pleins pouvoirs? (*Acad.*) Il a aujourd'hui un accès de la maladie, de la mauvaise humeur à laquelle il est sujet. (*Acad.*, mot *jour*.)

> Heureux, si de son temps, pour cent bonnes raisons,
> La Macédoine eût eu des petites-maisons. (BOILEAU.)

Devoir. — Cinq phrases semblables aux précédentes avec *petits pois, petits-maîtres, bon sens, bons mots, bonne foi.* Analyse.

187ᵉ Exercice. — Récapitulation — (Grammaire, nᵒˢ 649 à 655).

Je veux de meilleur pain, de meilleur vin. Buvons du meilleur; tirez du meilleur. Il faut prendre du plus beau bois pour faire ce meuble. Y a-t-il du bon sens à se conduire ainsi? Je lui ai écrit de la bonne encre. Vous nous avez servi de bon vin l'autre fois; donnez-nous du même. Paris a de beaux édifices, des rues larges, de vastes promenades. Souvent, de petits commencements on vient à de grandes choses. Cette marchandise, cette denrée est du bon numéro, de bonne qualité. Donnez-nous du beau; ne nous faites point de montre. Je veux du bon, du neuf, du solide. Il y a du bon et du mauvais dans cet homme. Quantité de gens ont dit cela. Donnez-moi un peu de pain. Veuillez me donner un peu de l'excellent pain que vous avez acheté hier (1). Cette matière fournit abondamment des idées (2).

Devoir. — Expliquer les règles sur les phrases précédentes. S'attacher surtout à faire voir que l'emploi ou la suppression de l'article change complétement le sens. Analyser la première phrase (*de* préposition partitive).

---

(1) Notez que l'emploi ou la suppression de l'article avant les noms partitifs est quelquefois facultative. Voici quelques exemples tirés du *Dictionnaire de l'Académie* et des *bons auteurs*. Dire *de gros mots* ou *des gros mots*; *il y a des honnêtes gens* ou *d'honnêtes gens partout*. Il ne faut faire *de peine, de la peine à personne*. Cette tragédie n'est pas un chef-d'œuvre; c'est tout simplement une pièce du second ou du troisième ordre. *Dans les grands États, il y a nécessairement des grands seigneurs.* (Montesq.) — (2) *idées* est ici le complément de *fournit*.

188° **Ex.** — *Article dans les phrases négatives.* (GRAM., n° 656).

I. — Je n'ai pas *d'*argent. Je n'ai pas *de* l'argent pour le dépenser follement. N'avez-vous pas *de la* santé, *de la* fortune, *des* amis? que vous faut-il *de* plus? Dans ce pays, on ne souffre point *de* fainéants. Je ne prendrai pas *de la* peine pour rien. N'y a-t-il pas *du* plaisir à tout critiquer? Il avait *des* flatteurs, et non pas *des* amis. On peut, avec des rubans, parer des courtisans, mais on ne fait pas *des* hommes. Il ne faut pas faire *des* spéculations, *des* entreprises au-dessus de ses forces.

Oui, la guerre après soi traîne tant de malheurs.
Qu'il est peu de lauriers qui ne coûtent *des* pleurs. (BOILEAU.)

II. — Il n'avait pas *d'*outils. Il n'avait pas *des* outils à revendre. Cet homme n'a pas *de* sentiments. Madame, je n'ai point *des* sentiments si bas. Il parle sans faire *de* faute. Il ne peut parler sans faire *des* fautes. Nous ne sommes sur la terre que pour faire *du* bien (1). Je n'ai *de* volonté que la tienne (2). N'avez-vous point *d'*enfants? Les rois ne veulent point avoir autour d'eux *des* visages tristes et mécontents. Ils n'ont *des* yeux que pour voir la vérité s'élever contre eux. Tout esprit n'a pas *des* yeux pour la connaître. Quand on ne fait pas *du* bien avec le plaisir d'en faire, on le fait ordinairement très-mal. Avant l'âge de raison, l'enfant ne reçoit pas *des* idées, mais *des* images. On nomme essais *de* petites bouteilles où il ne tient *du* vin qu'autant qu'il en faut à peu près pour l'essayer.

Devoir. — Composer cinq phrases semblables à celles de l'exercice I, et dix semblables à celles de l'exercice II. Analyse de la phrase *nous ne sommes sur la terre*, etc. (*Ne... que* adv. composé signifiant *seulement*, modifie *faire.*)

189° **Ex.** — *Article avec* PLUS, MIEUX, MOINS. (Gr. 657 à 659).

I. — De ces deux étoffes, je tiens que la première est *la* plus belle. Les aliments *les* plus simples sont les meilleurs. Elle associait les grâces *les* plus aimables aux mœurs *les* plus pures. Les mauvais esprits empoisonnent les choses *les* plus innocentes. Les arbres *les* mieux taillés deviennent *les* plus beaux, et les arbres *les* plus beaux produisent *le* plus de fruits. Dans les classes, les élèves qui apprennent *le* plus facilement leurs leçons ne sont pas toujours ceux qui réussissent *le* mieux.

II. — C'est en automne que la chair du renard est *le* plus estimée. Parmi ces étoffes, voyez laquelle vous plairait *le* plus. De toutes ces figures, voici celle que j'aime *le* mieux. Ceux qui avaient *le* plus contribué à détrôner ce prince furent les premiers à le rétablir. La couleur verte est celle qui fatigue *le* moins la vue. A la honte de la raison, du bon sens, on voit encore les erreurs *les* plus grossières s'accréditer. Il y a déjà longtemps que je m'occupe d'affaires, et j'ai toujours remarqué que celles qui m'avaient *le* mieux réussi étaient celles que j'avais *le* plus longuement étudiées.

Devoir. — Composer cinq phrases semblables à celles de l'exercice I et dix autres semblables à celles de l'exercice II. Explication et analyse de la phrase *les mauvais esprits*, etc.

_____

(1) *Ne... que* signifiant *seulement* veut l'article.
(2) *Ne... que* signifiant *nul autre* rejette l'article. [Acad.]

sur la syntaxe des noms et de l'article (533 à 663).

(Devoirs et analyses semblables aux précédents.)

190° Exercice. — *Pauvreté* n'est pas *vice*. A quelque chose *malheur* est bon. Les mouches à miel ne veulent pas se loger dans *de* vieilles ruches. Les pères et *les* mères ne doivent point violenter leurs enfants dans le choix d'un état. Voici les livres que j'ai *le* plus consultés. Les années de l'enfance sont assurément celles qui s'envolent *le* plus vite. La poésie grecque et *la* poésie latine sont pleines de naturel et d'harmonie. De ces deux sœurs, la cadette est celle qui est *le* plus aimée (1). C'est la femme que j'ai *le* plus aimée. Voici celle de toutes ses filles qu'elle aime *le* plus. Les gens *les* plus aimables sont *ceux* qui choquent *le* moins l'amour-propre des autres. Ceux qui font beaucoup de bruit ne sont pas *les* plus à craindre. C'est au moment où les renards ont leurs petits à nourrir qu'ils exercent *le* plus de rapines et qu'ils sont *le* plus dangereux pour nos basses-cours. Les esprits hâtifs ne sont pas toujours ceux qui réussissent *le* mieux dans la suite. Les vérités que l'on aime *le* moins à entendre sont celles qu'il importe *le* plus de savoir. Les docteurs ou Pères de l'Église qui ont *le* plus écrit et dont les doctrines ont dominé sont saint Athanase, saint Jean Chrysostome, saint Jérôme et saint Augustin. Les personnes sans caractère sont celles qui promettent *le* plus et qui tiennent *le* moins. Les *hors-d'œuvre* plaisent quelquefois, mais il y en a trop dans *cet* ouvrage.

Hé ! mon Dieu ! tout cela n'a rien dont il s'offense,
Il entend *raillerie* autant qu'homme de France.   (MOL.)

191° Exercice. — A *sotte demande* point *de* réponse. Les *chauves-souris* sont *de* vrais quadrupèdes. Il y a en Amérique *de* grosses araignées qui sucent le sang des petits oiseaux. Le musée de Saint-Germain est ouvert au public les *dimanche, mardi* et *jeudi* de chaque semaine. Rameau est l'un des plus célèbres compositeurs *des* 17° et 18° *siècles*. Les vers grecs et *les vers* latins sont composés de syllabes longues et de syllabes brèves. Il a chanté sa partie sans faire *de* fautes. Il croit dire *des* bons mots et il ne dit que des quolibets. On distinguait parmi les nobles les palatins ou *gouverneurs* de provinces. Les épingles des *numéros* trois, quatre et cinq sont *les* plus petites de toutes. Oui, tyrans, vous êtes des loups cruels et non pas *des* pasteurs. Franchement, je ne fais pas *des* vers ni même *de la* prose quand je veux. De tous les oiseaux qui peuplent nos *basses-cours*, le coq et la poule sont ceux qui nous rendent *le plus* de services. Les payements que fait un débiteur doivent être imputés sur les dettes qui lui sont *le plus* à charge (2). L'épaisseur d'un bois, d'une forêt est l'endroit où les arbres sont *le plus* près les uns des autres. Les peuples qui vivent de végétaux sont de tous les hommes, *les* moins exposés aux maladies et aux passions. J'admirais les coups de la fortune, qui relève tout à coup ceux qu'elle a *le plus* abaissés. Je sèmerai autour de la pierre de mon frère les fleurs que vous aimez *le mieux*. Il y a des ménagements politiques pour les gens qui en méritent *le* moins. La tribune aux harangues était un lieu élevé d'où les orateurs grecs et *les orateurs* romains parlaient au peuple assemblé. Tous les défauts paraissent croître dans les hautes places, où les moindres choses ont *de* grandes conséquences, et où *les plus* légères fautes ont *de* violents *contre-coups*.

(1) *Ou la plus aînée.* (Acad.) Cet exemple prouve que, dans certains cas, on peut à volonté, selon l'idée que l'on veut rendre, employer *le, la* ou *les.*

(2) Au mot *nouveauté*, l'Académie dit *étoffes* les plus à la mode. Il est évident que l'on dirait bien, avec une autre nuance, *le plus* à la mode (*alors*).

sur la syntaxe des noms et de l'article (fin).

192ᵉ Exercice. — La pourpre de Tyr était *la plus* estimée. Quand on achète, il faut prendre *du* beau. Si j'ai *de* l'argent, ce n'est pas pour le gaspiller mal à propos. Les hommes intolérants ne sont pas toujours *les* plus sincèrement religieux (1). Nos sages et doctes aïeux ont brûlé religieusement des gens dont le crime était d'avoir eu des illusions et de le dire. C'est le sort des rois d'être blâmés lors même qu'ils sont *le moins* blâmables. Les passions ont un intérêt qui fait qu'on doit s'en défier, lors même qu'elles paraissent *le plus* raisonnables. Les côtes basses des pays maritimes sont souvent bordées de dunes ou *monticules* de sables mouvants, que la mer y amène. Les troubadours et les trouvères ou *trouveurs* couraient de châteaux en châteaux pour y chanter leurs poëmes. Il y a un tour à donner à tout, même aux choses qui en paraissent *le moins* susceptibles. *Jeux* de main, *jeux* de vilain : il n'y a que les gens mal *élevés* qui se divertissent à s'entre-frapper. Je mettais le matin sur mon agenda *des* bons mots que je donnais l'après-diner pour des *impromptus*. La métaphysique et la géométrie sont de toutes les sciences qui appartiennent à la raison, celles où l'imagination a *le plus* de part. L'Égypte aimait la paix et elle n'avait *des* soldats que pour sa défense. L'Italie, l'Allemagne et la France sont les pays qui comptent *le plus* de musiciens. Les truffes de Périgord sont *les plus* estimées. Les ramoneurs viennent presque tous de Savoie. Curius et Fabrice, ces grands capitaines qui vainquirent Pyrrhus, un roi si riche, n'avaient que *de la* vaisselle *de* terre. Ces rois n'avaient pas mis leur plaisir à faire *du* bien.

193ᵉ Exercice. — *L'armée française.* — L'armée française comprend quatre armes distinctes : *infanterie, cavalerie, artillerie et génie.* Chacune de ses armes compte un certain nombre de *régiments.* Le régiment d'infanterie se divise en *bataillons*, celui de cavalerie en escadrons. L'escadron et le bataillon sont *composés* d'un certain nombre *de* compagnies. La compagnie est commandée par un capitaine assisté d'*un* lieutenant et d'*un sous-lieutenant* ; le bataillon et l'escadron par un officier supérieur qui porte le titre de chef ; le régiment par un colonel assisté d'un *lieutenant-colonel*. La direction de la comptabilité et la direction du dépôt appartiennent aux officiers supérieurs appelés *majors.* Le soin de l'instruction et de la bonne exécution du service est confié à des *adjudants-majors*, ayant ordinairement rang de capitaine. Dans chaque compagnie il y a des *sous-officiers* qu'on appelle, dans la cavalerie *maréchaux des* logis, et dans l'infanterie *sergents.* Au-dessous des maréchaux des logis sont les brigadiers ; au-dessous des sergents, les caporaux. L'adjudant sous-officier, le sergent-major, le maréchal des logis chef sont des sous-officiers chargés d'un service *spécial.* Les *porte-drapeau* (*Acad.*) ont pour principale mission de veiller à la garde de *cette* enseigne militaire, qui est actuellement *surmontée* d'*une* aigle d'or aux ailes *éployées*, tenant *un* foudre dans ses serres.

Exceptions modifiées. — L'utile et louable pratique de perdre en frais de noce le tiers de la dot qu'une femme apporte ! (*La Bruy.*) — Il s'était proposé pour modèle le sage et humble saint Augustin. (*Bourd.*) — Ni loups ni renards n'épiaient la douce et innocente proie. (*La Font.*) — Quelques aventuriers lui firent faire *de* petits procès. (*Condorc.*) — C'est dans l'année 1760 que cette guerre littéraire fut *la plus* vive. (*Id.*) — En s'éveillant au point du jour, lorsque l'esprit est le plus net et les pensées *le plus* pures, les rois d'Égypte lisaient leurs lettres. (*Boss.*)

(1) *Le plus* se rapporte à *sincèrement* et *le plus sincèrement* forme une expression adverbiale superlative qui modifie *religieux.*

CHAPITRE III.

SYNTAXE DES ADJECTIFS.

194ᵉ EXERCICE. — *Emploi des adjectifs.* — (GRAM., nᵒ 664.)
(Phrases corrigées.)

Quand on est *jeune et ardent*, il faut acquérir toutes sortes de connaissances. — Quand on est *proscrit et persécuté*, il est rare qu'on rende justice à son adversaire. — Qu'il ait été *heureux ou malheureux*, je n'ai jamais cessé de lui témoigner de l'estime. — Quand j'ai été *riche et puissant*, vous m'avez été fidèle. — Si l'on est *vain et orgueilleux*, il est rare qu'on accepte les conseils d'autrui. — Le père de Sésostris conçut le dessein de faire de son fils un conquérant. Quand *le jeune prince* fut un peu *avancé* en âge, il lui fit faire son apprentissage par une guerre contre les Arabes. Sésostris y apprit à supporter la faim et la soif, et soumit cette nation, jusqu'alors indomptable. Voyant qu'il s'était *accoutumé* aux travaux guerriers par cette conquête, son père le fit tourner vers l'occident de l'Egypte ; il attaqua la Lybie, et la plus grande partie de cette vaste région fut subjuguée. (Boss.)

Devoir. — Expliquer et transcrire les phrases ci-dessus.

195ᵉ Ex. Accord de l'adjectif. 665, 67 et 68.

L'usage *seul* peut naturaliser les mots *étrangers. Cet* écolier est le souffre-douleur de *ses* camarades. *Contente* de son pays, où tout abondait, *l'ancienne* Egypte ne songeait point aux conquêtes. Elle trouvait *honteux* que l'avarice n'ait point de bornes. *Quels* étaient en secret ma honte et mes chagrins ! Parmi nous, les médecins sont obligés de faire des études et de prendre *certains* grades; ils sont donc *censés* connaître leur art. Il n'a manqué à Molière que d'éviter le jargon et d'écrire purement : *quel* feu, *quelle* naïveté, *quelle* source de la bonne plaisanterie ! *Ennemis* de la lumière, les hiboux ne quittent leurs retraites que le soir. Cette immense et *tumultueuse* république avait pour *chefs* le pape et l'empereur. Les chanoines ont pour *insigne* l'aumusse. Dieu donne à l'homme pour *soutiens* l'espérance et la résignation. L'intempérance change en *poisons* mortels les aliments destinés à conserver notre vie (1).

Devoir. Composer 10 phrases où entreront au masculin et au féminin les mots suivants : *sec, turc, grec, vieux, malin.*

---

(1) Les quatre dernières phrases renferment des noms qui jouent le rôle d'*attributs*.

5

196ᵉ Exercice. — *Rapports douteux.* — (GRAM., nᵒ 666.)

Des bas de soie *brodés*. Des bas de fil *écru*. Une boîte de fruits *confits*. Vaisselle d'argent fort *claire*. Mante de mérinos *doublée* de soie. Vase de terre *cuite orné* de peintures. Ce sauteur fait des tours de force *extraordinaires*. Le roi lui a fait présent d'une boîte d'or *enrichie* de diamants. Ce cheval a le tour de la bouche *blanc*. L'ibis rouge a le plumage d'un rouge vif avec le bout des ailes *noir*. Les peuples de l'Amérique méridionale couchent les enfants *nus* sur des lits de coton *suspendus*. Dans les cérémonies de deuil, on couvre les chevaux de carrosse et les chevaux de selle de housses de drap *noir traînantes*. Notre esprit est si bizarre qu'il s'avise de louer *morts* les gens qu'il dénigrait *vivants*. Le curaçao se fait avec de l'eau-de-vie, de l'écorce d'oranges *amères* et du sucre. Les épis naissants du maïs, *confits* dans le vinaigre, font un mets et un assaisonnement *agréables*. Le grand et le petit épagneul, qui ne diffèrent que par la taille, *transportés* en Angleterre, ont changé du blanc au noir. La dame d'onze heures est une plante liliacée à fleurs blanches qui ont l'extérieur des pétales *vert*. On débarrasse les poules de la vermine en les lavant avec de l'eau de savon *noir*. Les droits de douane sur le fer et le cuivre *ouvrés* sont plus forts que ceux qui sont *dus* pour le fer et le cuivre non *ouvrés*. La Belgique est divisée en neuf provinces *administrées* par des gouverneurs et *subdivisées* en districts à la tête desquels sont placés des commissaires, que l'on nomme en France sous-préfets. Cette partie de votre discours demande à être plus *étudiée*. J'ai la plupart de mes livres *reliés* en veau fauve (nᵒ 978.)

Devoir. — Composer dix phrases dans chacune desquelles on fera entrer l'une des dix premières expressions ci-dessus.

197ᵉ Exercice. — *Récapitulation.* — (GRAM., 665 à 670.)

Je vous donnerai la croix et *une* image *coloriée*. Les Hollandais aiment le fromage et le hareng *saur*. Rica jouit d'une santé parfaite : la force de sa constitution, sa jeunesse et sa gaieté *naturelle* le mettent au-dessus de toutes les épreuves. Les plus célèbres labyrinthes étaient celui d'Égypte et celui de Crète, *construit*, disait-on, par Dédale sur le modèle du premier.

Il dormait, la poitrine et les bras *découverts*. Au jour indiqué, je mis le pantalon, l'habit et le gilet *noirs*, la cravate et les gants *blancs*. L'orgueilleux se suppose une grandeur et un mérite *démesurés*. Cet enfant se distingue par un zèle, un courage, une adresse et un talent *extraordinaires*. Les framboises ont une saveur et un parfum très-*agréables*, mais elles se corrompent fort vite et sont prodigieusement *sujettes* aux vers. Il ne faut pas que les prix et récompenses soient *distribués* arbitrairement. Les écorchures doivent être lavées avec de l'eau très-pure ou avec de l'eau et un peu de vin *rouge*.

Devoir. — Composer six petites phrases avec les expressions suivantes : *père et mère contents, frère et sœur laborieux, oncle et tante vigilants, bras et jambes coupés, commerce et industrie nuls, lait et eau mêlés avec du miel.* — Analyse de *il dormait,* etc. (sous-ent. *ayant*).

198° EXERCICE. — *Adjectifs en rapport avec des synonymes et des noms unis par* ou. — (GRAM., 671 à 674.)

(Faire écrire correctement les adjectifs en italiques.)

I. — Il est d'une aménité, d'une douceur *inaltérable*. L'amour de Dieu remplit les anges d'une joie, d'une jubilation *perpétuelle*. Ce héros montrait dans le danger un courage, une intrépidité *étonnante*. Un legs, une donation plus *forte* que la loi ne permet, n'est pas *nulle* pour cela; *elle* est simplement réductible. Tout dissident professe une doctrine, une opinion *différente* de celle du plus grand nombre.

II. — **Devis**, description ou état *détaillé* de toutes les parties d'un ouvrage. Voici des strophes ou couplets propres à être *chantés*. Mésallier quelqu'un, c'est le marier à une personne d'une naissance ou d'un rang fort *inférieur*. Les joues ou côtés de la tête du condor sont *couverts* d'un duvet noir. Pour faire passer quelque terme ou quelque proposition trop *forte* ou trop *hardie*, on emploie des correctifs, *tels* que pour ainsi dire, en quelque façon, etc. Le glougou est le bruit que fait le vin ou quelque autre liqueur lorsqu'on *la* verse dans une bouteille. On a divisé les étoiles en groupes ou constellations, au nombre de cent environ, parmi *lesquelles* il en est de magnifiques. On nomme sol, dans une mine, la muraille, la partie de la roche sur *laquelle* la mine ou le filon est *appuyé*. On donne le nom de parpaing à une pierre, à un moellon qui tient toute l'épaisseur du mur, et qui a deux faces ou parements, *l'un* en dehors, l'autre en dedans.

Devoir. — Analyse de la première phrase *il est* (sous-ent. *doué*) *d'une aménité* etc. (*Aménité*, compl. de l'adj. *doué*).

199° Exercice. *Suite des noms unis par* ou. (Gram., 675 et 676.)

Quel est le père de famille qui ne gémit de voir son fils ou sa fille *perdus* pour la société? Le charbon ou le quinquina *réduits* en poudre impalpable sont les seuls dentifrices que l'on puisse employer avec avantage. On appelle minière la terre, le sable ou la pierre dans *lesquels* on trouve un métal ou un minéral. On donnait autrefois le nom de rôle à une ou plusieurs feuilles de papier, de parchemin, *collées* bout à bout, sur *lesquelles* on écrivait des actes, des titres. Planche se dit aussi d'une plaque de cuivre ou d'un morceau de bois *plat* sur *lesquels* on a exécuté quelque ouvrage de gravure. Appliquez sur la partie malade une pièce de flanelle ou un morceau de linge *plié* en plusieurs doubles. On donne le nom de plateaux à certains petits plats de bois, de porcelaine ou de fer-blanc *vernissé*, sur *lesquels* on sert ordinairement le thé, le café, etc. A votre perte ou à votre salut est *attachée* (1) la perte ou le salut de tous ceux qui vous environnent (*Mass.*). J'ai vu souvent neuf ou dix femmes, ou, plutôt neuf ou dix siècles, *rangées* (2) autour d'une table de jeu (*Mont.*).

Devoir. — Analyse de la phrase *appliquez sur la partie* etc.

_____

(1) Accord avec *perte*, terme le plus rapproché. — (2) Accord avec *femmes*, l'auteur voulant parler de neuf ou dix *vieilles femmes* et non de *siècles* proprement dits.

200ᵉ Exercice. — *Adjectifs-adverbes.* — (Gram., nº 677.)

Cette ville est très-*forte* (1). Cette jeune fille est *forte* en histoire (1). Cette affaire est *fort* importante. Cette viande est *mauvaise* (1); elle sent *mauvais*. On nous a vendu ces vivres trop *cher*. Il s'est expliqué en termes *fort* clairs. C'est une *fort* aimable dame. Nous avions deviné *juste*. Ces souliers sont si *justes* que je ne puis les mettre (1). Cette graine ne doit pas être semée si *épais*. Il y a des arbres qui s'entretiennent toujours *verts* (1). Cette tasse s'est cassée *net*. Nous avons tranché *net* la difficulté. Ils entendent *dur*. Elle croit *dur* comme fer tout ce qu'on lui dit. Les appartements se louent fort *cher* dans cette maison. Vous serez hachés *menu* comme chair à pâté. Les balles pleuvront *dru* et *menu*. Des débris tombaient *dru* comme la grêle. Les bains étaient *fort* en usage chez les anciens. Elle se fait *fort* d'obtenir la signature de son mari. Cette entreprise lui tient *fort* au cœur. Légère et *court* vêtue, elle allait à grand pas. L'intérêt chancelle dans les circonstances délicates; la vertu va *droit* au but et ne tombe pas.

Devoir. — Composer cinq petites phrases dans lesquelles on mettra les expressions suivantes, en rapport avec des noms du féminin pluriel : *fort aise, vendre cher, chanter faux, raisonner juste, parler français.* Analyse de la troisième phrase (*fort*, adj. empl. adverbialement, modifie *importante*).

201ᵉ Exercice. *Suite des adjectifs-adverbes.* (677 et 1092.)

Elle s'est fâchée *tout* rouge. Ils aiment *fort* à manger *salé*. Cette statue sonne *creux*. La rose sent *bon*. Les punaises sentent très-*mauvais*. Ce marchand vend bien *cher* ses nippes. Combien faites-vous cette étoffe-là? Vous la faites trop *cher*. La mille-feuille est ainsi nommée parce que ses feuilles sont découpées très-*menu*. Quand les hirondelles volent *bas*, on dit que c'est signe de pluie. Ces oiseaux volent très-*haut*. Les carrosses *haut* suspendus sont *fort* versant. Les frégates (oiseaux de mer) s'avancent *fort* loin en mer et s'élèvent très-*haut*. Elle est *court* d'argent. On l'accabla tellement de raisons qu'elle resta *court*. Elle est demeurée *court* après les premiers mots de son compliment. Nommer à tout propos la personne à qui l'on parle est une incivilité; on doit dire Monsieur ou Madame, tout *court*. Cette jeune fille est *droite* comme un jonc (1). Ses folles dépenses la mèneront *droit* à l'hôpital. Cette route mène *tout droit* à Paris. Ils restèrent *fermes* et inébranlables (1). N'allez pas lâcher le pied dans cette occasion, enfants; tenez *ferme*. Heureux les Grecs s'ils étaient demeurés *fermes* (1) dans ces maximes! Les Juifs tiennent *ferme* à une religion que le monde même n'a pas précédée.

Devoir.—Mettre les expressions suivantes en rapport avec des noms du masculin pluriel : *raisonner juste, parler enroué, frapper fort, fort en colère, frais rasé.*—Analyse de la 1ʳᵉ phrase.

Nota.—Pour les difficultés relatives à l'orthographe des mots *court, droit, ferme* et *haut*, voir en outre les *Remarques détachées*, nº 1092.

---

(1) Ne pas oublier que les verbes *être, paraître, sembler, devenir, demeurer, rester* et autres analogues sont ordinairement suivis d'un adjectif qui s'accorde avec le sujet. (Gram., nᵒˢ 321 et 322.)

202ᵉ EXERCICE. — Nu et demi. — (GRAM., **678.**)

Il était *nu*-tête et *nu*-jambes. Elle allait pieds *nus*, les bras *nus*, les jambes *nues*. Les sauvages vont tout *nus*. La façade de cet édifice est trop *nue*.

Son discours n'ira qu'à une *demi*-heure. Nous vous attendons depuis une heure et *demie*. Ces rideaux ont trois lés et *demi* de large. Quatre *demis* valent deux unités. Le blanc de baleine sert à faire des bougies *demi*-diaphanes.

Devoir. — Composer, avec *nu* et *demi*, cinq petites phrases semblables aux précédentes, et noter que l'on écrit *demi-diaphane, demi-mort,* etc., avec un tiret, tandis qu'on écrirait *à demi diaphane, à demi mort,* etc., sans tiret (*Acad.*).

203ᵉ EXERCICE. — *Nu, demi, ci-inclus, ci-joint.* — 678 **ET** 679.)

Ci-joint les pièces que vous avez demandées. Vous trouverez *ci-inclus* copie du contrat. Vous trouverez *ci-incluse* la copie du contrat. Je vous recommande les lettres *ci-incluses.* Je vous renvoie *ci-jointe* la lettre de votre ami. Il tombe quelquefois des grêlons qui pèsent une *demi*-livre. Une morale *nue* cause de l'ennui. Faute confessée est à *demi* pardonnée. Vous trouverez *ci-joint* copie de l'acte. Il n'y a nul ornement à la broderie de ce tableau, elle est trop *nue.* Ces caractères ne sont pas lisibles, ils sont à *demi* effacés. Toute *nue*, la vérité peut déplaire. Vous trouverez *ci-jointe* une copie de l'acte. Le connétable portait l'épée haute et *nue* devant le roi. Les grands ne se croiraient pas des *demi*-dieux si les petits ne les adoraient pas.

Devoir. — Cinq phrases avec *ci-inclus* et *ci-joint*.

204ᵉ Exercice. — *Nu, demi, feu, possible,* etc. (Gr., 678 à 683.)

J'ai acheté la *nue* propriété de ce bien. Le gaz hydrogène est quatorze fois et *demie* aussi léger que l'air. *Ci-joint* quittance de la somme versée. Cette horloge sonne les quarts et les *demies.* Durant le deuil du *feu* roi, toutes les dames étaient en mante. Dans le manifeste de la *feue* czarine un des princes est condamné à mort pour avoir proféré des paroles irrespectueuses. J'ai ouï dire à *feu* ma sœur que sa fille et moi naquîmes la même année. J'ai reçu *franc de port* une lettre anonyme. Vous recevrez douze exemplaires *francs de port.* Cette lettre est arrivée *franche de port* sous le couvert du ministre. J'ai éprouvé tous les malheurs *possibles.* Je lui offre toutes les garanties *possibles.* Faites le moins d'erreurs, le moins de fautes *possible.* Les maisons sont *proches* l'une de l'autre. On construira ces édifices *proche* la ville. Les lunettes à longue vue rapprochent les objets ; elles les font paraître plus *proches.* Cette dame a dix mille francs de revenu, non *compris* la maison où elle loge. Puisqu'on écrit vous trouverez ci-*annexée* copie de ma lettre, d'où vient qu'il faut dire vous trouverez ci *inclus* copie de ma lettre ?

Devoir. — Dix phrases avec *feu, franc, possible* et *proche.*

205ᵉ Exercice. — *Mots désignant la couleur.* — (GRAM., 684 à 687.)

Les diamants sont le plus souvent translucides et sans couleur ; on en voit cependant de verts, de jaunes, de *roses*, de *bleus* et même de noirâtres. Veuillez me procurer un écheveau de soie *cramoisie* et une paire de souliers *mordorés*. Mᵐᵉ la comtesse de C... portait une robe couleur *lilas*, rehaussée d'une admirable garniture. La plie franche ou carrelet est parsemée de taches *aurore* ; sa chair est délicate. Le colibri à gorge *carmin* a quatre pouces et demi de longueur. Cette jeune fille a de longs cheveux *châtain clair*. Les ailes de certains papillons sont d'une belle couleur *marron foncé*. Le canard sauvage a les parties inférieures *gris blanc varié de bleu cendré*, le bec d'un jaune verdâtre, les pieds *orangés*. — Cette femme a les cheveux *clairs-bruns*. Quand on se couche, on a des pensées qui ne sont que *gris-brun*. L'hyène a le poil du corps et la crinière d'une couleur *gris-obscur*. (*Buffon.*) Le sureau produit des fleurs blanches d'une odeur particulière et forte, auxquelles succèdent des fruits *rouges-noirâtres*. (*Acad.*) La couleur *feuille-morte* ne va pas bien aux brunes. (*Acad.*) (1).

Devoir. — Sens des mots. Analyse de la dernière phrase.

206ᵉ Exercice. — *Adjectifs composés.* — GRAM., 688 à 692.)

Je ne me soucie guère de ces paroles *aigres-douces*. Sous la loi de Moïse, on offrait à Dieu les enfants *premiers-nés*. Les beautés sont *clair-semées* dans cet ouvrage. Les chevaux *court-jointés* deviennent aisément droits sur leurs membres. Les chevaux *long-jointés* ont rarement de la force (2). On donne le nom de parchemin vierge à la peau préparée des petits chevreaux ou agneaux *mort-nés*. Bien des peuples de l'antiquité baignaient dans l'eau froide les enfants *nouveau-nés*. Les avis ont été *mi-partis*, les opinions ont été *mi-parties* (il y en a eu autant d'un côté que de l'autre). Les chambres *mi-parties* étaient composées, par moitié, de juges catholiques et de juges protestants. Il y a des fleurs simples et des fleurs doubles ou *semi-doubles*. Les poëmes *héroï-comiques* sont à la fois graves et badins. L'armée *anglo-française* battit les Russes en Crimée. Nos adversaires sont *tout-puissants* ; la prière est *toute-puissante*. Il y a des volcans *sous-marins* et des plantes *sous-marines*. Dans beaucoup d'États, la *soi-disant* institution des passe-ports est d'une pratique rigoureuse. — Cette maison est toute *fraîche* faite. Ces roses sont *fraîches cueillies*, ces fleurs sont *fraîches écloses*. La viande *fraîche tuée* n'est pas tendre. Il faut fêter les *nouveaux venus*, les *nouvelles venues*. Ces *nouveaux mariés* ont rendu hier leurs visites. Les *nouveaux anoblis* sont quelquefois plus arrogants et plus fiers que les anciens nobles. Ce sont de nouveaux *parvenus* (3).

Devoir. — Sens des mots. Analyse de la 1ʳᵉ phrase.

---

(1) Notez la différence entre *étoffe bleue claire* et *étoffe bleu-clair.*
(2) *Long-jointé* et *court-jointé* prennent le tiret mais *court vêtu* ne le prend pas. (*Acad.*)
(3) *Nouveau-né* prend le tiret, mais *nouveau venu, nouveau débarqué, nouveau marié* ne le prennent pas. (*Acad.*)

207° Exercice. — *Adjectifs en* able. — (Gram., n° 693 et 694.)

Les meilleurs ouvrages sont *critiquables*. Voilà une faute *impardonnable*. Certaines gens ne vous aborderont pas sans vous demander des nouvelles de votre chère santé, de votre *vénérable* père, de votre *respectable* tante et de votre *honorable* famille. Je te confierai mon *inconsolable* affliction, mon *inconsolable* douleur.

Devoir. — Peut-on dire qu'une personne est *déplorable, inexplicable, irréprochable, variable?* (Oui, par exception). — *Attaquable, imitable, inestimable, soutenable, surmontable* et *tenable?* (Non, par except.) — Peut-on dire qu'une douleur est *inconsolable?* (Oui); qu'une haine est *irréconciliable?* (Oui, par except.).
Construire douze phrases où entreront les douze adjectifs précédents.

208° Exercice. — *Place des adjectifs.* — (Gram., n° 695 et 696).

(Indiquer le sens des phrases suivantes.)

Sans mentir, Jeannot est un *pauvre homme.* Lazare fut un *homme pauvre.* Ce savant était un *bon* et digne *homme.* Nous n'avions à souper qu'un *méchant poulet.* Voilà une *épigramme* fort *méchante.* Les procureurs du roi ne sont pas seulement d'*honnêtes gens*, ce sont encore des *gens* fort *honnêtes.* Il a de *bonnes* et de *mauvaises* qualités ; mais, le fort portant le faible, c'est un *galant homme.* Le *bois mort* comprend les branches ou les arbres qui ne reçoivent plus de séve ; le *mort-bois* se compose des épines, des ronces, des genêts et autres espèces de bois de peu de valeur. Il importe peu au public que la *Mort de César* soit une bonne ou une *méchante pièce (Volt.)* Le vice peut faire d'*heureux mortels*, la vertu seule fait des *mortels heureux.* (Boiste.)

Devoir. — Composer huit phrases où entreront chacune des expressions suivantes: *homme brave* et *brave homme* ; *méchant cheval* et *cheval méchant* ; *pauvre poëte* et *poëte pauvre* ; *figure triste* et *triste figure.*

209° Exercice. — *Compléments des adjectifs.* — (Gr., 697 à 699).

Ma maison est *contiguë à* la vôtre. Le séjour des campagnes est, sous bien des rapports, *préférable à* celui des villes. L'Alsace est *limitrophe de* l'Allemagne. Il est *indifférent à* tout ce qui se passe. La musique des anciens Grecs était très-*différente de* la nôtre. Détourner le sens d'un mot, c'est donner à ce mot une signification *différente de* celle qu'il doit avoir. Saint Vincent de Paul est *célèbre par* ses vertus. Bordeaux est *renommé pour* ses bons vins. Cet homme est *prêt* et *apte à* rendre toutes sortes de services. Cet héritage est *affecté et hypothéqué à* quelque créance. Je suis *paresseux à* écrire. Je sais que vous êtes *paresseux d'*écrire, mais vous ne l'êtes pas de rendre service. Cet homme est *propre à* tout. Il a un coup d'œil, un sang-froid et un courage qui le rendent *propre pour* la guerre. Le filage de la laine destinée *à* ou *pour* faire la chaîne d'une étoffe est *différent de* celui de la trame. Père *rude à* ou *envers* ses enfants. (Acad.)

Devoir. — Sens des mots. Analyse de la première et de la dixième phrase, *cet héritage* etc.

210ᵉ Exercice. —*Adjectifs possessifs.*—(Gr., 700 et 701).

Le côté me fait mal. *Ma* migraine m'a repris. Il a son plan dans *la* tête. Il fait *ses* études; il fait *son* droit. Il possède bien *son* Homère et *son* Cicéron (1). *Son* laquais lui portait *la* robe. Il sent *son* homme de qualité (1). Le cerf a mis bas *son* bois. Cet oranger fait bien *sa* tête. En tombant du ciel, Vulcain se cassa *la* jambe. Rincer *sa* bouche ou se rincer *la* bouche. Faire *ses* ongles, faire *sa* barbe, ou se faire *les* ongles, se faire *la* barbe. On forme *son* goût ou on se forme *le* goût par l'étude des bons auteurs. C'est le monde qui lui a formé *l'*esprit. Les moines grecs laissent croître *leur* barbe et *leurs* cheveux. Tant vaut l'homme, tant vaut *sa* terre ou *la* terre. (*Acad.*)

Devoir. —Sens des mots. Analyse des deux premières phrases.

211ᵉ Ex. —**Notre, leur** ou **nos, leurs.**—(Gr., 703 et 704).

I.—Les martyrs ont répandu *leur* sang pour la foi. Ils ont fait bien des folies dans *leur* jeunesse. On a remis aux trois frères le bien de *leur* mère. Ils dînèrent tous ensemble pour sceller *leur* réconciliation. Il fut la dupe de *leurs* simagrées. Les arbres ont perdu *leurs* feuilles. *Leurs caractères* sont à mille lieues l'un de l'autre. Les soldats chargèrent *leurs armes*. Ils avaient bien concerté *leurs mesures*. Les anciens avaient dans *leurs troupes* des gens armés de frondes. Les juifs appelaient gentils tous ceux qui n'étaient pas de *leur nation*. Les Grecs décernaient des couronnes à ceux de *leurs compatriotes* qui avaient rendu de grands services à *leur patrie*. Les anciens Égyptiens ont caché les secrets de *leur religion* sous des caractères mystérieux. *Leur* doctrine s'éloigne peu de la sienne. *Leurs doctrines* s'éloignent peu l'une de l'autre.

II (703 à 706).—Les pères revivent dans *leurs enfants*. Les glaneurs ont recueilli assez de blé pour *leur* hiver. Les ennemis jonchèrent de *leurs morts* le champ de bataille. Cet événement n'a servi qu'à resserrer les nœuds de *leur amitié*. Ces peuples ont une grande vénération pour *leurs prêtres*. Les oiseaux échauffent *leurs petits* sous *leurs ailes*. Il n'est pas dans l'ordre que les enfants meurent avant *leurs parents*. Leurs beaux *cheveux* pendaient sur *leurs épaules* et flottaient au gré du vent. Ceux qui ont soin de *leur réputation* se proposent une fin honnête dans chacune de *leurs actions*. Les chimistes emploient très-souvent l'eau distillée dans *leurs expériences*. La vocation des rois est de rendre *leurs sujets* heureux. Nous avons laissé *notre bagage* ou *nos bagages* en arrière. (*Acad.*) Ces messieurs ont présenté *leur offrande* (c'était une pendule achetée en commun). Ces deux hommes ont perdu *leur honneur*. Les époux peuvent exclure de *leur communauté* tout *leur mobilier* présent et futur. Ma fille, votre modestie, les tendres soins que vous rendez à vos parents font souhaiter à toutes les mères de vous donner pour épouse à *leurs fils*. La succession du père s'est partagée par têtes, parce que tous les enfants étaient vivants; celle de la mère s'est partagée par souches, parce qu'un des quatre enfants était mort, et que les petits-enfants sont venus à partage avec *leurs oncles*, par représentation de *leur père*. (*Acad.*)

Devoir. — Sens des mots et des phrases. Analyse des deux premières.

(1) Expression particulière dans laquelle l'usage exige l'adjectif possessif.

212ᵉ Exercice.—*Son, sa, ses, leur* ou *en*.—(GRAM., nᵒ 707.)

(Dire pourquoi ces mots sont bien employés dans les phrases suivantes.)

I.—Cet aubergiste, ce traiteur accommode bien *ses* hôtes. Quand on surveille soi-même *ses* affaires, elles n'en vont que mieux. *Sa* modestie relève le mérite de *sa* belle action.—Cet ouvrage est beau, la matière *en* est riche. Pour faire *son* profit d'un livre, il faut *en* noter tous les bons endroits. Lucerne est une des plus belles villes de Suisse; les rues *en* sont larges et bien pavées.

Devoir.—Copier les phrases qui précèdent et rendre compte de la règle par écrit.—Analyse de la 5ᵉ phrase (*faire*, compl. de *il faut noter*; *en*, compl. d'*endroits*; *noter*, sujet réel de *faut*.)

213ᵉ Exercice.—*En* pour *son, sa, ses, leur*.—(GRAM., nᵒ 707.)

I.—Je tâte votre habit, l'étoffe *en* est moelleuse. Il y a, dans cette machine, quelque chose qui *en* gêne les mouvements. La vermine s'est mise sur cet arbre et *en* a gâté les fruits. Puisque ce remède ne lui a rien fait, il faut *en* redoubler la dose. Le tuyau est bon, mais la soudure *en* est mal faite. Cette affaire est délicate, le succès *en* est douteux. Cette montagne est fort escarpée, la descente *en* est rude. Le vent frisait l'eau et *en* ridait légèrement la surface. Le plan de son ouvrage est excellent, mais l'exécution n'*en* vaut rien. Avant de construire un édifice, il faut *en* avoir arrêté le plan. Quand on donne les cartes, il ne faut pas *en* laisser voir le dessous. Ce nœud s'est défait parce que l'étreinte n'*en* était pas assez forte. On mange ordinairement les pommes d'api sans *en* ôter la pelure. Quand cesseront *leurs* malheurs? je n'*en* vois pas, je n'*en* aperçois pas le terme.

Devoir.—Composer cinq phrases dans lesquelles les expressions suivantes seront en rapport avec des noms de personnes : *son œil, son âge, sa joie, sa vertu, ses talents.*

II.—Quand on parle du loup on *en* voit la queue. J'ai suivi *son* affaire et j'*en* connais tous les détails. Il faut casser le noyau pour *en* avoir l'amande. La publicité du crime *en* rend la punition plus nécessaire. Le notaire qui avait rédigé le dédit en demeura dépositaire. *Sa* modestie relève toutes *ses* autres qualités. Un hypocrite a beau prendre le ton de la vertu, il n'*en* peut inspirer le goût à personne. Les paroles *je te baptise*, etc., sont la forme du sacrement de baptême, et l'eau *en* est la matière. On verse de l'eau sur les matières terreuses pour *en* extraire les parties solubles. *Sa* toupie, *son* sabot tourne si vite que le mouvement *en* est imperceptible. Cette statue est dans un jour qui *en* fait ressortir toutes les beautés. On goûte le vin ou les autres boissons pour *en* connaître la qualité. On fait une sorte de lessive aux olives pour *en* ôter l'amertume. Les pièces de ces deux écus sont les mêmes, mais les émaux *en* sont différents. Maîtres de l'univers, les Romains s'*en* attribuèrent tous les trésors. Pour les pauvres, un plaisir est une fleur au milieu des épines; ils *en* goûtent vivement la jouissance éphémère. Quand une période n'est pas bien ponctuée, le sens *en* est quelquefois douteux. Il ne faut pas trop laisser tomber *sa* voix à la fin des phrases.

Devoir.—Sens des mots et des phrases. Analyse de *pour les pauvres*, etc. (au milieu des épines, compl. de *placée* ou *trouvée* sous-ent. après *fleurs*).—Composer cinq phrases dans lesquelles les expressions suivantes seront en rapport avec *palais* et *discours* : *son plan, ses détours, ses richesses, leurs auteurs, leurs beautés.*

214e Exercice. Suite de *son, sa, ses, leur* ou *en*. (Gr., 707 et 708.)

La guerre a *ses* douceurs, l'hymen a *ses* alarmes. Chaque chose a *ses* avantages et *ses* inconvénients. À l'aspect de l'orage, la poule ramasse *ses* poussins sous *ses* ailes. La vie n'est rien par elle-même ; *son* prix dépend de *son* emploi. D'après les règles de la grammaire, il faut faire accorder l'adjectif avec *son* substantif. Quelquefois une cantharide, nichée dans la corolle d'une rose, *en* relève le carmin par son vert d'émeraude. Il faut mettre chaque chose à *sa* place. Cette vache est bonne, *son* lait rend bien de la crème. L'esprit de l'homme est fort limité ; *ses* connaissances ne s'étendent pas loin. La mer a des limites et des lois ; *ses* mouvements y sont assujettis. L'arroche a des qualités analogues à celles de l'épinard ; *ses* feuilles donnent au bouillon une couleur dorée. C'est pour nourrir le papillon que la rose entr'ouvre les glandes nectarées de *son* sein ; c'est pour *en* protéger les œufs, collés comme un bracelet autour de *ses* branches, qu'elle est entourée d'épines. Les destinées de la Grèce ne pouvaient être indifférentes aux Romains, qui lui avaient emprunté *ses* lois, *ses* sciences, *sa* littérature et *ses* arts. (*Vie de César.*)

Devoir.—Mettre les expressions suivantes en rapport avec des noms de choses : *sa cime, sa couleur, son poids, son cours, ses progrès.*

215e Ex. **Vingt, cent, mille**, etc. (**710 à 713.**)

(Se rappeler les remarques relatives à l'emploi du *trait d'union*. Gr., n° 503.)

I. — Quarante-quatre s'écrit par deux *quatre*. Sept multiplié par trois donne *vingt* et un. L'année civile est de trois *cent* soixante-cinq jours. Peu de personnes vivent quatre-*vingts* ou quatre-*vingt*-dix ans. La rame de papier contient cinq *cents* feuilles. Voyez donc le numéro cinq *cent*. L'Amérique fut découverte en *mil* quatre *cent* quatre-*vingt*-douze, par Christophe Colomb. Ce cheval fait tant de *milles* à l'heure. À l'œil nu, on distingue environ trois *mille* étoiles. Soixante-quatre *mille* francs et le quart en sus font quatre-*vingt mille* francs. Cette église coûtera neuf *cent mille* francs. On a déjà pour trois *cent mille* francs de souscriptions.

II. (709 à 714).—J'ai tous les *neuf* dans mon jeu. Au piquet, les *neuf*, les *huit* et les *sept* sont les basses cartes. Les premiers hommes ont vécu neuf *cent*, neuf *cent* trente et jusqu'à neuf *cent* soixante ans. Le deux décembre *mil* huit *cent* cinquante-deux, Napoléon III fut proclamé empereur. Le jubilé fut, dit-on, institué par le pape Boniface VIII, l'an treize *cent*. On trouve un grand nombre de médailles frappées avant l'an *mille*. Un intervalle d'une cinquantaine de *milles* sépare ces deux villes. Cet événement arriva l'an deux *mille* du monde. Les *Septante* ont interprété l'Ancien Testament. L'ancienne Égypte entretenait avec soin une milice de quatre *cent mille* soldats. L'Europe renferme environ deux *cent* quatre-*vingts millions* d'habitants. La dette de la France est de plusieurs *milliards*. Sous Louis XIII, il n'y avait pas pour cent *mille* écus de pierreries appartenant à la couronne ; le cardinal Mazarin n'en laissa que pour *douze cent mille*, et aujourd'hui (1750) il y en a pour environ vingt *millions* de livres. (**Volt.**)

Devoir.—Composer dix phrases avec *vingt, cent, mille,* etc.

216ᵉ EXERCICE.—**Aucun** *et* **nul.**—(GRAM., n° **716.**)

I.—Il n'a *aucun* moyen de subsistance. Il n'a reçu *aucun* secours. Il n'a jamais senti *aucun* remords. *Nulle* grande route, *nulle* communication, *nul* vestige d'intelligence dans un lieu sauvage. On n'y peut aborder d'*aucun* côté. Cette femme est belle, mais elle n'a *nul* agrément, *aucune* grâce. On ne méprise pas tous ceux qui ont des vices, mais on méprise tous ceux qui n'ont *aucune* vertu.

II. (715 à 718.) — Ces vases coûtent douze francs *chacun*. Il ne prend *aucun* soin de ses affaires. Elle ne m'a rendu *aucuns* soins. Il n'a fait *aucunes* dispositions, *aucuns* préparatifs (1). Il a obtenu ce qu'il demandait sans *aucuns* frais. Il n'y a *nul* inconvénient à faire ce que vous me dites. C'est un homme qui plaint ses pas ; on n'en peut tirer *aucun* bon office. Il n'y a pas d'apparence que cela ait *aucune* suite. Télémaque savait taire un secret sans dire *aucun* mensonge. Il n'y a *nul* vice extérieur et *nul* défaut du corps qui ne soient aperçus par les enfants. Les gens sensés n'ajoutent *aucune* foi aux prédictions des astrologues. *Aucuns* disent (et je n'ai pas de peine à le croire) qu'il jura comme un païen. D'*aucuns* croient que je suis paresseux.

Devoir.—Composer dix phrases avec *aucun* et *nul*.

217ᵉ EXERCICE. — **Même** *ou* **mêmes.**— (GRAM., **719** et **720.**)

I.—Les gens médiocres sont ordinairement satisfaits d'eux-*mêmes*. Les *mêmes* effets doivent sortir des *mêmes* causes. Souvent l'apprêt des viandes coûte plus que les viandes *mêmes*. Les *mêmes* livres relus à différents âges ne paraissent plus les *mêmes*. Il lui a tout donné, *même* ses habits. Des perdrix, des lièvres, des agneaux *même* ont été tués par les grêlons. Les Romains ne vainquirent les Grecs que par les Grecs *mêmes*. Le cri de la nature se fait entendre chez les peuples *même* les plus sauvages.

II. — J'éviterai les fautes *même* les plus légères. Les chefs *mêmes* s'honorent du nom de soldat (2). Les Français, les Italiens, etc., se servent des *mêmes* lettres, quoiqu'ils les prononcent différemment. Dieu envoie souvent de grandes afflictions *même* à ceux qu'il aime. Les corrupteurs des témoins sont encore plus coupables que les faux témoins *mêmes*. Les personnes timides croient être en danger dans les moments *même* les plus sûrs. Ceux qui ne sont contents de personne sont ceux *mêmes* dont personne n'est content. Quel plus grave tribunal y eut-il jamais que celui de l'aréopage, si révéré dans toute la Grèce qu'on disait que les dieux *mêmes* (2) y avaient comparu.

Devoir.—Composer cinq phrases avec *même* adjectif et cinq autres avec *même* adverbe.—Analyse des premières phrases.

_____

(1) Au mot *préparatif*, l'Académie dit aussi *aucun* préparatif.
(2) *Mêmes* ou *même*, selon la nuance que l'on veut rendre.

218ᵉ Exercice.—Quelque.—(Gr., nᵒˢ **721** et **723**).

I.—Entre voisins, il y a toujours *quelques* débats. Il ne faut pas se faire d'ennemis, *quelque* petits qu'ils soient. Les filous sont souvent trompés, *quelque* adroitement qu'ils s'y prennent. *Quelle que* soit votre attention, *quels que* soient vos desseins, *quelles que* soient vos vues, vous n'êtes pas sûrs de réussir. En toutes choses, fais ce que tu dois, et, *quelle* que soit l'opinion du vulgaire, ne t'en inquiète pas. Les Français sont égaux devant la loi, *quels que* soient d'ailleurs leurs titres et leurs rangs. (Pour l'analyse v. p. 109 et 136.)

II. (721 à 723). — Avant de faire son lit, on devrait exposer les matelas *quelques* heures à l'air. Les fruits sauvages, *quelque* mûrs qu'ils soient, ont toujours un goût un peu austère. *Quelle que* soit sa religion, l'homme superstitieux est idolâtre. *Quelque* bien qu'ils se conduisent, les honnêtes gens ne réussissent pas toujours. *Quelques* honneurs qu'il ait obtenus, il est resté le même. On abattit *quelques* grands arbres. *Quelques* grands biens que vous ayez, ménagez-les. *Quelque* habiles chasseurs qu'ils soient, ils auront de la peine à tuer un lièvre. *Quel qu'*il puisse être, je ne le crains pas. On ne doit point s'écarter de son devoir, *quelles que* soient les circonstances où l'on se trouve et les personnes avec lesquelles on a affaire. Cela se passait il y a *quelque* soixante ans.

Devoir.—Composer dix phrases avec *quelque.*—Analyse des 1ʳᵉˢ (après *matelas*, la préposition *durant* ou *pendant* est sous-entendue.)

219ᵉ Ex.—Tout adj. ou adv.—(Gr., **728** à **730**).

I.—*Tous* nos fruits sont gâtés. Nous sommes *tous* mortels. Ils furent *tous* exilés. Les raisins sont encore *tout* verts. Ces vins-là veulent être bus *tout* purs. Ce poisson est frais, il a les ouïes *toutes* vermeilles. Le vinaigre mêlé avec de l'eau désaltère mieux que l'eau *toute* pure. Après une vie *toute* chrétienne, il est mort comme un saint. En temps de pluie et de dégel, les maisons deviennent *tout* humides.

II. (725 à 735). — Nous sommes *tous* solidaires. Le *tout* est plus grand que sa partie. Ils sont *tous* deux *tout* seuls. Vos condisciples se comportent *tout* autrement que vous. Ils furent *tous* étonnés (1). Ce vieillard a la barbe et les cheveux *tout* blancs. Elle est *toute* honteuse quand on lui parle. Il ne faut qu'un homme de bonne humeur pour égayer *toute* une compagnie. Tout Rome le sait; j'ai attendu une heure *tout* entière. Le lion est *tout* nerfs et *tout* muscles. Ce sont des gens qui sont *tout* cœur, *tout* esprit. Le cas est différent, c'est *tout* un autre cas. *Toute* autre gloire s'efface devant la sienne. J'en avais une *tout* autre autre idée. Cette somme est *toute* où vous l'avez laissée (Nᵒ 728).

Devoir.—Composer cinq phrases avec *tout* adjectif et cinq autres avec *tout* adverbe.—Analyse des premières phrases ci-dessus.

(1) *Tout* ou *tous* selon le sens que l'on veut rendre *(Acad.)*.

des noms et de l'article. (Gram., 533 à 735.)

(Devoirs et analyses semblables aux précédents.)

220ᵉ Exercice. — Les *vieux* amis et les *vieux* écus sont les *meilleurs.* L'ange extermina les *premiers-nés* des Égyptiens. La condition des choses humaines est d'être *périssables.* Les avares font leur dieu de leurs *coffres-forts.* Les étoiles doubles offrent souvent des différences de *couleur* très-marquées. Dix livres *sterling* font environ deux *cent* cinquante livres *tournois* ou 250 francs. Ce comédien a un aplomb et un sang-froid *imperturbables.* Capitaine renard allait de compagnie avec son ami bouc des plus *haut* encornés. Les Grecs, naturellement pleins d'esprit et de courage, avaient été cultivés de bonne heure par des rois et des colonies *venues* d'Égypte (1). Certaines plantes portent des fleurs *rouges* et *roses réunies* en têtes à l'extrémité de leurs *longs* pédoncules. Des serpents verts, des hérons *bleus*, des flamants *roses, de* jeunes crocodiles s'embarquent, passagers, sur ces vaisseaux de fleurs. J'ai de la peine à vous croire, aussi bien qu'eux, *exempt* de blâme. Un saphir de trente grains (moins de deux grammes) vaut environ deux *mille* francs, lorsqu'il est d'une belle couleur *bleu-barbeau.* Les étoffes *marron* sont décidément en vogue, et elles parcourent toutes les nuances, depuis la *feuille-morte* jusqu'à la couleur *havane.* Chez les Grecs et les Romains, l'autel avait la forme d'un piédestal carré, rond ou triangulaire, *orné* de sculptures, de *bas-reliefs* et d'inscriptions ; on y brûlait de l'encens et la portion de la victime qui devait être consumée.

Devoir. — Sens et analyse de la 1ʳᵉ phrase. (*Les meilleurs*, superlatif.)

221ᵉ Exercice. — Les mathématiciens divisent la circonférence d'un cercle en trois *cent* soixante degrés. Ce ballon est maintenant à *quelque* cinq *cents* pieds au-dessus de *nos* têtes. Dans la progression des lumières croissantes, nous paraîtrons nous-*mêmes* des barbares à nos *arrière-neveux.* A la voix de la mode, les femmes, si jalouses de *leur* beauté, se déforment elles-*mêmes. Ses* infortunes eurent *leur* source dans *un* amour-propre indomptable. *Quelque* effort que fassent les hommes, *leur* néant paraît partout. Les habitudes s'acquièrent par la répétition fréquente des *mêmes* actes. Les charlatans, plus adroits que les voleurs, arrivent au *même* but sans courir les *mêmes* dangers. En une rencontre décisive, les Gaulois, d'ailleurs plus *forts* en nombre, montrèrent plus de hardiesse que les Romains, *quelque* déterminés qu'ils fussent. Elle était si *fort* en colère qu'elle avait les yeux *tout* en feu. — Les vers alexandrins français ont six pieds de *deux* syllabes *chacun.* La lèpre des mauvaises mœurs menace de s'étendre sur la société *tout* entière. Un gros brochet engloutit une carpe *tout* entière. On ne doit pas préférer l'intérêt d'un particulier à l'intérêt de *toute* une nation. Tel, avec *deux* millions de rente, peut encore être pauvre, chaque année, de cinq cent *mille* livres. Somme *toute, ce* n'est pas un homme à qui l'on puisse *se* fier. Nous nous entretînmes de cette nouvelle comme nous aurions fait de *toute* autre chose. L'éloquence de Bourdaloue a *tout* un autre caractère que celle de Massillon. Il y a des tribus d'insectes qui sont vêtues de robes flottantes que l'on dirait brodées par la main des fées, tant la trame *en* est richement nuancée, tant les broderies *en* sont délicates.

> *Quelque* puissant qu'on soit en richesse, en crédit,
> *Quelque* mauvais succès qu'ait tout ce qu'on écrit,
>
> Nul n'est content de sa fortune, Ni mécontent de son esprit. (Mᵐᵉ Deshoul.)
> Et comme autour de moi j'ai tous ses vrais appuis,
> Rome n'est plus dans Rome, elle est *toute* où je suis. (Corn.)

Devoir. — Analyse des 1ᵉʳˢ vers comme s'il y avait *bien* qu'on soit *très* (quelque) puissant, etc.

_____

(1) Bossuet suppose que les premiers rois grecs ne venaient pas d'Égypte.

222ᵉ Exercice. — *Les Bibliothèques.* — La bibliothèque Impériale, à Paris, contient près d'un million de volumes et quatre-vingt *mille* manuscrits ; celle de l'Arsenal cent quatre-vingt mille volumes et cinq mille manuscrits ; la bibliothèque Mazarine cent dix *mille* volumes et quatre *mille* manuscrits ; enfin celle du Panthéon ou de Sainte-Geneviève, cent vingt *mille* volumes et vingt mille manuscrits. Total pour les *quatre* : plus de quatorze *cent mille* volumes et neuf *cent mille* manuscrits !

Le prince de Condé. — Il tenait pour maxime qu'un habile capitaine peut bien être vaincu, mais qu'il ne lui est pas permis d'être surpris. A *quelque* heure et de *quelque* côté que vinssent les ennemis, il le trouvaient toujours sur *ses* gardes, toujours prêt à fondre sur eux et à prendre *ses* avantages. Comme *un* aigle qu'on voit toujours, soit qu'*il* vole au milieu des airs, soit qu'*il* se pose sur le haut de quelque rocher, porter de tous côtés des regards perçants et tomber si sûrement sur *sa* proie qu'on ne peut éviter *ses* ongles non plus que *ses* yeux **(1)**, aussi *vifs* étaient les regards, aussi *impétueuse* était l'attaque, aussi *fortes* et inévitables étaient les mains du prince de Condé. En son camp on ne connaissait point les vaines terreurs, qui fatiguent et rebutent plus que les véritables. Toutes les forces demeuraient entières pour les *vrais* périls.

Les Jacinthes. — Les jacinthes sont des plantes *herbacées* dont les feuilles longues et presque *linéaires* sortent de terre en forme de gerbe. Elles naissent d'une sorte d'oignon et s'étalent de manière à former un tapis verdoyant au milieu duquel s'élève une hampe *lisse, terminée* par un joli panache de fleurs simples ou doubles, *monopétales*, dont le limbe est découpé en six parties frisées ; le centre de ces corolles qui ressemblent à *de* petits lis, est occupé par six étamines *attachées à la* paroi, et un pistil. Jadis la jacinthe faisait payer ses faveurs bien *cher :* un seul oignon d'une variété nouvelle se vendait de un à trois *mille* francs. La plus belle espèce de jacinthes est celle d'Orient, dont la hampe se termine par un épi de jolies fleurs blanches ou bleues, qui réunit à la délicatesse de *ses* formes l'odeur la plus suave.

223ᵉ Exercice. — *Exceptions* (modifiées) *tirées des bons auteurs.*

Les corneilles emmantelées ont une partie du corps *noire* et le reste grisâtre. (*Acad.*) Récit exact, fait avec tout le soin et la ponctualité *possibles* (2). Le bon goût des Egyptiens leur fit aimer la solidité et la régularité toutes *nues*. (*Boss.*) Cette princesse (Henriette d'Angleterre), née sur le trône, avait l'esprit et le cœur plus *hauts* que sa naissance. (*Boss.*) Nous n'avons *nul* monument bien assuré des premiers temps de Rome. (*J.-J. Rouss.*) J'ai vu des mortels fort supérieurs, mais je n'en ai vu *aucun* qui n'*ait* plus de désirs que de vrais besoins. (*Volt.*) Il se trouve souvent des témoins des choses *même* les plus cachées. (*Acad.* au mot *parler.*) Salomon avait douze mille écuries de dix chevaux *chacune*. (*Guénée.*) Comme ils imitent les mœurs des bêtes, ils sont *excusables* de s'en attribuer la nature. (*Massillon.*) Chez les Grecs, la loi était regardée comme la maitresse ; c'était elle qui établissait les magistrats et qui réglait *leur* pouvoir. (*Boss.*) Nestorius, patriarche de Constantinople, divisa la personne de Jésus-Christ, et, vingt ans après, Eutychès, abbé, confondit *ses* deux natures. (*Boss.*) (3). L'instruction primaire est désormais une des garanties de l'ordre et de la stabilité *sociale* (4).

---

(1) *En* au lieu de *ses* serait équivoque ici.
(2) *Acad.* Quand deux noms unis par *et* sont ainsi à peu près synonymes il] arrive quelquefois que l'Académie et les bons auteurs laissent l'adjectif au singulier.
(3) Dans ces deux dernières phrases, *en* est fautif puisqu'il s'agit de personnes.
(4) L'auteur, M. Guizot, a fait accorder avec *stabilité* seulement, à cause sans doute de l'effet désagréable du pluriel masculin *sociaux*. Même dans les cas les mieux déterminés, il arrive, comme on le voit, que les écrivains consultent l'harmonie ou la fantaisie tout autant que la logique. C'est une remarque qu'il faudrait ajouter en beaucoup d'endroits après qu'on a énoncé la règle.

CHAPITRE IV.

SYNTAXE DES PRONOMS.

224ᵉ EXERCICE. — *Emploi des pronoms.* — (GRAM., 737 à 742.)
(Corrigé des phrases données dans les *Exercices*.)

L'homme est *un être qui raisonne*. Il m'a reçu avec *une politesse qui* m'a charmé. Les dieux sont lents à *punir ou à récompenser*, mais enfin ils rendent *justice à chacun*. La perfection
chrétienne consiste à s'humilier, *chose si* difficile à l'homme ! On
n'a droit de réduire une nation en servitude que lorsque *la perte
de sa liberté* est nécessaire pour la conservation de la conquête.
Il *est loin d'être complaisant* et *je suis serviable.* On dit que les
anciennes pièces de monnaie *doivent être refondues.* Une sentence
d'interdit fut publiée sur tout le royaume ; *cet interdit* dura six
mois. Comme je ne fus jamais un grand croque-notes, je suis persuadé que sans mon *Dictionnaire* on aurait dit à la fin que je ne
savais pas *la musique* (*ou* que je parlais d'un art que je ne connaissais pas). Lorsque le fils du comte de Lally eut atteint l'âge
requis pour demander justice, les esprits étaient préparés à *applaudir à cette mesure* et à *la* solliciter.

Sans vouloir diminuer la gloire de Newton, on peut faire remarquer
qu'il doit beaucoup à Galilée, car *celui-ci* (*ou* ce dernier) lui a donné la
théorie de la pesanteur. On voyait le corps du jeune Hippias étendu *et
porté* dans un cercueil orné de pourpre, d'or et d'argent. Sous la république romaine, jamais le Sénat ni les consuls ne tentèrent de faire grâce ;
le peuple même *n'usait pas de ce droit*, quoiqu'il révoquât quelquefois
son propre jugement. Ceux qui écrivent par *caprice* sont sujets à retou-
cher leurs ouvrages ; comme *leur humeur* n'est pas toujours fixe, et
qu'elle varie en eux selon les occasions, ils se refroidissent bientôt pour
les expressions et les termes qu'ils ont le plus aimés. De jeunes personnes entrant dans le monde n'ont souvent pour toute gouvernante
qu'une mère très-légère et qui ne peut leur montrer les objets autrement qu'*elle* les voit. Un auteur sérieux n'est pas obligé de remplir son
esprit de toutes les ineptes applications que l'on peut faire au sujet de
quelques endroits de son ouvrage, et encore moins de supprimer les
passages critiqués. Quand *on* dit que les arts rendent les hommes effé-
minés, *on* ne parle pas, du moins, des gens qui s'y appliquent, car ils ne
sont jamais oisifs. — Je passais l'autre jour sur le Pont-Neuf avec un de
mes amis. Il rencontra un homme de sa connaissance qu'il me dit être
un géomètre. *J'aime à croire qu'il en était ainsi, car cet homme* était
dans une rêverie si profonde qu'il fallut que mon ami le tirât longtemps
par la manche et le secouât pour le faire descendre jusqu'à lui, *tant était
grande l'attention qu'il apportait depuis plus de huit jours à l'examen
d'une ligne courbe.*

225e Exercice. — *Place des pronoms* (sujets ou compléments.) —
(GRAM., nᵒˢ 743, 745, 746 et 748.)

I. — Ses sœurs portaient un panier et *lui* un paquet (1). Ne
révé-*je* point? Peut-être irai-*je*, peut-être n'irai-*je* pas. Encore ne
sais-*je*. Aussi puis-*je* vous en assurer. Aussi ne lui en a-t-*elle* rien
dit. En vain prétendrais-*je* le persuader. Malaisément viendrai-*je*
à bout de cela. Inutilement voudrais-*je* m'y opposer. — J'en veux
à lui et nullement *à vous*. Je pense souvent *à vous*, pensez quelquefois *à moi*. Il a mécontenté ses parents et *moi* (2). C'est peu
d'aimer les vers, il *les* faut (ou il faut *les*) savoir lire.

    Quand sur une personne on prétend se régler,
C'est par les beaux endroits qu'il *lui* faut (3) ressembler. (MOL.)
Là, regardez-moi là durant cet entretien,
Et jusqu'au moindre mot imprimez-*le*-vous bien. (ID.)

II. (743 à 749).—Puissé-*je* vous voir aussi heureux que vous le méritez!
Le condor a, dit-*on*, jusqu'à vingt-cinq pieds d'envergure. A peine était-*il*
sorti (4) que la maison s'écroula. A peine est-*il* hors de son lit (5). A peine le
soleil était-*il* levé (6) qu'on aperçut l'ennemi. J'essayerai, continuai-*je*, de
vous désabuser sur ce point. Comment! lui dis-*je*, vous êtes aveugle! et
que ne priiez-*vous* cet honnête homme qui jouait aux cartes avec vous
de vous conduire? Les mulets ont le pied plus sûr que le cheval; aussi
les emploie-t-*on* de préférence dans les pays chauds. « Sire, disait *quelqu'un* à Napoléon, telle chose est impossible. » — « Monsieur, *répondit*
l'Empereur, le mot impossible n'est pas français. » Avant Guttemberg, tous
les livres étaient écrits à la main; aussi étaient-*ils* très-rares et très-
chers.—Vous avez mon chapeau, rendez-*le-moi*. Quand vous aurez des
nouvelles, faites-*les-moi* savoir. Je me hâterai de *l'*aller recevoir.

On dit sans négation :	*On dit avec la négation :*
Amenez-*le*.	Ne *l'*amenez pas.
Donnez-*le-moi*.	Ne *me le* donnez pas.
Epargnez-*les-nous*.	Ne *nous les* épargez pas.
Mets *t'y*, jette *t'y*, etc.	Ne *t'y* mets pas, ne *t'y* jette pas, etc.

226e Exercice. — *Répétition des pronoms* (sujets ou compl.)
(GRAM., nᵒˢ 750 à 755.)

    Il parle et agit sottement. Il écrit et ne plaide pas. Il ne plaide
pas, mais *il* écrit. Il est tombé et s'est meurtri le visage. Leurs
épées se croisaient lorsque *je* survins et les arrêtai. Si vous ne
voulez pas faire ce que je vous dis, je vous planterai là et ne me
mêlerai plus de vos affaires. Je n'ai vu la paix, le bonheur et les
richesses se perpétuer que dans les familles où l'on aime et pratique la vertu. Je me contente de lui avoir prêté de l'argent, et ne
veux point le cautionner. J'ai dressé mon petit budget, et *j'*ai reconnu qu'il me serait impossible de faire cette dépense (7). — Je
le pris par le bras et l'entraînai hors de la chambre. Je l'ai appelé
et rappelé sans qu'il m'ait répondu. Je l'ai cherché et recherché
sans le pouvoir trouver. Ces deux corps de troupes se sont rencontrés et battus (8). Ces deux hommes se sont aperçus, se sont
approchés l'un de l'autre et *se sont* parlé.

    Devoir. — Composer dix phrases semblables aux précédentes.

---

(1) *Lui*, sujet de *portait*, sous-entendu.—(2) *Moi*, complément de *mécontenté*, sous-entendu.
— (3) Ou *faut lui*. — (4) Ou *il était sorti*. — (5) Ou *il est hors*. — (6) Ou *était levé*. —
(7) Ou *ai reconnu*. — (8) Ou *se sont battus*.

227° Ex. — Leur pron. *ou* **leurs** adj. — (GR., **757**.)

Nous pour *je* et *vous* pour *tu* (n° 756).

I. — Je *leur* ai parlé, à eux et à *leurs* adhérents. Ces chevaux sont rendus, faites-*leur* donner l'avoine. Ces orangers vont périr si on ne *leur* donne de l'eau. Ces murs de terrasses sont mal faits, on ne *leur* a pas donné assez de talus. La proximité de *leurs* maisons *leur* donne la facilité de se voir à toute heure.

II. — Travaillez, mon ami, vous serez bien *payé*. Travaillez, mes amis, vous serez bien *payés*. Mon cher ami, vous me fournissez des armes contre vous-*même*. Si nous sommes bien *informé*, disait un journaliste, la chose s'est ainsi passée. Vous n'êtes guère *secrète*, Eulalie; vous redites tout. On l'a fait apercevoir plusieurs fois de sa faute, mais nous sommes *opiniâtre*, nous ne voulons pas nous corriger. Il est rare que les hommes célèbres aient des enfants qui *leur* ressemblent. On *leur* a donné tant pour *leurs* prêts et avances. Je lui remettrai mille francs, moyennant quoi nous serons *quittes*. Nous, *soussigné*, maire de Caen, certifions l'exactitude de ce fait.

Devoir. — Composer cinq phrases avec *leur* adjectif et cinq avec *leur* pronom. — Devoir analogue sur *nous* pour *je*, etc.

228° Exercice. — *Soi* ou *lui, elle.* — (GRAM., 759 et 760.)

I. — On ne saurait être trop réservé à parler de *soi*. Quand on est au service de quelqu'un on n'est plus à *soi*. Chacun est maître chez *soi*; chacun travaille pour *soi*. Quiconque rapporte tout à *soi* n'a pas beaucoup d'amis. Il n'est pas naturel de s'attaquer à plus fort que *soi*. Trouver son maître, c'est avoir affaire à quelqu'un de plus fort, de plus habile que *soi*. Il faut laisser Aronce parler proverbe et Mélinde parler de *soi*, de ses vapeurs, de ses migraines, de ses insomnies.

II. (759 à 761.) — Il ne faut pas se prendre à plus fort que *soi*. César défendit de garder chez *soi* plus de soixante sesterces (environ douze mille francs). L'homme le plus doux mis hors de *lui* devient le plus violent. Après de longs égarements, on peut encore revenir à *soi*. Sa colère l'emporta, mais il revint à *lui* presque aussitôt. Vainement un criminel cherche à se fuir *lui*-même. Quand on ne sait pas s'occuper, on cherche à se fuir *soi*-même. Les torts d'un ami sont affligeants et pour nous et pour *lui*. En s'obligeant de respecter en autrui les droits qu'il voulait faire respecter en *soi*, le citoyen a mis des bornes étroites au pouvoir qu'il avait comme homme. On discute ces choses-là entre *soi* et non pas en public. Phédon n'ouvre la bouche que pour répondre; il tousse, il se mouche sous son chapeau, il crache presque sur *soi*. Les troupes étaient très-attachées à Caligula, qui avait passé son enfance parmi *elles*. Un homme de bien ne saurait empêcher, par toute sa modestie, qu'on ne dise de *lui* ce qu'un malhonnête homme sait dire de *soi* (1). Les longues guerres entraînent toujours après *elles* beaucoup de désordres.

Devoir. — Composer cinq phrases où l'on devra employer *soi* et cinq autres où devront figurer *lui, elle*, etc.

_____

(1) C'est-à-dire qu'on ne vante son *mérite, ses bonnes qualités,* comme le malhonnête homme vante les siennes.

229e Exercice. — *En, y pour de lui, d'elle,* etc. (Gram., 763.)

(Rendre compte de l'emploi des mots en italiques.)

I. — Le vin est bon, mais il *en* faut user modérément. En faisant souvent une chose, on *en* contracte l'habitude. J'ai suivi ses progrès et j'*en* ai été surpris. Il avait une affaire fort ennuyeuse, mais il s'*en* est débarrassé. N.-S. a travaillé longtemps pour gagner sa vie, nous enseignant par là que le travail honore l'homme, et qu'il ne faut jamais *en* rougir. Un sage suit la mode, et tout bas il s'*en* moque. — Les choses de la terre ne méritent pas qu'on s'*y* attache. On peut se prêter au plaisir, mais il ne faut pas s'*y* abandonner. Il proteste de son innocence, mais je n'*y* crois pas.

II. (762 à 764). — C'est un véritable ami : je n'oublierai jamais les services que j'*en* ai reçus. Quand le maître va voir souvent ses chevaux, les valets *en* prennent plus de soin. Prenez cet homme à votre service ; essayez-*en* deux ou trois mois. Gardez votre place, je serais fâché de vous *en* priver. Je n'ai pas renoncé à ce travail ; je m'*y* remettrai incessamment. Le procédé est honnête, cependant, il ne faut pas trop s'*y* fier. L'Écriture dit que celui qui scrute la majesté divine *en* sera accablé. C'est un événement bien triste ; j'*en* suis très-affligé. Autant qu'on le peut, il faut essayer de remonter à l'origine des choses pour *en* être bien instruit. Cette planche vacille, mettez-*y* un clou pour l'assurer. Cette mère adore ses enfants ; elle *en* est idolâtre. On alune les étoffes pour que les matières colorantes s'*y* fixent d'une manière solide. L'affaire ne marchera point si vous n'*y* donnez un coup d'épaule. Ces malheureux ne pouvaient se défendre ; on *en* fit une horrible boucherie. Les plaies se rouvrent quand il *y* est resté des corps étrangers. La commission était difficile, il s'*en* est acquitté à miracle. Un homme vous flatte-t-il ? ne vous *y* fiez pas : il vous calomniera le lendemain. Quoique je parle beaucoup de vous, ma fille, j'*y* pense encore davantage jour et nuit. Cet homme ne se laisse pas attraper impunément. Qui s'*y* frotte s'*y* pique (*Acad.*). Si toutes les femmes étaient inconstantes et légères, ce serait folie de s'*y* attacher (1).

Devoir. — Composer dix phrases avec *en* et *y* pour *à lui, de lui,* etc.

230e Ex. — *Emploi de* le, la *ou* les, *pron.* (Gr., 765 et 766.)

Était-ce votre sœur ? Oui, c'était-*elle.* Êtes-vous fatiguée, Madame ? Non, je ne *le* suis pas. Vous des hommes d'esprit ? vous ne *le* serez jamais. Je me regarde comme la mère de cet enfant ; je *la* suis de cœur, je *la* suis par ma tendresse pour lui. Si j'étais mère, je *le* serais avec toute la tendresse imaginable. Les belles choses *le* sont moins hors de leur place. Cette étoffe est telle que vous *la* voulez. La nouvelle est telle que je vous *le* dis. Il faut être plus matineux que vous n'êtes (2). Je ne suis pas tel que vous pensez. C'est gâter cet enfant que de *le* mignoter comme vous faites. Des choses qui ne sont pas messéantes à un séculier *le* seraient à un ecclésiastique. Il y a des jeunes gens qui se vantent d'être plus corrompus qu'ils ne *le* sont en effet ; ce sont des fanfarons de vice.

Devoir. — Composer cinq petites phrases avec *le, la, les* pronoms.

---

(1) Notons en terminant qu'on dirait bien, en parlant d'une maison : *je lui ai donné un air neuf* ; en parlant d'une procession : *aucune ne lui ressemble* ; d'une critique, *il faut lui donner la louange pour passe-port* ; d'un torrent, *il entraîne tout avec lui* ; *il ne laisse après lui que des sables* ; de l'intérêt, *montrer pour lui trop d'attachement* ; de la paille, *que le vent la chasse devant lui* ; de nos passions, *il dépend de nous de régner* sur elles ; de l'infortune, elle nous procure quelquefois des avantages que nous n'aurions pas eus sans elle ; des injures, elles n'atteignent que ceux qui ne s'élèvent pas au-dessus d'elles, parce que, dans tous ces cas, il est impossible de se servir des pronoms *en, y.* Mais on ne dirait pas d'un lit : *je me repose sur lui* ; d'un bâton, *je m'appuie sur lui* ; d'une canne oubliée, *je suis parti sans elle*, etc. On prendrait un autre tour : *je me repose sur ce lit ; je m'appuie dessus ; je l'ai oubliée*, etc.

(2) Ou *que vous ne l'êtes.*

231ᵉ Exercice.—*Pronoms possessifs.*—(GRAM., 767 à 769.)

J'ai reçu *votre lettre* du 12. Je réponds à *votre lettre* du 20 courant. Dans votre *dernière dépêche*, vous me disiez que... Jugez des dispositions du prochain par *les vôtres.* Ces peuples ont des mœurs bien différentes *des nôtres.* Cette personne est *des nôtres.* Cette chose est *mienne.* Ces objets sont *vôtres.* Un *mien* cousin est juge maire. Ces biens-là vont devenir *tiens.* Le *tien* et le *mien* engendrent beaucoup de querelles et de procès. Je m'intéresse à eux et aux *leurs.* Un *mien* frère, un *mien* parent, une *mienne* cousine.

Devoir.—Composer trois phrases avec les trois dernières expressions. Analysez *j'ai reçu votre lettre* (datée) *du 12.*

232ᵉ Exercice.—*Est* ou *c'est.*—(GRAM., nᵒˢ 770 à 773.)

Lui donner des conseils, *c'est* perdre sa peine. Ce que vous dites et rien, *c'est* la même chose. Oublier un bienfait, *c'est* un crime odieux. Le plus sûr moyen de se tromper, *c'est* de se croire infaillible. Faire taire certaines gens *est* (1) un plus grand miracle que de faire parler des muets. Détruire la justice, *c'est* saper les fondements de l'État. Nier cette vérité, *c'est* nier qu'il fait jour en plein midi. Servir son ennemi quand on pourrait lui nuire, *c'est* (2) une noble vengeance. Dans l'embarras où je suis, me demander de l'argent, *c'est* m'égorger. Souffler n'*est* pas jouer. Aller du connu à l'inconnu, *c'est* le meilleur mode d'instruction. Mettre quelqu'un au pied du mur, *c'est* le mettre hors d'état de reculer, le forcer à prendre un parti. Faire la construction d'une phrase, *c'est* disposer, suivant l'ordre direct ou analytique, les mots d'une phrase qui renferme une inversion.

Devoir.—Faire la construction de la phrase suivante puis l'analyser ; *Le casuiste le plus sûr, c'est la conscience d'un homme de bien.* (La conscience... est le casuiste....)

233ᵉ Exer.—*Celle reçue, ceux chargés,* etc. (GRAM., 774 et 775.)

Le secrétaire d'une mairie est celui *qui est chargé* de tenir les registres et d'en donner des extraits. Cette somme, jointe à celle *qui est portée* d'autre part, forme un total de mille francs. Les mesures de solidité sont celles *qui servent* à mesurer les solides. Les fourrages couverts de rosée ne sont pas plus indigestes que ceux *qui ont été fauchés* la veille (3). Pour les enfants placés dans les hospices, la mortalité est plus considérable que pour ceux *qui sont placés* à la campagne. La lumière du gaz est plus vive et plus pure que celle *qui est produite* par l'huile. La poudre à canon faite avec le charbon de ronce est, dit-on, plus forte que celle *qui est faite* avec du charbon de saule. Dans ce ministère, les dépenses relatives au personnel excèdent de beaucoup celles *qui concernent* le matériel. L'accroissement énorme des recettes promet aux actionnaires des dividendes équivalents sinon supérieurs à ceux *qui sont actuellement distribués.* C'est une maxime de droit qu'il faut étendre les dispositions favorables et restreindre celles *qui sont dures et sévères.* À Rome, on confondait la blessure faite à une bête et *celle faite* (par except.) à un esclave. (Montesq.)

(1) Ou *c'est.* — (2) Ou *est.* — (3) Ce n'est pas le fourrage lui-même qui rend les animaux malades, c'est la précipitation avec laquelle ils le dévorent.

234e EXERCICE. — *Celui-ci* ou *celui-là*, etc. (GR., 776 et 777.)

Il ne faut pas confondre la vapeur d'eau avec la fumée : *celle-ci* est ordinairement noire, *celle-là*, au contraire, est blanche. La plupart des fabriques sont dépendantes les unes des autres : la prospérité de *celle-ci* est due au bas prix des produits de *celle-là*. Une femme prude paie de maintien et de paroles; une femme sage paie de conduite : *celle-là* suit son humeur et sa complexion, *celle-ci* sa raison et son cœur. Corneille nous assujettit à ses caractères et à ses idées, Racine se conforme aux nôtres; *celui-là* peint les hommes comme ils devraient être, *celui-ci* les peint tels qu'ils sont. Il est très-malaisé que la plupart des principaux d'un Etat soient malhonnêtes gens et que les inférieurs soient gens de bien ; que *ceux-là* soient trompeurs et que *ceux-ci* consentent à n'être que dupes.

Devoir. — Composer cinq phrases avec *celui-ci* ou *celle-là*, etc.

235e EXERCICE. — *A qui* ou *auquel* etc. — (GRAM., 779 à 783.)

Je lui ai écrit une lettre *à laquelle* il n'a pas répondu. Aristote a comparé les lézards à des serpents *auxquels* on aurait ajouté des pieds. On ne doit point séparer le relatif *qui* du substantif ou nom *auquel* il se rapporte. Tâchez de vous accoutumer aux mœurs et aux manières des gens *avec qui* vous avez à vivre. O rochers escarpés, c'est à vous que je me plains, car je n'ai que vous *à qui* je puisse me plaindre. Il y eut une sanglante rencontre des deux avant-gardes *qui* amena un combat général. (Acad.)

Il y a une édition de ce livre, *laquelle* se vend fort bon marché. Deux marchands *qui* étaient voisins et faisaient le même commerce, eurent, dans la suite, une fortune toute différente. Une certaine inégalité sociale, *qui* entretient l'ordre et la subordination, est l'ouvrage de Dieu (*La Bruy.*). Chez les mahométans comme parmi nous, les Juifs font paraître pour leur religion une obstination invincible, *qui* va jusqu'à la folie. A sa naissance le Cid n'a eu qu'une voix pour lui : *celle* de l'admiration. J'ai reçu une lettre de mon père, *laquelle* m'apprend qu'il se porte bien. Les traités de paix sont sacrés parmi les hommes : il semble que ce soit la voix de la nature *qui* réclame ses droits. C'est ce même Hérode *que* saint Matthieu dit *avoir fait* égorger tous les enfants. Afin d'obtenir la délivrance du roi, son seigneur, la reine d'Angleterre fit, avec le duc de Lorraine, une entreprise *dont* le succès paraissait infaillible, tant le concert *en* était juste. (BOSSUET.)

Devoir. — Analyser : Les anciens croyaient qu'Apollon protégeait les arts, que Minerve inspirait la sagesse, que Jupiter était le souverain des dieux et Mars l'arbitre de la guerre.

236e EXERCICE. — *On* ou *l'on*. — (GRAM., 784 à 786.)

Quand *on* est belle, *on* ne l'ignore pas. *On* nous tient *enfermées* chacune dans notre appartement. C'est une personne en qui *on* (ou *l'on*) peut se confier. Si *on* l'eût ouï parler, *on* ne l'eût pas condamné. Tout le vin s'en ira si *on* n'y prend garde. Ces appartements seront disponibles si *on* ne les loue. *On* a attribué longtemps et *on* (ou *l'on*) attribue encore, dans les campagnes éloignées, de grandes vertus à une branche de coudrier. On fait bien des fautes quand *on* est jeune et que *l'on* ne prend conseil que de soi-même. Dans le langage ordinaire, on appelle journée l'espace de temps qui s'écoule depuis l'heure où *l'on* se lève jusqu'à l'heure où l'*on* se couche. (Acad.)

Devoir.—Sens et analyse de la première phrase.

237e EXERC.—**On** ou **on ne.**—(GR., 787).

On ne peut être juste si l'on *n'*est humain. Il n'y a pas grand mérite à être libéral quand *on* est riche. C'est un homme qu'*on n'*offense point impunément. Dans les arts, quand *on n'*avance pas, on recule. Le mal vient sans qu'*on* y pense. L'église était si pleine qu'*on n'*y pouvait entrer. C'est une forte maison, *on* y fait beaucoup de dépense. Quand *on est* pauvre, il faut savoir se contenter de peu.

Ce feu mourra si l'*on n'*y met du bois. *On n'est* pas encore parvenu à gouverner les aérostats. Voilà des rideaux bien amples, *on n'y* a pas épargné l'étoffe. Je n'ai pu parvenir à lui faire entendre qu'*on n'avait* eu aucune intention de l'offenser. La haie est trop forte pour qu'*on* y puisse passer. La terre s'effrite ou s'épuise si l'*on n'y* met pas d'engrais. Ce mal ira toujours croissant si l'*on n'y* prend garde. Je sentais bien qu'*on n'y* allait pas de bonne foi. Après avoir beaucoup voyagé, *on est* bien aise de retourner dans son pays. Il est consolant de penser qu'*on* a fait son devoir. Quand *on est* faible de corps, *on n'est* pas propre à la guerre. Il ne faut pas entreprendre de tromper aussi rusé que soi, ou, si on le tente, *on n'y* réussit pas.

L'honneur est comme une île escarpée et sans bords :
On n'y peut plus rentrer dès qu'on *en est* dehors. (*Boileau*).

Devoir.—Composer cinq phrases avec *on ne* suivi d'une voyelle.

238e EXERCICE.—Pronom **chacun.**—(GR., nos 792 et 793.)

(Employer *son, sa, ses* ou *leur, leurs,* selon les cas.)

Remettez ces objets chacun à *sa* place. Ils prirent séance chacun selon *son* rang, chacun à *son* rang. Ils apportèrent des offrandes au temple, chacun selon *ses* moyens. Les fils de l'empereur avaient chacun *leur* parti. Les passions ont chacune *leur* caractère particulier. Dieu a soin de tous les hommes, il leur donne à chacun *leur* pâture. Mettre des gens dos à dos, c'est renvoyer, chacune de *leur* côté, deux personnes qui sont en différend. Les communautés religieuses ont chacune *leur* nécrologe. Les pauvres ont chacun *leur* pain. Ronsard et Balzac ont eu, chacun dans *leur* genre, assez de bon et de mauvais pour former après eux de très-grands hommes en vers et en prose. Ces excellents maîtres ont fait, chacun dans *leur* genre et selon *leur* génie, de très-beaux ouvrages. Tirer un criminel à quatre chevaux, c'est attacher chacun de ses membres à un cheval et faire tirer les quatre chevaux chacun de *son* côté en même temps. Il n'y a pas d'ordre dans cette maison : les domestiques prennent et tirent chacun de *leur* côté.

Devoir.— Analyse de la première phrase comme s'il y avait *remettez ces objets* à leur place ; remettez *chacun à sa place.*

239e Exercice.—Pronom chacun (suite).—(Gram., 790 à 794.)

Chacun a *ses* défauts. Chacun a *ses* partisans. Il faut que chacun se cotise selon *ses* facultés. Tous les citoyens doivent contribuer aux dépenses publiques, chacun selon *ses* moyens. Les parties similaires sont chacune de la même nature que *leur* tout. Ce poëte, ce romancier fait parler à chacun *son* langage. Les rois barbares se sont mis, chacun dans *sa* nation, à la place des empereurs. Les Grecs formaient une nation composée de villes qui avaient, chacune, *leur* gouvernement et leurs lois. Les deux armées se retirèrent chacune de *son* côté. Les officiers de marine eurent ordre de se rendre chacun à *leur* poste. Tous les maris étaient au bal, chacun avec *sa* femme. Toutes ces diverses actions paraissaient chacune en *leur* place. Quel adieu et quelle tristesse d'aller chacune de *son* côté, quand on se trouve si bien! Quand les chevaux ne s'accordent pas et tirent chacun de *leur* côté, le char s'en va dans le précipice. Œdipe laissa son royaume à ses deux enfants à condition qu'ils régneraient tour à tour chacun *leur* année. Les trois fils de Louis le Débonnaire cherchèrent, chacun de *leur* côté, à attirer les grands dans leur parti et à se faire des créatures. Autrefois, les ecclésiastiques et les seigneurs levaient des tributs réglés, chacun sur les serfs de *ses* domaines. Ceux qui s'aiment d'abord avec la plus violente passion, contribuent bientôt, chacun de *leur* part, à s'aimer moins et ensuite à ne s'aimer plus. Le mot *que* s'emploie souvent, comme conjonction, entre deux membres de phrase qui ont chacun *leur* verbe exprimé ou sous-entendu. Le scrutin individuel est celui où les votants ne désignent, chacun sur *leur* bulletin, qu'une seule personne ; le scrutin de liste est celui où les votants écrivent, chacun sur *leur* bulletin, autant de noms qu'il y a de nominations à faire (1).

Exceptions. — Arranger, combiner ses idées, c'est les mettre chacune à *leur* place. (*Acad.*) Empâter une figure, c'est en mettre les couleurs chacune à *leur* place sans d'abord les mêler ni les confondre. (*Acad.*) Ces deux personnes ont tort, chacune de *leur* côté. (*Acad.*) Plusieurs personnes ont donné, chacune selon *ses* moyens, de quoi former une certaine somme. (*Acad. à cotiser.*) Comme les peuples marchaient chacun en *sa* voie, Dieu choisit Abraham. (*Bossuet.*)

Ils allaient, de leur œuf, manger chacun *sa* part
Quand un quidam parut. (LA FONTAINE.)

Devoir.—Dix phrases semblables à celles citées dans la *Grammaire*.

240e Ex.—*L'un l'autre* ou *l'un et l'autre*.—(GR., 795 et 796.)

Ils s'aidaient *l'un l'autre*. Aimez-vous *les uns les autres*. Les deux vaisseaux s'accrochèrent *l'un l'autre*. Ces deux puissances font tous leurs efforts pour s'abattre *l'une l'autre*. A la chasse, les chiens s'animèrent *les uns les autres*. Les hommes doivent se supporter *les uns les autres*.

Le jour et la nuit se succèdent *l'un à l'autre*. Ils s'attachèrent pour jamais *l'un à l'autre*. Tant de prétendants se nuisent les *uns aux autres*. Les brochets se dévorent *les uns les autres*. Ces deux ennemis se défiaient *l'un l'autre*. La plupart des animaux sont la proie *les uns des autres*. Ils se sont blessés *l'un l'autre* (2). Les événements sont enchaînés *les uns aux autres* par une fatalité invincible. On dispute tous les jours, dans les écoles, si la logique est un art ou une science; le problème serait bientôt résolu en répondant qu'elle est à la fois *l'un et l'autre*.

Devoir. - Composer cinq phrases avec *l'un l'autre*, etc.

---

(1) On dirait de même : *Ils se rendirent à leur poste, chacun selon l'ordre qui lui avait été assigné*, et, en parlant de livres, *les censeurs ôtent chacun l'endroit qui leur plaît le moins.* (La Bruy.)--(2) Ou *l'un et l'autre* selon le sens.

et des trois autres premières espèces de mots (Gr. 533 à 800).

Se rappeler les règles d'accord (N° 217 de la Gram.)

241e EXERCICE. — Les fonctions de juge sont incompatibles avec *celles* de notaire. Quand la sagesse et la vertu parlent, *elles* calment toutes les passions. *On enseigne*, dans ce pensionnat, tous les arts d'*agrément*. Il faut avoir bien mauvaise opinion de *soi* pour ne pas vouloir paraître *tel* (1) que *l'on est*. L'impression de ce livre est assez soignée; *on y* trouve pourtant *quelques* fautes par-ci par-là. *On n'ose* le louer en sa présence de peur de blesser *sa* modestie. *Certaines* gens plaisent par la vivacité et par l'agrément de *leur* physionomie plus que par la régularité de *leurs* traits. Il faut donner à chacun leur fait (*part*) pour qu'*ils en* disposent comme ils voudront (2). Quiconque de vous, mes filles, osera bronchera sera *punie*. Un tablier est une pièce de toile ou de cuir que les ouvriers et les femmes mettent devant *eux* pour travailler. Si les peuples savaient *quelles* peines et *quels* travaux sont *attachés* à la royauté, personne ne ramasserait un diadème s'il le trouvait à ses pieds. La géographie et la chronologie étant les deux *yeux* de l'histoire, pour bien connaître *celle-ci*, il faut être guidé par *celles-là*. On appelle ode héroïque *celle* dont le sujet et le style sont *nobles* ou *élevés*. Les halliers sont des buissons fort épais dans *lesquels* le menu gibier *se* réfugie pour éviter le chasseur. Les bourgeons commencent à se montrer à l'aisselle des feuilles dès que *celles-ci* ont pris tout *leur* développement. Après les familles sacerdotales, *celles* que les Égyptiens estimaient *les plus* illustres étaient les familles destinées aux armes. *Fort exacts* dans la pratique de certains devoirs extérieurs, les petits esprits négligent *celle* des vertus essentielles. (*Analyse de la dernière phrase.*)

242e Exercice. — Quand *on n'*a rien à dire, le meilleur est de *se* taire. Personne ne parle de nous en notre absence comme *il en* parlerait en notre présence. Pour être pauvre *on n'est* pas malhonnête homme. Un malheur continuel pique et offense: on hait d'être ainsi *houspillé* par la fortune (*Mme de Sévigné* parle *d'elle*). C'est un fort mauvais débiteur, *on n'*en peut tirer *aucun* parti. Chacun des créanciers solidaires a le droit de réclamer *seul* la totalité de *ce* qui *leur* est dû. Il ne faut pas donner *sa* parole si *on* ne veut pas *la* tenir. Mon fils, vous avez été *créé* pour être heureux tôt ou tard: la raison le démontre, l'expérience le constate, la foi l'enseigne. Servir Dieu, *ce* n'est point passer *sa* vie à genoux dans un oratoire; *c'*est remplir ponctuellement les devoirs de son état. Si *l'on* est obligé de faire du bien aux étrangers, à plus forte raison *en* doit-on faire à *ses* parents. Cette maison est agréable, le mal est *qu'on y* trouve quelquefois mauvaise compagnie. Cette campagne est très-*nue*: *on n'y* voit que quelques bouquets d'arbres par-ci par-là. Les oranges étaient autrefois fort rares, maintenant les rues *en* sont pavées. Si *on* veut que des chevaux travaillent bien, il faut *les* bien nourrir. Les lois sont exécutoires en vertu de la promulgation qui *en* est faite par l'Empereur. L'ennemi menaçait *plusieurs* provinces; la nuée a crevé sur le point où *l'on* était *le moins* en défense. Il n'est rien qu'*on n'*obtienne des Français par l'appât du danger; *il* semble *leur* donner de l'esprit, c'est *leur* héritage gaulois. Il est rare qu'*on excelle* dans un art si *l'on n'*a point d'enthousiasme. Sans l'humilité, *on n'*acquiert aucune vertu, et on perd *celles* qu'on avait acquises. Les jours maigres sont ceux pendant *les quels* l'Église catholique défend de manger de la viande. Les religieux qui demeurent au couvent de Saint-Sauveur, à Jérusalem, ne vivent que *des* aumônes et charités qu'on *leur* envoie de la chrétienté, et que les pèlerins *leur* donnent, chacun selon *ses* facultés.

Analyse de la 1re phrase: ... *se* taire est le meilleur quand, etc.

_____

(1) Au masculin ou au féminin, selon le cas. — (2) Ou *le* voudront.

sur la syntaxe des pronoms, etc.

243ᵉ *Exercice.* — Une première victoire doit en amener d'*autres*. Les deux rois firent chanter des *Te Deum*, chacun dans *son* camp. Savoir *se* contenter de peu, *c'est* la bonne philosophie (1). Comment, colonel, dit la dame, on se croit *seule* à se promener dans le parc et *l'on* vous rencontre ainsi! Quand on est *accoutumée* à se voir jeune et *belle*, c'est une cruelle chose de devenir *vieille et laide* (2). *On* ne peut aller loin dans l'amitié si *l'on n'est* disposé à se pardonner *les uns aux autres* les petits défauts. La potasse de Russie et *celle* d'Amérique sont *les plus* estimées dans le commerce. Les mesures *en* fer-blanc sont moins chères que *celles en* étain (3). Celui qui n'a point encore senti sa faiblesse et la violence de *ses* passions n'est point encore sage, car il ne se connaît point encore et ne sait pas se défier de *soi*. Deux hommes illustres, entre *lesquels* notre nation semble partagée, et que la postérité saura mettre chacun à *sa* place, se disputent la gloire du cothurne. *Quelques* grands biens qu'une femme apporte dans une maison, elle *la* ruine bientôt si elle y introduit le luxe, *sans lequel nul* bien ne peut suffire. A l'Exposition universelle de 1867, on remarquait une machine qui fabrique trente mille briques par jour. On y voyait aussi un instrument qui perfore les rochers, et au moyen *duquel* les inventeurs prétendent obtenir des résultats trois fois plus rapides que ceux *donnés* (4) par le percement du Mont-Cenis. *Convoquées* le premier janvier, les *cortés portugaises* (assemblées nationales) ont été *closes* hier. Tous les projets présentés pendant cette *session* par le Gouvernement, notamment celui *qui concerne* le code, ont été adoptés par les Chambres.

Analyse de la 2ᵉ phrase.

244ᵉ Exercice — *Nécessité de l'attention* (5). — Ne croyez pas, Monseigneur, qu'on vous reprenne si sévèrement, pendant vos études, pour avoir simplement violé les règles de la grammaire en composant : il est sans doute honteux à un prince, *qui* doit avoir de l'ordre en tout, de tomber en *de telles* fautes, mais nous regardons plus *haut* quand nous en sommes si *fâché*, car nous ne blâmons pas tant la faute *elle-même* que le défaut d'attention qui *en* est la cause. — Ce défaut d'attention vous fait maintenant confondre l'ordre des paroles ; mais, si nous laissons vieillir et fortifier cette mauvaise habitude, quand vous viendrez à manier, non plus les paroles, mais les choses *elles-mêmes*, vous *en* troublerez l'ordre : vous parlez maintenant contre les lois de la grammaire, alors vous mépriserez les préceptes de la raison ; maintenant vous placez mal les paroles, alors vous placerez mal les choses : vous récompenserez au lieu de punir, vous punirez quand il faudra récompenser. Enfin vous ferez tout *sans ordre*, si vous ne vous accoutumez dès votre enfance à tenir votre esprit attentif, à régler *ses* mouvements vagues et incertains, et à penser sérieusement en *vous-même* à ce que vous avez à faire.

Exceptions (modifiées).—Il courra bien si *on* ne l'attrape *(Acad.).* Les troupes se prêtaient la main *les unes aux autres (Boss.).* Le Sénat croyait que *corriger* Rome de ses vieilles superstitions, *c'était* faire injure au nom romain *(Id.).* O Dieu, que de profanations les armes traînent toujours *après elles (Massil.).* Vous savez ce que je vous ai dit des comédies et des opéras *qui doivent être joués* à Marly *(Rac.).* Ce que je vous dis là, *on le dit* à bien d'autres *(La Font.).* Il ne convient pas à toutes sortes de personnes de voir tous les pauvres d'une ville assemblés à *sa* porte, *pour y recevoir* leurs portions *(La Bruy.).* Aussitôt qu'un Egyptien était mort, on l'amenait en jugement. L'accusateur public était écouté. S'il prouvait que la conduite du mort eût été mauvaise on condamnait *sa* mémoire, et *le défunt* était privé de sépulture. *(Boss.).*

---

(1) Ou *est.*—(2) Ou *le masculin* si *on* désigne un homme.—(3) Ou *de fer, d'étain.*—(4) Ou *qui ont été donnés.*—(5) Paroles de Bossuet *au Dauphin,* fils aîné de Louis XIV.

CHAPITRE V.

SYNTAXE DU VERBE.

241e EXERCICE. — *Sujets et verbes.* — (GR., nos 801 à 803.)

(Phrases corrigées.)

Celui qui a trouvé un objet *doit* le remettre à l'autorité. — Quiconque n'observera pas cette loi *sera* puni. — Qui sert bien son pays n'a pas besoin d'aïeux (1). *Ce* en quoi il eut tort *fut* de répondre insolemment. — Janvier a trente et un jours; *février*, vingt-huit ou vingt-neuf (2). — Le climat de l'Égypte, où la neige et la glace sont inconnues, *est* des plus chauds. — La liberté n'étant pas un fruit de tous les climats, *n'est* pas à la portée de tous les peuples. — Quiconque n'est pas sensible au plaisir de faire du bien *n'est* pas né grand. — Gélon, roi ou tyran de Syracuse, ayant vaincu les Carthaginois, *exigea* qu'ils ne sacrifieraient plus de victimes humaines.

Folles sont les lendemains (3). On a toujours raison, le *destin* toujours tort. — Les limites des sciences sont comme l'horizon: plus on en approche, plus elles reculent. — Jean de Castro, fameux général portugais aux Indes, se trouvant avoir besoin d'argent, *se coupa* une de ses moustaches et envoya demander aux habitants de Goa vingt mille pistoles sur ce gage. — Il en est de l'homme de bien comme des plantes aromatiques : plus elles sont broyées, plus elles exhalent leurs parfums. — Tout ce que nous faisons, que nous pleurions, que nous nous réjouissions, *doit* être d'une telle nature que nous puissions du moins le rapporter à la G. et le faire pour sa gloire. — Ceux qui n'ont pas craint de tenter, au XVIe siècle, la réformation par le schisme, ne trouvant point de plus fort rempart contre leurs nouveautés que l'autorité de l'Église, *ont* été obligés de la renverser (4).

Devoir. — Composer une phrase commençant par *quiconque;* — une autre par *celui;* — une autre par *qui* ayant pour corrélatif *celui*, sous-entendu; — deux autres dans lesquelles le verbe sera sous-entendu; — enfin cinq autres analogues aux exemples corrects du n° 803 de la *Grammaire*.

Analyse des premières phrases.

---

(1) Dans cette phrase, qui est très-correcte, le pronom *qui* est sujet de deux verbes. On peut dire aussi que *qui* a pour antécédent *celui*, sous-entendu, et alors *qui* est le sujet de *sert* et *celui* (sous-entendu) est le sujet de *a*.

(2) Là le sujet *février* a pour verbe *a* sous-entendu.

(3) Sujet *tu* ou *toi*, sous-entendu. Il en est de même pour tous les impératifs.

(4) Notez que les phrases suivantes qui renferment des *pléonasmes autorisés* (N° 1184 de la Gramm.) sont très-correctes : *Pierre et Céphas*, c'est le même apôtre. Hélas ! où est ce temps, *cet heureux temps*, où les rois s'honoraient du nom de fainéants. Elle n'est point tarie *la source* de nos larmes, etc.

6

122 SYNTAXE DES VERBES.

246ᵉ EXERCICE.—*Accord du verbe.*—(GRAM., 804 et 805.)

Pâques *arrive* tard cette année. Le beau temps nous *convie* à la promenade. Je dis les choses comme je les *pense.* Ces ouvriers ne font rien si on ne les *presse.* Etalez ces bijoux afin qu'on les *voie* mieux. Les honneurs vont chercher l'homme sage qui les *fuit.* Ceux qui flattent les princes les *corrompent.* A la guerre on fusille les espions quand on les *découvre.* Les ambassadeurs sont les représentants des souverains qui les *envoient.* L'intempérance commande les excès, la raison les *condamne,* le repentir les *expie.* Les étoiles fixes ont une lumière qui leur est propre et qui les *distingue* des planètes.

Devoir.—Cinq phrases avec *les* suivi d'un verbe.

247ᵉ EXERCICE.—*Plusieurs sujets.*—(GRAM., 806-807.)

I.—L'une et l'autre expression *s'emploient.* (1) Le hérisson et la chenille se *ramassent* dès qu'on les touche. Sa contenance, son trouble, sa confusion *disent* assez qu'il est coupable. Sa réputation, son nom, sa gloire *s'étendent* sur toute l'Europe. Il n'y a pas de peuple où la frugalité, où l'épargne, où la pauvreté *aient* été plus longtemps en honneur que chez les Romains.

II. — Mon avocat et moi *sommes* de cet avis. Pour notre commun bien, vous et moi ne *négligeons* rien. Son père, sa mère et moi le lui *avons* défendu. Toi et moi nous *avons* fait ce que nous devions. Vous et moi nous *sommes* contents de notre sort. Votre père et moi, disait Marie à Jésus, nous vous *cherchions* pleins de douleur. Vous et lui, vous *êtes* les deux pendants. Nous *irons* à la campagne, lui et moi. J'ai appris que toi et ton frère vous *partiez* bientôt. Mon fils, disait Nestor à Télémaque, votre père et moi nous *avons* été longtemps ennemis l'un de l'autre. Un père dira *moi* et mon fils ; un maître, *moi* et mon domestique. (Nº 305 de la *Gram.*)

Devoir.—Dix phrases avec plusieurs sujets de différentes personnes.

248ᵉ EXERCICE.—*Sujets synonymes.* — (GRAM. 810 à 812.)
Gradations et *sujets résumés* 813 et 814.

Le bien, la fortune lui *vient* en dormant. Son crédit, son autorité se *raffermit* de jour en jour. La grande lassitude, son extrême faiblesse *l'empêche* de marcher. Sa réputation, sa gloire *commence* à se ternir. Son plaidoyer, son factum ne *contient* aucune raison solide ; c'est une déclamation continuelle. Chaque pays, chaque degré de température *a* ses plantes particulières.—La gloire, la raison, votre devoir vous *convie* à agir loyalement. La religion, la morale, l'humanité *veut* qu'on aide son semblable. Votre naissance, votre honneur, votre gloire *exige* cela de vous. Une vapeur, une goutte d'eau *suffit* pour tuer un homme.—Le peuple et l'armée, tout *était* consterné. Femmes, enfants, vieillards, tout *fut* massacré, personne *n'échappa.* La vie, le temps, la santé, la force physique et morale, les richesses, les plaisirs, tout nous *échappe,* rien ne nous *reste.*

Devoir.—Neuf phrases semblables aux précédentes. Analyse.

(1) Ou *s'emploie* (Acad.), mais moins régulièrement.

249. Exercice.—*Sujets unis par* ou *et par* ni. (815, 816 et 818.)

I.—L'un ou l'autre de ces mots *suffit* bien certainement. Un ou deux hommes *suffiront* pour ce travail. Ou ton sang ou le mien *lavera* cette injure. Ou l'amour ou la haine en *est* la cause. La douceur ou la violence en *viendra* à bout. Le prône est une instruction chrétienne que le curé ou le vicaire *fait* tous les dimanches à la messe paroissiale. Lui ou elle *viendra* avec moi. Le mensonge ou la vérité que publie un malhonnête homme *perdent* l'un son prestige, l'autre son autorité. Ni l'une ni l'autre n'*est* ma mère. Ni moi ni Martin ne *sommes* rois. Quand le mal est certain, la plainte ni la peur ne *changent* le destin.

II. (815 à 819).—Vous ou moi, nous *ferons* telle chose. Ni l'une ni l'autre ne me *conviennent*. Ni vous ni moi ne *pouvons* connaître l'avenir. Ni l'un ni l'autre ne *viendra* (1). Est-ce vous qui *viendrez* ou si c'est lui? La peur ou la misère lui *a* fait commettre cette faute. La peur ou la misère *ont* fait commettre bien des fautes. Il y a des choses dont la décence, le bon goût ou les bienséances ne *permettent* pas de parler. Il arrive parfois que les objets se choquent par un tremblement que *cause* le froid ou la peur. Le bonheur ou la témérité *ont* pu faire des héros, la vertu toute seule *peut* former de grands hommes. Chacun a sa marotte : le géomètre ou le physicien *trouvent* futiles les occupations du poète, tandis que le banquier ou l'agent de change *regardent*, à leur tour, comme très futiles les occupations du savant.

Adieu, je perds mon temps; laissez-moi travailler :
Ni mon grenier ni mon armoire—Ne se *remplit* à babiller. (La Font.)

Devoir.—Dix phrases avec des sujets unis par ou *et par* ni.

250. Exercice.—*Sujets unis par* comme, *etc.* (Gram., 820.)

I.—L'homme, comme la bête, *est* sujet à la mort. L'agriculture, comme les arts libéraux, *a* besoin de serviteurs éclairés. La prose a son rhythme, ainsi que la poésie. L'âme, de même que le corps, se *développe* par l'exercice. La raison, aussi bien que la foi, nous *apprend* qu'il y a un autre monde après celui-ci. Les sages quelquefois, ainsi que l'écrevisse, *marchent* à reculons.

II. (820 à 822).—Le singe, avec le léopard, *gagnaient* de l'argent à la foire. C'est le corps et non pas l'âme, qui *est mortel*. C'est Dieu et non pas nous, qui *a fait* nos âmes. C'est son ambition, plus encore que ses revers, qui l'*a perdu*. A Rome, c'était moins la naissance que les dignités curules qui *décidaient* de la noblesse. Ce n'est pas la raison, c'est le sentiment qui *domine* dans cet ouvrage. Ce sont vos premiers discours et non le dernier, qui *doivent* causer quelque surprise. C'est la loi et non pas l'homme, qui *doit* régner. Son esprit, non plus que son corps, ne se *pare* jamais de vains ornements. C'est la fantaisie, plutôt que le goût, qui *produit* tant de modes nouvelles. Le peuple, et surtout les matelots *croient* que l'on peut conjurer la tempête. Le commun des hommes, surtout ceux de la campagne, *voient* la mort sans effroi. Rien ne manque à cette fête, dont le pauvre, plus encore que le riche, *a* sa part. Lefranc de Pompignan crut que sa dignité autant que ses ouvrages le *dispensaient* de reconnaissance. C'est la pureté de ce diamant, plutôt que sa grosseur, qui le *fait* tant valoir. Non-seulement toutes ses richesses, mais encore toute sa gloire s'*évanouit*.

L'amitié, la santé, mieux que tout l'or du monde.
Satisfont les souhaits du poète et du sage. (Béranger.)

Devoir.—Dix phrases avec sujets unis par comme, *etc.*—Analyse.

(1) Ou *viendront.* (Acad.)

251ᵉ Exercice.—*Collectifs sujets.*—(Gram., nᵒ 826.)

I.—La foule des affaires l'*accable.* Une foule d'historiens *ont raconté* ce fait. La masse des créanciers *délibérera* sur cette proposition. Une infinité de gens *s'imaginent* que les richesses font le bonheur. Cet ensemble de bâtiments *forme* une masse imposante. Une nuée de barbares *désolèrent* l'empire romain. Cette multitude de barbares *se précipita* comme un torrent vers les contrées méridionales. Un nombre infini de gentilshommes *prirent* la croix. Le grand nombre des émigrants *annonce* la misère d'un pays.

II. (825 à 827.)—La plupart *écrivent* ce mot de telle manière. Combien *voudraient* être à votre place! Ne vous hasardez pas dans cette affaire, plusieurs *s'y sont* ruinés. En politique comme en architecture, beaucoup *ont* la fureur de bâtir. En France, la moitié des cultivateurs *sont* propriétaires. De nos ans passagers, le nombre *est* incertain. La plupart des anciens patriarches *étaient* pasteurs. Plus de la moitié de son troupeau *est mort* de la clavelée. (Acad.) La moitié des siens *sont demeurés* pour les gages. Beaucoup de femmes *sont* peureuses. Quantité de gens *ont* dit cela. Nombre d'historiens l'*ont* ainsi raconté. Peu de personnes *savent* se modérer dans la bonne fortune. Combien *s'imaginent* avoir de l'esprit parce qu'ils ont vieilli! Trop de négligences de style *déparent* ce traité.

Devoir.—Dix phrases semblables aux précédentes.—Analyse.

252ᵉ Exercice.—*Suite des collectifs.*—(Gram., 825 à 830.)

Une quinzaine de francs *suffira* (1) pour sa dépense. Une volée de pigeons *s'abattit* (2) sur mon champ. Cette troupe de malfaiteurs *augmente* à chaque instant. Le plus grand nombre *était* d'avis contraire. Cette partie de l'édifice *fut détruite* par un incendie. La moitié des votants *était* pour tel religieux, l'autre moitié *voulait* un autre supérieur. Une partie de ses économies *fut employée* à secourir sa famille. La majorité *flottait* entre ces deux candidats. Les trois quarts de l'assemblée *se sont levés* contre la proposition. La pluralité des avis, des opinions *fut* pour lui. La pluralité des femmes *existe* dans l'Orient. La majorité absolue des suffrages se *compose* de la moitié des voix plus une. Plus d'un témoin a déposé. Plus d'un *s'est* endormi plein d'espérance dans le lendemain et ne *s'est* pas réveillé. J'ai connu plus d'un Anglais et plus d'un Allemand qui ne *trouvaient* d'harmonie que dans leurs langues. Peu de gens *savent* séparer l'homme de son vêtement. La moitié des officiers disponibles *viennent* (2) d'être appelés sous les drapeaux. Plusieurs *s'y rendaient,* je me suis mis du nombre. La plupart des romans *sont* une viande bien creuse pour l'esprit. Depuis qu'une troupe de petits-maîtres *s'est mêlée* parmi nous, nous ne savons plus où nous en sommes. Un troupeau de moutons *est entré* dans cette avenue et y a fait de grands dégâts. Le sol du département du Gers est calcaire et argileux; une assez grande partie est *composée* de bruyères et de landes. Tandis que cette multitude d'hommes timides et troublés *regrette* la vie, sans chercher les moyens de la conserver, ne perdons pas un moment pour sauver la nôtre.

> D'adorateurs zélés à peine un petit nombre
> *Ose* des premiers temps nous retracer quelque ombre;
> Le reste pour son Dieu *montre* un oubli fatal. (Racine.)

(1) Ou *suffiront.* (Acad.)— (2) Acad.—*Vient* pourrait également convenir.

253ᵉ Exercice. — *Moi qui, toi qui,* etc. (Gram., nᵒ 831.)

C'est moi qui *me nomme* Pierre. C'est moi qui *suis* l'offensé. C'est moi qui *l'ai* dit. C'est nous qui *l'avons* fait. Si c'était toi qui *eusses* fait cela... C'est toi qui *l'as* fait. C'est moi qui en *ai* donné le plan. C'est toi, mon fils, qui me *rends* aujourd'hui la lumière. Il n'y a que toi qui *puisses* le faire.

C'est moi, dit le Seigneur, qui *étends* les eaux et qui *soutiens* la terre. C'est vous qui *lui avez procuré* cet emploi. O mon Dieu, c'est vous qui, la balance à la main, *réglez* le sort des combats. Arrête, toi qui *passes* ici. C'est nous qui *avons* remporté la victoire. Ce sont eux qui *ont commencé* le combat. Toi-même, ô mon fils, mon cher fils, toi-même qui *jouis* maintenant d'une jeunesse si vive et si féconde en plaisirs, tu deviendras vieux à son tour.

> Et vous, l'un des soutiens de ce tremblant État,
> Vous, nourri dans les camps du saint roi Josaphat,
> Qui, sous son fils Joram, *commandiez* nos armées,
> Qui *rassurâtes* seul nos tribus alarmées...
> Voici comme ce Dieu vous répond par ma bouche. (Racine.)

Devoir.—Dix phrases semblables aux précédentes.—Analyse.

254ᵉ Exercice. — *Qui sujet.* — (Gram., nᵒ 832.)

Les gens qui *ont* la voix fausse n'*entendent* pas bien également des deux oreilles. C'est son intérêt, son profit qui le *guide.* Cet homme a un asthme, une toux qui l'*incommode* beaucoup. Je connais une foule de personnes qui *ont éprouvé* le même accident. Ce n'est pas moi, c'est le temps qui vous *pressera.* C'est Dieu qui vous *châtie* et non pas moi, qui ne *fais* que prêter ma main. On ne pense rien de vous qui ne *soit* honorable. Il y a peu d'hommes qui *sachent* connaître leurs véritables intérêts. Tous les peuples croient à l'existence d'un Dieu qui *rémunère* la vertu et *châtie* le vice. Il y a, dans cette comédie, une combinaison d'incidents qui *est* fort ingénieuse.

Il est une classe d'hommes qui *passent* laborieusement leur vie à ne faire que des riens. Il devait me fournir tant d'arbres, mais j'en ai rejeté la moitié, qui ne *valait* rien. Combien de gens *croient* pouvoir mépriser le peuple, qui *sont* peuple eux-mêmes. Ce n'est pas la richesse ou la pauvreté qui nous *élève* ou nous *abaisse* aux yeux de Dieu, ce sont nos vertus ou nos défauts. Un piquet de cavalerie ou d'infanterie se compose d'un certain nombre de cavaliers ou de fantassins qui se *tiennent* prêts à marcher au premier ordre. Aucun de ceux qui *ont espéré* en Dieu *n'a été* confondu. Chacun des phénomènes qui se *passaient* autour de lui *excitait* l'admiration de Gustave. L'histoire a conservé un grand nombre de traits de dévouement qui *honorent* l'humanité. Le nombre des pigeons ramiers qui *arrivent* dans le midi de la France vers la fin d'octobre *est* considérable. —Il s'est retiré chez un de ses parents qui lui *veut* du bien. Il fut un des premiers qui *demandèrent* cette réforme. On estime à un sur trente la quantité d'individus de l'espèce humaine qui *meurent* annuellement. O Pisistrate, tu *es* mort, comme ton frère, en homme courageux; il n'y a que moi qui ne *puis* mourir. C'est là que nous vous vîmes, ô grande déesse qui *habites* cette île; c'est là que vous daignâtes nous recevoir. L'aimant, un des corps qui *ont été* le plus étudiés et sur *lequel* on a fait des découvertes si surprenantes, *a* la propriété d'attirer le fer.

Devoir.—Dix phrases semblables à celles du nᵒ 832 de la *Gramm.*

255ᵉ EXERCICE.—*Vous seul* ou *le seul qui.* (GR., 333, 34, 36 et 38.)

C'est vous seul qui *avez* fait cela. Vous êtes le seul qui *l'ait pu* faire. Je suis le seul qui *soit* resté ici. Il n'y a pas un seul homme qui *l'ait dit*. Vous êtes le premier homme qui *m'a dit* que j'avais du cœur. Charles VII fut le premier des rois de France qui *entretint* des troupes soldées. Comment, chère Louise, as-tu pu perdre le goût de ces plaisirs que toi seule *étais* capable de sentir et de rendre ? Newton est le premier qui *ait* donné les lois de la retardation du mouvement des corps dans les fluides. Tu étais le seul qui *pût* me dédommager de l'absence de Rica, et il n'y avait que Rica qui *pût* me consoler de la tienne. Vous n'êtes pas des esclaves qui ne *rompront* jamais leur chaîne. Je suis Diomède, roi d'Étolie, qui *blessai* Vénus au siége de Troie. Non, je ne serai plus ce téméraire Télémaque qui ne *sait* profiter d'aucun conseil.

Devoir. — Cinq phrases semblables aux précédentes.

256ᵉ EXERCICE. — *Un des...* ; *récapitulation.* — (834 à 841.)

Une des roues *frottait* contre la caisse de la voiture. Un des quatre volants *a été rompu* par le vent. C'est un de ses amis qui lui *donne* la table. Il est un de ceux qui *ont* le mieux réussi. Un de ceux qui *avaient* participé à l'assassinat *a été* le révélateur de ses complices. Il remarqua un de leurs vaisseaux qui *était* presque semblable au nôtre. Amyot est un des écrivains qui *défrichèrent* notre langue. Saturne est une des planètes qui *marchent* le plus lentement. L'astronomie est une des sciences qui *font* (1) le plus d'honneur à l'esprit humain.

La Barbarie est une des contrées du monde qui *ont été* le plus anciennement *connues.* Un des articles de ce traité *était énoncé* de telle sorte que les deux parties pouvaient l'interpréter à leur avantage. En est-il parmi vous qui *consentissent* à mourir pour la patrie ? En est-il un seul qui *consentît* à cela ? On donne le nom de demoiselles à un genre d'insectes à quatre ailes membraneuses, qui *ont* les yeux fort gros et le corps très-long. Nous étions les mêmes (835) qui *avions* combattu dans les jeux; nul autre n'y *fut* admis. Tu ne seras pas le premier qui *auras* retrouvé là-bas la paix et la santé de l'âme. Homère est un des plus grands génies qui *aient* existé; Virgile est un des plus accomplis.

Devoir.—Composer cinq phrases semblables aux précédentes.

257ᵉ EXERCICE. — *C'est* ou *ce sont.* — (GRAM., nᵒ 842.)

Ce *sont* vos frères. Ce *sont* eux que voilà. Ce *sera* vous, Messieurs, qui resterez ici. Quel discours *est-ce* là ? Quels gens *sont-ce* là ? *Sont-ce* là nos gens ? Je suis un peu souffrant, mais ce ne *sont* que des misères. Ce *furent* les Phéniciens qui inventèrent l'écriture. Je craignais que ce ne *fussent* des ennemis, et *c'étaient* de nos gens. Ce *sont* eux qui ont bâti ce superbe labyrinthe. Ce qui donne le plus de valeur à cette terre, ce *sont* les bois qu'elle contient. Quand cet homme est en colère, ce *sont* des mugissements qu'il fait entendre. Chez les anciens, *c'étaient* les vieillards qui gouvernaient ; chez nous, ce *sont* les jeunes gens. Ce que vous dites là *est* un des bons mots d'un tel.

Devoir. — Cinq phrases avec *c'est* et cinq avec *ce sont.*

(1) Ou *fait* (Acad.). La première tournure est la plus usitée [Id.].

(2. 258. EXERCICE. — *C'est* ou *ce sont* (suite). — (Gr., 842 à 845.)

C'étaient les légions qui disposaient de l'empire. *C'est* de nos ennemis que dépend la paix ou la guerre. *C'est* des contraires que résulte l'harmonie. *C'est* des Tartares qui sont sortis quelques-uns des peuples qui ont renversé l'empire romain. Ces jardins étaient en friche ; *c'étaient* des landes. Les noces furent préparées ; *c'étaient* des fêtes, des carrousels, des opéras continuels. Si la copie vous plaît tant, que *sera-ce* de l'original ? *Fût-ce* nos propres biens qu'il fallût sacrifier, nous devrions servir notre patrie. Ce ne *sont* pas ses propres mots, mais c'est le sens de ce qu'il a dit. *Ce sont* de ces choses qui ne me sont jamais entrées dans l'esprit. Ce *n'est* point la chair et le sang qui vous l'ont révélé. *C'est* du père et de la mère que naît la famille, *c'est* d'eux aussi que dérivent les vertus, le bonheur. *C'est* des régions tropicales de l'Asie que beaucoup de plantes sont originaires. On dit que *c'est* des Orientaux que nous avons emprunté l'usage du chapelet, au temps des croisades. Transporter dans des siècles reculés toutes les idées du siècle où l'on vit, *c'est*, des sources de l'erreur, celle qui est la plus profonde. Ce ne *sera* ni la force de vos armées ni l'étendue de votre empire qui vous rendront cher à vos peuples ; ce *seront* les vertus qui font les bons rois. Dans cent ans, le monde subsistera encore en son entier ; ce ne *seront* plus les mêmes acteurs, mais ce *sera* le même théâtre et les mêmes décorations. On allait au temple pour demander la faveur des dieux : ce *n'était* pas les richesses et une onéreuse abondance ; de pareils souhaits sont indignes des mortels bien nés. Les dieux décident de tout : *c'est* donc les dieux et non pas la mort qu'il faut craindre. (FÉNEL.).

Exceptions modifiées. — *Ce sont* des péchés légers que le juste commet (BOSS.). — Ce qu'un général fait le mieux connaître, *ce sont* ses soldats et ses chefs (BOSS.). — *Ce sont* ces deux vérités que je me propose de réunir dans ce discours (MASS.). — *Sont-ce* des prêtres séculiers qui doivent desservir sa chapelle, ou bien *sont-ce* des religieux ? (RACINE). — Autrefois, en Égypte, on vit douze rois qui partagèrent entre eux le gouvernement du royaume ; *ce sont* eux qui ont bâti ces douze palais qui composaient le labyrinthe (BOSS.).

Ce n'est pas les Troyens, c'est Hector qu'on poursuit (RACINE) (1).

Devoir. — Analyse de *c'étaient les légions*, etc. (2).

259. EXERCICE. — *Infinitifs sujets.* (GRAM., 846 et 847.)

Être et paraître *sont* deux. Voir, ouïr et se taire *sont* difficiles à faire. Aimer ses père et mère, être reconnaissant envers ses bienfaiteurs *sont* des lois de la nature. Verser le sel devant soi à table, voir des couteaux en croix, casser un miroir, entendre le cri d'un corbeau ou d'une chouette, voir une, trois ou cinq pies *sont* des choses parfaitement simples et desquelles il ne peut résulter aucun malheur.

Parler et affirmer, pour de certaines gens, *est* précisément la même chose. Soigner le bétail, traire ses vaches, par exemple, et vendre leur lait *n'est* pas un mal. — Bien dépenser et peu gagner, *c'est* le chemin de l'hôpital. Voir et écouter les méchants, *c'est* déjà un commencement de méchanceté. Vivre libre et tenir pour aux choses humaines, *c'est* le meilleur moyen d'apprendre à mourir. Apprendre les langues les plus difficiles, connaître les livres et les auteurs, *c'ont* été vos premiers plaisirs.

Devoir. — Composer cinq phrases semblables à celles des n°s 846 et 847. — Analyser les premières ci-dessus. (*Être et paraître sont deux* choses différentes.)

_____

(1) Si l'on remplaçait *ce n'est* par *ce ne sont*, le vers aurait une syllabe de trop.
(2) *Étaient* a pour sujet grammatical *ce* et pour sujet sylleptique *légions*. (N° 1185).

260e Exercice.—*A vous à qui, de vous dont,* etc. (Gr., 849.)

C'est à vous *que* je parle (1).—C'est à vous *que* je dois tout (1). — C'est pour vous *que* je travaille (1).— C'est sur vous *que* j'ai les yeux (1).— C'est de lui *qu*'il s'agit.— C'est à vous *qu*'il veut parler.—C'est à eux *qu*'il faut vous adresser. — C'est là *qu*'elle demeure.— Il en est encore *là où* il était hier.—C'est *vous* sur qui le châtiment retombera.— J'adore ceux *dont* ou *de qui* je tiens la vie.—C'est de ce dernier théâtre *que* je suis le fondateur.—Ce n'est pas d'un saint *qu*'un dévot (2) sait dire du bien, mais d'un autre dévot.— Ce n'est pas de ces sortes de respects *que* je vous parle.

Devoir.— Corriger au besoin les phrases précédentes, puis écrire les différentes formes correctes (quand il y a lieu).

261e Exercice.— *Le parler* ou *lui parler.*—(Gr., 850 à 853).

Ils se parlaient *les uns aux autres.* Marianne *les* plaisanta d'abord. Viendrez-vous me voir? j'irai (3). Aidez-*lui* à se recharger (1053). Il y a un an que la fièvre *lui* dure. Ses engelures *lui* démangent (*intr.*) beaucoup. Je *le lui* ai entendu dire. Cette garniture assortit bien *à la robe* (4). Je n'ai pu parvenir à *lui* parler. Venez avec moi, je vous ferai parler *à elle.* César *parlait le latin* et le grec avec la même facilité. Il avait peine à travailler, mais on l'*y* a accoutumé. Il est allé chercher la mort dans les combats et l'*y* a trouvée. J'avais vendu mon cheval à un tel, mais je *le lui* ai racheté.

Ne lui surfaites pas votre étoffe; vous *leur* avez surfait. Sa mémoire se trouble; il ne se rappelle plus *ce* qu'il a à dire (1148). On dut *leur* faire monter l'escalier. L'oncle Joseph savait les noms de la plupart des papillons, et il offrait à ses neveux de *les leur* apprendre. Je *l'ai vu* faire merveille à ce siége (5). Ce chien s'attacha si fort à mon habit que je ne pus *lui* faire lâcher prise. On n'a jamais pu *lui* faire entendre raison. On l'a fait rentrer dans le néant d'*où* on l'avait tiré. Les généalogistes vous feront descendre d'*où* il vous plaira. Daignez considérer le sang *dont* vous sortez. (Corn.)

Devoir semblable au précédent.—Analyse de la 1re phrase comme s'il y avait *ils se parlaient; les uns* parlaient *aux autres.* — Dire la différence entre *je l'ai entendu dire des injures* et *je lui ai entendu dire des injures; je l'ai vu faire une farce* et *je lui ai vu faire une farce,* etc.

262e Exercice.— *Compléments communs.*—(Gram., n° 854.)

Les voitures publiques mènent et ramènent *les voyageurs.* Une vie réglée conserve et fortifie *la santé.* L'étisie ou phthisie est une maladie qui dessèche et consume *le corps.* Il vise, il tend *à vous supplanter.* La mer ronge et détruit *ses rivages.* Ruminer une chose, c'est penser et repenser à *cette chose, la* tourner et retourner dans son esprit. Le travail est le plus sûr moyen de prévenir ou de calmer *les orages* que les passions excitent dans notre cœur.

Devoir.—Composer de petites phrases avec les expressions suivantes: *lire et relire* sa leçon; *manger et boire* quelque chose; *plier et replier* son corps; *chasser et prendre* des oiseaux; *se soutenir et marcher* sur ses pieds; *examiner et juger* un compte; *recevoir et vérifier* les billets; *demander et fournir* des renseignements; *secourir et venger* les victimes; *bloquer et attaquer* une place.

---

(1) Ou *c'est vous à qui, pour qui, sur qui,* etc. —(2) Faux dévot. — (3) Par euphonie, on dit *j'irai* pour *j'y irai.* — (4) Ou *avec la robe* (Acad.). — (5) L'Acad. dit aussi (à *pas*): Je ne lui ai jamais vu faire un faux pas.

263ᵉ Exercice.—*Compléments convenables.*—(Gram., nº 855.)

Apprêtez-moi ce *dont* j'ai besoin pour sortir. En allant *ici* ou en revenant *de là*, je passerai chez vous. Pour entrer *dans* un port ou pour *en* sortir, on attend le temps où la marée est favorable. Les entrants et les sortants sont ceux qui entrent *dans* un lieu ou *en* sortent. S'il est vrai que l'on soit riche de tout *ce dont* on n'a pas besoin, un homme fort riche, c'est un homme sage (1).

Devoir.—Analyse de la première phrase.

264ᵉ Exercice. — *Place des compléments* —(Gram., 856 et 857.)

I. — On a pris *deux cents* hommes à l'ennemi. On mettra *ce militaire* à la demi-solde. Rappelez *un peu* votre mémoire. On mit *une taxe* sur les plus imposés. On jeta *ce condamné* dans les basses-fosses. César ordonna *à Labiénus* de le venir joindre (2). Je *vous* demande une heure de votre temps. Dieu a donné *la raison* à l'homme pour lui faire discerner *le bien* du mal, *le vrai* d'avec le faux. Les anciens se servaient *ordinairement* de clepsydres pour mesurer le temps. Un angon est une espèce de crochet qui sert ordinairement *aux pêcheurs* pour tirer les crustacés d'entre les rochers. Les voleurs ont pris *à mon voisin* tout ce qu'il avait d'argent sur lui. Le perroquet prend souvent, *avec sa patte,* ce qu'il veut prendre ensuite avec son bec.

II. (856 à 858.)—Tenez, Monsieur, battez-moi plutôt et *me* laissez rire (3). Il n'a retenu, *de ses conquêtes,* que deux forteresses. Il faut, *de bonne heure,* habituer les enfants à prier Dieu. Il y a, *dans cette affaire*, des dangers auxquels vous ne pouvez échapper. Voudriez-vous, *en passant*, dire à un tel de m'envoyer ce dont j'ai besoin. *Dans sa jeunesse*, le czar Pierre ne pouvait passer un pont sans frémir. On fouille *dans les entrailles de la terre* pour en tirer les métaux. *A cette époque,* je ne considérais pas l'enquête comme terminée. C'est seulement à un certain âge que la loi permet *aux enfants* de se marier sans le consentement de leur père. L'ensemble de la figure à dix faces ; *du bas du genou* au cou-de-pied il y en a deux. Cette cuisinière fait danser l'anse du panier : elle trompe ses maîtres en leur faisant payer *ce qu'elle achète* plus cher qu'on ne le lui a vendu. Je viens chercher, *dans cette petite bouteille*, une médecine pour mon père, qui est malade.

Devoir.—Assigner aux compl. leur véritable place et analyser les 1ʳᵉˢ phrases.

265ᵉ Exercice. (859). — Vous aimez *le jeu* et le gain. Il se plaît à lire et *à écrire*.—*Exceptions :* Je crois vos raisons excellentes, *et que vous le convaincrez.* Les grands exigent de nous, disait Massillon, une nourriture solide, *et que nous parlions le langage de la sagesse.* En ce pays, la plupart des hommes sont adonnés à l'agriculture *ou à conduire des troupeaux.* Je suis frappé de la grandeur d'âme de ces deux personnes, *et de voir* l'esprit de l'une et le cœur de l'autre supérieurs à la fortune.

860 et 861.—Je suis enchanté de vous voir. Le vaisseau fut longtemps tourmenté *de* (ou *par*, (Acad.) la tempête. Il fut écrasé *par* la chute d'une muraille. La langue française est souvent défigurée *par* la manie du néologisme. Saint Maximin est renommé *par* tout l'Orient *pour* sa piété et sa doctrine.

Devoir.—5 formes passives avec *de* pour complém. et 5 avec *par.*

(1) Notez que la phrase *on le flatte qu'il obtiendra ce qu'il désire* et autres semblables sont correctes.—(2) Ou *de venir le joindre* (225ᵉ Exercice).—(3) Ou *laissez-moi rire* (225 Exerc.).

266ᵉ **Exercice.**—*Auxiliaires (avoir ou être).*—(Gr., 862 à 866).

Le vaisseau *a* péri, mais on *a* sauvé l'équipage (1). — Je m'en *étais* douté.—Le tribunal cassa la procédure et tout ce qui *s'était* ensuivi.—Il *est* allé chercher son cheval.—Le courrier *est*-il déjà arrivé?—Il *est* chu (tombé) en pauvreté. Cela lui *est* échu en partage.—Autrefois, on privait de la sépulture ceux qui *étaient* décédés *ab intestat* (sans testament). — Ces fleurs *sont* écloses cette nuit.—Des moutons *sont* entrés dans ce champ et y *ont* fait un grand dommage.—Ce magistrat *est* mort et *a* été remplacé par un tel.—Je *suis* né en telle année.—Nous étions en paix, il nous *est* venu troubler.—Ce bruit n'*est* pas parvenu jusqu'à moi. — Il avait déjà de la peine à subsister, et, pour surcharge, il lui *est* survenu deux enfants.—Il lui *est* échu une succession du chef de sa femme.

Devoir.—Dix phrases avec *périr, aller, arriver,* etc., aux temps composés.

267ᵉ **Exercice.**—*Avoir ou être, selon le cas.*—(Gram., 867 et 868.)

Nous *avons* abordé à telle heure. Nous *sommes* abordés depuis peu.—La rivière *a* baissé d'un pied. — La rivière *est* maintenant baissée.—Sa situation *a* bien changé depuis lors; elle *est* actuellement bien changée.—Il *est* fort déchu de sa réputation.—Il *a* déchu de jour en jour.—Nous *avons* déménagé hier. Il *est* déménagé depuis trois semaines. — Le thermomètre *a* descendu de quatre degrés. Il *est* descendu à zéro.—Les actions *ont* monté beaucoup. Le blé *est* monté jusqu'à trente francs l'hectolitre. — J'*ai* resté sept mois à Colmar sans sortir de ma chambre. Il *est* resté oisif tout ce temps-là. Elle *est* restée stupéfaite. Quand j'ai voulu prendre cet outil, le manche m'*est* resté dans la main. Reprenons ce discours où nous *étions* restés. L'affaire *est* restée là.

Partir, passer, sortir et tomber.

Ce fusil *a* parti tout d'un coup (2). Il *serait* parti aujourd'hui sans une affaire qui lui *est* survenue.—Il *a* passé par Lyon. Elle *est* passée de l'autre côté de l'eau. Depuis votre départ, il s'*est* passé bien des événements. A quelle époque a-t-elle passé son examen? J'*ai* passé l'été à la campagne. Ce bien *a* repassé dans notre famille après en *être* sorti depuis un siècle. Il *a* passé comme une chandelle qui s'éteint. Il *est* passé (mort). Il y a deux heures qu'il *est* trépassé. Il *a* trépassé à telle heure.—Il *est* sorti mais il va rentrer. La Loire, qui *était* sortie de son lit, y *est* rentrée. Cet enfant n'*a* pas poursuivi ses études : il *est* sorti du collège en troisième. Il *est* entré dans ma chambre et il en *est* ressorti un moment après.—L'oiseau *a* tombé tout à coup sur la perdrix. Sitôt que l'on *est* tombé, il faut songer à se relever. Les poètes disent que Vulcain (dieu du feu) *a* tombé du ciel pendant un jour entier. Cette ferme m'*est* échue, m'*est* tombée en partage. En voulant éviter un inconvénient, il *est* tombé dans un autre.

Devoir.—Composer dix phrases dans chacune desquelles on fera entrer les verbes *rester, passer, sortir* et *tomber* se conjuguant successivement avec *avoir* et avec *être.*—Analyse des premières phrases ci-dessus.

---

(1) *Périr* se conjuguait autrefois avec *être,* et l'Acad. donne même encore l'instance est *périe.*—*Dépérir* prend avoir ou être selon le cas : l'armée est dépérie, a dépéri.

(2) Notez qu'on dit : ce fusil est parti au repos; il était au repos quand il est parti. Ces deux coups de fusil sont partis simultanément. (Acad.).

268ᵉ Exercice. — *Récapitulation.* — (Gram., 862 à 870.)

(L'élève dira pourquoi l'on emploie *avoir* ou *être*.)

Les moyens de ces voitures *ont* cassé. Par où la dispute *a*-t-elle commencé ? La rivière *a* décru de deux pouces. Les eaux *sont* bien décrues. Le fleuve *a* débordé deux fois cette année. La rivière *est* débordée. Cet écrivain *a* bien dégénéré. Cette race *est* bien dégénérée. La justice *est* descendue en tel endroit. Il n'*est* pas engraissé, mais il *a* démaigri. Sa maladie *est* empirée ; elle *a* beaucoup empiré. Il *est* monté dans sa chambre et il y *est* resté. Le luxe *est* monté au plus haut degré. Sa maison *est* montée sur un pied trop coûteux. Les jours *sont* raccourcis d'une demi-heure depuis un mois. On l'attendait à Paris, il *est* resté à Lyon. Il *est* resté bien au-dessous de son concurrent. Il *a* passé résolûment au travers des ennemis. Le coup lui *a* passé sous le bras. Sa goutte *est* passée, mais il a encore le pied tout étourdi. Elle *a* passé deux heures à se parer. Il *a* passé le pas (il *est* mort). Ce régiment *a* passé (pour *a été* passé) en revue. Ce grand courage *a* tombé tout à coup. Ce mot, ce propos n'*est* pas tombé à terre. Cette pièce *est* tombée à la première représentation. Il *a* craché en l'air, et cela lui *est* retombé sur le nez. On le croyait guéri, il *est* retombé. Cette terre *est* tombée en partage au cadet. Il *est* délaissé de tous ses parents. Elle ne l'*a* jamais délaissé. Les pertes qu'il vient d'éprouver *ont* tout à fait délabré ses affaires. Ses affaires *sont* bien délabrées. Nous *avons* couru de grands dangers. Ce prédicateur *est* fort couru. Il n'y a pas assez de cette marchandise tant elle *est* courue. Ils *ont* accouru ou ils *sont* accourus. Quoi ! la troisième livraison de ce recueil n'*a* pas encore paru ? L'atlas de cet ouvrage n'*a* pas encore *été* publié ; il n'*a* pas encore paru. Envoyez-moi toutes les livraisons qui *ont* paru. A peine *eut*-il paru sur la scène qu'il s'éclipsa. Les traces n'en *ont* point encore disparu ou n'en *sont* point encore disparues. Elle *a* disparu ou elle *est* disparue avec lui. Il *a* été assigné à comparaître par-devant tels juges ; il n'*a* pas comparu. Qu'a-t-il résulté de là ? Qu'en *est*-il résulté ?

Tous ces exemples sont extraits du Dictionnaire de l'Académie.

Devoir.—Composer seize petites phrases où entreront les verbes *cesser, changer, accroître, déchoir, monter, descendre, jucher* et *déjucher* (d'abord avec *avoir*, ensuite avec *être*).

269ᵉ Exercice.—*Convenir, demeurer, échapper, expirer.*

Cette maison m'*a* convenu. Cet emploi lui *aurait* bien convenu. Nous *sommes convenus* de vous rejoindre à tel endroit. Il n'en *est* pas disconvenu. Elle *a* demeuré trois ans à Rome. Mon cheval *est* demeuré en chemin. Il *est* demeuré trois mille hommes sur la place. Ce monsieur *a* demeuré longtemps à la campagne, en route. J'*ai* demeuré captif en Egypte. Ce bien lui *est* demeuré malgré les efforts de ceux qui le lui disputaient. Cet homme n'*a* demeuré que très-peu de temps en ce lieu. Mon ouvrage en *est* resté, il *est* demeuré au même point. La gloire lui en *est* demeurée tout entière. Sa canne lui *a* échappé (ou lui *est* échappée) des mains. Un cri, un soupir lui *a* ou lui *est* échappé. Votre observation m'*avait* d'abord échappé. Le véritable sens de ce passage *avait* échappé à tous les traducteurs. Cette bévue lui *est* échappée dans un moment d'irréflexion. Cela lui *est* échappé dans la chaleur de la composition. Il l'*a* échappé belle. La balle *a* percé votre chapeau, vous l'*avez* manqué belle. Il allait confier ses affaires à un fripon, il l'*a* manqué belle. Son bail expire à la St-Jean ; le mien *a* expiré hier. Les délais *sont* expirés, la trève *est* expirée. Ce temps *expiré*, aucune réclamation ne pourra être admise. Il *a* expiré entre mes bras.

Devoir.—Faire entrer les 4 verbes ci-dessus ainsi que l'expression *la manquer belle* dans dix petites phrases prenant *avoir* et *être*.

Emploi du présent pour le passé. — (Voir 135e et 272e Exercice).

270e EXERCICE. — *Présent* ou *imparfait.* — GR., 879 à 881.

On m'a écrit qu'il *demeure* maintenant à Paris. Mme du Gué a mandé à M. de Coulanges que vous *êtes* belle comme un ange. Qu'est-ce que vous voulez, mon papa? Ma grand'maman m'a dit que vous me *demandez.* L'acteur Baron disait qu'on *doit* réciter et non déclamer la tragédie. L'ibis est un oiseau, une espèce de courlis qui était fort révéré des anciens Égyptiens, parce que, se nourrissant de serpents, il en *détruit* une grande quantité. Tous ceux qui ont médité sur l'art de gouverner les hommes, ont reconnu que c'est de l'instruction de la jeunesse que *dépend* le sort des empires. Annibal reconnut trop tard que, dans les affaires de la guerre, il y *a* des moments favorables et décisifs qui ne reviennent jamais.

Exceptions : On a dit que chaque vertu *était* entre deux vices. (Acad.) On m'écrit d'Ispahan que tu *avais* quitté la Perse et que tu *étais* actuellement à Paris. (Montesq.) Cette maison a fait son bilan, et elle a reconnu que ses bénéfices, que ses pertes *étaient* considérables. (Acad.) On a remarqué depuis longtemps que les habitants des campagnes *étaient* moins souvent malades que les hommes qui font leur séjour dans les grandes villes. Nous avons déjà dit que la grande chaleur *énervait* la force et le courage des hommes, et qu'il y *avait* dans les climats froids une certaine force de corps et d'esprit qui *rendait* les hommes capables des actions longues, pénibles, grandes et hardies.

Devoir. — Composer cinq phrases semblables aux premières.

271e Exercice. — *Récapitulation.* — (Gram., 877 à 893.)

Si tu meurs, je *meurs*; si tu pars, je *pars*. Son procès se *juge* demain. Partout où les Romains *campaient*, ils faisaient des retranchements. On a reconnu que cela *était* vrai, que cela *était* nécessaire (1). On a cru longtemps que la terre *était* immobile. Je vous ai dit que la neige *est* composée de tout petits glaçons minces et transparents. Il y a longtemps que l'on *a dit* que la bonne foi *est* l'âme d'un grand ministre. On a cru autrefois que les fourmis *faisaient* leurs provisions en été pour l'hiver. Des philosophes ont enseigné que la matière *est* incréée. S'il n'avait rien retranché de sa dépense, il *était* ruiné avant six mois. Quand les soldats se saisirent de Jésus, ses disciples s'*enfuirent* et le laissèrent seul au milieu de ses ennemis. Dès que j'ai eu fini (2) je *suis sorti.* Après que vous avez eu parlé (2) il s'*est retiré.* Après que vous eûtes parlé, il se *retira.* Il allait le tuer si je ne l'*eusse* retenu. Vous l'*aurez* sans doute exhorté à la patience. Je me suis présenté à votre porte, on m'a dit que vous *étiez* sorti. On m'a rapporté que vous *aviez* dit beaucoup de mal de moi chez un tel. J'ai promis de le protéger contre quiconque l'*attaquerait.* J'ai agi dans la persuasion que vous m'*approuveriez.* M. le Ministre a annoncé à la Chambre des députés qu'il *déposerait* prochainement une demande de fonds. Dieu a promis qu'il *remettrait* les péchés à ceux qui les confesseraient, qu'il *donnerait* sa grâce à ceux qui la demanderaient, qu'il *aiderait* à mieux vivre ceux qui le désireraient. Sans lui, j'*aurais eu dîné* (2) de meilleure heure. Si je ne l'aimais plus, l'en *parlerais*-je encore? Je m'étais bien douté que mon départ *ferait* (3) du bruit. *Sois* juste et sage, tu seras fort comme dix mille éléphants. *Veuillez*, mon cher ami, vous empresser de faire telle chose. O dieux, punissez, *punissez* Ulysse.

---

(1) Ou *est*, selon la nuance. — (2) Temps *surcomposé.* — (3) Et non *aurait fait.*

Suit de la récapitulation

sur l'emploi des temps de l'indicatif et du conditionnel,

(*Gram.* n°˙ 877 à 893.)

272ᵉ Exercice. — *Mort de Turenne.* — Les pères mourants *envoient* leurs fils pleurer sur leur général mort; l'armée en deuil *est occupée* à lui rendre les devoirs funèbres, et la Renommée, qui se *plaît* à répandre dans l'univers les accidents extraordinaires, *va* remplir toute l'Europe du récit glorieux de la vie de ce prince, et du triste regret de sa mort. Que de soupirs alors ! que de plaintes ! que de louanges *retentissent* dans les villes, dans la campagne ! L'un voyant croître ses moissons, *bénit* la mémoire de celui à qui il *doit* l'espérance de sa récolte ; l'autre, qui *jouit* encore, en repos, de l'héritage qu'il a reçu de ses pères, *souhaite* une éternelle paix à celui qui l'*a sauvé* (1) des désordres et des cruautés de la guerre : ici l'on *offre* le sacrifice adorable de J.-C. pour l'âme de celui qui a sacrifié sa vie et son sang au bien public ; là on lui *dresse* une pompe funèbre, où l'on s'*attendait* (1) à lui dresser un triomphe ; chacun *choisit* l'endroit qui lui paraît le plus éclatant dans une si belle vie ; tous *entreprennent* son éloge, et chacun, s'interrompant lui-même par ses soupirs et par ses larmes, *admire* le passé, *regrette* le présent, et *tremble* pour l'avenir. Ainsi tout le royaume *pleure* la mort de son défenseur, et la perte d'un seul homme *est* une calamité publique. (FLÉCHIER.)

Devoir. — Analyse de la 1ʳᵉ phrase *les pères mourants envoient leurs fils* afin de *pleurer sur leur général mort.*

Pleurer, comp. indir. d'*envoient*, à cause d'*afin de* ou *pour* sous-entendu.

273ᵉ Exercice. — *Autrefois et aujourd'hui.* — J'étais l'autre jour dans une maison où il y *avait* un cercle de gens de toute espèce : je *trouvai* la conversation occupée par deux vieilles femmes qui *avaient* en vain travaillé tout le matin à se rajeunir. Il faut avouer, disait une d'entre elles, que les hommes d'aujourd'hui *sont* bien différents de ceux que nous *voyions* dans notre jeunesse : ils étaient polis, gracieux, complaisants; mais à présent, je les *trouve* d'une brutalité insupportable. Tout *est changé*, dit pour lors un homme qui paraissait accablé de goutte ; le temps n'est plus comme il était : il y a quarante ans, tout le monde se *portait* bien; on marchait, on était gai, on ne demandait qu'à rire et à danser; à présent tout le monde est d'une tristesse insupportable. Un moment après, la conversation tourna du côté de la politique. Morbleu ! dit un vieux seigneur, l'État n'*est* plus gouverné : trouvez-moi à présent un ministre comme monsieur Colbert! Je le connaissais beaucoup, ce monsieur Colbert; il était de mes amis; il me faisait toujours *payer* de mes pensions avant qui que ce *fût* : le bel ordre qu'il y avait dans les finances! tout le monde était à son aise ; mais aujourd'hui, je suis ruiné. Que prouvent ces diverses réflexions, sinon que nous ne *jugeons* jamais des choses que par un retour secret que nous faisons sur nous-mêmes. Je ne suis pas surpris que les nègres *peignent* le diable d'une blancheur éblouissante et leurs dieux noirs comme du charbon, et que tous les idolâtres *aient* représenté leurs génies avec une figure humaine et leur aient fait part de toutes leurs inclinations. On *a dit* fort bien que si les triangles faisaient un dieu, ils lui *donneraient* trois côtés. (MONTESQUIEU.)

Devoir. — Analyse de la 1ʳᵉ phrase *j'étais* entré durant *l'autre jour*, etc.

_____

(1) Ici le verbe exprime un temps doublement passé.

274ᵉ EXERCICE.—*Subjonctif après* douter, *etc.*—(GRAM., 896.)

I —Je doute que vous *gagniez* votre procès. Je trouve bien étrange que vous *ayez* fait cela. J'ai regret que vous n'*ayez* pas entendu ce discours. Je suis ravi qu'il *ait* gagné sa cause. Je désire qu'elle *réussisse*. Plaise à Dieu qu'il *revienne* sain et sauf!

II. (897). — Je dis que vous *avez* raison. Je dis (je veux) qu'il *fasse* son devoir. — Qu'entendez-vous par là? J'entends qu'il *a* eu tort. J'entends que vous *travailliez* avec moi. — Je prétends que mon droit *est* incontestable. Si je vous fais ce plaisir, je prétends que vous m'en *fassiez* un autre. — Je suppose qu'il *est* honnête homme. Supposez que l'or *soit* aussi commun que le fer. — Prenez garde (remarquez) que l'auteur ne *dit* pas ce que vous pensez. Prenez que je n'*aie* rien dit. — Il a ordonné par son testament qu'on lui *fit* les obsèques les plus simples. La Cour a ordonné que ce témoin *serait* entendu (1).

Devoir.—Analyse des premières phrases.

275ᵉ EXERCICE.—*Subjonctif après* ne... pas, *etc.*—(GRAM., nᵒ 898.)

I. — Je ne crois pas qu'il *soit* venu. Nous ne certifions pas que cela *soit*. Je ne suis pas certain qu'il *réussisse*. Nous ne nous plaignons pas qu'on nous *ait* battus. Je ne sache pas qu'elles *soient* malades. Je ne me souviens pas qu'il m'*ait* dit cela. Je ne soupçonne pas que ce mot *vienne* de lui. Nous ne prévoyions pas que cela *dût* arriver ainsi.

Il est constant qu'il *a* dit cela. Il n'est pas constant qu'il *ait* dit cela. Est-il constant qu'il *ait* dit cela? Pensez-vous qu'il *faille* croire tout ce qu'il dit? Croyez-vous qu'il *veuille* acquitter sa dette? Il nie qu'on *doive* restituer (2). Croit-il que je *veuille* vous tromper? Je ne désapprouve pas que vous *preniez* ce parti. Comment voulez-vous que je *subvienne* à tant de dépenses? Pensez-vous que cela *puisse* se faire?

Devoir.—Transcrire les phrases ci-dessus en supprimant les négations ou la forme interrogative et indiquer quel mode on emploiera. (Indicatif.)

II. (899). — N'oubliez pas que je vous *attends*. Croyez-vous qu'il n'en *sera* pas mécontent? Je ne dissimule pas qu'il y *aura* des difficultés à vaincre.—Oubliez-vous, Madame, que Thésée *est* mon père et qu'il *est* votre époux? Je ne doute pas que Dieu *a* eu de bonnes raisons pour créer l'univers. Je ne désavoue pas que j'en *ai été* fâché (3). Malgré les lois prohibitives de la chasse, il n'est pas douteux que le propriétaire ou le fermier *peuvent*, en tout temps, se défendre des dégâts causés par les animaux nuisibles. Quand les anciens élevaient des statues à quelque vice, cela ne signifiait pas qu'ils *aimassent* ce vice (4). Ne trouvez-vous pas, mes amis, que nous *devons* remercier Dieu, chaque jour, de ce qu'il *veille* ainsi sur nos besoins, en envoyant à nos moissons la pluie qui les fait germer et la chaleur qui les fait mûrir?

Devoir. — Analyse des premières phrases.

(1) Ou *fût* entendu (Acad.). En général, quand *ordonner* exprime l'arrêt d'un tribunal ou d'un pouvoir suprême, on met le verbe suivant au *futur* de l'indicatif ou au *conditionnel*; ex.: *Ordonné qu'il sera fait rapport à la Cour*. (RAC.); *l'empereur Dioclétien ordonna que les Manichéens seraient brûlés*. (CONDILLAC.)
Il en est de même d'*exiger*, quand il s'agit d'un trait imposé par les vainqueurs aux vaincus: *On exigea d'eux qu'ils remettraient le port de Lilybée*. (VERTOT.)

(2) *Nier* est le contraire d'*affirmer*. — (3) Ou *que j'en* aie *été fâché*. (ACAD. — (4) Ici le subjonctif a été employé par Montesquieu.

276ᵉ Exercice. — *Subjonctif après* il faut, *etc.* — (Gram., nᵒ 900.)

I. — Il faut que les passions *soient* soumises à la raison. Il convient que vous *surveilliez* sa conduite. Il est vraiment étrange que vous ne *croyiez* jamais vos amis. Il est fâcheux que vous ne vous *soyez* pas trouvé avec nous. Il est rare que l'on *revienne* d'un long fourvoiement. Il est juste qu'un meurtrier *périsse.*

II. (901). — Il me semble que je le *vois.* Il me semble qu'on me *fend* la tête. Il ne paraît pas que vous *soyez* son ami (1). Il me paraît que vous *doutez* de ma sincérité. Il est probable qu'il *a* dit cela. Il n'est pas probable qu'il *ait* fait cela (1). Il y a un siècle qu'on vous *attend.* Il ne suit pas de là que vous *ayez* raison (1). Il est présumable qu'il *viendra.* Est-il présumable qu'il *réussisse* (2). Il est à présumer qu'il y *consentira.* Il n'est pas à présumer qu'il y *consente* (1). Il est vrai qu'on l'*a* maltraité. Est-il vrai qu'on l'*ait* maltraité (2) ? S'il est vrai que Dieu nous *voit,* faisons le bien et fuyons le mal. S'il est vrai que vous *aimez* la justice, n'endurcissez pas votre cœur. Il semble que cela *soit* à vous : vous en faites comme des choux de votre jardin. Il semble que cela se *soutienne* sur rien, que cela ne *tienne* à rien. Il me semble que mon cœur *veuille* se fendre par la moitié. On dirait qu'il *a* pris à tâche de choquer tout le monde.

> On dirait que le ciel, qui se fond tout en eau,
> *Veuille* inonder ces lieux d'un déluge nouveau. (Boileau.)

Devoir. — Analyse des premières phrases.

277ᵉ Exercice. — *Subjonctif après* qui, *etc.* (Gram., 902 et 904.)

I. — Hérodote est le premier historien qui *ait* parlé des nilomètres (3). C'est le seul homme qui *vive* de la sorte. Il y a peu d'animaux dont le pied *ait* plus de sûreté que les chèvres et les mulets. Les chevaux arabes sont les plus beaux que l'on *connaisse.* La rose principale de cette église est la plus belle qui *soit* en France. La famine est un des plus grands fléaux qui *puissent* désoler un pays. Voici le meilleur expédient que nous *puissions* prendre pour votre affaire. Tous les hommes recherchent les richesses, et toutefois on voit peu d'hommes riches qui *soient* heureux.

C'est une femme qui mérite qu'on la *plaigne.* Il n'y a que la vertu qui *puisse* rendre un homme heureux. Tout le monde travaille ; il n'y a que vous qui *ayez* les bras croisés. Il n'y a guère d'auteurs qui ne *sommeillent* quelquefois. Cette hypothèse (supposition) n'a rien qui *doive* vous blesser.

II. (903 et 905). — D'où sont venus les premiers hommes qui *ont* peuplé l'Amérique ? Je fais la meilleure contenance que je *puis.* Le peu que j'*ai* fait pour vous ne mérite pas tant de remercîments. Le moins qu'on *peut* faire par procureur, c'est le mieux. Je veux des souliers que je *puisse* mettre aisément. Je cherche les souliers que je *puis* mettre aisément. On ne sait pas son métier l'*apprenne* ou le *quitte.* Dans cette république, qui ne sait pas son métier l'*apprend* ou le *quitte.* Je veux un métier qui me *nourrisse.* J'ai un métier qui me *nourrit.* Il faut toujours montrer aux jeunes gens un but solide et agréable qui les *soutienne* dans le travail. Voilà le but solide qui me *soutient.* Il n'y a que moi qui ne *puis* mourir. C'est la seule fois que je l'*ai* vu (4). Le plus que je *puis* faire (5). Le plus que vous en *pouvez* prétendre (6).

Devoir. — Analyse des premières phrases.

---

(1) *Subj.* à cause de la négation. — (2) *Subj.* à cause de l'interrogation.

(3) Colonnes graduées qui servent à mesurer la crue des eaux du Nil.

(4) Ou aie vu (Acad.) — (5) Ou *puisse* faire (Acad.) — (6) Ou *puissiez* (Acad.)

278ᵉ Exercice.—*Subjonctif après* qui, que, afin que, etc.

I. (906 et 908).—Qui que nous *soyons*, Dieu nous voit. Qui que vous *soyez*, respectez les vieillards. Quelles qu'elles *soient*, elles ne réussiront pas. Qui que ce soit, qui que ce *puisse* être qui *ait* fait cela, c'est un habile homme. Quoi que vous *écriviez*, évitez la bassesse. Nous devons respecter nos parents, quels qu'ils *soient*, quels qu'ils *puissent* être. Quelque raison qu'on *ait* à faire valoir, il ne veut rien écouter.

Tirez la sonnette, afin qu'on *vienne* ouvrir la porte. Je désire que vous *partiez* promptement pour que vous *reveniez* plus tôt. C'est une affaire faite, pourvu que le père et la mère y *veuillent* donner leur approbation. Loin qu'il *soit* disposé à vous faire des remercîments, il est homme à vous chercher querelle. Pour peu qu'on me *fasse* de difficultés, j'abandonnerai l'entreprise. Il revint à la charge quoiqu'on l'*eût* maltraité. En Turquie, on parle le turc quoique le Coran, les traditions, les traités de médecine, d'astronomie et de philosophie *soient* écrits en arabe.

II. (907 et 909).—Tout grand seigneur qu'il *est*, cet homme n'est pas heureux. L'Égypte, toute superbe qu'elle *était*, devint sujette des Perses. L'espérance, toute trompeuse qu'elle *est*, sert au moins à nous mener à la fin de la vie par un chemin agréable.—Expédiez cet homme, qu'il s'en *aille*. Il ne sera pas content qu'il ne vous *ait* vu. Si les hommes étaient sages et qu'ils *suivissent* les lumières de la raison, ils s'épargneraient bien des chagrins. Il ne faut pas compter sur la Providence de manière qu'on ne *fasse* rien pour se tirer de peine. L'armée se porta de manière qu'elle *tenait* les principales places des ennemis en échec. La clef s'est engagée dans la serrure de manière qu'on ne *peut* l'en retirer. Il entortille ses phrases de manière qu'on n'y *peut* rien comprendre. La nuit vint de façon que je *fus* contraint de me retirer. Il faut vivre de façon qu'on ne *fasse* tort à personne. Nous ferons en sorte qu'ils n'*aient* pas lieu de se plaindre.

Devoir.—Analyse de la première phrase comme s'il y avait *bien que* nous soyons qui (petits ou grands, etc.), Dieu nous voit.

279ᵉ Exercice. — *Récapitulation.* — (Gram., nᵒˢ 894 à 910).

(Noter l'emploi du subjonctif ou des autres modes dans les phrases suivantes.)

J'ignore s'il *est* arrivé. J'ignorais qu'il *fût* arrivé. Je n'ignore pas qu'il *a* voulu me nuire. Il se *fut* bientôt ennuyé d'eux. Il s'en *fût* bientôt ennuyé. Il est peu probable que cette fête *ait* lieu. J'ai toujours entendu que notre arrangement s'*exécuterait* ainsi. Il serait à craindre que cette chose ne *manquât*. Il est impossible qu'un pareil événement *ait* eu lieu. Il n'y a que les évêques qui *aient* le pouvoir d'ordonner les prêtres. Il semble qu'il *ait* pris à tâche de me ruiner. Au plus loin que ma vue *puisse* s'étendre, je n'aperçois rien. Qui m'aime me *suive*, Qui m'aima me *suivit*. Il se plaint de ce qu'on le *calomnie*. Il se plaint qu'on l'*ait* calomnié. Qui vous a dit que rien ne s'opposerait à vos desseins ? Ne trouvez pas mauvais que je *prenne* la liberté de vous écrire (*ou* si je prends la liberté de vous écrire). Supposez que je n'*aie* rien vu. Où avez-vous pris que je voulais (*ou voulusse*) vendre ma maison ? Je suis fâché que vous ne m'*ayez* pas prévenu. Je suis fâché de ce que vous ne m'*avez* pas prévenu. Il pourrait arriver qu'en voulant perfectionner la scène française on la *gâterait* entièrement. Il serait à désirer que les personnes de la province *attachassent* plus d'importance qu'elles ne le font à la bonne prononciation. Ce n'est pas que je *veuille*, que je *prétende*... Une échelle est une machine composée de longues pièces de bois traversées d'espace en espace par des bâtons disposés de manière qu'on *peut* s'en servir pour monter et pour descendre.

Devoir. — Analyse des trois premières phrases. (Ignorer a pour compl. direct *s'il est arrivé, qu'il fût arrivé*, etc.)

280° EXERCICE.—*Présent* ou *imparf. du subjonctif* (912 et 913).

Dès qu'il est dans son cabinet, il ne veut pas qu'on l'*inquiète* (1). Je ne souffrirai pas que vous me *parliez* découvert. Je ne permettrai point qu'il en *soit* ainsi. Croyez vous que je n'*aie* pas bien mal au cœur de voir toutes ces folies ? Ce n'est pas assez qu'un avocat *connaisse* les lois et les ordonnances, il faut encore qu'il *entende* bien la pratique.

Je doute qu'on *puisse* être heureux lorsqu'on a quelque faute grave à se reprocher. Je doute que l'on *pût* être heureux si l'on avait quelque faute grave à se reprocher. Je m'étonne qu'il ne *voie* pas le danger où il est. Je m'étonne qu'il ne *vît* pas le danger où il était. L'Évangile est le plus beau présent que Dieu *pût* faire aux hommes. Baléasar est aimé du peuple ; il n'y a aucune famille qui ne lui *donnât* tout ce qu'elle a de bien s'il se trouvait dans une pressante nécessité ; il n'y a aucun de ses sujets qui ne *craigne* de le perdre, et qui ne *hasardât* sa propre vie pour sauver celle d'un si bon roi.

Devoir.—Composer cinq phrases semblables à celles du n° 912 et cinq autres à celles du n° 913.

281° EXERCICE.—*Quatre premières règles.*—(GR., 911 à 915.)

(À partir de la 3ᵉ phrase, employer successivement avec le même verbe les quatre temps du subjonctif.)

Faites en sorte que cet ennuyeux *se retire*. Je crois qu'il *eût* mieux profité des avis qu'il a reçus s'il *eût* été plus clairvoyant. Il n'y a rien que je ne *fasse* pour vous. Il n'y a rien que je ne *fisse* alors pour vous. Il n'y a rien que je ne *fisse* pour vous si vous travailliez davantage. Il n'y a rien que je n'*aie fait* pour vous. Il n'y a rien que je n'*eusse fait* pour vous si vous vous fussiez mieux conduit.—Il n'est rien dont je *sois* plus certain. Il n'est rien dont je *fusse* alors plus certain. Il n'est rien dont je *fusse* plus certain si tel point m'était démontré ; etc. Il n'y a qu'une seule personne qui vous *puisse* donner des nouvelles de cet homme. Il n'y a qu'une seule personne qui vous en *pût* alors donner des nouvelles, etc. Il n'est fils de bonne mère qui ne *veuille* faire cette action, etc. C'est notre ancre de salut, c'est la seule chose qui *puisse* nous sauver, etc. C'est la plus sûre ou l'unique ressource que nous *ayons*, etc. C'est de tous ces monuments le seul qui *soit* resté debout, etc. Il y a peu d'animaux farouches qu'on ne *sache* apprivoiser, etc. Zaïre est un des personnages les plus touchants qui *soient* sur la scène, etc. Je ne conçois pas qu'un homme sage *puisse* s'oublier à ce point, etc. C'est la seule récompense qu'il *ambitionne* ; il n'en veut point d'autre, etc.

Devoir.—Analyse de *faites* (agissez) *en sorte que*, etc.

(1) Dans l'explication de toutes ces phrases, le maître pourra demander : 1° Pourquoi on emploie le subjonctif ; 2° pourquoi tel temps du subjonctif.—Ici *inquiète* est au subjonctif parce qu'il est sous la dépendance d'un verbe (*vouloir*) qui exige ce mode (n° 896 de la Gram.)—On emploie le *présent* du subj. parce que *il veut* est au présent de l'indicatif et qu'*inquiète* doit marquer un présent ou un futur (n° 912).

282ᵉ EXERCICE.—5ᵉ *règle.*—(GRAM., nᵒ 916.)

I. — Je ne sache pas que ce laquais vous *appartienne.* Je ne savais pas que ce laquais vous *appartînt.* Il avait bien peur qu'on ne lui *allouât* point cette dépense. A l'expiration de mon bail, j'ai demandé au propriétaire qu'il ne *relouât* mon appartement. Je lui ai signifié que je ne veux pas qu'il *mette* le pied chez moi. Je lui avais signifié que je ne voulais pas qu'il *mît* le pied chez moi. Cet ecclésiastique eût mérité que le pape le *promût* à la dignité de cardinal. Il vaut mieux qu'il se *taise* que de parler mal à propos. Il vaudrait mieux, etc. Il est bon que vous lui *fassiez* des excuses. Il serait bon, etc. Je n'aurais jamais cru qu'il *eût* réussi sans vous.

II.—On a placé ce livre sur le bureau afin qu'on *puisse* le consulter. Je suis venu vous voir pour que nous *parlions* de nos affaires. Quoiqu'il *relève* de maladie et qu'il *soit* encore très-faible, il a voulu se mettre en route. Je voudrais bien qu'il ne *neigeât* plus. Ce prince fit son entrée dans le plus haut appareil qu'on *ait* jamais vu. Il serait désirable que les philosophes s'*appliquassent* à démontrer combien la paix serait avantageuse aux peuples de l'Europe. S'il arrivait que quelque enfant indolent *eût* du penchant à croupir dans la paresse, il faudrait lui administrer quelque stimulant qui l'*éveille.* Pendant des siècles, il a suffi de dire au monde que telle avait été la volonté de César pour que le monde *obéît.* Plaise aux dieux que mon père, échappé à la fureur des vagues, *puisse* régner sur Ithaque, jusqu'à la plus extrême vieillesse, et que je *puisse* apprendre longtemps sous lui comment il faut vaincre ses passions pour savoir modérer celles de tout un peuple ! Aristodème, tyran de Cumes, chercha à énerver le courage de la jeunesse: il voulut que les garçons *laissassent* croître leurs cheveux comme les filles; qu'ils les *ornassent* de fleurs et *portassent* des robes de différentes couleurs. Si Voltaire eût également soigné toutes les parties de son style et qu'il *eût* plus tenu à la perfection qu'à la fécondité, il serait le premier de nos poëtes.

283ᵉ Exercice. — *Récapitulation.* — Faites en sorte qu'il *ait* terminé demain (1). Je ne sentais pas que l'on me *trompait* (2). C'est assez qu'il parle pour qu'on le *croie.* Il est à craindre que cela ne *fasse* impression sur les esprits faibles. Il était à craindre etc. Il ne faut pas que la coutume *prévale* sur la raison. Il ne faudrait pas etc. Il faut toujours se conduire de manière qu'on n'*ait* aucun reproche à se faire. Si vous m'aimez et que vous *vouliez* me le persuader... Si vous m'aimiez et que etc. Si, dans l'assemblée, un orateur paraissait tout à coup et qu'il *voulût* se faire entendre? Il y a peu de personne qui *sachent* se procurer une vieillesse heureuse et respectée. Qui que nous *soyons,* nous sommes pécheurs, et, comme tels, nous devons faire pénitence. Aristide avait été juste avant que Socrate *eût* dit ce que c'était que la justice. Une reprise perdue est celle qui est faite de manière qu'on ne l'*aperçoive* pas et qu'elle se confonde avec le tissu de l'étoffe. Ce n'est pas que je *sois* fâché de voir la philosophie cultivée, mais je ne voudrais pas qu'elle *devînt* un tyran qui *exclût* tout le reste. On dit que l'araignée aime la musique et qu'une vive lumière l'attire; ce qu'il y a de certain, c'est que tout sauvage et craintif qu'il *soit* (except.), cet animal peut s'apprivoiser.

Devoir.—Analyse de la 1ʳᵉ phrase (V. 281ᵉ Exerc.).

---

(1) Ici le passé *ait terminé* marque un temps futur.

(2) Même avec la négation *sentir* veut ici l'indicatif.

284e EXERCICE. — **Emploi de l'infinitif.** — (GRAM., 920 à 922.)

On ne devient point savant sans *étudier*. Il est incivil de s'*accouder* sur la table devant ses supérieurs. Une légère étincelle peut *causer* un grand embrasement. Quand on prie des gens à un repas, il faut avoir soin de les *assortir*. Il faut *rougir* de *commettre* des fautes et non de les *avouer*. Il est moins honteux de *convenir* de ses torts que de *chercher* à les *justifier*. Je suis *affligé*. Vous paraissez *contrarié*. Adraste même a honte de se sentir *troublé*. C'est assez *parlé*, assez *disputé* (ou assez *parler*, assez *disputer*). (*Acad.*)

Devoir. — Analyse de la première phrase.

285e EXERCICE. — (GRAM. n°s 924 à 927.)
(Dire si les infinitifs suivants sont bien employés.)

Je ne suis pas certain de *réussir*. Les plus doctes sont sujets à *faillir*. Tel croit *gouverner* un autre qui en est gouverné. Je lui ai mandé de *venir* (1). Je suis rentré chez moi pour *changer*. L'appétit vient *en mangeant* (2). Il vaut mieux ne pas *promettre* que de *violer* sa parole. Je crois *avoir fait* ce que je devais. Il faut *adorer* les mystères sans *vouloir* les *approfondir*. L'affaire est trop importante pour ne pas *prendre* le temps d'y penser (Acad.). Nous avons si bien pris nos mesures que nous sommes assurés de *réussir* (3). On n'obtient pas ce qu'on demande *en prenant* de l'humeur au premier refus. Notre écriture se lit *en allant* de gauche à droite, celle des Orientaux *en allant* de droite à gauche.

Les empereurs romains ont employé tout leur pouvoir à faire que *l'on obéît* à l'Eglise. Qu'ai-je fait pour *que tu viennes* troubler mon repos? Je le console *de la perte* de son bien. Je vous ai confié mon fils afin *que vous en fassiez* un honnête homme. Je suis fâché de voir *qu'on reçoit* de la sorte une personne comme vous. Ne *croyez pas qu'on le fera* revenir sur sa décision.

Devoir. — Analyse des premières phrases.

286e EXERCICE. — *Mettre cuire* ou *à cuire*, etc. — (GR., 928 à 931.)

Mettez *sécher* le linge (4). Mettez de l'eau *bouillir*. Il s'est mis tout de bon *à étudier*. Il faut mettre *tremper* ces pois, ces pruneaux pour les amollir. Tout ce qu'elle s'imaginait *tenir* lui échappait tout à coup. Il m'a assez mal reçu; à peine a-t-il daigné *m'écouter* et me *répondre*. Il dédaignait *de* nous *parler*. Un grand courage dédaigne *de se venger*. Je désire le *voir*. On désire *de la revoir* avant peu. Peut-on espérer *de* vous *revoir*? Adraste espérait *de vaincre* facilement le fils d'Ulysse. On a vu la cigogne préférer *de périr* avec ses petits plutôt que de les abandonner. Je souhaiterais *pouvoir* vous obliger. Elle se plaisait aux champs où elle avait grandi, et ne souhaitait pas *d'en sortir*. Les méchants craignent les méchants, s'en défendent et ne souhaitent point *de les voir* en crédit. La fermière sourit, et pour faire plaisir à ses visiteurs, elle leur expliqua ce qu'ils désiraient *de tant savoir*. Malheureux que je suis! je souhaite *de revoir* ma patrie peut-être pour devenir plus malheureux encore!

Devoir. — Composer dix phrases avec les verbes cités n°s 928 à 931.

(1) Ou *qu'il vînt* (Acad.) — (2) Voir la note 1 de la *Gram.*, p. 187. — (3) Ou *que nous réussirons.* (Acad.) — (4) Pour *à sécher, à bouillir*, etc. (Acad.)

et des quatre premières espèces de mots (Gr., 533 à 931.).

287ᵉ Exercice.—Ainsi que la vertu, le crime *a ses* degrés. Chacun des deux partis *a* des fautes à se reprocher. Les alchimistes prétendent *convertir* les métaux imparfaits en or. Le râtelier sert à contenir le foin ou la paille que *mangent* les bœufs. Les gens ignorants croient encore qu'il y des magiciens qui *enchantent* les hommes, les animaux. On donne le nom de faîtage à la pièce de bois qui termine le comble d'une maison, et sur laquelle *s'appuient* les chevrons. Cet homme s'exprime avec une clarté, une facilité qui me *surprennent*. Il y en a qui parlent bien et qui n'écrivent pas de même : c'est que le lieu et les assistants les *échauffent*. Prenons, vous et moi, dit Mentor, un de ces grands bancs de rameurs. Il s'en est emparé sans que mon frère ou moi nous en *soyons* aperçus. Le sage Nestor ne put se trouver dans le conseil parce que la douleur, jointe à la vieillesse, *avait* flétri son cœur. Si notre être, si notre substance n'*est* rien, tout ce que nous bâtissons dessus, que *peut*-il être? C'est dans le lit de l'Océan que *naissent* une multitude de plantes inconnues à nos botanistes. L'homme n'est rien qu'un fantôme, une ombre, une vapeur qui se *dissipe* dans les airs. Les charges romaines, dont la dignité autant que le profit *s'augmentaient* avec l'empire, *furent briguées* avec fureur.

Devoir. — Analyse de la première phrase. — (*Vertu* sujet de *a* sous-entendu.)

288ᵉ Exercice.—Les ignorants n'ont pas de doutes : ils ne sentent ou n'*aperçoivent* point les difficultés. Songez-vous quel serment vous et moi nous *engage?* Ce n'est pas moi, c'est vous qui *avez* fait cela. C'est l'orgueil, plutôt que la justice et la piété, qui *est* l'âme de nos entreprises. Quelques sages *ont* cette opinion ; le reste des hommes *est* d'un autre avis. Chacune de ces choses *a* des qualités propres et particulières qui la *distinguent*. Quantité d'oiseaux *se vinrent percher* (1) sur ces arbres. La même couleur et le même dessin qui nous *semblent* admirables un jour, le lendemain nous *paraissent* ridicules si la mode les *condamne*. Thalès est le premier des Grecs qui *ait* enseigné que les âmes *sont* (2) immortelles. Moïse a écrit les œuvres de Dieu avec une exactitude et une simplicité qui *attirent* la croyance et l'admiration. Avant l'institution des caisses d'épargne, peu d'ouvriers *économisaient* quelque chose, et quand la maladie, les infirmités ou la vieillesse *arrivaient* (816), l'on n'avait d'autre ressource que l'hôpital, où la vie est quelquefois bien triste. La société n'est pas si mauvaise qu'on veut bien le dire : parmi les millions que j'entends sonner autour de ma médiocrité, j'en sais plus d'un qui *commença* par un gros sou. Une froideur ou une incivilité qui *vient* de ceux qui sont au-dessus de nous nous les *fait haïr* ; mais un salut ou un sourire nous les *réconcilie*. Si les morts revenaient au monde et qu'ils *vissent* l'usage que certains héritiers font de leur fortune, ils seraient bien étonnés. La vanité est tellement ancrée dans le cœur de l'homme qu'un goujat, un marmiton, un crocheteur se *vante* et *veut* avoir des admirateurs. Avec quelque supériorité de force qu'on s'engage dans un combat, le moindre mécompte, une terreur panique, un rien vous *arrache* la victoire. Il faut que ce *soit* (3) la sagesse et la vertu, plutôt que la présence d'un Mentor, qui nous *inspirent* ce que nous devons faire.

Oublions tout, que rien ne nous *aigrisse;*
Pour n'aimer pas, faut-il qu'on se *haïsse?* (VOLT.)

Devoir. — Analyse de la première phrase.

---

(1) Ou *vinrent se percher*.—(2) Vaut mieux qu'*étaient*.—(3) Ou *soient*.

289· Exercice.—Fais ce que *dois, advienne* que pourra. Dites-nous des choses vraies, si vous voulez qu'on les *croie.* Je vous ai dit ce que *c'est* (1) que les brouillards et les nuages. C'est une des caresses *auxquelles* on accoutume les enfants. Il *a* passé par ici ce matin : il m'a dit qu'il *repasserait* (2) demain. Qui n'eût dit que le ciel *seconderait* ses bonnes intentions? Pythagore est le premier d'entre les Grecs qui *ait pris* le nom de philosophe. Les philosophes les plus sensés, qui ont réfléchi sur la nature de Dieu, ont dit qu'il *est* (3) un être infiniment parfait. Il n'y a rien de caché qui ne *vienne* à être découvert, rien de secret qui ne vienne à être connu. Ce que vous dites là *prouve* qu'il *est* riche, mais ne prouve pas qu'il *soit* honnête homme. Il semble qu'il y *ait* de la sympathie entre certaines plantes (901, note.) Il semble qu'il *soit* mort; il n'a plus de mouvement ni de sentiment. Cet homme demande que vous *daigniez* l'écouter. Nous *dédaignions* d'abord *de* nous servir de son crédit, mais nous fûmes obligés d'y avoir recours. Orphée obtint de Pluton qu'Eurydice *retournerait* (4) parmi les vivants. Mon antichambre n'est pas *faite* pour *s'y ennuyer* en m'attendant ; passez jusqu'à moi sans me faire avertir. Rome fit tous les jours de grandes entreprises, et Annibal, tout habile, tout courageux, tout victorieux qu'il *était,* ne put tenir contre *elle.* Rica et moi *sommes* peut-être les premiers parmi les Persans que l'envie de savoir *ait* fait sortir de leur pays, et qui *aient* renoncé aux douceurs d'une vie tranquille pour aller chercher laborieusement la sagesse. Tout persuadé que je *suis* que ceux que l'on choisit pour de différents emplois, chacun selon *son* genre et sa profession, *font* bien, je me hasarde *de dire* qu'il se peut faire qu'il y ait au monde plusieurs personnes que l'on *n'emploie* pas, qui feraient très-bien. Le 3 avril 1867 eut lieu à Mételin (dans l'Archipel) une procession solennelle *pour remercier* Dieu de la cessation du fléau (tremblement de terre) qui s'était *appesanti* sur l'île. La majeure partie des habitants *assistaient* à cette solennité. Presque toutes les femmes *étaient* en costume de deuil ; plusieurs d'entre elles *avaient* les cheveux épars et marchaient pieds *nus.*

Devoir. — Analyse de *Fais ce que tu dois,* etc.

290· Exercice. — *Travaux des champs.* — Ils s'accomplissent presque tous en plein air et en plein jour, *santé* et *gaieté* de l'homme. L'homme *n'y* est point machine, il est homme : il y place son émulation, son orgueil, son adresse, sa force, son exactitude, son habileté : il y est actif et assidu, mais il n'y est pas esclave. Il *se* sent libre et il se déplace à son gré dans le vaste atelier rural ouvert à ses pas. Il y devient robuste, il y reste sain. Sans cesse *aux prises* avec les forces de la nature, il y exerce les siennes. Il a la fierté et le courage de sa liberté ; il est propre à tout. Quand il a grandi dans cette forte discipline des travaux champêtres, le sabre ou le fusil lui *paraissent* légers (816) après la charrue ou le pic ; il est aussi propre à défendre son pays qu'à le fertiliser. Une empreinte de santé, de vigueur, de franchise, de liberté et de fierté modeste *virilise* ses traits. Il regarde en face, il marche droit, il parle haut, il respire à pleine poitrine, il ne craint et *il* n'envie personne. Placez à côté l'un de l'autre un ouvrier *en* soie de Lyon, et un paysan de l'Auvergne ou des Alpes du même âge, et comparez l'homme à l'homme : l'un vous rendra fier, l'autre vous rendra triste *d'appartenir* à la race humaine, qui a produit tant de faiblesse à côté de tant de majesté. (LAMARTINE.)

Devoir. — Traduire cette dictée au pluriel.... Les hommes n'y sont point machines, ils sont hommes, etc. — Analyse de *presque tous* (ces travaux) *ils s'accomplissent en plein jour et en plein air.*

———

(1) Ou *c'était.* — (2) Ou *repassera.* — (3) Mieux qu'*était.* — (4) Ou *retournât.* (FÉNEL.)

291ᵉ Exercice. — *La mauvaise honte.* — Il y avait auprès de notre vigne (858), dit saint Augustin dans ses *Confessions,* un poirier chargé de *poires.* Elles n'étaient ni très-belles ni très-bonnes ; cependant nous résolûmes de les *voler,* une troupe d'enfants *débauchés* que nous étions. Une belle nuit, après avoir bien *joué* et bien couru, selon notre maudite coutume, nous allâmes donc secouer cet arbre et nous en emportâmes tout le fruit. Nous en mangeâmes quelque peu, mais ce n'était pas pour en *manger* que nous l'avions volé, et quand cela n'aurait *dû aboutir* qu'à le jeter aux pourceaux, nous étions contents d'avoir fait quelque chose qu'il ne fallait pas faire. Quelle horrible dépravation de cœur! Nous cherchions à *rire* et nous nous *chatouillions* nous-mêmes, pour ainsi dire, par le plaisir de tromper ceux qui ne s'attendaient pas au mauvais tour que nous *leur jouions,* et qui ne manqueraient pas d'en avoir un grand dépit. Car je me souviens fort bien, et vous le voyez, ô mon Dieu, que je n'aurais jamais commis ce larcin si j'avais été seul. Qu'on est ennemi de soi-même quand *on est* capable d'une amitié comme celle qui était entre les autres enfants et moi ! A quoi une telle amitié peut-elle être propre, si ce n'est à renverser les plus simples notions de la justice et de l'honnêteté ? Car dès qu'un de la troupe avait dit : Allons, faisons telle chose, il n'y en avait pas un qui ne *suivît* aveuglément, et qui *n'eût* honte de n'avoir pas perdu toute pudeur (1).

Devoir. — Analyse de la 1ʳᵉ phrase : *Saint Augustin dit,* etc.

292ᵉ Exercice. — *Les véritables plaisirs.* — On *se* gâte le goût par les divertissements comme par les viandes. On s'accoutume tellement aux choses de haut goût que les viandes communes et faiblement assaisonnées deviennent fades et insipides. *Craignons* donc ces grands ébranlements de l'âme qui préparent l'ennui et le dégoût. Ils sont surtout à craindre pour les enfants, qui *résistent* moins à ce qu'ils sentent, et qui veulent être toujours *émus.* Tenons-les dans le goût des choses simples ; qu'il ne *faille* pas *de* grands apprêts de viande pour les *nourrir,* ni de grands divertissements pour les réjouir. La sobriété donne toujours assez d'appétit, sans avoir besoin de le *réveiller* par des ragoûts qui portent à l'intempérance. La tempérance, disait un ancien, est la meilleure ouvrière de la santé et du bonheur ; avec cette tempérance, *on n'a* besoin ni de machines, ni de spectacles, ni de dépenses pour se réjouir: un petit jeu qu'on invente, une lecture, un travail *qu'on entreprend,* une promenade, une conversation innocente qui *délasse* après le travail, font sentir une joie pure. Les plaisirs simples sont moins sensibles et moins vifs, il est vrai : les autres enlèvent l'âme en remuant les ressorts des passions. Mais les plaisirs simples sont d'un meilleur usage : ils donnent une joie égale et durable sans *aucune* suite maligne. Ils sont toujours bienfaisants, au lieu que les autres plaisirs sont comme les vins *frelatés,* qui plaisent d'abord plus que les naturels, mais qui altèrent les organes et nuisent à la santé. (FÉNELON).

Devoir. — Analyse de la 1ʳᵉ phrase.... *comme* (on se le gâte) *par les viandes.*—*Viandes,* compl. indir. de *se gâte* sous-entendu.

---

(1) Cette histoire rappelle celle des *moutons de Panurge,* dans Rabelais. On est en mer. Panurge veut acheter un mouton de son voisin Dindenaut. Celui-ci ne consent que moyennant une grosse somme d'argent. Marché fait, Panurge jette son mouton en pleine mer. Tous les autres moutons de Dindenaut, imitant le premier, sautent à l'eau ; Dindenaut et ses gens s'y jettent eux-mêmes pour les repêcher, et Panurge leur remontre par « force lieux de « rhétorique, les misères de ce monde, le bien et l'heur de l'autre vie, affirmant plus heureux « être les trépassés que les vivants en cette vallée de larmes. »

293° Exercice. — *Ménalque* ou *le Distrait*. — Ménalque descend son escalier, ouvre sa porte pour sortir, il la referme : il *s'aperçoit* qu'il est en bonnet de nuit, et, venant à mieux s'examiner, il se trouve rasé à moitié. Il voit que son épée est mise du côté droit, que ses bas sont *rabattus* sur ses talons, et que sa chemise est par-dessus ses chausses. S'il marche dans les places, il se sent tout d'un coup *frapper* rudement au visage; il ne soupçonne point ce que ce peut-être, jusqu'à ce qu'ouvrant les yeux et se réveillant il se trouve devant un limon de *charrette* ou derrière un long ais de menuiserie, que *porte* un ouvrier sur ses épaules. On l'a vu une fois heurter du front contre celui d'un aveugle, s'embarrasser dans ses jambes et tomber avec lui, chacun de *son* côté, à la renverse. Il lui est arrivé plusieurs fois de se trouver tête pour tête à la rencontre d'un prince et sur son passage, se reconnaître à peine, et n'avoir que le loisir de *se coller* à un mur pour lui faire place. Il cherche, il brouille, il crie, il s'échauffe, il *appelle* ses valets l'un après l'autre; on lui perd tout, on égare tout. Il demande ses gants qu'il a à *ses* mains, semblable à cette femme qui prenait le temps de demander son masque lorsqu'elle l'avait sur *le* visage. S'il écrit une longue lettre, il met de la poudre dessus à plusieurs reprises et jette toujours la poudre dans l'encrier.—(*Analyse* de la première phrase.)

294° Exercice.—*Suite du Distrait.* — Souvent il vous *interroge*, et il est déjà bien loin de vous quand vous songez à lui répondre; ou bien il vous demande en courant comment se porte votre père; et, comme vous lui *dites* qu'il est fort mal, il vous crie qu'il en est bien aise. Il vous aperçoit quelquefois sur son chemin; il est ravi de vous rencontrer; il sort de chez vous pour vous *entretenir* d'une certaine chose. Il contemple votre main. Vous avez là, dit-il, un beau rubis: est-il *balais*? Il vous quitte et continue sa route : voilà l'affaire importante dont il avait à vous parler. Se trouve-t-il à la campagne? Il dit à quelqu'un qu'il l'estime heureux d'avoir pu se dérober à la cour pendant l'automne, et d'avoir passé dans ses terres tout le temps de Fontainebleau. Il tient à d'autres discours; puis, revenant à celui-ci : Vous avez *eu*, lui dit-il, de beaux jours à Fontainebleau; vous y avez sans doute beaucoup chassé? Il commence ensuite un conte qu'il oublie d'achever; il rit en lui-même, il éclate d'une chose qui lui passe par l'esprit, il répond à sa pensée, il chante entre ses dents, il siffle, il se renverse dans une chaise, il pousse un cri plaintif, il bâille, il se croit seul. S'il assiste à un repas, on voit le pain se multiplier insensiblement sur son assiette : il est vrai que ses voisins *en manquent* aussi bien que de couteaux et de fourchettes, dont il ne les laisse pas jouir longtemps. Il oublie de boire pendant tout le dîner; ou, s'il s'en souvient, et qu'il trouve qu'on lui donne trop de vin, il en *flaque* plus de la moitié au visage de celui qui est à sa droite; il boit le reste tranquillement, et ne comprend pas pourquoi tout le monde éclate de rire de ce qu'il a jeté à terre ce qu'il a versé de trop. (LA BRUYÈRE).

Devoir.—Sens des phrases.—Analyse de la première.

Nota.—Les deux exercices précédents peuvent se mettre au pluriel en remplaçant *Ménalque* par *les Distraits*.

(1) Jean de la Bruyère, écrivain français, né en 1644, prés de Dourdan (Seine-et-Oise), mort en 1696. On a de lui les *Caractères de notre siècle* d'où le morceau précédent est extrait, et une traduction de ceux du grec Théophraste.

295e Exercice. — *Portrait de César.* — L'éducation avait fait de César un homme distingué, avant qu'il *fût* un grand homme. Son affabilité, *dit* Plutarque, sa politesse, son accueil gracieux, *qualités* qu'il avait à un degré au-dessus de son âge, lui *méritaient* l'affection. A ces qualités naturelles, développées par une éducation brillante, *venaient* s'ajouter des avantages physiques. Sa taille élevée, ses membres arrondis et bien proportionnés, *imprimaient* à sa personne une grâce qui le *distinguait* de tous. Il avait les yeux noirs, le regard pénétrant, le teint d'une couleur *mate*, le nez droit et assez fort. Sa bouche, petite et régulière, mais avec des lèvres un peu grosses, *donnait* au bas de sa figure un caractère de bienveillance, tandis que la largeur de son front *annonçait* le développement des facultés intellectuelles. Son visage était plein, du moins dans sa jeunesse, car sur les bustes, faits sans doute vers la fin de sa vie, ses traits sont plus amaigris et *portent* des traces de fatigue. Il avait la voix sonore et vibrante, le *geste* noble, et un air de dignité régnait dans toute sa personne. Son tempérament, d'abord délicat, *devint* robuste par un régime frugal, et par l'habitude de s'exposer à l'intempérie des saisons. *Adonné* dès sa jeunesse à tous les exercices du corps, il montait à cheval avec hardiesse, et supportait sans peine les privations, les fatigues. Sobre dans sa vie habituelle, sa santé n'était altérée ni par l'excès du travail, ni par l'excès des plaisirs. Cependant dans deux occasions, la première à Cordoue, la deuxième à Thapsus, il fut pris d'*attaques* nerveuses, confondues à tort avec l'épilepsie.

En résumé, au physique et au moral, on trouvait dans César deux natures rarement unies dans la même personne : il joignait la délicatesse aristocratique du corps au tempérament nerveux de l'homme de guerre, les grâces de l'esprit à la profondeur des pensées, l'amour du luxe et des arts à la passion de la vie militaire dans toute sa simplicité et sa rudesse; en un mot, il alliait l'élégance des formes, qui séduit, à l'énergie du caractère, qui commande. *Tel* était César à dix-huit ans.

296e Exercice.— *Exceptions modifiées.* — La gloire et la prospérité des méchants *sont courtes* (FÉNEL.) La victoire et la confiance en soi *rompirent* l'union des Grecs (Boss.) Vous êtes d'un sexe et d'un rang qui vous *mettent* dans les bienséances du monde (MASS.) Un peu d'esprit et beaucoup de temps à perdre lui *suffisent* pour conserver son autorité. (LA BR.) A quoi *auraient* abouti tant de qualités héroïques? (FLÉCH.) L'architecture égyptienne montrait partout cette noble simplicité et cette grandeur qui *remplissent* l'esprit. S'il y a quelque chose de flatteur dans l'élévation, ce ne *sont* pas les vaines distinctions que l'on y attache, c'est d'y pouvoir faire le bien. (MASS.) La course à pied, la course à cheval, la course dans les chariots se *pratiquaient* en Egypte avec une adresse admirable. Mon juif intimidé conclut un marché par lequel la maison et moi lui *appartiendrions* tous deux (VOLT.) Mme de Sévigné, dont un rhumatisme cruel attaquait pour la première fois la brillante santé, écrivait à son cousin Bussy : C'est un étrange noviciat pour une créature comme moi, qui *avais* passé *ma* vie dans une parfaite santé. Calypso voulut faire entendre à Télémaque qu'Ulysse *avait* péri. Je *suis* rentré par l'autre porte (MOL.) Ce n'est pas de ces sortes [de respects *que* je vous parle (MOL.) La passion se termine d'ordinaire à l'égoïsme, toute généreuse qu'elle *soit* (1) ou *paraisse* en commençant (COUSIN).

C'est à vous, mon esprit, à *qui* je veux parler. (BOIL.) (2)
On dit que son front jaune et son teint sans couleur,
Perdit en ce moment son antique pâleur (BOIL.) (2).
C'est dommage, Garo, que tu n'es (3) point entré !.. (LA FONT.)

---

(1) Semble préférable à *est ou paraît.*—(2) Si l'on remplaçait *à qui* par *que* le vers serait incomplet.—(3) Pour que *tu ne sois.* (*Acad. à dommage*).

CHAPITRE VI.

SYNTAXE DES PARTICIPES.

297 Ex.—Participes présents ou adjectifs verbaux. (GRAM., nᵒˢ 934 et 936.)

(Dans la partie de l'élève, les participes et les adjectifs verbaux sont au masculin singulier.)

Bruit *alarmant*. Nouvelle *alarmante*.—Homme *obligeant*. Personne *obligeant* ses voisins.—Voyez ces colonnes *gisant* éparses. Il a la bouche toute *saignante*. L'ennui succède souvent aux plaisirs *bruyants*. Cet homme gâte toutes les affaires en les *précipant*. Des coteaux *riants* bornent agréablement la vue de ce côté-là. C'est principalement en été qu'on voit des vers *luisants*. Les étoiles sont autant de soleils *éclairant* probablement d'autres mondes.

Devoir.—Analyse de la 4ᵉ et de la 5ᵉ phrase.

298ᵉ Exercice.—*Suite du précédent.* (GRAM., 934 à 937.)

Les animaux *ruminants* ont plusieurs estomacs. La lionne, *hérissant* sa crinière, provoque au combat ses rivaux *rugissants*. Les tarières, les vilebrequins et les forets sont des instruments *perçants*. On a vu des gens feindre une longue maladie pour se rendre *intéressants*. On ne guérit point les grands maux en les *flattant*. Les métaux les plus compactes sont les plus *pesants*. Du temps de Louis XIV, les lettres étaient très-*florissantes*. La chaleur du feu se communique aux corps *environnants*.

Devoir.—Analyse des deux premières phrases.

299ᵉ Exercice.—*Suite des précédents.* (Gram., nᵒˢ 934 à 938.)

On soulage ses maux en les *racontant*. Sa place l'assujettit à des devoirs *génants*. Les esprits bas et *rampants* ne s'élèvent jamais au sublime. Ces machines lèvent plus de dix quintaux *pesant* (1). Le peuple s'épuise par des impôts toujours *croissants*. Ces témoins sont *vacillants* dans leurs dépositions. Il faut ménager les hommes, même en les *reprenant*. Les feuilles de cette plante aquatique sont *flottantes*. Il y a des corpuscules qui émanent des corps *odorants*. Les contours *ondoyants* expriment la souplesse et concourent à la grâce des figures. Ce jeune homme a dissipé sa jeunesse au milieu des plaisirs *bruyants* du monde. Avant d'être un devoir de morale, la chasteté est une loi de conservation que la nature impose à tous les êtres *vivants*.

Devoir.—Analyse des deux premières phrases.

(1) C'est-à-dire *lèvent une charge* pesant *plus de 10 quintaux.*

7

300ᵉ Exercice. — *Partic. prés.* ou *adj. verbaux.* (Gr., 934 à 938.)

Un fort mulet porte six cents *pesant*. Les fleurs du nénufar (1) passent pour *réfrigérantes*. Dieu rend les saints *participants* de la gloire éternelle. L'hirondelle donne la chasse aux insectes *volligeants* et suit avec une agilité souple leur trace oblique et tortueuse. Les Portugais *naviguant* sur l'Océan Atlantique découvrirent la pointe la plus méridionale de l'Afrique. Ce n'est pas une chose *séante* de parler si haut devant les personnes à qui on doit du respect. Que de fois, dans la chaleur des batailles, je me suis arrêté à contempler mes jeunes conscrits se *jetant* dans la mêlée. (NAPOL.) Voilà la troisième reine *expirant* en Angleterre par le dernier supplice. Voyez ces jeunes gens *errant* de tous côtés, *errant* çà et là pour trouver un sentier qui les conduise hors de la forêt. Rome *subjuguant* l'univers abattu, ne vaut pas un hameau qu'habite la vertu.

Oui, sans cesse *ignorants* de nos propres besoins,
Nous demandons à Dieu ce qu'il nous faut le moins. (CORN.)

Devoir. — Analyse de la 1ʳᵉ phrase. (V. note p. 145.)

301ᵉ Exercice. — *Termes de pratique.* (Gram., 939 et 940.)

Maison à lui *appartenante*. Dame *demeurante* à tel endroit. Terre *dépendante* de telle autre. Cas *résultants* du procès. Requête *tendante* à... Toute affaire *cessante*. Gens à ce *connaissants*. Deniers *provenants* de la vente des meubles. Terre *consistante* en bois, etc. Les hoirs [héritiers] ou *ayants* cause. Chacun des *ayants* droit. Fille *usante* et *jouissante* de ses droits. Il y a quelqu'un dans la pièce *attenante*. Semer des libelles *tendants* à la sédition. Il n'a point la propriété de cette terre; il n'en a que la jouissance sa vie *durant* (2). On a saisi tous les biens et tous les effets *existants*. Les fruits *pendants* par les racines font partie du fonds. Il vendrait son père à beaux deniers *comptants*.

302ᵉ Exercice. — *Fatigant* ou *fatiguant*, etc. (G., 941 et 942.)

Qu'il est *fatigant* avec ses questions. La visite d'un homme désœuvré est *fatigante*. Son bien est devenu la proie d'un *intrigant*. Voilà une preuve notoire et *convaincante*. Si ce n'est pas une preuve *convaincante*, c'est, du moins, un motif de crédibilité. Cette personne est vêtue d'une manière *extravagante*, qui la fait ressembler à un masque; c'est un vrai carême-prenant. L'exposition met en rapport le producteur et le consommateur; elle établit entre *fabricants* une rivalité salutaire. La valeur du franc est à peu près *équivalente* à l'ancienne livre tournois. Voilà deux avis, deux partis *différents*; vers lequel penchez-vous? Les juges *différant* d'opinion, l'affaire fut ajournée. Les corps *différents* ont des pesanteurs *différentes*. Le sel est un *excellent* appât pour attirer les pigeons. On ne peut assez honorer les ouvriers *excellant* dans leur profession. Les hommes *insolents* pendant la prospérité sont toujours faibles et *tremblants* dans la disgrâce. Il vaut mieux lire beaucoup quelques livres *excellents* que de lire beaucoup de livres mauvais ou médiocres.

Devoir. — Composer dix phrases avec les mots des nᵒˢ 941 et 942.

----

(1) Ou *nénuphar*. (Acad.) — (2) Pour *durant* sa vie (nᵒ 430).

sur les participes présents (932 à 942).

303° Exercice.—Il y a plusieurs emplois *vacants* dans cette administration.—Nous avons vu le siècle bien *différent* de ce qu'il est. Sa manière de réciter est d'une monotonie *fatigante*. Entre deux travaux également *fatigants*, on n'a pas de choix à faire. Le régime de vie doit être *différent* suivant les *différents* tempéraments. La frileuse hirondelle ramène les zéphyrs *voltigeants* (1) autour d'elle. On l'a pressé par des raisons si fortes et si *convaincantes* qu'il a été obligé de se rendre. Nous ne sommes qu'un instant sur la terre, semblables à ces feux *errants* qu'on voit dans les airs durant la nuit sombre. J'ai toujours vu ceux qui voyagent dans de bonnes voitures bien douces rêveurs, tristes, *grondants* ou *souffrants* (1). Les soi-*disant* magiciens prétendent conjurer le démon, la peste, les orages, etc., au moyen de certaines paroles. Les chevaliers *errants* allaient par le monde *cherchant* les aventures, *châtiant* les méchants, *protégeant* les opprimés, et *soutenant*, la lance au poing, l'honneur et la beauté de leurs dames envers et contre tous. La campagne était couverte d'épis *jaunissants* et d'esclaves qui les faisaient tomber sous la faux *tranchante*; de jeunes enfants les ramassaient et les présentaient à ceux qui en faisaient des gerbes. Un parent d'Idoménée, qui aspirait à lui succéder, *lâchant* les rênes à ses chevaux *fumants* de sueur, était tout penché sur leurs crins *flottants*, et le mouvement des roues de son char était si rapide qu'elles paraissaient immobiles, comme les ailes d'un aigle qui fend les airs. Si les enfants des rois, *dégénérant* de leur auguste naissance, n'avaient que des inclinations basses et vulgaires, quel opprobre pour leur nom et pour la nation qui attendrait de tels maîtres!

Devoir.—Analyse des deux premières phrases.

304° Exercice.—Sa chemise était toute *dégouttante* de sueur. La rosée *dégouttant* des feuilles rafraîchit la terre. Tous les êtres *pensants* sont *différents*, et tous se ressemblent au fond par le don de la pensée. Malachon ne songeait qu'à peigner ses cheveux blonds *flottants* (1) sur ses épaules. Les moissonneurs *ardents* et infatigables font tomber sous leurs faucilles *tranchantes* les jaunes épis qui couvrent les campagnes. A la vue d'un loup affamé qui, d'une gueule *béante* et enflammée, s'élance pour les dévorer, les agneaux *bélants* (1) se réfugient autour de leur mère. On n'entendit plus les coups des terribles marteaux qui, *frappant* l'enclume, faisaient gémir les profondes cavernes de la terre et les abîmes de la mer. Nous passâmes toute la nuit, *tremblants* (1) de froid et demi-morts, sans savoir où la tempête nous jetait; enfin les vents commencèrent à s'apaiser, et la mer, *mugissant*, ressemblait à une personne irritée. On ne voyait de tous côtés que des femmes *tremblantes*, des vieillards courbés, de petits enfants les larmes aux yeux qui se retiraient dans la ville. Les bœufs *mugissants* et les brebis *bélantes* venaient en foule, *quittant* les gras pâturages et ne *pouvant* trouver assez d'étables pour être mis à couvert. Télémaque fut longtemps agité par des songes qui lui représentaient son père Ulysse. Cette chère image revenait toujours sur la fin de la nuit, avant que l'Aurore vînt chasser du ciel, par ses feux *naissants*, les inconstantes étoiles, et de dessus la terre le doux sommeil suivi des songes *voltigeants*. Pluton était sur un trône d'ébène; son visage était pâle et sévère; ses yeux creux et *étincelants*, son front ridé et *menaçant*. C'est au nord de l'Europe que se forment ces nations *vaillantes* qui sortent de leur pays pour détruire les tyrans et les esclaves, et apprendre aux hommes que la nature les *ayant* faits égaux, la raison n'a pu les rendre *dépendants* que pour leur bonheur.—(*Analyse*)

_____

(1) L'adjectif verbal est plus expressif que le participe présent.

(Les exercices préliminaires se trouvent p. 50 et suiv.)

305e EXERCICE.—*Phrases à faire passer par les quatre formes.*

(Masculin sing.; fém. sing.; mascul. plur. et fém. plur.)

Il est *passé*, elle est *passée*; ils sont *passés*, elles sont *passées*. Il s'est *blessé*, elle s'est *blessée*; ils se sont *blessés*, etc. Il s'est *fait* un habit, elle s'est *fait* une robe, etc. Je me suis *endormi*, elle s'est *endormie*, etc. Il s'est *imaginé* que je voulais le tromper, elle s'est *imaginé* que je voulais la tromper, etc. (1). Il s'est *défait* très-avantageusement de son bien, il l'a *vendu* au denier trente.; elle s'est *défaite* très-avantageusement de sa terre, elle l'a *vendue* au denier trente, etc.

Devoir.—Analyse de la première phrase.

306e EXERCICE.—*Phrases au masculin.*

(Elles sont au féminin dans la partie de l'élève.)

Il est fier de se voir *admiré*. Jules s'est *coupé* à la main. Il s'est *trouvé* mal. Ils se sont fortement *querellés*. Ils se sont *brouillés* pour une bagatelle. Ils se sont *pris* aux cheveux et se sont *battus*. Ils se sont *précipités* dans les bras l'un de l'autre. Ils se sont *liés* dès qu'ils se sont *connus*. Il s'est *trahi* par un mot qui lui est *échappé*. Il s'était *flatté* de réussir. Je ne sais quelle chimère il s'est *mise* en tête, mais je puis affirmer qu'il est *induit* en erreur. Il s'est *rendu* méprisable par sa mauvaise conduite. Il était sage, mais les mauvaises compagnies l'ont *perdu*.

Devoir.—Analyse de la 1re phrase au masculin et au féminin.

307e EXERCICE.—*Phrases au singulier.*

(Elles sont au pluriel dans la partie de l'élève.)

On l'a *consigné* pour un jour. Ecoutez le récit du péril que nous avons *couru*. Il s'était *placé* sur le premier banc, mais on l'en a *délogé*. Il s'est *réconcilié* le jour de Pâques: bon jour, bonne œuvre. La bête féroce que l'on a *apprivoisée* retient toujours quelque chose de son naturel. L'abeille est *défiante* parce qu'elle est petite et faible; mais elle est bien utile. Un hôpital est une hôtellerie que la Providence a *placée* sur le chemin des misères humaines. Il s'est *moqué* de la remontrance qu'on lui a *faite*, de l'avis qu'on lui a *donné*. Autrefois, on traînait sur la claie celui qui avait été *tué* en duel ou qui s'était *donné* la mort. Chaque malfaiteur commence par ne vouloir rien faire, puis, pour subvenir à ses besoins, il s'est *fait* voleur, et quelquefois a *tué* celui qui défend son bien.

Devoir.—Analyse de la 1re phrase au singulier et au pluriel.

---

(1) Dans s'*imaginer*, le pronom *se* est complém. indir. et le participe reste invariable.

308° Exerc.—*Approuvé, excepté, passé,* etc. (945 à 951.)

Approuvé l'écriture ci-dessus. Ces mots sont *exceptés* de la règle générale. Elle fut exemptée de cette charge *attendu* son infirmité. *Attendu* les circonstances atténuantes, la cour ne les a condamnés qu'à une légère amende. Toutes ses filles sont mariées, *excepté* la plus jeune. Ils ont tous péri, cinq ou six personnes *exceptées*. *Passé* telle heure, le portier n'ouvre plus. Je compte les moments *passés* loin de toi. C'est une perte irréparable que celle d'une jeunesse *passée* dans la dissipation. *Acheté* cent rames de papier n° 2 des Vosges. Les Romains appelaient barbares tous les étrangers, *excepté* les Grecs. Il donne tous les ans deux mille francs aux pauvres, non *compris* les aumônes extraordinaires. Pendant les trois jours que nous avons *passés* chez eux, ils nous ont *excédés* de bonne chère. La nature a *donné* des termes à la stature d'un homme bien conformé, *passé* lesquels elle ne fait plus que des géants ou des nains. A Rome, les hôpitaux font que tout le monde est à son aise, *excepté* ceux qui travaillent, *excepté* ceux qui ont de l'industrie, *excepté* ceux qui cultivent les arts, *excepté* ceux qui ont des terres, *excepté* ceux qui font le commerce.

Devoir. — Faire entrer dans de petites phrases les expressions suivantes : *vu l'urgence, supposé tel événement, ouï le rapport d'un tel, parties ouïes, certifié véritable.*

308° Exercice.—*Verbes pronominaux essentiels* (952).

Les gardiens se sont *absentés*. Le prisonniers se sont *évadés*. Ils se sont *attroupés*. Elles se sont *agenouillées*. Ces maisons se sont *éboulées*. Ils se sont *efforcés* de parvenir. Les ennemis se sont *emparés* de telle ville. Ils s'en sont *allés*. Elles s'en sont *retournées*. Nous nous sommes *blottis* dans un coin. Elles se sont *immiscées* imprudemment dans cette affaire. Ils se sont *enfuis*. Vous vous êtes *souvenus* de nous. Ils se sont *mépris*. Elles se sont *dédites*.

Verbes pronominaux considérés comme essentiels (953).

Ils se sont *accordés* à reconnaître leur erreur. Elles se sont *aperçues* de leur méprise. Ces jeunes gens se sont *attaqués* à plus fort qu'eux. Ils s'étaient *attendus* à partir. Elles se sont *avisées* d'un bon expédient. Ils s'étaient *défiés* de moi. Nous nous en étions bien *doutés*. Les prisonniers se sont *échappés*. Ils se sont bien *gardés* de nous prévenir. Elles se sont *jouées* des difficultés. Nous nous sommes *loués* de ses bons procédés. Ils se sont *mêlés* de ce qui ne les regardait pas. Elle s'est *plainte* de votre conduite. Vous vous êtes toujours bien *portée*, Madame? Elles se sont *prévalues* de votre promesse. Ils se sont *saisis* de vos papiers. Elle s'est avantageusement *servie* de son crédit. Ils se sont *tus* l'un et l'autre.

Verbes pronominaux intransitifs (955).

Ces deux sœurs se sont toujours *ressemblé*. Que de rois se sont *succédé* sur le trône! Nous nous sommes *convenus*. Elles se sont *plu* mutuellement. Ils se sont toujours *déplu* dans le commerce. Elles se sont *complu* à médire. Elles se sont *nui* les unes aux autres. Nous nous sommes *ri* des obstacles. Elles se sont *souri* l'une à l'autre. Ils se sont toujours *suffi*. Pierre et Jules se sont *parlé* longtemps. La langue latine s'est autrefois *parlée* en France.

Verbes pronominaux ayant le sens passif (957).

Mes cheveux se sont *mêlés*. Nos souliers se sont *déformés*. Cette couleur s'est *ternie*. La ville s'est *engloutie*. Cette machine s'est *délabrée* à force de servir.

Devoir.—Faire entrer dans de petites phrases tous les verbes du n° 953.

Récapitulation sur les quatre règles (nos 943 à 957.)

310ᵉ Exercice. — Les billets à terme et les effets publics sont *regardés* comme meubles. Elle s'est *oubliée* jusqu'à frapper son laquais. J'ai *oublié* tout net la note que vous m'aviez *demandée*. Mon ami, vous vous êtes trop *livré* à lui. Mon fils, vous vous êtes *mépris*. Ma fille, vous vous êtes *méprise*. Nous nous sommes *plaints* de vos procédés. La maison a été *brûlée*, et les maisons voisines s'en sont *ressenties*. Cette femme s'est *moquée* de vous. Elles se sont *arrogé* ce privilége. Elle s'est *aperçue*, ils se sont *aperçus* de l'erreur. Faute d'être *fixée* comme elle devrait l'être, cette porte ballotte. Les trois jours que nous avons *passés* avec vous nous ont *paru* bien courts. Les bons et les mauvais succès semblent s'être *partagé* la durée du règne de Louis XIV. Il y a des sottises bien *habillées* comme il y a des sots bien *vêtus*. Ma fille, disait Mᵐᵉ de Sévigné, je me suis *mise* à vous écrire au bout de cette petite allée sombre que vous aimez, *assise* sur ce siége de mousse où je vous ai *vue* quelquefois *couchée*. Judas Machabée ne voulut d'autre récompense des services qu'il avait *rendus* à la patrie que l'honneur de l'avoir *servie*. Les poëtes épiques se sont toujours *plu* à décrire les batailles. On ne rappelle l'histoire du règne d'un prince ambitieux que pour rappeler le souvenir des maux qu'il a *faits* aux hommes.

Devoir. — Analyser: *Les billets payables à terme fixe*, etc.

311ᵉ Exercice. — Les règles sont *hérissées* d'exceptions que le tact doit pressentir. Elles se sont *prévalues* de certains avantages. Des auteurs célèbres se sont *servis* de cette locution. Qu'a-t-on fai de cette France que j'avais *laissée* si brillante ? Dieu et les roi sont mal *servis* et mal *loués* par les ignorants. Ils se sont *percé* l poitrine ; ils se sont *percés* de coups. Les hommes se sont *avisé* de tout, *excepté* d'être sages. Le latin et le grec se sont longtemp *parlés*. La gloire des grands hommes se doit toujours mesurer au moyens dont ils se sont *servis* pour l'acquérir. Nous sommes per *suadés* (1) qu'on ne saurait trop faciliter les moyens de s'instruir Les opérations libres de l'esprit ont toujours été le partage c ceux qui se sont *crus* les plus *favorisés* de la nature. On a fa marcher cet enfant trop tôt, ses jambes se sont *arquées*. Le m accoutumance n'aurait pas *dû* vieillir ; les meilleurs écrivains s' sont *servis*. La France et l'Angleterre, pour s'être *fait* la guer se sont *trouvées endettées* chacune de plusieurs milliards. No nous sommes *plaints* (1) que la mort, ennemie des fruits que n promettait la princesse, les a *ravagés* dans su fleur. Chaque con tion a ses dégoûts, et à chaque état sont *attachées* des amertum *Vue* au télescope, la voie lactée se résout en une multitude nombrable d'étoiles distinctes. Les actes synallagmatiques (con nant obligation réciproque) doivent être *faits* doubles quand n'ont pas été *passés* devant notaire. Les navigateurs qui, les miers, se sont *avisés* de faire le tour du monde, ont été bien s *pris*, après avoir toujours *suivi* la même direction, de se revenus au point d'où ils étaient *partis*.

Devoir. — Analyse de la 1ʳᵉ phrase.

_____

(1) Ou *persuadé*, *plaint*, si c'est une seule personne qui parle.

312ᵉ Exercice. — *Suite de la récapitulation* (932 à 957). — On donne le nom de langue morte à celle qu'un peuple a *parlée*, mais qui n'existe plus que dans les livres. Une dynastie nouvelle s'est *établie* dans ce royaume. La langue primitive est celle qu'on suppose que les hommes ont *parlée* la première. Les chefs-d'œuvre que les anciens nous avaient *laissés* dans presque tous les genres avaient été *oubliés* pendant douze siècles. Tu frémiras en apprenant quels dangers j'ai *courus* par mon imprudence. Dieu nous a *faits* justes. Elle avait deux filles, elle les a *faites* religieuses. Toutes les heures que vous avez *dormi*, je les ai *passées* à écrire. Malgré le soin qu'ils avaient de leur beauté et de leur parure, les anciens Perses se sont toujours *piqués* de ne point manquer de valeur, et ils en ont *donné* d'illustres marques. Les dieux, dont les hypocrites se sont *joués*, et qu'ils ont *rendus* méprisables aux hommes, prennent plaisir à se venger de leurs insultes. C'est mal raisonner contre la religion de rassembler dans un grand ouvrage une longue énumération des maux qu'elle a *produits*, si l'on ne fait de même celle des biens qu'elle a *faits*. Les hommes, *nés* pour vivre ensemble, sont *nés* aussi pour se plaire, et celui qui n'observerait pas les bienséances, *choquant* tous ceux avec qui il vivrait, se discréditerait au point qu'il ne pourrait faire aucun bien. Jésus a *appris* aux enfants comment ils doivent être dociles, *obéissants*, *empressés* à soulager les douleurs de ceux à qui, après Dieu, ils doivent tout ici-bas. Les brisants sont *figurés* sur les cartes marines par de petites croix. La charpie se compose de petits filets *tirés* d'une toile *usée*, que l'on a *coupée* par morceaux. Les calices et les pétales *dentelés* ont leurs découpures moins égales et plus *écartées* que ceux qui sont *dentés*. Platon, avec son éloquence qu'on a *crue* divine, a-t-il renversé un seul des autels où de monstrueuses divinités étaient *adorées* ? Le commerce de tant de peuples divers, autrefois étrangers les uns aux autres, et depuis *réunis* sous la domination romaine, a été un des plus puissants moyens dont la Providence se soit *servie* pour donner cours à l'Évangile.

Devoir. — Analyse de la première phrase.

313ᵉ Exercice. — *Trois 1ʳᵉˢ remarques.* — (Gram., 958 à 960.)

Il y a *eu* bien des orages l'été passé. Que d'orages il y a *eu* cette année! Il est *arrivé* de grands malheurs. La disette qu'il y a *eu* cet hiver a causé bien des maladies. — Les affaires que vous aviez *prévu* que vous auriez sont-elles terminées? Les mathématiques, que vous n'avez pas *voulu* que j'étudiasse, sont cependant fort utiles. Mes raisons, que j'avais *cru* qu'on approuverait, me paraissaient meilleures qu'elles ne sont en effet. — Cette personne est plus intelligente que je ne l'avais *cru*. La chose arriva comme je l'avais *prévu*. Elle n'a pas été aussi sage que je l'aurais *désiré*. Elle me parut comme vous me l'aviez *dépeinte* (1). Elle n'est pas arrivée aussitôt qu'elle l'avait *promis*. Cette chose est arrivée comme on l'avait *prévu*. Elle n'est pas aussi jeune que je l'avais *cru*. Votre sœur est plus petite que vous; je l'avais *crue* aussi grande (1). Il faut lui donner cette place, il l'a bien *méritée*. Ce marchand perd sur sa marchandise; il la vend moins cher qu'il ne l'a *achetée*. Cette affaire n'est pas aussi avantageuse qu'on l'avait *espéré*. Cette chambre est moins grande que je ne l'avais *cru*. Vous l'avez *rendu* honteux (2) par les reproches que vous lui avez faits. Elle l'a *échappé* belle (3). Elles l'ont *manqué* belle (3).

Devoir. — Composer six phrases semblables à celles des nᵒˢ 958 et 960.

---

(1) Notez qu'ici l' représente un nom. — (2) Ou *rendue honteuse*. — (3) C'est-à-dire *elle l'a échappé* (le danger) d'une *belle* manière, etc.

314ᵉ EXERCICE. — *Participes passés snivis d'un infinitif.*

I. (961 et 962.) — Cette femme s'est *fait* peindre. Ils se sont *fait* voir à tout le monde. Vous l'avez *fait* rougir en la regardant. De tout temps, la vertu s'est *fait* estimer. Sa robe était bleue, elle l'a *fait* reteindre en brun. On a donné à un autre la place qu'on lui avait *fait* espérer. Cette volaille a rendu beaucoup de graisse quand on l'a *fait* cuire. — La maison que j'ai *vue* s'écrouler menaçait ruine ; celle que j'ai *vu* démolir était fort solide. Tels sont les événements extraordinaires que nous avons *vus* s'accomplir. Les vieux ifs de nos cimetières ont plus d'une fois survécu aux églises qu'ils ont *vu* bâtir. Dans l'enfance des sociétés, les hommes, attachés au sol qui les avait *vus* naître, voyageaient fort peu. Ces enfants se sont *laissés* tomber. Cette femme s'est *laissée* tomber. Elle s'est *laissé* séduire par une fausse nouvelle. Je les ai *laissés* sortir. Tu les as *laissés* reposer. Elle les a *laissés* aller. Jamais les Romains ne se sont *laissé* abattre par les revers.

II. (961 à 967.) — Ils se sont *laissé* voir. Ils se sont *laissé* devancer. Elles se sont *laissé* prévenir. La cuisinière a *fait* frire une carpe. La carpe qu'elle a *fait* frire était excellente. La rivière a crû ; les neiges l'ont *fait* croître. C'est une affaire qu'il a *pris* à tâche de faire réussir. Les gens que vous avez *vus* arriver ne sont pas ceux que vous avez *vu* mener en prison. Les ennemis se sont *laissé* enfermer entre deux rivières. Sa vigne était belle, mais la pluie l'a *fait* couler. Nos laboureurs restent attachés à leur terre comme les bœufs à la prairie qui les a *vus* naître et qui les nourrit. Quels travaux n'a-t-elle pas *eus* à supporter. Les leçons qu'on lui a *données* à étudier sont fort difficiles. Les livres que j'ai *eus* à lire étaient très-intéressants. Voilà les ennemis que la reine a *eus* à combattre et que ni sa prudence, ni sa douceur, ni sa fermeté n'ont *pu* vaincre. Je leur ai fait toutes les avances que j'ai *dû*. C'est une question que je lui ai *laissé* démêler. Voilà, mon fils, le sujet des larmes que tu nous as *vus* verser. Les personnes que j'ai *entendues* chanter ont une fort belle voix. La plante mise en liberté garde l'inclinaison qu'on l'a *forcée* à prendre. Pour être plus sûr de la verité de ces deux choses, il faut les avoir *vues* s'accomplir réellement. Les espérances que nous avions *crues* devoir se réaliser se sont évanouies. Aimez toujours vos parents ; souvenez-vous de la peine qu'ils ont *eue* à vous élever. Les méchants seront punis pour les maux qu'ils auront faits, et pour ceux qu'ils auront *laissé* faire. Quels travaux n'a-t-elle pas *eus* à supporter avant de se reposer. S'il m'avait demandé des services, je lui aurais rendu tous ceux que j'aurais *pu*. Les secours que l'on vous a offerts, madame, et que je vous ai *vue* dédaigner, vous auraient été cependant fort utiles. Les secours que vous avez implorés, madame, et que je vous ai *vu* refuser inhumainement, vous auraient sauvée du danger. Les serpents paraissent privés de tout moyen de se mouvoir, et uniquement destinés à vivre sur la place où le hasard les a *fait* naître.

Devoir. — Dix phrases semblables à celles des nᵒˢ 961 à 967.

315ᵉ EXERCICE. — *Participes passés précédés de* le peu (nᵒ 968) *ou d'un adverbe de quantité* (nᵒ 969).

Le peu de leçons que j'ai *prises* ont suffi. Le peu d'instruction qu'il a *eu* le fait tomber dans mille erreurs. Le peu de diligence et d'exactitude qu'il a *mis* dans la conduite de cette affaire est cause qu'elle a échoué. Il ne laissa pas, en lui donnant des marques de son affection, de lui reprocher le peu de confiance qu'il avait *eu* en lui.

Que de maux la religion chrétienne n'a-t-elle pas *adoucis!* Jamais tant de vertu fut-elle *couronnée?* Combien de coutumes inhumaines et de lois injustes n'a-t-on pas déjà *abolies?* Quels flots de sang pour moi avez-vous *répandus?* Je ne puis te dire quelle peine tout cela m'a *faite.*

Devoir.—Six phrases semblables aux précédentes.

316ᵉ Exercice.—*Participe passé précédé du pronom* en (970 à 973).

Tout le monde m'a offert des services et personne ne m'en a *rendu.* J'ai dépensé toutes les sommes que j'avais reçues, je n'en ai rien *emboursé.* On a honte d'avouer qu'on a de la jalousie, et l'on se fait honneur d'en avoir *eu.* Il a élevé plus de monuments que d'autres n'en ont *détruit.* Baléasar possédait plus de trésors que son père n'en avait *amassé* par son avarice cruelle. C'est un véritable ami ; je n'oublierai jamais les services que j'en ai *reçus.* Les concous sont capables d'une sorte d'éducation ; plusieurs personnes de ma connaissance en ont *élevé* et *apprivoisé.* On n'a pu remettre ce prince en possession des villes qu'on lui avait *prises,* mais on lui en a *donné* l'équivalent.

Combien en a-t-on *vus,* jusqu'au pieds des autels,
Porter un cœur pétri de penchants criminels ! (Volt.)

Devoir.—Cinq phrases semblables au précédentes.

317ᵉ Exercice.—*Coûter, valoir, peser.* (Gram., 974 à 977.)

Cette terre m'a *coûté* deux mille francs. Je voudrais bien ravoir les deux mille francs que cette terre m'a *coûté.* Que de soins ce travail m'a *coûté.* Que d'honneur lui a *valus* votre protection! Je ne saurais vous exprimer toutes les peines que cette affaire m'a *|coûté.* Les dix francs que cette étoffe a *coûté,* elle ne les a jamais *valu.* Les 100 fr. que cette affaire m'a *valus* ont été bien employés. La gloire que ses exploits lui ont *value* ne périra pas. Les honneurs qu'on m'a rendus, c'est mon habit qui me les a *valus.* Ce fromage ne pèse plus les dix kilog. qu'il a autrefois *pesé.* Les marchandises que vous avez *pesées* sont vendues ; elles seront livrées prochainement.

Devoir.—Six phrases semblables aux précédentes.

318ᵉ Exercice. 11ᵉ Remarque (978).—Je n'ai plus ni père, ni mère, ni patrie *assurée.* Voici une inscription, une épitaphe *gravée* sur une lame de cuivre. C'est son intérêt, aussi bien que votre félicité, qu'il a *consulté.* C'est sa gloire, plutôt que le bonheur de la nation, qu'il a *ambitionnée.* C'est moins son intérêt que votre félicité qu'il a *eue* en vue. Les matières d'or et d'argent sont les lingots et les barres *employés* pour la fabrication des monnaies. On donne, en général, le nom d'étoiles à tous ces astres lumineux que nous voyons au ciel, la lune et le soleil *exceptés.* C'est un des bons médecins de Paris qu'il a *consulté.* Voilà un des plus honnêtes et des plus consciencieux avocats que j'aie *vus* de ma vie. Les Perses, adorateurs du soleil, ne souffraient point les idoles ni les rois qu'on avait *faits* dieux. Il y a *eu* des femmes qui se sont *distinguées* à la guerre, qui se sont *battues* comme des hommes, qui ont *montré* un courage, une audace, une science militaire que peu d'hommes ont *égalée.* Les grands fleuves ont plusieurs bouches dont les intervalles ne sont *remplis* que des sables ou du limon qu'ils ont *charriés.* Dans le commerce, il faut avoir des garanties sûres pour les prêts ou les avances que l'on a *faits* à quelqu'un.

Devoir.—Analyse de la dernière phrase.

et des cinq premières espèces de mots (533 à 979).

319ᵉ Exercice. — Le brouillard s'est *résous* en pluie. Cette écuelle s'est *bosselée* en tombant. Il a signé, de ce *requis*. Les viandes bien *mâchées* sont à *demi* digérées. Un closeau est un petit jardin de paysan, *clos de* haies. La messe est bien avancée ; *le premier évangile est dit.* L'évêque de Meaux (Bossuet) a *créé* une langue que lui seul a *parlée.* Quand les Égyptiens se sont *mêlés* d'être *conquérants,* ils ont *surpassé* tous les autres. Il est bienséant aux jeunes gens de *respecter* la vieillesse et de n'être pas trop *pressés* de parler. Les *mourants* qui parlent dans leurs testaments peuvent s'attendre à être *écoutés* comme des oracles : chacun les *interprète* à sa manière et selon ses intérêts. Il s'est comporté en véritable ami, en homme de bien dans toutes les affaires qu'on lui a *confiées.* La nature a *mis* au fond de nos cœurs une sorte de vénération religieuse pour tout ce qui nous *rappelle* les êtres que l'amitié ou la reconnaissance nous *ont rendus* sacrés. Une multitude d'animaux *placés* dans ces retraites par la main du Créateur y *répandent* l'enchantement et la vie. On nomme parties concertantes ou parties de *chœur* celles qui s'exécutent par plusieurs personnes *chantant* ou jouant à l'unisson, chacune selon la nature de *sa* voix ou de *son* instrument. Vers l'an 400 de notre ère, un nombre infini de peuples barbares aussi *inconnus* que les pays qu'ils habitaient, *parurent* tout à coup, inondèrent l'empire romain, le ravagèrent, le dépecèrent et fondèrent tous les royaumes que nous voyons à présent en Europe.

> Les enfants de Louis, *descendant* au tombeau,
> Ont laissé dans la France un monarque au berceau. (VOLT.)

Devoir. — Explication et analyse de la dernière phrase. (Louis XIV.)

320ᵉ Exercice. — Les enfants mal *élevés* sont *impatientants.* Ces deux amis se sont *fait* une donation mutuelle. Il avait fait ouvrir une vue sur son voisin, on la lui a *fait* boucher. Voilà des souliers neufs que j'ai *fait* faire il y a trois mois. Perdre sur sa marchandise, c'est la vendre moins *cher* qu'on ne l'a *achetée.* L'olivier est un des arbres les plus précieux que la nature ait *donnés* à l'homme (840). C'est un des plus grands questionneurs qu'on ait jamais *vus.* A cette triste nouvelle, vous eussiez *vu* cette pauvre mère *défaillant* dans mes bras et perdant connaissance. Les actes sous seing *privé* n'ont de date certaine que du jour où on les a *fait* enregistrer. Une partie du règne de Joseph II fut *employée* à faire la guerre aux Turcs. Les attaques de l'ennemi furent plus sérieuses que nous ne l'avions *prévu.* Ces barbares, qui espéraient de surprendre la ville, furent eux-mêmes *surpris* et consternés. L'invention de la poudre à canon a fait renoncer aux machines de guerre *employées* par les anciens. Il semble que Sésostris *ait* dédaigné de mourir comme les autres hommes : devenu aveugle dans sa vieillesse, il se donna la mort à lui-même et laissa l'Égypte riche à jamais. L'empereur Auguste ne portait point d'autres habits que ceux qu'*avaient filés* sa femme, sa fille ou sa mère (816, 2°.). Dans l'étude de la nature, les hommes se sont d'abord *appliqués,* comme de concert, à satisfaire les besoins les plus *pressants;* mais quand ils en sont *venus* aux connaissances moins absolument nécessaires, ils ont dû se les partager et y avancer, chacun de *son* côté, d'un pas égal. Chaque année, quand les premiers froids de l'automne se sont *fait* sentir, les hirondelles se réunissent en troupes nombreuses et passent dans des pays plus chauds, d'où elles reviennent quand le printemps renaît. La moitié des passagers, *affaiblis, expirants* de ces angoisses inconcevables que le roulis d'un vaisseau porte dans les nerfs et dans toutes les humeurs du corps, *agitées* en sens contraire, n'avait pas même la force de s'*inquiéter* du danger ; l'autre moitié *jetait* des cris et faisait des prières.

Devoir. — Analyse des deux premières phrases.

321ᵉ *Exercice.*—Je les ai *vus* (1) *suppliant* leurs juges. Je les ai *vus* (1) mourir; c'est moi qui *ai* recueilli leurs derniers soupirs. Quelque chose que je lui *aie dite*, je n'ai pu le convaincre. Il s'est sauvé des embûches qu'on lui avait *dressées*. Il a vaincu tous les obstacles qui lui étaient *opposés*. Ils s'étaient plaisamment *imaginé* que nous n'oserions pas *leur* résister. Où sont nos enfants? je les ai *envoyés* cueillir des fruits. Les paniers que j'ai *eues* à transcrire étaient illisibles. J'ai bien couru pour obtenir cette grâce; on me l'a bien *fait acheter*. *Compatissante* envers les malheureux, elle s'était toujours empressée à les secourir. Il y a des médicaments qu'on a *crus* propres à dissoudre la pierre dans la vessie. Les voies romaines prenaient leur nom de celui qui les avait *fait construire* ou *réparer*. La guerre étant déclarée entre les deux princes, ils ont *rappelé* leurs ambassadeurs. J'ai lu mon épître très-posément, jetant dans mes lectures toute la force et tout l'agrément que j'ai *pu*. Nous avons si bien *pris* nos mesures dans cette affaire que nous sommes *assurés* (2) de réussir. Devenus *florissants*, lettrés, polis, mous et lâches, les Arabes furent subjugués par les barbares. Henri IV et Louis XIV se sont *acquis* le surnom de Grand par les grandes choses qu'ils ont *faites*. Les Américains sont des peuples nouveaux; il me semble qu'on *n'en* peut douter au peu de progrès que les plus civilisés d'entre eux avaient *fait* dans les arts. Les lieux donnés à loyer doivent être restitués par le locataire *tels* qu'il les a *reçus*. L'Inde nous est plus connue par les denrées précieuses que l'industrie des négociants en a *tirées* dans tous les temps, que par des relations exactes. Les chats sont des animaux d'un caractère timide; ils deviennent sauvages par poltronnerie, *défiants* par faiblesse, rusés par nécessité. Ils ne sont jamais méchants que lorsqu'ils sont en colère, et jamais en colère que lorsqu'ils *croient leur* vie menacée.

Devoir.—Sens et analyse de la phrase: *Les lieux donnés à loyer*, etc.

322ᵉ *Exercice.*—Il y eut vingt *toasts* de *portés*. Les toasts sont parfois *bruyants*. Ce sont les *meilleures* gens que j'aie jamais *vus*. C'est moi qui la lui *ai fait* connaître. Peu de personnes s'en sont *doutées*. Leur son de voix et leur démarche sont *empruntées*. L'hippopotame est un des plus gros mammifères *connus*. Le chaos n'était qu'un assemblage *confus* des éléments. Napoléon passa par des chemins qu'on avait toujours *crus* impraticables. La proposition qu'il a *faite* a été mal reçue. Les carrosses *haut* suspendus sont fort *versants*. Les berlines sont moins *versantes* que les autres voitures. Son armée n'était qu'un ramas d'aventuriers *accourus* de toutes parts. Le labyrinthe n'était pas tant un seul palais qu'un amas de douze palais *disposés* régulièrement, et qui communiquaient ensemble. On donne le nom de contre-espalier à une rangée d'arbres *taillés* en espalier et plantés vis-à-vis d'un espalier. Les pensées de Dieu sont aussi élevées au-dessus de *celles* des hommes que les astres du ciel sont *distants* de la terre. Le peu de vaisseaux que Mazarin avait *laissés* pourrir dans nos ports *furent réparés*. Dans leur orgueil, les Algériens s'étaient *persuadé* qu'aucune puissance au monde ne pouvait les soumettre, et s'emparer de leur pays. Ce n'est qu'assez tard, et peu à peu, que les hommes, *sentant* le besoin de se réunir et de vivre en société, se sont *construit* des cabanes rapprochées les unes des autres. On admira bien plus la bonté avec laquelle Télémaque secourait son plus grand ennemi, que la valeur et la sagesse qu'il avait *montrées* en sauvant dans la bataille l'armée des alliés. Lavoisier était un des plus honnêtes financiers, comme un des plus laborieux et des plus savants chimistes qu'ait *eus* la France. Gênes fut saccagée au dixième siècle; mais le négoce qui l'avait *fait* fleurir servit à la rétablir. En Egypte, en Asie et en Grèce, Bacchus ainsi qu'Hercule *étaient reconnus* comme demi-dieux.

Malheur aux cœurs ingrats, et nés pour les forfaits,
Que les douleurs d'autrui n'ont *attendris* jamais !

Devoir.—Analyse des vers: Malheur (*advienne*) aux cœurs ingrats, etc.

---

(1) Ou *vues*, s'il s'agit de femmes.—(2) Ou *assurées*.

323° *Exercice.*—L'or et le platine sont les plus *pesants* de tous les métaux. Ils s'étaient *persuadé* qu'on *n'oserait* les *contredire*. Il arrive à certaines gens des accidents qu'on *n'aurait* pas *crus* possibles. Cette farce est une des plus risibles qu'on ait encore *vues*. Ils se sont *lancé* mille traits des plus *piquants*. Ils se sont *lancés* l'un sur l'autre. Les naufragés ont construit un radeau sur lequel ils se sont *sauvés*. Nous approchions de la côte ; *on* en voyait déjà *les* brisants (707). Il y a *eu* tant de communiants à Pâques dans telle paroisse. Je n'ai point *passé* les bornes que vous m'aviez *prescrites*. Je me suis *enquis* (1) de cet homme-là partout, et je n'ai pu en avoir *aucune nouvelle*. Elle a mille francs de revenu *y compris* la maison où elle loge. Il a mille francs de revenu, la maison où il loge non *comprise*. Que de grands projets ne répondent pas à l'espérance qu'on en avait *conçue*! La religion serait mieux *connue* et plus respectée si elle était mieux pratiquée par ceux qui doivent *donner le bon exemple*. Beaucoup de négociants font banqueroute pour s'être *livrés* à *de folles dépenses* ou à *de folles entreprises*. On donne parfois le nom de médaille à une pièce d'or, d'argent ou de cuivre qui représente un sujet de dévotion et que le pape a *bénite*. On voit quelques hommes, que certains événements ont *privés* de la main droite, faire accomplir par la main gauche, à force de patience et d'industrie, un grand nombre d'actions *auxquelles* elle était auparavant inhabile. Le peu d'habitude que la nation a *eu* d'examiner ses besoins, ses ressources et ses forces, a toujours *laissé* les États-généraux *destitués* de cet esprit de suite et de cette connaissance de leurs affaires qu'ont les compagnies réglées.

Devoir.—Analyse de la 1re phrase: *pesants* sous-ent. *métaux.*

324° *Exercice.*—Ils se sont *dit* des mots *piquants*, des paroles *piquantes*. La plupart des personnes que j'ai *vues* me l'ont assuré. Cette petite fille a les yeux fripons, éveillés, *agaçants*. Si on ne les eût *retenues*, ces deux femmes se seraient *dévisagées*. Connaissez-vous les moyens qu'il a *fait* valoir dans sa requête? Ce vieillard a récompensé ceux de ses domestiques qui l'avaient bien servi. Plusieurs *émigrants* se sont embarqués pour l'Amérique. Il a perdu vingt louis *comptant* (2) et cinquante sur sa parole. On a fait travailler les maçons trois nuits *durant* (430) et on *leur* a payé tant par nuitée. Les cabriolets suspendus trop *haut* sont sujets à verser. Les enfants s'amusent à faire voler des hannetons en les *tenant attachés* au bout d'un fil. Les feuilles et l'écorce du cassis sont *employées* en médecine. L'affût, comme *toute* autre chasse, doit être *interdit* sur le terrain d'autrui sans l'autorisation du propriétaire. Les inimitiés sourdes et *cachées* sont plus à craindre que les haines ouvertes et déclarées. Les accords *dissonants* font un bon effet quand ils sont bien préparés et bien sauvés. D'*excellents* auteurs ont écrit l'histoire ancienne et moderne ; des esprits justes et éclairés l'ont *approfondie*. Se succédant dès lors sans interruption, des esprits méditatifs nous ont *conduits*, en moins de quarante siècles, aux profonds calculs des *Newton* et des *Laplace*. C'est à l'aide de l'ignorance que se sont *propagées* les doctrines subversives de toute société. Bien, aussi bien que le Prince, *est* mal servi par les *ignorants*. Non-seulement toutes ses richesses et ses honneurs, mais encore toute sa vertu s'est *évanouie* (3). On a parlé de deux domestiques, mais notamment d'Alexis, qu'on a *vu* dans l'appartement où le malheur est arrivé. Guillaume s'approcha de Londres portant devant lui une bannière *bénite* que le pape lui avait *donnée*. A votre perte ou à votre salut est *attachée* la perte ou le salut de ceux qui vous environnent (4). Une partie des Sarrasins *échappés* au naufrage *fut mise* à la chaîne.

Devoir.—Sens et analyse de la dernière phrase.

(1) On *enquire* si c'est une femme qui parle.—(2) Sous-entendu *argent*; argent *comptant*.
(3) Accord du verbe et du participe avec le nom qui suit *mais encore*.
(4) Accord avec *perte* à cause de l'inversion (Gram., p. 102, note du bas).

325ᵉ *Exercice.* — Les bons *plaisants* sont rares. Elle s'est *formalisée* de la liberté qu'il a *prise.* J'ai *vu* Clémence ; je l'ai *vue suppliante* et prosternée à vos pieds. Arago est un de nos savants les plus *distingués.* Les alchimistes ont débité force rêveries aujourd'hui *oubliées.* Cet assemblage d'hommes *venus* de tous les pays fut le noyau de la colonie. Des renseignements *fort* exacts m'ont été *communiqués.* Quand ils se furent *communiqué* leurs réflexions, ils se décidèrent à partir. Nos troupes ont renversé tout ce qui s'est *présenté* devant elles. Entendez-vous les rugissements des bêtes féroces *cherchant* une pâture pour leurs petits *affamés.* L'honneur, l'innocence, le temps et l'argent *perdus* ne se regagnent jamais. Les rois sont *exposés* à être le jouet des autres hommes, lors même que les autres hommes paraissent *tremblants* à leurs pieds. Philippe-Auguste employa une année à faire construire dix-sept cents vaisseaux et à préparer la plus belle armée qu'on eût jamais *vue* en France. A peine le roi Henri III fut-il à Lyon, qu'avec le peu de troupes qu'on lui avait *amenées,* il voulut forcer des villes qu'il eût *pu* ranger à leur devoir avec un peu de politique. Les Russes ont fait en quatre-*vingts* ans, que les vues de Pierre ont été suivies, plus de progrès que nous n'en avons *fait* en quatre siècles. Alexandre a bâti plus de villes que tous les autres vainqueurs de l'Asie n'en ont *détruit.* Dès l'année qui suivit la disgrâce de la Hougue, la France eut des flottes aussi nombreuses qu'elle en avait *eu* déjà. En possédant les cœurs, ce roi possède plus de trésors que son père n'en avait *amassés* par son avarice cruelle. Combien Dieu en a-t-il *exaucés !* (MASSIL.)

Devoir. — Analyse de la dernière phrase. (*Dieu a exaucé,* etc.)

326ᵉ Exercice. — La bonite fait la guerre aux poissons *volants.* Il s'est allé *coiffer* de cette femme. Il s'en est allé *coiffé* de cette femme. Avant que l'on connût le sucre, tous les fruits étaient *confits* au miel. La lumière se rompt *différemment* en traversant *différents* milieux. Alexandre trouva les Macédoniens non-seulement *aguerris,* mais encore *triomphants.* Toutes nos langues modernes sont sèches, pauvres et sans harmonie, en comparaison de *celles* qu'ont *parlées* nos premiers maîtres, les Grecs et les Romains. La capitulation en rase campagne est regardée comme *déshonorante.* Les Romains envoyaient des colonies de vétérans dans les villes qu'ils avaient *conquises.* Les Phéniciens poussèrent des cris de joie en nous *voyant,* comme en revoyant des compagnons qu'ils avaient *crus perdus.* Dans les irrégularités *même* que l'usage a reçues et qu'il a *fait* passer en loi, on remarque souvent que ce qui les a *introduites,* c'est qu'elles donnent à l'expression plus de vivacité, de grâce ou d'énergie ; jusque-là rien n'est plus juste que de se soumettre à l'usage. Quoi de plus faux de ne pas reconnaître la prééminence de ces êtres *privilégiés* qui apparaissent de temps à autre dans l'histoire comme des phares lumineux, *dissipant* les ténèbres de leur époque et éclairant l'avenir. Aristonoüs mena Sophronime voir la prairie où erraient ses grands troupeaux *mugissants* (1) sur les bords du fleuve, puis il aperçut les troupeaux de moutons qui revenaient des gras pâturages ; les mères *bêlantes* et pleines de lait y étaient *suivies* de leurs petits agneaux *bondissants.* La vue de ce vaisseau lui était infiniment plus douce que toutes les grâces de la nature *renaissantes* (1) au printemps après les rigueurs de l'affreux hiver (FÉNEL.). Les bombes des Vénitiens détruisirent plus d'un ancien monument que les Turcs avaient *épargnés* (2). (VOLT.)

Devoir. — Analyse de la dernière phrase.

___

(1) *Mugissants..,* renaissantes, sont plus expressifs que *mugissant, renaissant.*
(2) Dans cette phrase, Voltaire considérant l'expression *plus d'un ancien monument* comme un véritable pluriel, a écrit *épargnés* en conséquence. C'est une syllepse qu'il est difficile de blâmer.

Dictées données dans les examens.

327ᵉ Exercice. — Le peuple athénien. — L'histoire nous représente le peuple athénien tantôt comme un vieillard que ses maîtres se sont *plu* à tromper et qu'on pouvait tromper sans crainte, tantôt comme un enfant qu'il fallait à l'envi amuser sans relâche, s'*enivrant* des éloges qu'il avait *reçus*, *applaudissant* aux reproches qu'il s'était *imprudemment attirés* par sa conduite, passant de l'extrême apathie à l'affinité extrême, ayant des sensations très-vives, très-passagères, *réunissant* enfin les qualités les plus *opposées*, *celles* dont il était le plus facile d'abuser pour le *séduire*. Mais *quelles* qu'*aient* été les bizarreries de son humeur, ce peuple fut grand, et le peu de terre qu'il avait *reçue* en partage a *fait* figure dans le monde plus que de vastes royaumes. (*Examens de l'école forestière.*)

Devoir. — Analyse de la dernière phrase. (Bien *que les bizarreries de son humeur aient été quelles, ce peuple fut grand, etc.*)

328ᵉ Exercice. — La civilisation française en Afrique. — Alger était autrefois la terreur des mers. Aujourd'hui l'Afrique n'inspire plus de crainte à personne. Nous n'avons pas seulement *détruit* l'antique piraterie, nous avons *fait*, des pays soumis aux barbares, une terre presque *toute* française. Nous ne nous sommes pas *contentés* d'y gagner des batailles : nos soldats, *transformés* en ouvriers de la civilisation, ont *agrandi* ou creusé des ports, fortifié des rivages, desséché des marais, tracé des routes superbes, construit des villages, des bourgs et des villes. Ils ont fait la chasse aux bêtes féroces, comme les *demi-dieux* de la fable, et détruit, pour ainsi dire, l'hydre de Lerne (1). Ils ont *agrandi* le domaine du monde civilisé. L'histoire de leurs luttes et de leurs travaux en Afrique égale ou dépasse ce que les Romains ont *fait* de plus grand. (*Examens de l'école militaire.*)

Devoir. — Analyse de la dernière phrase.

329ᵉ Exercice. — Les femmes d'Alger. — Voici *quelques* détails que *donne* sur les femmes d'Alger une de mes compatriotes qui s'est *rendue* en Afrique pour rejoindre son mari. Je ne me serais jamais *imaginé*, écrit-elle, qu'on pût trouver quelque grâce dans le costume de *femmes* qui, avant notre arrivée, ne s'*étaient* jamais *trouvées* en rapport avec des Européens. Eh bien ! je vous déclare que les femmes d'Alger sont *tout* aussi adroites que nous dans l'art de *se parer* ; elles portent de longues jupes transparentes, servant de par-dessus, *retenues* par un ruban qui leur ceint la taille et dont les bouts *flottants* tombent plus bas que les jarrets. *Quoiqu'*elles *aient* chez elles les jambes *nues*, elles ne sont jamais *nu*-tête ; les jeunes filles que nous avons *vues* courir dans les jardins *avoisinant* le nôtre, portent une petite calotte de velours *parsemée* de pièces d'or. *Quelle* que soit l'exiguïté de la fortune des parents, ils ne se sont jamais *refusés* à donner à leur fille cette parure *réputée* de fort bon goût.

Devoir. — Analyse de la première phrase.

---

(1) *Hydre*, énorme reptile à sept têtes, dont celle du milieu était immortelle. D'après la mythologie, il ravageait tout le pays de Lerne (Grèce).

330ᵉ Exercice. — *Les Fauvettes.*

Charmants oiseaux, qui *revenez* en foule
Dans nos jardins, et jusque parmi nous,
Restez ici, car le printemps déroule
Son *vert tapis*, que vous trouvez si doux.

Vous aviez *fui* les rigueurs de la bise
Pour *aller* loin *chercher* d'autres climats;
Mais maintenant le soleil et la brise
Font refleurir les jasmins, les lilas.

Votre ramage, ô mes chères fauvettes,
Vient *égayer* les bosquets, les buissons;
Je vous entends, *agaçantes*, coquettes,
Jeter au vent vos plus belles chansons.

Oh! je l'ai *vu*, caché sous la feuillée,
L'objet chéri de vos tendres amours;
Petite mère, à la mine *éveillée*,
Par ses bons soins l'enjolive toujours.

Bientôt après, *sortant* de la coquille,
Les *nouveau-nés* rempliront le berceau;
Puis un matin, la nouvelle famille
S'envolera vers le prochain rameau. ORAIN. (*Conteur breton.*)

Devoir. — Sens des termes incompris. — Analyse.

331ᵉ Exercice. — *Les Plaisirs.*

Ces hommes, que vous avez *entendus* faire à l'envi l'éloge des plaisirs, croyez-vous, *quelles* que *soient* leur assurance et leur sincérité, qu'ils y *aient trouvé* véritablement le bonheur? Et vous-*même*, avez-vous rencontré dans ces plaisirs que vous avez *entendu* tant vanter, les charmes qu'ils vous avaient *semblé* avoir effectivement? Non, sans doute, *toute* belle, *tout* attrayante qu'en *est* l'apparence, ils cachent toujours quelque chose *d'amer* qui les *empoisonne.* Plus on en a *goûté* dans le cours de la vie, moins on les a *aimés* à la fin. On *s'aperçoit* de *bonne heure* qu'on *n'a* d'autres fruits à en recueillir que des regrets. On *n'a* pas *plutôt* cessé d'en jouir qu'ils *accablent* l'âme, ne *fût*-ce que par les souvenirs qu'ils ont *laissés*. Nous souffrons des délices que nous avons *perdues*, comme nous jouissons des peines dont nous sommes *délivrés*. Il faut donc, si nous sommes *sensés*, qu'à l'aide d'un travail opiniâtre nous *fuyions* ces délices vers *lesquelles* nous *entraînent* le feu et l'aveuglement de la jeunesse pour préparer à notre vieillesse des jouissances qui ne soient suivies *d'aucun* regret. C'est du peu d'attention qu'ils ont *fait* à ce conseil de la raison, que *résultent* pour les vieillards la plupart des maux qui les *affligent.* Le peu d'expérience que l'on a déjà *acquise* à vingt ans *suffit* pour en convaincre quiconque sait observer *ce qui se* passe autour de lui. Le travail est la loi de l'humanité; quiconque n'a pas travaillé, doit être *censé* n'avoir pas vécu. Une voix secrète nous le dit; mais, de plus, le travail, *quelques* grands ennuis qu'il nous cause d'abord, est pourtant la seul *voie* qui *conduise* à la gloire comme au bonheur. Le témoignage de tous les siècles, comme le sentiment de tous les sages, *confirme* cette vérité. (*Examens des aspirants, à Douai.*)

332ᵉ Exercice. — *La Nature sauvage.* — *Fait* pour adorer le Créateur, l'homme commande à toutes les créatures ; il établit entre les êtres *vivants* l'ordre, la subordination et l'harmonie. Voyez ces plages désertes, ces tristes contrées où l'homme n'a jamais *résidé, couvertes* ou plutôt *hérissées* de bois épais et noirs dans toutes les parties *élevées*; des arbres sans écorce et sans cime, *courbés, rompus, tombant* de vétusté, d'autres en plus grand nombre *gisant* auprès des premiers, pour pourrir sur des monceaux déjà *pourris,* étouffent, ensevelissent les germes prêts à éclore. La nature, qui, partout ailleurs, brille par sa jeunesse, paraît ici dans la décrépitude ; la terre, *surchargée* par le poids, *surmontée* par les débris de ses productions, n'offre, au lieu d'une verdure *florissante,* qu'*un* espace encombré, *traversé* de vieux arbres *chargés* de plantes parasites, de lichens, d'agarics, fruits impurs de la corruption : dans toutes les parties basses, des eaux *mortes* et *croupissantes,* faute d'être *conduites* et *dirigées* ; des terrains fangeux qui n'*étant* ni solides ni liquides sont inabordables et demeurent également inutiles aux habitants de la terre et des eaux ; des marécages qui, *couverts* de plantes aquatiques et fétides, ne nourrissent que des insectes venimeux et servent de repaires aux animaux immondes.

Devoir. — Explication et analyse de la première phrase.

333ᵉ Exercice. — (*Suite du précédent*). — Entre ces marais infects, qui occupent les lieux bas, et les forêts *décrépites* qui couvrent les terres élevées, *s'étendent* des espèces de landes, des savanes qui n'ont rien de commun avec nos prairies ; les mauvaises herbes y surmontent, y étouffent les bonnes ; ce n'est point ce gazon fin qui semble faire le duvet de la terre, ce n'est point cette pelouse *émaillée* qui annonce sa brillante fécondité ; *ce sont* des végétaux agrestes, des herbes dures, épineuses, *entrelacées* les unes dans les autres, qui semblent moins tenir à la terre qu'elles ne tiennent *entre elles,* et qui, se *desséchant* et repoussant successivement les unes sur les autres, forment une bourre grossière, épaisse de plusieurs pieds. *Nulle* route, nulle communication, *nul* vestige d'intelligence dans ces lieux sauvages ; l'homme, obligé de suivre les sentiers de la bête farouche, s'il veut les parcourir ; *contraint* de veiller sans cesse pour éviter d'en devenir la proie ; effrayé de leurs rugissements, saisi du silence même de ces profondes solitudes, rebrousse chemin et dit : « La nature *brute* est hideuse et *mourante*; c'est moi, moi seul qui *peux* la rendre agréable et *vivante*: desséchons ces marais, animons ces eaux mortes en les *faisant* couler, formons-en des ruisseaux, des canaux ; employons cet élément actif et dévorant qu'on nous avait *caché* et que nous ne devons qu'à nous-mêmes ; mettons le feu à cette bourre superflue, à ces vieilles forêts déjà à *demi consommées;* achevons de détruire avec le fer ce que le feu n'aura pu consumer : bientôt, au lieu du jonc, du *nénuphar* (1), dont le crapaud composait son venin, nous verrons paraître la renoncule, le trèfle, les herbes douces et salutaires; des troupeaux d'animaux *bondissants* fouleront cette terre jadis impraticable; ils y trouveront une subsistance *abondante,* une pâture toujours *renaissante*; ils se multiplieront pour se multiplier encore : servons-nous de ces *nouveaux* aides pour achever notre ouvrage ; que le bœuf soumis au joug emploie ses forces et le poids de sa masse à sillonner la terre ; qu'elle rajeunisse par la culture ; une nature nouvelle va sortir de nos mains. » (Buffon.)

Devoir. — Explication et analyse de la 1ʳᵉ phrase jusqu'à *prairies.*

---

(1) L'Acad. qui écrit ordinairement *nénufar,* donne aussi *nénuphar* avec ph (à *polyandrie*), ce qui est plus conforme à l'étymologie.

334ᵉ Exercice. — *La nature cultivée.* — *Quelle* est belle, la nature *cultivée !* que, par les soins de l'homme, elle est *brillante* et pompeusement *parée !* Il en fait lui-même le principal ornement, il en est la production la plus noble ; il met au jour, par son art, tout ce *qu'elle recélait* dans son sein : que de trésors *ignorés*, que de richesses nouvelles ! Les fleurs, les fruits, les grains *perfectionnés*, multipliés à l'infini : les espèces utiles d'animaux *transportées*, *propagées, augmentées* sans nombre ; les espèces nuisibles *réduites*, confinjes, reléguées : l'or, et le fer plus *nécessaire* que l'or, *tirés* des entrailles de la terre ; les torrents *contenus*, les fleuves dirigés, resserrés ; la mer même soumise, reconnue, traversée d'*un* hémisphère à l'autre ; la terre accessible partout, partout *rendue* aussi vivante que féconde ; dans les vallées de *riantes* prairies, dans les plaines de riches pâturages ou des moissons encore plus riches ; les collines *chargées* de vignes et de fruits, leurs sommets *couronnés* d'arbres utiles et de jeunes forêts ; les déserts *devenus* des cités habitées par un peuple immense qui, *circulant* sans cesse, se répand de ces centres jusqu'aux extrémités ; des routes *ouvertes* et fréquentées, des communications établies partout comme autant de témoins de la force et de l'union de la société ; *mille* autres monuments de puissance et de gloire démontrent assez que l'homme, maître du domaine de la terre, *en* a changé, renouvelé la surface entière, et que de tout temps il *en* partage l'empire avec la nature.

Devoir. — Analyse de la première phrase.

335ᵉ Exercice. — (*Suite du précédent.*) — Cependant il ne règne que par droit de conquête ; il jouit *plutôt* qu'il ne possède, il ne conserve que par des soins toujours *renouvelés* ; s'*ils* cessent, tout *languit*, tout s'altère, tout change, tout rentre sous la main de la nature : elle *reprend* ses droits, efface les ouvrages de l'homme, couvre de poussière et de mousse ses plus fastueux monuments, les *détruit* avec le temps, et ne lui laisse que le regret d'avoir perdu par sa faute ce que ses ancêtres avaient *conquis* par leurs travaux. Ces temps où l'homme perd son domaine, ces siècles de barbarie pendant *lesquels* tout périt sont toujours *préparés* par la guerre et *arrivent* avec la disette et la dépopulation. L'homme, qui ne peut que par le nombre, qui n'est fort que par la réunion, qui n'est heureux que par la paix, a la fureur de s'armer pour son malheur et de combattre pour sa ruine : *excité* par l'insatiable avidité, *aveuglé* par l'ambition encore plus insatiable, il renonce aux sentiments d'humanité, tourne toutes ses forces contre lui-même, cherche à s'entre-détruire, se détruit en effet, et, après ces jours de sang et de carnage, lorsque la fumée de la gloire s'est *dissipée*, il voit d'un œil triste la terre *dévastée*, les arts *ensevelis*, les nations *dispersées*, les peuples *affaiblis*, son propre bonheur ruiné et sa puissance réelle *anéantie*.

Devoir. — Analyse de la deuxième phrase : *Ces temps* etc.

336ᵉ Exercice. — (*Suite du précédent.*) — Grand Dieu ! dont la seule présence soutient la nature et maintient l'harmonie des lois de l'univers ; vous qui, du trône immobile de l'empyrée, *voyez* rouler sous vos pieds toutes les sphères célestes sans choc et sans confusion ; qui, du sein du repos, *reproduisez* à chaque instant leurs mouvements immenses, et seul régissez dans une paix profonde ce nombre infini de cieux et de mondes, rendez, rendez enfin le calme à la terre agitée ! *Qu'elle* soit dans le silence ! qu'à votre voix la discorde et la guerre *cessent* de faire retentir leurs clameurs orgueilleuses ! Dieu de bonté ! auteur de ous les êtres, vos regards embrassent tous les objets de la création ; mais l'homme est votre être de choix ; vous avez *éclairé* son âme d'un rayon de votre lumière immortelle ; comblez vos bienfaits en pénétrant son cœur d'un trait de votre amour : ce sentiment divin se *répandant* partout, réunira les natures ennemies ; l'homme ne craindra plus l'aspect de l'homme, le fer homicide n'armera plus sa main ; le feu dévorant de la guerre ne fera plus tarir la source des générations ; l'espèce humaine, maintenant *mutilée, moissonnée* dans sa fleur, germera de nouveau et *se multipliera* sans nombre ; la nature accablée sous le poids des fléaux, stérile, *abandonnée*, reprendra bientôt, avec une nouvelle vie son ancienne fécondité ; et nous, Dieu bienfaiteur, nous la seconderons, nous la cultiverons, nous l'observerons sans cesse pour vous offrir à chaque instant un nouveau tribut de reconnaissance et d'admiration. (BUFFON.)

337ᵉ Exercice. — *De quelques difficultés d'orthographe.* — Il se présente, dans les dictées, *quelques* difficultés d'un genre tout particulier, devant *lesquelles* des élèves *même très-intelligents*, se sont trouvés *embarrassés* ou *plutôt* se sont *créés* eux-mêmes des embarras par leur hésitation et leur défaut de savoir-faire, *fort excusables* d'ailleurs. Ainsi, l'orthographe de certains noms composés n'est pas *enseignée* de la même manière par l'Académie et par les grammairiens. D'accord sur plusieurs mots *tels* qu'un *porte-mouchettes*, un *serre-papiers*, etc., les autorités se divisent sur beaucoup d'autres, tels qu'un *couvre-pied*, un *cure-dent*, un *emporte-pièce*, un *tire-botte*, un *essuie-main*, un *garde-meuble*, etc , dans *lesquels* l'Académie, contrairement à l'opinion professée dans certaines méthodes , n'admet l's finale qu'au pluriel. — La même divergence d'avis se rencontre sur le participe *coûté*, que l'Académie écrit toujours invariable, tandis que les grammairiens le font varier quand on l'*emploie* au sens figuré comme dans la phrase suivante: La peine que vous a *coûtée* cette affaire, méritait bien les éloges qu'elle vous a *valus*. La marche à suivre en pareille circonstance est *toute* simple : il suffit, après avoir orthographié ces mots litigieux de l'une ou de l'autre manière, d'écrire en marge, par un renvoi : orthographe de l'Académie ou de telle grammaire autorisée.

Exceptions modifiées. — Il a fait, à lui seul, plus d'exploits que les autres n'en ont *lu.* (BOIL.) — L'usage des cloches est, chez les Chinois, de la plus haute antiquité ; nous n'en avons *eu* en France qu'au sixième siècle de notre ère. (VOLT.) — J'avais cherché un moyen de donner à mes observations sur ces lois un air de nouveauté. Comme je viens de le dire, à plusieurs époques on en a *proposé* et *adopté.* (B. CONST.) — Vous critiquez nos pièces de théâtre avec l'avantage non-seulement d'en avoir *vu*, mais encore d'en avoir *fait* (D'ALEMB.)— Combien de fois la reine d'Angleterre a-t-elle remercié Dieu de deux grandes grâces: l'une de l'avoir *faite* chrétienne ; l'autre..., Messieurs, qu'attendez-vous ? peut-être d'avoir rétabli les affaires du roi son fils ? non, c'est de l'avoir *faite* reine malheureuse. (Boss.)

Vieux langage.—Et de son grand fracas surprenant l'assemblée,
Dans le plus bel endroit a la pièce *troublée* (MOL.).

Et les petits en même temps,
Voletants, se *culebutants,*—Délogèrent tous sans trompette.
(LA FONT. ; l'Alouette et ses petits avec le Maître d'un champ.)

On dit encore aujourd'hui : *avoir toute honte bue*, pour : *avoir perdu toute honte* (Acad., mot *honte*).

CHAPITRE VII.

SYNTAXE DES ADVERBES.

338° Ex. Emploi des adverbes (980 et 982).

I.—Mettez cela *sur* la table. Il était caché *sous* le lit. Il était *dans* la maison. Elle est maintenant *hors* la ville. Il se promenait *autour* de son jardin. *Avant* de partir, il vint me dire adieu. Le cadet est riche, mais l'aîné l'est *davantage*. Les souris ont rongé ce pain tout *autour*.

II (980 à 988).—Ôtez cela *de dessus* le buffet. On eut bien de la peine à le dégager *de dessous* son cheval. *Au dedans* et *au dehors* de la ville, tout était calme. Tirer vanité de son rang, c'est annoncer que l'on est *au-dessous*. J'ai cherché inutilement *dessus* et *dessous* le lit. Les *alentours* de ce château sont magnifiques. La science est estimable, mais la vertu l'est bien *davantage*. Il y a des étoiles qui étincellent *plus* que d'autres. Cet homme a *plus* de brillant que de solide.

Le blé est la plante qui nous intéresse *le plus*. J'ai le désir de lui écrire, mais il faut *auparavant* que je connaisse son adresse. Je suis flatté de plaire à un homme comme vous ; je le suis encore *davantage* de la bonté que vous avez. Si vous êtes enchanté de lui, il l'est bien *davantage* de vous.—Il a conduit l'affaire *conséquemment* à ce qui avait été décidé. Je vois cela autrement que vous, *différemment de* vous. Il faut aimer Dieu *préférablement à* toutes choses. Ces deux auteurs ont écrit sur la même matière, mais l'un bien *inférieurement*, bien *supérieurement à* l'autre. Le mot pièce s'applique parfois à certaines choses considérées *séparément de* celles qui sont de même nature.

Devoir.—Composer dix petites phrases dans lesquelles entreront les mots: *dessus, dessous, dedans, dehors; alentour, auparavant, davantage; antérieurement à, conformément à, le indépendamment de*, régulièrement employés.

339° Exercice.—*Que, comme* ou *comment; aussi* ou *non plus*, etc.
(Gram., nos 986 et 988.)

Je suis aussi fort *que* lui. — Elle est tout aussi instruite *que* moi. —Je puis faire ce travail *aussi* bien *que* vous. Il a mal pris mon affaire; voici *comme* ou *comment* il fallait la prendre. — *Comment* vous portez-vous? aurait dû dire le provincial à l'académicien Fontenelle: *Comme* vous voyez, eût répondu celui-ci.—Vous le voulez? et moi *aussi*. —Vous ne le voulez pas? ni moi *non plus*.—Ceux-ci n'en sont pas, ni ceux-là *non plus*.—L'âme du Mazarin, qui n'avait pas la barbarie de celle de Cromwell, n'en avait pas *non plus* la grandeur.

Devoir.—Cinq petites phrases où les mots *que, comme, comment, aussi* et *non plus* seront régulièrement employés.

340ᵉ Exercice. — *Aussi* ou *autant; si* ou *tant*, etc. (Gram., nᵒˢ 984 à 989.)

Il n'y a rien de *si* aisé (985). — Ce trou n'est pas *si* grand que l'autre. — Cette cave est *si* humide que l'eau y dégoutte toujours. — Rien ne m'a *tant* fâché que cette nouvelle. — Il y avait *autant* d'hommes que de femmes. — Les flatteurs des peuples sont *aussi* dangereux que les flatteurs des rois. — Il est *aussi* fort *que* vous; il vous prêtera le collet quand vous voudrez. — Le singe est indocile *autant* qu'extravagant. — Les fruits, les légumes ne nourrissent pas *autant* que la viande. — La faveur des princes n'exclut pas le mérite et ne le suppose pas *non plus*. — Rien ne l'a *tant* affligé que la mort de sa mère. — Il est modeste *autant* qu'habile. — Il n'y a rien sur quoi l'on ait *tant* disputé. — Il n'y a rien qui use *tant* un homme que la débauche. — Ils m'ont *tant* importuné de leurs demandes qu'ils n'obtiendront rien. — Le melon est un fruit *aussi* agréable que rafraîchissant, mais absolument dépourvu de qualités nutritives, et convenant peu aux estomacs délicats. — *Aussitôt* la présente lettre reçue, vous viendrez me rejoindre. — Ces étoffes ne sont pas belles ; *aussi* ne coûtent-elles guère. — Les ignorants sont des gens de bonne pâte ; *aussi* les charlatans veulent-ils les multiplier.

Devoir. — Composer dix petites phrases avec *aussi* et *autant; si, tant* et *aussitôt*, régulièrement employés.

341ᵉ Ex. — **Plus tôt** ou **plutôt**, etc. — (Gr., nᵒ **974**.)

I. — Ce bois rompra *plutôt* que de fléchir. — Sans cette mésaventure, nous serions arrivés deux heures *plus tôt*. — C'est dommage que vous n'ayez point apprécié cela *plus tôt*. — Les arbitres jugent *plutôt* selon les règles de l'équité que suivant la rigueur des lois. — Vous n'avez pas été *plutôt* parti qu'il est arrivé (1). — La mère de saint Louis eût préféré perdre son fils *plutôt* que de le voir commettre un péché mortel. — Il n'eut pas *plutôt* dit, il n'eut pas *plutôt* fait telle chose qu'il s'en repentit (Acad.).

II. (990 à 996). — Paul est *beaucoup* plus instruit que moi. — Il est plus instruit *de beaucoup*. — Adèle est *beaucoup* plus sage qu'Eulalie ; celle-ci est cependant plus âgée *de beaucoup*. — Il s'en faut *beaucoup* qu'il ait satisfait l'attente du public. — Il s'en faut *de beaucoup* que votre tâche soit aussi avancée qu'elle devrait l'être. — La hauteur de cette maison dépasse *de beaucoup* celle des maisons voisines. — Il faut que les enfants obéissent *tout de suite*. — Il a couru vingt portes *de suite*. — On ressentit, on éprouva plusieurs commotions *de suite*. — Notre argent est *plus* d'à moitié dépensé. — L'excessive joie arrache *plutôt* des pleurs que des ris. — Je n'ai pas eu *plutôt* lâché cette parole que je m'en suis mordu la langue (1). — Le corps de l'homme n'est pas *plutôt* arrivé à son point de perfection qu'il commence à déchoir. — Ce cheval a pris le galop *tout à coup*. — Il gagna mille écus *tout d'un coup*. — Il fit sa fortune *tout d'un coup*. — Prendre la mouche, c'est se fâcher, s'irriter *tout à coup*. — J'ai *extrêmement* faim (2). Il a *extrêmement* soif. Nous partirons *incessamment*.

Devoir. — Composer dix petites phrases où l'on fera entrer les expressions *beaucoup* et *de beaucoup; de suite* et *tout de suite; plus tôt* et *plutôt; tout à coup* et *tout d'un coup; très* et *bien* régulièrement employés.

---

(1) C'est-à-dire *il est arrivé dès que vous êtes parti.* Quand *plutôt* n'est pas l'opposé de *plus tard*, on l'écrit en un mot. Ici *plutôt* signifie *dès que, aussitôt que, à peine.*

(2) Ou bien *je suis très-affamé. Je suis très-altéré. Nous partirons au plus tôt.*

342ᵉ Exercice. — *Pas* et *point*. — (Gram., nᵒ 999.)

(Signaler la différence qui existe entre les premières phrases ; employer *pas* ou *point* dans les suivantes.)

I. — N'avez-vous *pas* vu un tel ? N'avez-vous *point* vu un tel ? — Avais-je *pas* raison ? Avais-je *point* raison ? — N'avez-vous *point* pris ma montre ? N'avez-vous *pas* de monnaie sur vous ? — Ne voulez-vous *point* venir ? Ne me reconnaissez-vous *point* ? Mais, ne vous oterez-vous *pas* de là (1) ?

II (997 à 1001,—Cet enfant ne travaille *pas*. Il ne travaille *point*.—Je n'en veux *point*. Je n'en veux *pas* tant que vous m'en offrez.—Il n'a *point* d'argent. Il n'a *pas* assez d'argent pour acheter ce qui lui manque.—Je ne sais *pas* le jeu des échecs ; je n'en sais que la marche.—Il n'a *pas* d'esprit ce qu'il faudrait pour sortir d'un tel embarras.—Cicéron n'est *pas* moins véhément que Démosthène ; Démosthène n'est *pas* si abondant que Cicéron.—Il n'en reste *pas* un seul petit morceau. Il n'y a *pas* dix ans que l'événement est arrivé. Vous n'en trouvez *pas* deux de votre avis — N'avez-vous *pas* été là ? N'avez-vous *point* été là ?—N'est-ce *point* vous qui me trahissez ? N'est-ce *pas* vous qui me trahissez ?

Il *n'*a osé vous le dire par la peur de vous déplaire.—Il *ne* cesse de se plaindre. Je *ne* sais où le prendre. Je *ne* saurai que devenir. Il *ne* sait ce qu'il dit, ce qu'il veut. Je *ne* sais *pas* l'anglais. Je *ne* savais *point* ce que vous racontez.—Il *ne* soupe guère. Je *ne* sortirai de trois jours. Je *ne* vis jamais rien de plus merveilleux. Il est d'une humeur si tenace qu'on *n'*en saurait rien tirer. Il *ne* faut attrister personne. Il *ne* faut *pas* attrister cette personne. Qui *ne* dit mot consent. La rue est fort nette ; il *n'*y a *pas* une goutte d'eau dans le ruisseau. Il *n'*y a guère de choses qui *ne* soient faisables à qui veut bien les entreprendre. Je *n'*ai *ni* faim *ni* soif. Il *n'*a d'esprit ni peu ni point. Ce discours *n'*a ni rime ni raison. Ni les biens ni les honneurs *ne* valent la santé. Il est avantageux de *n'*être ni trop pauvre ni trop riche.—Depuis dix ans, je *ne* l'ai *pas* vu. Depuis dix ans je *ne* le vois *point*. Il y avait bien des années qu'il *n'*avait vu son frère. Il y a longtemps qu'ils *ne* se voient *point*.

Devoir.—Dix phrases semblables à celles des nᵒˢ 997 à 1001.

343ᵉ Ex. — *Ne* après *avant que, sans que,* etc. (Gr., 1002 à 1004.)

Sauvons-nous avant que l'orage vienne. — Il y en a pour un siècle avant qu'*on ait* achevé ce monument. Je ne puis parler sans qu'il m'interrompe. Il n'en fera rien à moins que vous *ne* lui parliez. Remuez ce blé de peur qu'il *ne* s'échauffe. Il ne faut pas trop faire chauffer cette sauce de crainte qu'elle *ne* tourne. Je n'aurai point de repos qu'il *n'*ait achevé. On ne chante guère le double d'un air qu'*on n'ait* chanté le simple. Vous ne sauriez lui parler de cela qu'aussitôt il *ne* s'échauffe.

J'ai défendu que vous fissiez telle chose. Empêchez qu'il *n'*approche. La pluie empêchera qu'on *n'aille* se promener demain. Evitez qu'il *ne* vous parle. Prenez garde que l'on *n'accroche* votre habit. Donnez-vous de garde qu'on *ne* vous trompe. Je n'empêche pas qu'il *ne* fasse (2) ce qu'il voudra. Quelquefois une vague haute comme une montagne venait passer sur nous, et nous nous tenions *ferme*, de peur que, dans cette violente secousse, le mât qui était notre unique espérance *ne* nous échappât.

Gardez qu'une voyelle, à courir trop hâtée,
Ne soit d'une voyelle en son chemin heurtée (Boil.).

Devoir.—Dix phrases semblables aux précédentes.

---

(1) Notez aussi la différence entre : *cette chose ne peut pas arriver*, et *cette chose peut ne pas arriver*. — (2) Ou *qu'il fasse*, sans négation.

344e Exercice. — *Ne après craindre, etc.* (Gram., n° 1005.)

I. — Je crains qu'il *ne* pleuve. Je ne crains pas qu'il pleuve. — On appréhende que la fièvre *ne* revienne. On n'appréhende pas qu'elle revienne. — J'ai peur qu'il *n'*arrive. Je n'ai pas peur qu'il arrive. — Je tremble que cela *ne* soit. Vous ne devez pas appréhender que je le loue. — C'est autre chose que je *ne* croyais. — Il agit autrement qu'il *ne* parle. Il n'agit pas autrement qu'il parle. — Il est plus heureux que vous *ne* l'êtes. Jamais père ne fut plus heureux que vous l'êtes. — Vous écrivez mieux que vous *ne* parlez. On ne peut pas mieux s'énoncer qu'il fait. — Il est moins riche, plus riche qu'on *ne* croit. L'Égypte n'était pas moins peuplée qu'elle était vaste. — Ces fruits sont meilleurs que je *ne* croyais. Ils ne sont pas meilleurs que je le croyais.

II (1005 à 1007). — Je crains qu'il *ne* vienne *pas*. Je tremble qu'elle *n'*arrive *pas* à l'heure. J'ai bien peur que ce fripon *ne* soit *pas* puni. Ne craignez-vous point que l'on *ne* vous fasse le même traitement ? Pourquoi se faire plus riche, plus pauvre, plus jeune qu'on *ne* l'est réellement ? Quel mortel fut jamais plus heureux que vous l'êtes (1) ? Personne n'est plus votre serviteur que je le suis. On ne peut pas être plus frappé qu'il l'est de cette injure. Je lui ai conseillé de choisir un bon avocat, de peur qu'il *ne* perde son procès, de crainte que ce vaurien *ne* soit *pas* puni sévèrement. Si vous ne trouvez pas de votre maison plus que je vous en offre, je vous demande la préférence. La distance d'ici là est moindre que vous *ne* dites. Cette somme n'est pas moindre que vous le dites. Est-elle moindre que vous le dites ? Ne craignez-vous pas que la foudre *ne* tombe pas sur vous (2) ? Il n'est pas si emporté qu'il *ne* sache bien se retenir quand il le faut (3). Ces deux hommes ne sont pas si brouillés qu'ils *ne* soient réconciliables.

Devoir. — Dix phrases semblables à celles des n° 1005 à 1007.

345e Exercice. — *Ne après douter et nier, etc.* (Gr., 1008 et 1009.)

I. — Je doute qu'il vienne. Je ne doute pas qu'il *ne* vienne bientôt. — Je doute fort que cela soit. Je ne doute pas que cela *ne* soit. — Il nie qu'il ait fait cela. Je ne nie pas qu'il *n'*ait fait cela (4). — Je nie que cela soit vrai. Je nie qu'il ait raison. On ne peut nier que cette vie *ne* soit misérable. Je doute que le ris excessif convienne aux hommes, qui sont mortels. Je ne nie pas qu'il *ne* soit le plus généreux des hommes. — On ne disconvient pas qu'il *ne* soit brave, mais il est un peu trop fanfaron. Nul doute, point de doute que cela *ne* soit. Je ne doute point que la vraie dévotion *ne* soit la source du repos. — Vous ne sauriez disconvenir que ce remède *ne* soit meilleur que tous les autres. Je ne doute pas que vous *ne* contribuiez à maintenir les rapports d'amitié qui existent entre lui et moi. Personne ne peut nier que, dans le principe, l'homme *n'*eût droit de regarder comme son propre bien la cabane qu'il avait élevée et les fruits qu'il avait cultivés. On ne peut disconvenir que depuis le renouvellement des lettres parmi nous on *ne* doive, en partie, aux dictionnaires les lumières générales qui se sont répandues dans la société. Je ne disconviens pas qu'avec toutes ses perfections on *ne* puisse faire quelques objections contre Sophocle.

Devoir. — Cinq phrases semblables à celles des n° 1008 et 1009.

(1) Interrogation dans la forme seulement. — (2) Ou, *tombe sur vous* (RACINE). — (3) Dans cette phrase et la suivante, les deux négations équivalent à une affirmation. — (4) Ou *qu'il ait fait cela* (ACAD.).

II (1008 à 1011).—Je ne doute point que cela *ne* soit. Je doute qu'aucun de vous, qu'aucun d'eux le fasse. On ne peut douter que le labourage *ne* fût connu dès l'origine du monde. Je ne puis douter, en vous écoutant, que les dieux *ne* vous aient envoyé ici pour adoucir mes maux. Il n'a tout à plat qu'il en eût jamais rien dit. On ne peut nier que le charbon de terre *ne* contienne du bitume (1). Vous ne saurez disconvenir qu'il *ne* vous ait parlé (2). On peut nier que Jésus-Christ ait ressuscité les morts, mais on ne peut nier qu'il ait ressuscité le genre humain (3). Qui peut douter que le clergé *n'*ait été bien aise de la conversion de Clovis, et qu'il *n'*en ait même tiré de grands avantages? Doutez-vous qu'il *ne* vienne? Niez-vous qu'il vienne? Doutez-vous que je sois malade? Doutez-vous que je *ne* tombe malade, si je fais cette imprudence?

Devoir.—Six phrases avec *douter, nier* et *disconvenir.*

346ᵉ Exercice.—*Ne* après *il s'en faut,* etc.—(Gram., nº 1012.)

Il s'en faut beaucoup que l'un soit du mérite de l'autre. Il s'en fallait bien qu'il eût achevé. Il s'en est peu fallu qu'il *n'*ait été tué. Il ne s'en est presque rien fallu. Peu s'en faut qu'on *ne* m'ait trompé. Il s'en faut deux travers de doigt que ces planches *ne* se joignent. Il ne s'en faut pas de l'épaisseur d'un cheveu que ces deux choses-là *ne* se touchent. Vous dites qu'il s'en faut tant que la somme entière *n'*y soit; il ne peut pas s'en falloir tant. Il s'en faut seulement deux doigts qu'il y en ait une aune. (*Acad.* à *doigt*.)

Il ne tint à rien qu'il *ne* fît telle chose. A quoi tient-il que nous *ne* partions? Il tint à peu de chose que je *ne* lui fisse un affront. —Je crains que vous *ne* vous mépreniez, il n'y a personne qui *ne* s'y méprenne. Il n'y a si bon charretier qui *ne* verse quelque fois. Il n'y a si belle personne qui *ne* devienne laide en vieillissant. Il n'est pas possible que milord *ne* se trompe (4). Ce n'est pas que je *ne* l'aime (5). Ce n'est pas que ce *ne* soit un des endroits les plus glissants de son affaire. Ce n'est pas qu'ils se soucient des hommes ni qu'ils craignent par bonté de les affliger.

Devoir. — Cinq phrases semblables aux précédentes.

347ᵉ Exercice. — *Récapitulation orthographique* sur les nᵒˢ 997 à 1012.

Le mal vient sans qu'*on* y pense. C'est un bruit à tête fendre, *on n'*y peut durer. Il faut empêcher que la division qui est dans cette maison *n'*éclate. Je crains que Julien *n'*arrive trop tard. Il est à craindre que cette opération *n'*échoue. Ce malheur n'est pas si grand qu'*on n'*y puisse apporter quelque remède. Avoir plus de bien qu'on *n'*en dépense, c'est être riche. Convenir que l'on eut tort, c'est être plus sage que l'*on n'*était. Un miroir flatteur est celui où l'on se voit plus beau qu'*on n'*est. Parler autrement qu'on ne pense, autrement qu'on *n'*agit, c'est mentir. On ne peut disconvenir que cette main (la trompe de l'éléphant) *n'*ait plusieurs avantages sur la nôtre. Il s'en faut peu de chose que cela *n'*aille. Il n'y a coin et recoin où l'on *n'*ait cherché. Je me doutais bien qu'on *en* viendrait là. Il ne se doutait pas qu'on *eût* des preuves contre lui (6). Il ne tient pas à certaines gens que la raison humaine *n'*ait une marche rétrograde. Il ne tenait pas à lui qu'on *n'*oubliât ses victoires. Cet homme, si l'on *n'*y prend garde, brouillera tout. Il n'oserait vous attaquer en homme d'honneur, mais craignez qu'il *ne* vous assassine. Il est certaines professions dans lesquelles on ne peut bien réussir si l'on *n'*est ambidextre. Comme politique, on ne peut nier que Charles-Quint *n'*ait été supérieur à François Iᵉʳ. Peut-on nier que Napoléon *ait* été le plus grand capitaine des temps modernes? (*Fait évident.*)

Devoir. — Analyse de la dernière phrase.

(1) Ou *contient*, sans *ne*. — (2) Ou qu'il vous *a parlé* avec l'indicatif.
(3) Fait certain, incontestable. — (4) On *se trompe* (sans *ne*) selon le sens.
(5) Sens affirmatif; si l'on voulait rendre l'idée contraire, on dirait *que je l'aime*.
(6) Notez bien qu'il s'agit ici de *se douter*. Avec *douter* seul, il faudrait *ne*.

et des six premières espèces de mots.

348ᵉ Exercice.—*Orthographe.*—Je crains qu'il *ne meure.* Je ne crains pas qu'il *meure.* On ne saurait bien composer un remède si *on n'en* connaît la dose. Il fait si chaud dans cette chambre qu'*on n'y* saurait durer. Boucher un passage, c'est empêcher, par quelque obstacle, qu'on *n'y* puisse entrer. L'ouverture était assez grande pour qu'*on y* pût introduire la main. Il est fâcheux d'avoir plus d'affaires qu'*on n'en* peut porter. Nous craignions que cette contestation *n'allât* trop loin. Se déguiser, c'est se montrer *tout* autre qu'on *n'est* réellement. On ne peut douter que la lupe *n'ait* un volume considérable. Il y a beaucoup de mots qu'on prononce autrement qu'on *ne* les *écrit.* Il est fait tout autrement que vous *ne* croyez. Je suis ici depuis deux jours ; on ne peut être *plus* satisfait d'une ville que je le suis de celle-ci. Il chante mieux, beaucoup mieux qu'il *ne* faisait. Elle a été mieux reçue qu'elle *ne* croyait, que nous ne croyions nous-mêmes. Heureux et sage celui qui dit en s'éveillant : Je veux être aujourd'hui meilleur que je *n'étais* hier. Il y a des maux dont *on n'est* jamais si bien guéri qu'il *n'en* reste quelque ressouvenir. Les remèdes extrêmes sont ceux que l'on *n'administre* aux malades qu'après avoir employé sans succès tous les autres remèdes. Il s'en faut bien que le petit nombre de connaissances certaines sur *lesquelles* nous pouvons compter soit suffisant pour satisfaire à tous nos besoins.

Devoir.—Analyse des trois premières phrases.

349ᵉ Exercice.—*Orthographe et syntaxe.*—Je regrette qu'il *soit* parti si tôt. Cette ganse est trop étroite, le bouton *n'y* saurait entrer. Ils n'ont pas *plu-tôt* tiré un coup qu'aussitôt ils le rechargent. Cet homme est si avide qu'il dé-vore *plutôt* qu'il ne mange. A volume égal, l'or l'emporte *de beaucoup* sur l'argent. Ce jeune homme a beaucoup gagné depuis que je *ne* l'ai vu. Je n'achè-terai rien que je *n'aie* vu le courant du marché. Il s'en manque quatre doigts que cette porte *ne* joigne. Il s'en faut *de* peu que ce vase *ne* soit plein. Peu s'en fallut qu'Idoménée *n'interrompît* Mentor pour lui témoigner son ressentiment. Jamais *on n'eut* plus d'esprit à souper qu'en *eut* Sa Majesté. Il n'y a tête d'homme *qui ose* entreprendre de faire telle chose (1). Il n'y a point de gens dont la conversation soit si mauvaise qu'*on n'en* puisse tirer quelque chose de bon. Ne cherchez point à découvrir les défauts dans les *chefs-d'œuvre* avant que vous ayez appris à *en* connaître *les* beautés. Les patriarches habitaient sous des tentes ; ce n'est pas qu'ils *n'eussent* pu bâtir aussi bien que les autres habitants du même pays, mais ils préféraient cette manière de vivre.

Exceptions modifiées. — Craignez que ce moment fatal *ne* revienne. (MASSIL.) — Est-ce que vous ne me jugez digne d'aucune réponse ? (LA BRUY.) — On ne veut rien faire ici qui vous déplaise. (RAC.) — Il n'est pas de plus sublimes vé-rités que celles de la religion, et il n'en est pas *non plus* qui soient moins con-nues. (MASS.) — Ce qu'ils ont de vivacité et d'esprit leur nuit *plus* que ne fait à quelques autres leur sottise ! (LA BRUY.) — Il ne faut pas souffrir que notre ima-gination nous jette dans le malheur avant que la fortune nous y fasse tomber. (BOISTE.) — Les passions sont les mêmes dans le peuple et dans les grands, mai il s'en faut bien que le crime soit égal. (MASS.) — Ce peuple abandonnerait so pays ou se livrerait à la mort plutôt que d'accepter la servitude : ainsi il es *aussi* difficile à subjuguer qu'il est incapable de vouloir subjuguer les autres (FÉNEL.) — Vous savez comme Brancas m'aime : il y a trois jours que je n'ai ap pris de ses nouvelles ; cela n'est pas vraisemblable ; mais lui, il n'est pas vra semblable *non plus.* (Mᵐᵉ DE SÉV.)

Gardez que, devant un juge, — Vous *niez* (2) un fait réel ;
En usant de subterfuge, — On est deux fois criminel.

Devoir. — Analyse de la dernière phrase.

---

(1) Sens négatif ; *qui n'ose* donnerait à la phrase le sens affirmatif. — (2) Pour *ne niiez.*

CHAPITRE VIII.

SYNTAXE DES PRÉPOSITIONS.

350° Exercice. — **A** *et* **de** ; **à** *et* **ou** ; *auprès de* et *près de*, etc.
(GRAM., n°⁵ 1013 à 1016.)

A qui est-ce à jouer ? C'est à vous *à* faire. A vous le dé ; c'est à vous *à* parler, *à* répondre, *à* agir. C'est aux évêques *de* bénir les abbés et les abbesses. C'est à vous *de* prendre garde à cela.

Exceptions : C'est au juge *à* prononcer. (*Acad.*) C'est au père *à* gouverner ses enfants. (*Id.*) C'est au supérieur *à* donner ses ordres. (*Id.*) C'est au diacre *à* chanter l'évangile (*Id.*) Ce n'est pas au locataire *à* faire les grosses réparations. (*Id.*) C'est à celui qui allègue la mauvaise foi *à* la prouver. (*Id.*)

Cet enfant est âgé de 7 *à* 8 ans. Nous avons rencontré 15 *à* 20 personnes. Les perdrix pondent ordinairement 15 *ou* 16 œufs. Je lui ai écrit 2 *ou* 3 fois, il ne m'a pas fait de réponse.

Versailles est *près de* Paris. La place d'une jeune fille est *auprès de* sa mère. Ce malade a *auprès de* lui un médecin très-habile. Il est logé *près d'*ici, fort *près d'*ici. Il est bien *près de* midi.

Votre mal n'est rien *auprès du* sien. La terre n'est qu'un point *auprès du* reste de l'univers. Ce service n'est rien *au prix de* celui qu'il m'avait rendu. Cet homme-là est un aigle *au prix de* ceux dont vous parlez.

Devoir. — Composer cinq phrases semblables aux précédentes.

351° Exercice. — *A travers* et *au travers* ; *entre* et *parmi*, etc.
(GRAM., n°⁵ 1017 à 1023.)

Nous passâmes *à travers* un bois. Il s'est fait jour *au travers* des ennemis. Son cheval prit le mors aux dents et l'emporta *à travers* les champs. Ils pénétrèrent *à travers* les obstacles (Acad.)

Avant de parler, réfléchissez. *Avant que de* choisir un état, il faut examiner sa vocation. Dans certains pays du Nord, on voyage en traîneau *pendant* l'hiver.

Il partage son temps *entre* l'étude et le jeu. Platon et Aristote tiennent le 1ᵉʳ rang *parmi* les anciens philosophes. — Je désirerais passer ma vie *à la campagne*. Les troupes se mettront bientôt *en campagne*. Il s'est mis *en campagne* depuis hier pour découvrir la demeure de cette personne. — Ce bruit n'est pas parvenu *jusqu'à* moi. Cette nouvelle n'était pas venue *jusques* à nous (Acad.)

Entre amis, tout doit être commun. Ce père partage également sa tendresse *entre* tous ses enfants. Je suis bien tenté d'aller prendre l'air *à la campagne*. Un bon général doit s'attacher à maintenir la discipline *parmi* ses soldats. Cela est commun *parmi* les militaires, *entre* les militaires ; *entre* les bourgeois, *parmi* les bourgeois. (Acad.)

Devoir. — Composer dix phrases semblables aux précédentes.

8

352ᵉ Ex. — *Près de* et *prêt à ; voici* et *voilà*, etc. (1024 à 1027.)

Soyons toujours *prêts à* supporter quelque chose. Au printemps, les beaux jours sont *près de* revenir. L'avare est *prêt à* vendre son âme pour de l'argent. Cette famille est *près de* s'éteindre. Napoléon sentit qu'il était *près de* mourir. Ce bâtiment menace ruine ; il est *près de* tomber. Les armées étaient *prêtes à* en venir aux mains. Le prince est en colère et la foudre est *près de* tomber. Ce jeune homme était *près de* se perdre, des gens charitables l'ont redressé. Comme nous étions *prêts à* partir, il survint un orage. (*Acad.*)

Il faut être civil *envers* (ou *à l'égard de*) tout le monde. Le père use de correction *envers* ses enfants. — Sa maison est *vis-à-vis de* la mienne. Il est logé *hors* la barrière, *proche* la ville, *en face de* la chapelle. (*Acad.*) — *Voilà* votre part, et *voici* la mienne (1). *Voici* l'endroit de cette étoffe, et *voilà* l'envers. Du pain et du fromage, *voilà* son déjeuner de tous les jours. Jouir du présent sans s'inquiéter de l'avenir, *voilà* sa philosophie. *Voilà* les services que je lui ai rendus, et *voici* quelle a été ma récompense. *Voici* la maxime de l'égoïste : « Tout pour moi, rien pour les autres. » Lire un peu et méditer beaucoup, *voilà* ce qui conduit à la connaissance de soi-même et des autres. Pour être heureux, il n'est besoin ni de richesses, ni de gloire : un cœur pur, tranquille et content de peu, *voilà* le secret du bonheur.

Devoir. — Composer dix phrases semblables aux précédentes.

353ᵉ Ex. — **A, de, en,** etc., répétés ou non. — (Gn., 1028 à 1030.)

I. — Il faut chercher *à* penser et *à* parler juste. Aujourd'hui, il n'y a pas de honte *à* être pauvre et *à* servir les autres. Il y a un grand mérite *à* sentir et *à* confesser ses torts. Après beaucoup *de* tours et *de* détours nous arrivâmes. En France et dans presque toute l'Europe, les hommes saluent *en* ôtant leur chapeau et *en* s'inclinant. Il possédait tant *en* argent et *en* billets. La marche d'un vaisseau s'évalue *en* lieues marines ou *en* degrés (2). On distingue les dents *en* molaires ou mâchelières, *en* dents canines et *en* dents incisives. Crébillon doit sa renommée *à* Rhadamiste et Zénobie.

Exceptions. — Les choses du monde sont sujettes *à* un flux *et reflux* perpétuel. (*Acad.*) Les ascendants ne succèdent point aux propres, mais seulement *aux* meubles *et acquêts.* (*Id.*) Il m'a vendu ce bien franc et quitte *de* toutes dettes *et hypothèques.* (*Id.*) Dans les nouvelles colonies, l'État donne des terres aux particuliers à condition *de* les défricher *et cultiver.* (*Id.*) On lui a fait ce payement *en* écus *et autres* espèces ayant cours. (*Id.*) On divise les corps *en* bons *et mauvais* conducteurs du calorique. (*Id.*) La râpe sert à mettre en poudre *du* sucre, *de* la muscade, *de* la croûte de pain, *et autres* choses semblables. (*Id.*)

II. — Le chef de la troupe s'approchant *de* Paul et *de* Virginie leur dit : « Bons petits blancs, n'ayez pas peur. » Cette maison est belle *par* dedans et *par* dehors. Elle sut l'émouvoir *par* ses larmes et ses prières. Dieu fait luire le soleil *sur* les bons et *sur* les méchants. Les plantes se multiplient *par* les semences, les marcottes et les boutures. (*Acad.*) Les pyramides d'Egypte sont renommées *pour* leur grandeur et *pour* leur antiquité. L'incuriosité des Orientaux empêche leurs progrès *dans* les sciences et *dans* les arts.

Devoir. — Composer six phrases semblables aux précédentes.

---

(1) Dans cette phrase et la suivante, on doit employer *voici* pour désigner l'objet le plus rapproché et *voilà* pour le plus éloigné.

(2) Ici la non répétition de *en* changerait complétement le sens.

354ᵉ Exer. — *Complément des prépositions.* (1031 à 1034.)

(Dire pourquoi les phrases suivantes sont correctes.)

J'ai promis de le protéger *envers* et *contre* tous. On a publié *sur, pour* et *contre* la doctrine d'Aristote une foule d'écrits. Les membres de cette assemblée écrivent oui ou non *sur* leurs billets, selon qu'ils votent *pour* ou *contre* le projet présenté. Bien que le hibou supporte assez facilement la lumière du jour, ses heures de prédilection pour la chasse sont le matin *avant* et le soir *après* le coucher du soleil. Accoster, en termes de marine, se dit d'une embarcation qui vient *se* placer *le long* et *à côté* d'un objet. Il faut avoir une bien bonne tête pour pouvoir la mettre *à la place* et *au-dessus* de celles de trente millions d'hommes.

Je vois, dans cette affaire, des probabilités *pour* et *contre*. Mettez cela *devant* ou *derrière, devant* ou *après*. Mettre la charrue *devant* les bœufs, c'est commencer par où l'on devrait finir, faire *avant* ce qui devrait être fait *après*. Il a pris mon manteau et s'en est allé *avec*. Je n'en ai pas entendu parler *depuis*.

Devoir. — Composer cinq phrases semblables aux précédentes.

Récapitulation sur la syntaxe des prépositions et des sept premières espèces de mots.

355ᵉ Exercice. — I (*Orthographe*). On l'a *plongé* dans la rivière *jusqu'au* cou. Les hommes corrompus n'ont aucune pudeur et ils sont toujours *prêts* à toutes sortes de bassesses. J'écrirais *jusqu'à* demain : mes pensées, ma plume, mon encre, tout *vole. Quelques* vérités à croire, un petit nombre de préceptes à pratiquer, *voilà* à quoi la religion révélée se réduit. Ceux qui nuisent à la réputation ou à la fortune des autres *plutôt* que de perdre un bon mot méritent une peine infamante. *Mécontents* de leur sort, les esclaves étaient toujours *prêts à* secouer le joug et à devenir les auxiliaires de tous les ambitieux. En Laponie, une peau d'hermine coûte quatre ou cinq *sous* ; la chair de *cet* animal sent très *mauvais*. Les basses classes d'un collège sont celles par où commencent les écoliers, *jusqu'à* la quatrième inclusivement. Il faudrait que tout homme public, *quand* il est *près* de faire une grosse sottise, se *dît* toujours à lui-même : « l'Europe te regarde. »

II (*Syntaxe*). A qui est-ce *à* donner ? C'est à vous *à* donner. Dieu tient le cœur des rois *entre* ses mains puissantes. *Parmi* les Romains, le maître avait droit de vie et de mort sur ses esclaves. Il s'est retiré pour toujours *à la campagne* ; c'est un philosophe. *Jusques à quand* me persécuterez-vous ? Leurs maisons sont situées à l'opposite ou *vis-à-vis* l'une de l'autre. L'usage des virgules était inconnu aux Grecs et aux Latins. La contention habituelle de l'esprit, *voilà* le plus sûr garant de la pureté des mœurs. Les vergues sont *de* longues pièces de bois qui sont attachées *en travers* (1) des mâts d'un navire pour en soutenir les voiles. Parlez *à* haute *et* intelligible voix (2). Les orgueilleux veulent avoir raison *envers* et *contre* tous. On fera la visite de cet établissement, *de* l'avis et *en présence du* directeur. Souffler le chaud et le froid, c'est *louer et blâmer* une même chose, parler *pour* et *contre* une personne, être tour à tour d'avis contraires.

Exceptions modifiées. — Sylla proscrivit trois à quatre mille citoyens romains (Acad.) — Plusieurs gens de lettres ont été ingrats *envers* leurs bienfaiteurs. — *Envers* (ou *à l'égard d'*) un tel homme, on ne doit négliger ni le plus, ni le moins. (J.-J. Rous.)

_____

(1) *En travers,* suivi d'un complément veut *de.* (Acad. à *croisée, lame,* etc.)
(2) La répétition de la préposition *à* modifierait le sens.

CHAPITRE IX.

SYNTAXE DES CONJONCTIONS.

356e EXERCICE. — Et ou ni. — (GRAM., 1035 à 1041.)

I. — Je crains qu'il ne vienne *et* qu'il n'oublie vos avis. Je ne crains pas qu'il vienne, *ni* même qu'il pense à venir. Je ne retranche *ni* n'ajoute rien à l'histoire que je raconte. Il ne perd *ni* ne gagne à ce changement. — Jacques *et* Jean sont partis. Ni lui *ni* moi ne sommes partis. Jenny est active *et* laborieuse. Agathe n'est pas active *ni* laborieuse (1). Ce chasseur a encore de la poudre *et* du plomb. Ce chasseur n'a pas de poudre *ni* de plomb. Il n'a plus *ni* poudre *ni* plomb. J'ai le pouvoir *et* la volonté de vous nuire. Je n'ai pas le pouvoir *ni* la volonté de vous nuire, ou je n'ai *ni* le pouvoir *ni* la volonté de vous nuire. — Il est sans force *ni* vertu. Elle est sans force *et* sans vertu. Il était bien de figure, mais sans élégance *et* sans grâce. — Plus on travaille, *moins* on s'ennuie. Plus on le connaît, *plus* on l'estime. Plus on aime quelqu'un, *moins* il faut qu'on le flatte. Plus on est élevé, *plus* on doit être modeste.

Analyse de la dernière phrase. (On doit être plus modeste *quand* on est plus élevé.)

II. — On ne sait qui meurt *ni* qui vit. Les sceptiques ne niaient *ni* n'affirmaient rien. Je ne connais point cet homme-là *ni* ne veux le connaître. Je crains Dieu, cher Abner, *et* n'ai point d'autre crainte. Il faut exposer parfois sa vie *et* sa santé. Il ne faut pas prodiguer légèrement, etc. ; ou bien : il ne faut prodiguer *ni*, etc. Il a été l'auteur *et* le conseiller de cette entreprise. Il n'a pas été l'auteur *ni*, etc. C'est un homme qui se souvient des bienfaits *et* des injures. Cet homme ne se souvient pas, etc. Il sait ce qu'il fait *et* ce qu'il dit. Il ne sait, etc. Il y a honneur *et* profit à ce métier. Il n'y a *ni*, etc. Il n'a ni force *ni* vertu ; il est sans courage *et* sans caractère (2). Peut-on m'attribuer des vers sans rime, sans mesure *et* sans raison ? On donne le nom de fleuret à une épée à lame carrée sans pointe *et* sans tranchant (2). Mieux l'État est constitué, *plus* les affaires publiques l'emportent sur les privées. Plus on a lu, *plus* on est instruit ; plus on a médité, *plus* on est en état d'affirmer qu'on ne sait rien. Le sourd-muet ne parle *ni* ne chante que parce qu'il n'entend pas.

Devoir. — Composer dix phrases semblables aux précédentes.

(1) *Ou* n'est *ni* active *ni* laborieuse. — (2) On *sans* courage *ni* caractère.

Exceptions aux nos 1037 et 1038.

Les prescriptions médicales ne sauraient être trop claires *et* trop précises (*Acad.*). Il n'y a point de science dont l'étude ne soit pleine d'épines *et* de difficultés (*Id.*) Racine n'a pas l'âme tragique : il n'aime ni ne connaît la politique *et* la guerre. (*Cous.*)
Cessons de nous flatter. Il n'est esprit si droit
Qui ne soit imposteur *et* faux par quelque endroit. (*Boil.*)

Ex. — **Parce que, quoique, quand,** etc.
(Gram., nᵒˢ 1042 à 1047.)

I. — Il est tombé *parce que* le chemin est glissant. Jugez de ce qu'ils aiment *par ce qu'*ils souhaitent. *Quoiqu'*Émile soit pauvre, il est honnête homme. *Quoi que* vous fassiez, vous ne pourrez échapper à la douleur. Il est assez ordinaire de se fâcher *quand* on a tort. *Quand* nous reverrons-nous? Les rois, *quant* au temporel, sont indépendants de la puissance spirituelle.

II. — Il a peu *ou* point de santé. On vieillit *malgré qu'on* en ait. Un homme n'est pas pauvre *parce qu'*il n'a rien, mais *parce qu'*il ne travaille pas. *Parce qu'*il y a différentes religions, s'ensuit-il qu'il n'y en ait pas une véritable? *Par ce que* vous me répondez, je vois que vous n'avez pas compris la question. Je suis résolu de faire telle chose, *quoi qu'*il puisse arriver. Je vous payerai *quand* vous voudrez. *Quand* on s'expose trop souvent à un péril, on finit par y succomber. *Quand* on a mal commencé, en *quoi que* ce soit, il faut recommencer *ou* renoncer à ses projets. Je vous accorde votre première demande; *quant* à l'autre, je ne saurais l'accueillir. Depuis l'invention de la poudre, les batailles sont beaucoup moins sanglantes qu'elles ne l'étaient auparavant, *parce qu'*il n'y a presque plus de mêlée. *Quoiqu'*il relève de maladie et qu'il soit encore très-faible, il a voulu se mettre en route.

Quoi que vous écriviez, évitez la bassesse :
Le style le moins noble a pourtant sa noblesse. (BOIL.)

Devoir. — Dix phrases semblables aux précédentes.

Récapitulation sur la syntaxe des conjonctions
et des huit premières espèces de mots.

358ᵉ Exercice. — (*Orthographe.*)—*Quand* on est bien, il faut s'y tenir. *Quand on a quelque* affaire à conduire, il faut être patient. Il n'y a *ni* coin ni recoin que la commission *n'ait* visité. On est né pour les grandes choses *quand on a* la force de se vaincre soi-même. Il est tard de songer à Dieu *quand on est près* de mourir. Une maison se délabre bien vite *quand on n'en a* nul soin. On ne doit décintrer les voûtes que *quand* elles sont bien sèches. Rire du bout des dents, c'est s'efforcer de rire *quoiqu'on n'en ait* nulle envie. *On n'est* jamais si heureux ni si malheureux qu'on se l'imagine. Je ne me plais pas dans cette société *parce qu'on y* voit toujours de nouveaux visages. La rudesse et la grossièreté *n'excluent ni* la fraude *ni* l'artifice. *Quand* on fit cette proposition, tout le monde s'éleva contre. *Quand* un banquier paye une lettre de change avant l'échéance, il escompte l'intérêt du temps. L'affaire est bonne *quant* au fond, mais la forme *n'en* vaut rien. *Quoique* l'Évangile propose à tous la même doctrine, *il* ne propose pas à tous les mêmes règles. *Ou* bien toute religion périra dans le monde, *ou* le christianisme durera, car il n'est pas au pouvoir de la pensée de concevoir une religion plus parfaite.

Quand le mal est certain,
La plainte *ni* la peur ne *changent* le destin. (LA FONT.)
Chacun a son défaut *où* sans cesse il revient :
Honte *ni* peur *n'y* remédie. (LA FONT.)

Devoir. — Analyse de la première phrase.

359ᵉ Exercice. — (*Syntaxe*.) — Il ne faut repousser *ni* le pauvre *ni* l'étranger. Un homme comme vous est *au-dessus* d'un pareil soupçon. Il ne plaint *ni* son temps *ni* ses soins *quand* il s'agit d'obliger. Le papier vélin est sans vergeures (*pr.* ju) *et sans* pontuseaux. Les loriots ne sont point faciles à élever *ni* à apprivoiser. Plus les corps sont rares (poreux), *plus* ils sont légers. Je ne considère ni sa fortune *ni* ses richesses ; je ne considère que son mérite. C'est une grande misère que de n'avoir pas assez d'esprit pour bien parler *ni* assez de jugement pour se taire. *Or*, au reste, cependant, sont des conjonctions transitives, car elles marquent le passage *ou* la transition d'une chose à une autre. Je ne vous aime *ni* plus *ni* moins que *si* j'étais votre frère. Il pleut, il neige, *que* c'est une bénédiction. *Que si* vous alléguez telle raison, je vous répondrai ceci. On ne trouve, dans les humains, ni les vertus ni les talents *qu'on* y cherche.

> Sans la langue, l'auteur le plus divin,
> Est toujours, *quoi qu'*il fasse, un méchant écrivain. (BOIL.)

Exceptions modifiées. — Plus la distance du peuple au gouvernement augmente, *plus* les tributs deviennent onéreux. (J.-J. Rouss.) — Plus on est riche, *plus* on a de pouvoir et de dignités, mais plus on a de charges à supporter, de devoirs à remplir. (*Vie de Cés.*) — Calypso ne vous loue que *parce qu'*elle vous croit faible et vain. (*Fénel.*) — *Dès lors qu'*on les approche, ils se mettent sur leurs gardes. (MOL.) — Les esprits forts pensent-ils avoir mieux vu les difficultés, *parce qu'*ils y succombent, et que les autres, qui les ont vues, les ont méprisées? (BOSS.)

Devoir. — Sens et analyse des deux vers ci-dessus.

CHAPITRE X.

SYNTAXE DES INTERJECTIONS.

360ᵉ Ex. — *Ha!* ou *ah! Ho!* ou *oh!* etc. (1048 à 1050.)

(Dire pourquoi les interjections suivantes sont bien employées.)

O le rusé coquin! *Ho! ho!* vous faites bien l'entendu. *Eh!* mon Dieu laissons tout cela. *Hé!* qu'allez-vous faire? *Hé*, pauvre homme, que je vous plains! *Ah!* mon Dieu, qu'avez-vous fait? Voulez-vous venir, *hein? Hein*, que dites-vous donc là? *Eh bien!* bourreau, t'expliqueras-tu? L'interjection *ah!* exprime une émotion profonde et de quelque durée; *ha!* exprime un sentiment subit et passager. Le son de *ah!* est prolongé, celui de *ha!* est bref. Qui *diable* vous a dit cela? Que *diantre* me veut-il?

> La Tortue arriva la première.
> — *Hé bien!* dit-elle au Lièvre, avais-je pas raison?
> De quoi vous sert votre vitesse?
> Moi l'emporter! et que serait-ce
> Si vous portiez une maison. (LA FONT.)

Devoir. — Composer dix phrases semblables aux précédentes.

CHAPITRE XI.

EXERCICES SUR LES REMARQUES DÉTACHÉES.

361ᵉ Exercice. — (Gram., nᵒˢ 1051 à 1057.)

1051. Cette robe s'*abîme* à la poussière. — 1052. Il *a* fort bien *agi* à mon égard. — 1053. Aidez *à* cet homme, qui plie sous la charge qu'il porte. Aidez-*lui* à soulever ce fardeau. Vous avez promis de *l*'aider de tout votre crédit, n'allez pas vous démentir. Je *l*'ai aidé toutes les fois qu'il a eu recours à moi. — 1054. De même que la cire molle reçoit aisément toutes sortes d'empreintes, *de même* un jeune homme reçoit facilement toutes les impressions qu'on veut lui donner. De même que le feu consume la rouille et purifie l'or, *ainsi* les souffrances rendent les vertus plus pures et plus précieuses. Comme nous nous affectionnons de plus en plus aux personnes à qui nous faisons du bien, *de même* nous haïssons violemment ceux que nous avons beaucoup offensés (1). — 1055. Cette femme a l'air, *bon* et elle est méchante ; cette autre a l'air *méchant* et elle est bonne. Julie a l'air *contente*. Ils ont l'air *fâchés* de ce qu'ils viennent d'apprendre. Ils ont tous deux l'air *prévenant*, spirituel, railleur. Ces légumes n'ont pas l'air d'*être cuits*. — 1056. Les menues réparations sont à la charge du *locataire*. Elle n'est point *propriétaire* de son domaine, elle n'en est qu'*usufruitière*. Le *donateur* transmet au *donataire* la propriété des choses données. Il est le *dépositaire* de mes secrets.

Devoir. — Composer dix phrases semblables aux précédentes.

362ᵉ Exercice. — (Gram., nᵒˢ 1057 à 1062.)

1057. J'*allai* passer dix jours à Londres. Il *alla* faire un tour dans le jardin. Avez-vous *été* à Paris ? J'*irai*. Ira-t-il à Rome ? Il *ira*. — 1058. La piété véritable élève l'esprit, *ennoblit* le cœur, affermit le courage. Cette famille fut *anoblie* par Henri IV. — On *applaudit* l'acteur, mais on siffla la pièce. Quand un homme est en faveur, toute la cour lui *applaudit*. — Un armistice vient d'être *signé* par les chefs des deux armées. L'Empereur a accordé *une* amnistie *générale*. — *Atteignez*-moi ce tableau ; il est trop haut, je ne saurais l'*atteindre*.

(*Orthographe*). — J'ai *affaire* d'argent. J'ai *affaire* de vous, ne sortez pas. Vous aurez fort *à faire* pour réussir. A qui pensez-vous avoir *affaire* ? Il n'est pas plaisant d'avoir *affaire* à des chicaneurs. Cet homme fait très-mal ce qu'il a *à faire*. Les mauvais ouvriers massacrent tout ce qu'ils ont *à faire*. Si vous avez *affaire*, je m'en irai. J'ai *affaire* dans ce quartier, je vous y conduirai. Je fais l'une après l'autre chacune des choses que j'ai *à faire*. Me voilà quitte de la corvée que j'avais *à faire*. C'est à lui que je veux avoir *affaire* et non à d'autres. Il est désagréable d'avoir *affaire* à des gens difficultueux. Cet homme a des manières qui rebutent tous ceux qui ont *affaire* à lui. C'est un homme qui passe toute sa vie *à faire*, défaire et refaire. Avant de découper, les tailleurs prennent la mesure des vêtements qu'ils ont *à faire*. On envoya chercher un médecin qui prescrivit divers remèdes et expliqua ce qu'il y avait *à faire*.

Devoir. — Analyse d'*applaudit* et de la dernière phrase.

(1) Autres corrélatifs : Plus on est de fous, *plus* on rit. Tant vaut l'homme, *tant* vaut la terre. Autant de têtes, *autant* d'avis. Autant d'eau *que* de vin, etc.

363ᵉ Exercice. — (Gram., nᵒˢ 1063 à 1073).

J'irai *me baigner*. Elle a été *se coucher*. Mon père, ma mère et moi nous allons *nous promener* le dimanche (1). Vous nous la *baillez* belle. *Bayer* comme un nigaud. — Ces oiseaux ouvrent le *bec*. — La *gueule* du chat, ainsi que celle du tigre, est armée de dents aiguës. — Serez-vous *capable* de porter ce fardeau (2)? Cette terre est *susceptible* d'améliorations. Je suis trop *susceptible* : un rien me blesse. L'esprit de l'homme est *susceptible* de bonnes et de mauvaises impressions. — Ce vase est très-*fragile*. — Le corbeau *croasse* ; la grenouille et le crapaud *coassent*. — Ce peintre *colorie* assez bien, mais il dessine mal. On *colorie* les plans en teintes plates. Enluminer des images, c'est les *colorier*, y appliquer les couleurs convenables. La garance *colore* en rouge les os des animaux qui s'en nourrissent. Les nuages étaient *colorés* par le soleil couchant. — La salle commence à s'échauffer. Cet enfant commence à parler avec facilité. Énos commença d'invoquer le nom du Seigneur. Lorsque l'orateur commença de parler, chacun se tut pour l'écouter. Quand le tonnerre commence de gronder, il faut s'attendre à un orage. Bocchoris, roi d'Égypte, comptait pour rien les hommes. On est maître de la vie des autres quand on ne compte plus pour rien la sienne. — On a souvent comparé Virgile *et* Homère (*ou* Virgile à Homère, Virgile *avec* Homère).

Devoir. — Composer dix phrases semblables aux précédentes.

364ᵉ Exercice. — (Gram., nᵒˢ 1074 à 1087).

Je *vous* confierai ma bourse. Je me confie *en* Dieu Je me fie à lui (*ou* en lui). — Ce tribunal est incompétent pour connaître *de* cette affaire. — Ce port de mer est très-*important*. — Le temps *consume* toutes choses. On *consomme* une grande quantité de vin dans cette maison. Le feu de cette cheminée était si ardent qu'il *consuma* trois bûches en un quart d'heure. Une soupe bien *consommée* est celle qui a cuit longtemps. Rollin, dans son Traité des Études, a parlé de l'éloquence en rhéteur *consommé*. La longueur d'un mur est une quantité *continue*. Depuis huit jours, je travaille *continuellement.* — Je veux continuer à m'instruire. Ce jeune homme se perdra : il continue de fréquenter les mauvaises sociétés. — On dit d'un homme qu'on a contraint à faire quelque chose qu'il a été obligé de passer le pas. — Je crois *en* Dieu. Il n'y a que les esprits ignorants et faibles qui croient *aux* revenants ou aux sorciers. — Il y eut trois mille hommes *de* tués dans ce combat. — J'ai dîné d'un poulet, d'un morceau de bœuf. — Demain *matin* (ou demain au matin) je me propose d'aller vous voir. — Je ne demande qu'à écouter, qu'à entendre. Je vous demande de m'écouter, de m'entendre. — Cet écolier est en troisième, il va passer en *seconde*. Voyager en *secondes*. — Tout flatteur est *digne* de mépris. Vous êtes *digne* de louange. Elle est *indigne* d'un pareil honneur. — Quand des hommes éclairés *disputent* longtemps, il y a grande apparence que la question n'est pas claire. Ces deux amis commençaient à *disputer* aigrement, un tiers a parlé de nouvelles pour faire diversion. — Il faut savoir distinguer le bon grain *du* mauvais (*ou* d'avec le mauvais). Il est quelquefois bien difficile de démêler le vrai *du* faux (ou d'avec le faux).

Devoir. — Analyse de : *Il n'y a que les esprits ignorants*, etc.

---

(1) Notez qu'on dit bien *il m'a tellement impatienté que j'ai fini par l'envoyer* promener, l'envoyer paître. (Acad.)

(2) Dites de même *cet homme est capable d'amitié, de reconnaissance* (Acad.). *Votre cheval n'est pas capable de traîner cette voiture* (Id.). *Cette salle est capable de contenir tant de personnes* (Id.). *Cette digue n'est pas capable de résister à la violence des flots* (Id.).

365ᵉ Exercice. — *Orthographe.* — (Nᵒˢ 1088 et 1092.)

Mon sentiment est *différent* du vôtre. Nos avis sont *différents.*
Je ne dis pas que le soleil tourne chaque jour autour de la terre,
je dis qu'il semble tourner; cela est bien *différent.* Ils étaient tous
divisés dans cette famille; c'est lui qui a travaillé à la pacification
de leurs *différends.* Il ne faut pas s'ingérer mal à propos dans les
différends des personnes naturellement unies, comme frère et
sœur, mari et femme, etc. — Cette avenue mène *droit* à la route.
— Cette doctrine mène *droit* à l'athéisme. Redressez-vous, Made-
moiselle, tenez-vous *droite.* En général, les mères exhortent leurs
filles à se conduire avec sagesse, mais elles insistent beaucoup plus
sur la nécessité de se tenir *droites,* d'effacer leurs épaules, etc.
Ils s'arrêtèrent tout *court* au milieu de leur harangue. Elle demeura
court en présence du roi. Cette maladie a tourné *court.* Tranchez
court, tranchez *net* la difficulté. Elle voulait entrer en discussion,
je lui coupai *court.* Je coupai *cours* à la discussion en disant: Soyons
fermes, restons *fermes.* Les esprits mous et indécis, qui n'ont pas
la force de marcher *droit* et *ferme,* sont sujets aux divagations.
Ces chevaux sont *haut* montés. Voilà des oiseaux qui volent *haut.*
Sous la Restauration, les plus *haut* imposés avaient le droit de
voter deux fois dans la même élection.

Devoir. — Sens et analyse de la dernière phrase.

366ᵉ Exercice. — (Nᵒˢ 1093 à 1114.)

Le corps de certains poissons est recouvert d'*écailles.* Le fruit de l'amandier se
nomme amande; il est enfermé dans une coque recouverte d'une *écale* verte. —
Éclairez *ce* monsieur qui descend l'escalier. — La mort *égale* tous les rangs.
Cette allée est raboteuse, il faut l'*égaliser.* — Ne fréquentons pas les gens
éhontés (ou déhontés). — Un danger *éminent* peut n'être pas *imminent.* — La
vertu emprunte *de* (ou *à*) la modestie son plus beau lustre. Le plus, le moins,
illustrissime, sérénissime, etc., sont des superlatifs empruntés *de* l'italien, qui
les a pris du latin. — Mon cheval se porte bien maintenant; il est bien *enforci.*
Les travaux manuels et les exercices du corps sont très-utiles pour *renforcer* la
santé. — Je vois avec plaisir que vous entendez fort bien *raillerie* quand d'autres que moi vous font la guerre sur vos petits défauts. — Je n'*envie* pas le
sort des riches; je ne *porte envie* à personne. — Il m'est survenu un petit *érési-
pèle,* qui me fait assez souffrir. — L'*éruption* de ce volcan fut précédée d'un
tremblement de terre. L'empire romain fut désolé par les fréquentes *irruptions*
des barbares. — J'*espère* vous revoir prochainement. Je *suis persuadé* que vous
avez fait des progrès. — Le courage, l'intrépidité d'Alexandre est connue de tout
le monde. — Je voudrais vous *éviter* un travail fatigant, je ne sais si je pourrai réussir. — Il n'est pas encore venu? Je vous *fais excuse,* il est venu et il
est reparti. — Vous avez grand tort de parler comme vous *faites.* Une parole
d'intérêt ranime quelquefois autant que le *ferait* une potion cordiale. Ne le croyez
pas, *il ne fait que* mentir. Ce jeune homme ne *fait que de* sortir du collège.
Cette personne ne fait *que de* s'éveiller. Il ne fait *que* tourner et se retourner
dans son lit. Cet homme n'est jamais content, il ne fait *que* demander. — Quand
le navire *fait eau,* il faut pomper à tour de bras. On relâcha pour faire *de* l'eau.
— Il a fait cette *faute* par *inattention.* C'est faute d'expérience, *faute d'attention* souvent qu'on se laisse séduire par des sophismes. — *Flairez* cette rose ;
elle *fleure* comme baume.

Devoir. — Composer dix phrases semblables aux précédentes.

367ᵉ Exercice. — **Fond, fonds** ou **fonts**. (Nᵒ 1115.)

Une boîte à double *fond* est celle qui a un premier *fond* sous lequel s'adapte un autre *fond*, de manière qu'on peut cacher quelque chose entre deux. Couler à *fond* une affaire, c'est l'achever complétement, de manière qu'on ne doive plus y revenir, qu'il n'en soit plus question. Le *fond* de l'ouvrage est bon, mais les détails n'en sont pas heureux. La forme emporte le *fond*. Il fait trop de *fond* sur de simples apparences. Je fais *fond* sur vous (1). J'ai placé mon argent à *fonds* perdus (*ou* perdu). On l'accuse d'avoir diverti (s'être approprié) les *fonds* qui lui étaient confiés. On lui a joué un mauvais tour, mais il est en *fonds* pour reprendre sa revanche. Cet homme a un grand *fonds* de bonté, de science, d'orgueil, d'esprit. — Elle a un *fonds* de raison qui la préserve de bien des fautes (2). J'ai pour lui un grand *fonds* d'estime. Il faut avoir un grand *fonds* de patience pour souffrir cela. Ce marchand a vendu son *fonds* de boutique. Il ne faut point bâtir sur le *fonds* d'autrui. Voilà un *fonds* qui rapporte au centuple. Il mange non-seulement le revenu, mais aussi le *fonds*. Autrefois, les *fonts* baptismaux étaient dans une petite église différente de la grande, mais voisine, et qu'on nommait baptistère (3).

Devoir. — Analyse de la dernière phrase.

368ᵉ Exercice. (Gram., 1116 à 1124.)

Le mortel *fortuné* est heureux. L'homme *riche* possède de grands biens. — Nous vous ferons passer les marchandises *au fur et à mesure* (ou à fur et mesure) qu'elles arriveront. — Donnez-vous *garde* (ou de garde); on est sur le point de vous jouer un mauvais tour. — Cet homme hérite d'une grande fortune. Il n'a *rien* hérité de son père. Le patrimoine est le bien qu'on a hérité de ses parents. — *Imitons* les exemples de nos devanciers. — Il a un air de grandeur qui *impose*. Ne croyez pas cet aventurier : il *en impose*. Kléber déploya un certain faste, moins pour satisfaire ses goûts que pour *imposer* aux Orientaux. S'en faire accroire, c'est tirer vanité d'un mérite qu'on n'a pas pour *imposer* aux autres. Un charlatan est un homme qui cherche à *en imposer*, à se faire valoir par un grand étalage de paroles. — Ce bois est *infesté* de voleurs, de loups. Les pays chauds sont *infectés* de la peste. De quel droit *infestes*-tu les mers ? disait Alexandre à un pirate. — Du droit dont tu *infestes* l'univers ! répondit le pirate. — Je ne dois *insulter* personne. N'approche pas de lui, mon fils, car il croirait que tu voudrais *lui* insulter dans son malheur. — Il faut savoir joindre la prudence *à* la valeur (ou *avec* la valeur).

Devoir. — Dix phrases semblables aux précédentes.

_____

(1) C'est dans le même sens qu'on dit au figuré, *bâtir sur un fond peu solide*, tandis qu'on dirait *j'ai bâti ma maison sur mon propre fonds*. (*Acad.*)

(2) On dirait, avec une nuance différente, un *fond* de raison, de vérité, de corruption. Il y a bien un *fond* de vérité dans ce qu'il nous a dit. Il y avait en lui un *fond* de corruption (*Acad.*)

(3) Il ne faut pas confondre *baptistère* (petite église où l'on administrait le baptême), avec *baptistaire*, acte de baptême.

369ᵉ Exercice. — (Gram., nˢ 1125 à 1133.)

Charles est pauvre, mais il ne laisse pas *d'être* (ou *que d'être*) honnête homme. — C'est un homme tel qu'il vous *faut* (pour *le faut*). Cette chose est plus difficile à faire qu'elle ne *paraît* (pour *ne le paraît*). Rassurez-vous, il n'y a pas tant à craindre que vous *pensez* (pour *le pensez*). — Nous avons acheté une demi-douzaine de serviettes à *liteaux*. Le bois de chêne sert à faire des *linteaux*. J'ai lu cela *dans* le journal, *dans* les journaux. — L'un et l'autre, à mon sens, *ont* le cerveau troublé. L'un et l'autre, à ces mots, *ont* (ou *a*) levé le poignard. — Les belles dames ne sont guère *matineuses*. — La Marne mêle ses eaux *avec* celles de la Seine. Il faut savoir mêler la douceur *à* la sévérité, l'agréable *et* l'utile (1). — Où est votre frère ? Il vient de monter *en haut*. Après s'être élevé majestueusement, le ballon est descendu ; il montait et descendait rapidement. — Ce tonneau est si lourd que dix hommes ne sauraient le *mouvoir*. C'est la passion qui le *meut*. C'est la colère qui l'a *mû* à cette action. On ne saurait expliquer comment l'âme étant purement spirituelle peut *mouvoir* le corps. Il faudrait *mouver* la terre de ce pot, de cette caisse.

Devoir. — Composer dix phrases semblables aux précédentes.

370ᵉ Exercice. — (Gram., nˢ 1134 à 1143.)

Non-seulement Jules est bon, mais encore *il est* généreux. Non-seulement il n'est point avare, mais même *il est* prodigue. Non-seulement il a regagné l'argent qu'il avait perdu, mais *il a gagné* beaucoup au delà. Un chrétien doit aimer non-seulement ses amis, mais même *ses ennemis*. Ah ! monsieur, mettez-vous à table ; non-seulement nous vous défrayerons, mais encore *nous ne souffrirons* pas que vous manquiez d'argent. Non-seulement les planètes tournent autour du soleil, mais encore *elles tournent* sur elles-mêmes. La langue française est si chaste qu'elle rejette non-seulement toutes les expressions qui blessent la pudeur et qui salissent l'imagination, mais encore *celles* qui peuvent être mal interprétées. La force de cet État consiste non-seulement dans le nombre de ses habitants, mais encore *dans* leur industrie. — Je vous *ferai observer* que vous vous trompez. — Défaites-vous de cette bête ; elle est *ombrageuse*. J'aime à parcourir les vallées *ombreuses*. — Les hommes d'État sont souvent appelés à parler *d'abondance*, c'est-à-dire sans préparation. — C'est participer en quelque sorte *au* crime que de ne le pas empêcher quand on le peut. L'enthousiasme de cet homme participe *de* la folie. Les animaux que l'homme a le plus admirés sont ceux qui ont paru participer *de* sa nature. — La beauté est *passagère*. — Cette rue est *très-passante*. — Ce chien a *la patte* cassée. Le bœuf a *le pied* fourchu. Cet oiseau de proie tenait une perdrix dans ses *serres*. — Savez-vous toucher le piano, l'orgue, etc. ? — De deux maux, il faut éviter le *pire*. Un coup de langue est *pire* qu'un coup de lance. Ses affaires vont de mal en *pis*, de *pis* en *pis*. Souvent la peur d'un mal nous conduit dans un *pire*. Il n'est pas naturel qu'un peuple quitte un bon pays pour en chercher un *pire*. Les hommes seraient peut-être *pires* s'ils venaient à manquer de censeurs. On a dit *pis* que pendre de lui. Mettons les choses au *pis*. On l'a mis au *pis* faire. Ce vin est *pire* (plus mauvais) qu'il n'était. Ce malade est *pis* (plus mal) que jamais. Le retour sera *pire* (ou *pis*) que matines.

Devoir. — Composer dix phrases semblables aux précédentes.

---

(1) On voit par cette phrase, extraite du dictionnaire de l'Académie, qu'on peut dire, selon le cas, *mêler avec*, *mêler à* et *mêler et*.

371ᵉ Exercice. — (Nᵒˢ 1144 à 1147.)

(Orthographe.) — *Pliez* votre lettre. Dites la différence entre *qui* demandez-vous? et *que* demandez-vous? *Qu'est-ce que* cela prouve? *Qui* est-ce qui a perdu ces gants? *Qui* est-ce qui ne plaint pas les malheureux? *Qu'est-ce qui* occasionne la fonte des neiges, la chute des avalanches? *Il n'y a rien de si élevé à quoi* il ne puisse prétendre. Il est brave, il a de *qui* tenir. — Il a perdu une sœur *qu'il* aimait beaucoup (ou *qui l'*aimait beaucoup, selon le sens) (1). C'est elle *qui l'*a nourri (ou *qu'il* a nourrie, selon le sens). Il fut trahi par un homme *qu'il* avait accablé de biens. Le cheval s'est précipité dans un abîme avec le cavalier *qu'il* portait. Ce prince a autour de lui des gens *qui le* trompent. Il s'applaudit beaucoup de ce *qu'il* a dit, de ce *qu'il* a fait. Il est resté dans le régiment, *qu'il* avait quitté. On a fait contre lui une satire *qui le* couvre de ridicule. Si vous lui dites quelque chose *qui le* blesse, il ne sera pas muet. Je lui ai indiqué cet homme-là, *qui l'*a bien servi dans son affaire. Le Nil, en débordant, fertilise les terres *qu'il* inonde. Un froid extrême produit l'insensibilité dans les parties du corps *qui l'*éprouvent. Pour faire chauffer un bouillon au bain-marie, on place dans l'eau chaude le vase *qui le* contient. Le boulet rouge met le feu aux matières combustibles *qu'il* frappe. Tout homme en place doit se rendre agréable à ceux *qui l'*approchent. Sur un fait qui n'est fondé sur rien, l'autorité de celui *qui le* nie est égale à l'autorité de celui *qui l'*allègue. Le sujet d'un fleuron doit être approprié à la matière du chapitre *qu'il* termine. — Il ne fait que ce *qui lui* plaît. Il est pourvu de tout ce *qu'il* lui faut. Dites-moi, sans me flatter, ce *qui* vous en semble. Je désire connaître votre opinion, *quelle qu'elle* soit, *quelle qu'elle* puisse être.

Devoir. — Analyse de la phrase : *Un froid extrême,* etc.

372ᵉ Exercice. — (Nᵒˢ 1148 à 1155.)

Vous rappelez-vous *ce* fait? Je *me le* rappelle parfaitement. Je ne *me le* rappelle pas. Je me rappelle seulement *de* l'avoir vu. Je ne me rappelle plus de quelle affaire il s'agit. Cet événement fit une telle impression sur lui qu'il s'*en* rappelait jusqu'aux moindres circonstances. J'aimerais à m'*en* rappeler les détails. — Il a *recouvré* la vue. Il avait perdu l'usage de la parole, mais il l'a *recouvré.* Courir après son œuf, c'est prendre beaucoup de peine pour *recouvrer* un bien qu'on a laissé échapper. — On ne remplit pas un but, on *l'atteint.* — Je *repars* bientôt. Il faut que l'on *répartisse* les biens de cette succession entre plusieurs cohéritiers. Votre ami *est-il reparti?* A-t-il *réparti* entre ses associés les bénéfices de l'entreprise? Elle ne s'est pas *départie* de sa demande, de ses prétentions. Pourquoi voulez-vous qu'elle s'en *départe?* — Avez-vous *résolu* votre problème. — Les tribunaux de première instance *ressortissent* aux cours d'appel. Mon affaire *ressortit* au juge de paix. Le département des Hautes-Alpes *ressortit* à la cour impériale et à l'académie de Grenoble. Les pairies ou duchés-pairies *ressortissaient* immédiatement au parlement. Le grand conseil était une compagnie supérieure à laquelle *ressortissaient* les différends qui naissaient entre les présidiaux. — Cette jeune personne réunit le mérite *et* la modestie. Elle unit le talent à la vertu. — J'ai rêvé toute cette nuit *de* combats et de naufrages. Cette affaire est de grande conséquence ; il faut *y* rêver.

Devoir. — Composer dix phrases semblables aux précédentes.

---

(1) Si l'on écrit *qu'il,* la sœur était aimée de son frère : si l'on met *qui l'* c'est, au contraire, le frère qui était aimé de sa sœur.

373ᵉ Exercice. — Orthographe (nº 1156.)

Qui vous dit *rien?* Qui vous reproche *rien?* Il passe sa vie à *ne* rien faire. Il n'y a rien qui *n'*ait ses incommodités. Rien *n'*est beau que le vrai, le vrai seul est aimable. Rien *n'*égale la valeur de nos soldats. Cela est d'une perfection que rien *n'*égale. Y a-t-il rien de si beau que le désintéressement? Rien *n'*est si beau, dans une jeune personne, que la modestie. Nous avions cru qu'il était mort; il *n'*en est rien. Je vous jure qu'il *n'*en est rien. *Est-*il rien de plus utile que l'instruction et la vertu? Rien *n'*est à l'abri des ravages du temps. Il n'y a rien que je *ne* voulusse faire pour le servir. Rien *n'*empêche que cette affaire ne se fasse. Rien peut-il dédommager de la perte d'un ami? Ne croyez pas que la clémence de saint Louis *eût* rien de faible. L'affaire est à vau-l'eau, on *n'*en *espère* rien. Rien *n'est* plus ridicule qu'un vieux fat. Cette comédie est un ouvrage de pièces de rapport où rien *n'*appartient à l'auteur. Prenez toujours avis des gens sages avant de rien faire. Rien *n'*est plus opposé à la véritable dévotion que la superstition. Tout est grand et admirable dans la nature; il n'y voit rien qui *ne* soit marqué au coin de l'ouvrier. Une conscience que rien *n'*alarme voit le péril de sang-froid et l'affronte courageusement. Aristote dit qu'il n'y a rien dans l'entendement qui *n'*ait passé par les sens.

Devoir. — Composer cinq phrases avec *ne... rien* ou *rien... ne*, le mot suivant commençant par une voyelle.

374ᵉ Exercice. — (Gram., nᵒˢ 1157 à 1160.)
(Indiquer le sens des phrases suivantes.)

Il n'est *rien moins* que prudent. Souvent l'homme qui se tait n'est *rien moins* qu'un sot. Vous vous donnez pour un honnête homme, et cependant vous n'êtes *rien moins* que tel. Il est clair que le beau doit être toujours simple, quoique ce qui est simple ne soit souvent *rien moins* que beau. L'origine de ce jeu (l'écarté) n'est *rien moins* que noble; il ne fut d'abord en usage que chez les laquais. Il ne fallut *rien moins* que la main de Dieu pour empêcher les Assyriens d'accabler la Judée sous Ezéchias. Langely, le dernier fou sous Louis XIV, n'était *rien moins* que dévot: il n'allait jamais au sermon; comme on lui en demandait un jour la raison : « C'est, dit-il, que je n'aime pas le brailler, et que je n'entends pas le raisonner. » Quand Dieu choisit une personne de grand éclat pour être l'objet de son éternelle miséricorde, il ne se propose *rien moins* que d'instruire le genre humain Quand les Romains eurent goûté la douceur de la victoire, ils ne prétendirent à *rien moins* qu'à subjuguer tout l'univers. — Cette personne saigne *du* nez de temps en temps. Il s'était chargé de faire cette proposition, mais il a saigné *du* nez. — Quand on discute, il faut être de *sang-froid*, de *sens* rassis — Il ne sert à *rien* de s'emporter. Il ne sert *de rien* de confesser son larcin si l'on ne restitue. L'estime de toute la terre ne sert *de rien* à un homme qui n'a pas pour lui le témoignage de sa conscience. — Cet acteur a été *sifflé* et *persiflé* bien des fois. — Je m'occupe *à* lire. Il s'occupe *de* ses affaires. — Soit que l'on parle, *soit* que l'on écoute, l'attention est nécessaire. Soit en bien, *soit* en mal, il ne faut rien dire sans motif raisonnable. — Pour faire cette acquisition, il lui manquait 6,000 fr., son père *les* a suppléés. Dans les temps de disette, on supplée *au* pain par le riz et par les pommes de terre. — Ce vêtement est *taché*. Le grand soleil lui a *tacheté* le visage. Ces fleurs sont *tachetées* de rouge. — J'ai pour *témoins* des personnes dignes de foi. Les hommes extrêmement heureux et les hommes extrêmement malheureux sont également portés à la dureté: *témoin* les moines et les conquérants. — La *tendresse* maternelle ne doit jamais dégénérer en faiblesse. — Relevez cet enfant qui est *par terre.* Votre livre est tombé *à terre.*

Devoir. — Composer dix phrases semblables aux précédentes.

375ᵉ Exercice. — *Orthographe* (nᵒ 1169.)

De *tout* temps, les petits ont pâti des sottises des grands. Cette dette est exigible en *tout* temps. Voici des marchandises de *tout* genre (1). C'est un homme accompli de *tout* point, en *tout* point. L'effroi se répandit de *tout* côté ou de *tous* côtés. De *toute* part (ou de *toutes* parts), la nature offre des merveilles et des énigmes. Je vous souhaite *toute sorte* de prospérité (ou *toutes sortes* de prospérités). Le port d'armes n'est pas permis à *toute* sorte (ou *toutes sortes*) de personnes. La matière est susceptible de *toutes* sortes de formes. Ce général expose ses troupes à *tout* moment (ou à *tous* moments). Il retombe dans les mêmes fautes à *tout* bout de champ. On doit, en *toute* chose (ou *toutes* choses), se conduire prudemment. Je vous recommande cela sur *toute* chose (ou sur *toutes* choses). Il vient à *tous* coups, à *tous* propos, à *tous* moments me quereller. En *tout* pays, il y a une lieue de mauvais chemin (2). La nature répand ses dons, ses richesses en *tous* lieux. Napoléon a porté en *tous* lieux la gloire de son nom.

Devoir. — Analyse de la dernière phrase.

376ᵉ Exercice. — (Gram., nᵒˢ 1170 à 1173.)

Ces deux amis sont confrères : ils sont *tous deux* conseillers à la Cour impériale. — Un bon général sait unir la prudence *à* la valeur (ou *avec* la valeur). — Le suc de la ciguë est *vénéneux*. Le serpent à sonnettes est *venimeux*. On dit que les herbes sur lesquelles le crapaud et la chenille ont passé sont *venimeuses* (Acad.). — Les personnes borgnes *ne voient* que d'un œil. Cet aveugle *ne voit* pas à se conduire ; il *ne voit* goutte (ou *n'y voit* goutte). Chacun *voit* avec ses lunettes. Il *ne voit* pas distinctement, il ne fait qu'entrevoir. J'ai peine *à voir* clair, le soleil me donne dans les yeux. J'ai peine *à voir* clair dans tout ceci. Cette phrase est obscure, on *n'y voit* que du brouillard, on *n'y* comprend rien. L'affaire est maintenant si embrouillée que le diable *n'y verrait* goutte. Le peuple croit que la taupe *ne voit* goutte, c'est une erreur. Cette personne *ne voit* pas bien, elle *ne voit* pas plus clair qu'une taupe. Les aveugles ont le tact plus sûr et plus fin que ceux qui *voient*. Il fait obscur ici, je *ne vois* goutte (ou je *n'y vois* goutte). Ce négociant *ne voit* goutte dans ses affaires ; je n'entends goutte à ce qu'il dit. Cette histoire est fort embrouillée, je *n'y* entends goutte, je *n'y vois* que du feu. Les presbytes sont ceux ou celles qui *voient* mieux de loin que de près. Il faut bien bander le colin-maillard de peur qu'il *ne voie*. Le lynx *ne voit* point à travers les murs, mais il est vrai qu'il a les yeux brillants.

Tel fait métier de conseiller autrui
Qui *ne voit* goutte en ses propres affaires. (LA FONT.)

Devoir. — Composer cinq phrases semblables aux précédentes.

Exceptions modifiées (nᵒˢ 1051 à 1153.) — *J'allai*, il y a cinq *à* six mois, dans un café de Paris (Montesq.). — Il *fut* jusques à Rome implorer le sénat. (3) — Je vais *me promener* tous les jours. Ces enfants *disputent* continuellement. Non-seulement Avicenne fut un grand médecin, ce fut aussi *un mathématicien* distingué, auquel nous devons des travaux remarquables. — Le département de la Manche *ressortit* à la Cour impériale de Caen. — Prenez garde de tomber, car on *ne voit* pas clair. — Apportez-moi de la lumière afin que *je voie* clair.

(1) On peut dire aussi de *tous* les genres, en employant l'article (Acad.).
(2) Il n'y a point d'entreprise où il ne se rencontre quelque difficulté.
(3) Il n'est guère possible de modifier ce vers de Corneille. On obtiendrait, en effet, *il alla jusqu'à Rome implorer le Sénat*, phrase dans laquelle la répétition du son *a* produirait un effet désagréable.

377ᵉ Exercice. — **Paronymes** (n° 1174).

Ce mot, employé seul, a telle *acception*. — Ce couvercle s'*adapte* bien à son vase. — Il y a, cette année, *affluence* de marchands à la foire. — Ce vent nous *amènera* de la pluie. — Voici un joli vase; je cherche à l'*appareiller*. On a brouillé tous ces gants, *appariez*-les. — Le juge de paix vient d'*apposer* les scellés chez cet homme. — Ce comptable aura bien de la peine à faire *apurer* ses comptes. — La herse et la charrue sont des instruments *aratoires*. Pour convaincre un juge irrité, il faut prendre quelques précautions *oratoires*. — Je t'en crois sur sa simple *assertion*. — Je vous *attends* à telle heure. — L'histoire est le récit des *événements* passés. — Marcher sur des épines, c'est se trouver dans une *conjoncture* difficile. — Au dernier concours cantonal, ce fermier a obtenu une *timbale* d'argent. — Les enfants ne viennent qu'au *dessert*. — Les flambeaux sont *éteints*. Le soleil *déteint* toutes les couleurs. — Nous *échangeâmes* quelques politesses et nous nous séparâmes. On *essange* le linge avant de le mettre à la lessive. — Les fermiers sont tenus de *rempoissonner* les étangs à la fin de leur bail. — Les *épitaphes* commencent ordinairement par ci-gît. — *Essorer* du linge, c'est l'exposer à l'air pour sécher. *Essoriller* un chien, c'est lui couper les oreilles. — Les enfants font des *glissoires* sur les ruisseaux gelés. J'ai fait une *glissade* (mouvement involontaire) et je suis tombé. — L'*inclinaison* de ce mur est très sensible. Il fit une légère *inclination* de tête. — Cet homme a une grande *justesse* de raisonnement. — Craignons la *justice* de Dieu.

Devoir. — Expliquer les mots en italique, puis faire entrer dans de petites phrases les paronymes non employés.

378ᵉ Exercice. *Suite du précédent*. (1174).

Cette robe à cinq *lés* de tour (1). — Les *manœuvriers* entendent bien la manœuvre des vaisseaux. Les *manouvriers* sont des ouvriers qui travaillent des mains. — Qu'est-ce que vous *marmonnez*-là (2) ? — Il fait le *matamore* (faux brave) et n'est qu'un poltron. — Dans le langage médical, on parle souvent de potions *médicinales*. — *Odoriférant*, dit l'Académie, signifie la même chose qu'*odorant*. — Le mensonge *officieux* est défendu. Voici une nouvelle *officielle*. — Les *oiseliers* élèvent et vendent des oiseaux. — *Ordonnancer* un mémoire, c'est donner l'ordre d'en payer le montant. — Manuscrit *original*. Péché *originel*. Plante *originaire* d'Amérique. — On *palisse* les pêchers et on *palissade* un mur en l'entourant d'une espèce de haie. — Un juge *partial* est un mauvais juge. — Les philosophes sont les *précepteurs* du genre humain. — Le *poisson* est un excellent mets. — Ce malade prend d'heure en heure une cuillerée de sa *potion*. — A la première *prédication* des Apôtres, beaucoup de Juifs se convertirent. — On l'a *préposé* à la conduite de tous les travaux. — Loin d'être avare, cet homme est prodigue. La *proue* est l'avant du navire et la *poupe* l'arrière. — Je vous prête ma voiture, vous me la *ramènerez*. — Cette vigne a poussé beaucoup de *sarments* cette année. — Les Romains consultaient les livres des *sibylles*. — C'est lui qui a mis la *suscription* à cette lettre. — Nous avons mangé une fricassée de *tendrons* de veau. — Biens *temporels* (opposés à *spirituels*). Pouvoir *temporaire* (qui ne dure qu'un temps). La *véracité* de cette histoire est suspectée. — N'avez-vous rien à ajouter pour votre défense, disait un juge à un accusé dont l'avocat venait de plaider la cause : « Monsieur, répondit le prévenu, je m'en rapporte à l'*équitation* (*équité*) du tribunal. »

Devoir semblable au précédent. — Corriger la dernière phrase.

(1) *Lé*, largeur d'une étoffe entre les lisières ; *laize*, largeur totale.
(2) *Marmonner*, murmurer sourdement ; *marmotter*, parler confusément et entre ses dents.

379ᵉ Exercice. — Celui-là est riche qui reçoit plus qu'il ne *consomme* (1077); celui-là est pauvre dont la dépense *excède* (262) la recette. Le babeurre est cette liqueur séreuse et blanche que *laisse* (306) le lait quand la partie grasse est convertie en beurre. Les émouleurs font le métier d'émoudre, d'aiguiser les couteaux, les ciseaux et autres instruments *tranchants* (937). Défoncer un terrain, c'est le fouiller à la profondeur de deux à (1014) trois pieds, en ôter les pierres, les gravois, et mettre à la place du fumier ou (425) de la terre nouvelle. Une crémaillère est un (533) ustensile de (633) fer qu'on scelle au fond des cheminées et qui sert à pendre au-dessus du feu les chaudrons, les marmites, etc , dans *lesquels* (217) on veut faire cuire ou chauffer quelque chose. La baguette magique est celle avec laquelle les magiciens et les fées sont *censés* (179) faire leurs enchantements. La baguette divinatoire est une branche de coudrier fourchue avec laquelle *certaines* (557) gens prétendent découvrir les mines, les sources d'eau, la trace d'un voleur, d'un assassin, etc. Le pli qui se trouve sous la langue est quelquefois si long dans les enfants *nouveau-nés* (690) qu'on est obligé de le couper avec des ciseaux. L'hyène est un quadrupède (44) de l'Asie et de l'Afrique *méridionales* (178) qui a beaucoup de rapport avec le loup par son naturel carnassier, par sa taille et *par* (1029) la forme de sa tête, mais qui *en* (763) diffère principalement en ce qu'il n'a que quatre doigts à chaque pied.

Devoir. — Analyse de la dernière phrase.

380ᵉ Exercice. — On dépense trop d'argent, lorsque tenté par le bon marché, on *achète* (260) des choses dont on *n'a* (787) pas besoin. Donner des paroles, *c'est* (772) faire de (650) belles promesses qu'on *n'a* (787) pas le dessein de tenir. Le grand autel (533) de *Saint-Pierre* (488, note) de Rome *a* (434) un baldaquin porté sur quatre colonnes torses. Les feuilles de certains bananiers sont d'une telle grandeur qu'on les *emploie* (267 et 805) souvent en guise de nappes et de serviettes. C'est un mastic qui fait la liaison des pierres et des *émaux* (129) dont la mosaïque est composée. La cavité intérieure de l'oreille contient plusieurs conduits diversement dirigés, *tels* (177) que le limaçon et les canaux *semi-circulaires* (690). Etre à la source des nouvelles, *c'est* (772) se trouver au lieu où (425) *passent* (306) les choses les *plus* importantes (657), et où l'*on est* (787) le *plus tôt* (994) instruit des événements. *Quelques* (721) biens que possède un homme, s'il ne sait pas *s'en* (763) contenter, il est aussi malheureux que s'il *n'avait rien* (1156). Nous sommes si ingrats que sur les merveilles *même* (719) que la *Providence* (483) a *faites* (949) en notre faveur, bien loin de lui rendre grâces, nous l'accusons et nous nous plaignons d'elle. Il pleut rarement en Egypte; mais le Nil, qui l'arrose (1147) *toute* (728) par ses débordements réglés, lui apporte les pluies et les neiges des autres pays. *Quand* (1046) les points noirs font un angle donné avec les rayons du soleil, ils paraissent rouges; c'est ce que tout homme peut *éprouver* (921) en lisant. On *appelle* (259) actes de notoriété certains actes passés devant notaires, *par lesquels* (781) des témoins *suppléent* (264) à des preuves par écrit. Un acte recognitif est celui par lequel on reconnaît ou on ratifie une obligation, en rappelant le titre qui l'a *créée* (264). Démosthènes avait tellement le goût de l'étude qu'il se faisait quelquefois raser la moitié de la tête afin de ne pouvoir sortir de son cabinet que ses cheveux *ne* (1002 note) fussent repoussés.

Devoir. — Analyse de la première phrase.

381e Exercice. — On représentait Jupiter avec l'aigle et *la* foudre (554), *marques* (667 et 1166) du pouvoir souverain. César et Pompée avaient chacun *leur* (733) mérite, mais *c'étaient* (843) des mérites *différents* (942). Autrefois, il était défendu de prendre la qualité d'écuyer, si l'on *n'était* (787) pas noble. Toutes les nations ont un droit des gens, et les Iroquois *même* (719), qui mangent leurs prisonniers, en ont un. Un Sybarite se plaignait de ce que le pli d'une des feuilles de roses sur *lesquelles* (781) il était couché l'avait empêché de dormir. — On avait fait un *fonds* (1115) de cent *mille* (719) francs ; on *n'en* a employé que soixante, c'est quarante mille francs de revenant bon. Toute existence émane de l'*Être* éternel (483), infini, et la création *tout* entière (733), avec ses soleils et ses mondes, chacun desquels renferme en *soi* (760) des myriades de mondes, n'est que l'auréole de ce grand Être. Les Indiens avaient représenté les anges comme des créatures immortelles *participantes* (1138) de la *Divinité* (483), et dont un grand nombre se *révolta* (828) dans le ciel contre le Créateur (483). La plus douce récompense d'un professeur qui n'est pas trop indigne de ce titre, est de voir s'élancer sur ses traces *de* (650) jeunes et nobles esprits qui, aisément, le devancent et le laissent bien loin derrière eux. Les philosophes éclectiques sont ceux qui, sans adopter de *système* (492) particulier, choisissent dans les divers systèmes les opinions qui *leur* (757) paraissent *les plus* (657) vraisemblables. En douze *cent* quarante-huit (503) *saint* Louis (488, note) après une longue et douloureuse maladie, *recouvra* (1149) la santé, et, plein de reconnaissance pour Dieu, *qui* l'avait sauvé (1147), il résolut de se croiser.

Dictées données dans les examens.

382e Exercice. — *De la lecture des bons écrivains* (1).

La lecture des bons modèles a toujours été *regardée* comme *éminemment* propre à développer le germe des talents. La voie des préceptes est longue, *celle* des exemples est beaucoup plus courte. Les maîtres peuvent nous donner les règles du style ; c'est dans les auteurs qu'il faut *en* chercher la pratique. Mais quels auteurs doit-on lire et comment doit-on les *lire ?* Le goût de la lecture est naturel aux jeunes gens, et souvent ils le portent jusqu'à la passion : de là vient qu'il est si funeste à un grand nombre *d'entre* eux. Il a donc besoin d'être réglé. Qu'ils choisissent, parmi les écrivains, ceux que le jugement des siècles et une opinion publique bien *prononcée*, certaine, invariable, ont *placés* au premier rang : les *Pascal*, les Bossuet, les Fénelon, les Boileau, les *Corneille*, les Racine et les La Fontaine. Nous ne dirons pas jusqu'où ils pourront, dans la suite, étendre leurs lectures ; mais, en attendant qu'ils *aient* le goût assez sûr pour pouvoir braver les dangers *imminents* d'une corruption devenue aujourd'hui très-commune, ils doivent rigoureusement s'en tenir à un petit nombre d'*excellents* modèles. (GIRARD.)

Devoir. — Sens et analyse de la première phrase.

(1) A partir de cette dictée, le maître doit faire expliquer l'orthographe et le sens des mots en italique, ainsi que les autres expressions incomprises des élèves. (Voir page 221.)

382ᵉ Exercice. — *Existence de Dieu.* **—** Les peuples les plus grossiers et les plus barbares entendent le langage des cieux. Dieu les a *établis* sur nos têtes comme des *hérauts* célestes qui ne cessent d'annoncer à tout l'univers sa grandeur. Leur silence *majestueux* parle la langue de tous les hommes et de toutes les nations : c'est une voix entendue partout où la terre nourrit des habitants. Qu'on *parcoure* jusqu'aux extrémités les plus reculées de la terre et les plus désertes, *nul* lieu dans l'univers, quelque caché qu'il *soit* du reste des hommes, ne peut *se* dérober à l'éclat de cette puissance qui brille au-dessus de nous dans les globes lumineux qui décorent le firmament. Voilà le premier livre que Dieu a montré aux hommes pour leur apprendre ce qu'il *est.* C'est là qu'ils étudièrent d'abord ce qu'il voulait leur manifester de ses perfections infinies ; c'est à la vue de ces grands objets que, *frappés* d'admiration et d'une crainte respectueuse, ils se prosternaient pour en adorer l'auteur tout-puissant. Il ne leur fallait pas de *prophètes* pour les instruire de ce qu'ils devaient à la majesté suprême ; la *structure* admirable des cieux le leur apprenait assez. Ils laissèrent cette religion simple et pure à leurs enfants ; mais ce précieux dépôt se corrompit entre leurs mains. (*Examens de l'Oise.*)

Devoir. — Sens et orthographe des expressions peu connues.

384ᵉ Exercice. — *Erreurs des grands.* **—** Les riches et les puissants croient qu'on est misérable et hors du monde *quand* on ne vit pas comme eux ; mais *ce sont* eux qui, *vivant* loin de la nature, vivent hors du monde. Ils vous trouveraient, ô éternelle beauté, s'ils vous *cherchaient* seulement au dedans d'eux-mêmes ! Si vous étiez un amas stérile d'or, ou un roi victorieux qui ne *vivra* pas demain, ou quelque forme attrayante et trompeuse, ils vous apercevraient et vous *attribueraient* la puissance de leur donner quelque plaisir. Votre nature vaine occuperait leur vanité. Vous seriez un objet proportionné à leurs pensées craintives et *rampantes.* Mais, *parce que* vous êtes trop au dedans d'eux, où ils ne rentrent jamais, et trop magnifique au dehors, où vous vous répandez dans l'infini, vous *leur* êtes un Dieu caché. Ils vous ont *perdue* (1) en se perdant. L'ordre et la beauté même que vous avez *répandus* sur toutes vos créatures, comme des degrés pour élever l'homme à vous, sont devenus des voiles qui vous dérobent à leurs yeux malades. Ils *n'en ont* plus que pour voir des ombres. La lumière les *éblouit.* Ce qui n'est rien est tout pour eux ; ce qui est tout ne leur semble rien. Cependant, qui ne vous voit pas n'a rien vu ; qui ne vous goûte point n'a jamais rien senti : il est comme s'il n'était pas, et sa vie *tout* entière n'est qu'un songe malheureux. **Bern. de St-Pierre.**

Devoir semblable au précédent.

385ᵉ Exercice. — *Le bonheur.* **—** On doit surmonter bien des obstacles et éprouver bien des déboires avant qu'on *acquière* la science du bonheur, science pourtant moins difficile qu'on *n'a* coutume de le croire si l'on sait réfléchir quelque peu et commander à son amour-propre. En effet, *quels* sont les gens que, jusqu'ici, nous avons *vus* les plus tranquilles ? Il serait difficile de démêler

(1) Se rapporter à *pierre* plutôt qu'à *fondements.*
(2) L'auteur a fait accorder *perdu* avec *éternelle beauté,* qui précède.

les causes des différences que nous remarquons dans la société si l'on n'examinait attentivement les *divers* caractères des hommes; mais en les étudiant à *fond*, on aura la conviction que le bonheur appartient surtout aux personnes dont l'esprit sait le mieux se plier aux *mille* exigences de la société, et dont le cœur est satisfait d'une position qui *répond* à leurs besoins et à leurs plaisirs. *Telles* gens sont propres à commander, *tels* autres à obéir. Le commandement demande des talents supérieurs, des connaissances *auxquelles* tout homme ne peut atteindre. Il convient donc, pour être heureux, qu'on *n'ait* que le degré d'ambition proportionné à son mérite, autrement l'harmonie serait détruite entre les hommes. Si l'on *est* tenté de s'élever au delà, on *a à* craindre le sort de *l'orgueilleux* Icare, qui, malgré les conseils que son père avait *cru* devoir lui donner, s'approcha trop près du soleil, puis tomba victime de son imprudence. Mesurons donc nos forces, et sachons distinguer ce que nos épaules peuvent porter; gardons qu'on *n'ait* à nous reprocher le peu d'aptitude que nous aurons *montré.* Mieux vaut un bon cordonnier qu'un mauvais général. C'est ce *que* nous devons souvent nous rappeler, *dût* notre orgueil *en être* froissé. Souvenons-nous aussi que ce n'est point la place qui *ennoblit* l'homme, mais que c'est l'homme qui ennoblit la place. (*Examens du Nord.*)

Devoir. — Sens des phrases. — Analyse de la dernière.

386ᵉ Exercice. — *L'épée de Damoclès.* — Environ 400 ans avant Jésus-Christ, régnait à Syracuse, en Sicile, un roi du nom de Denys, issu d'une famille *obscure.* Après avoir remporté de grands avantages sur les Carthaginois, ce prince s'était vu *enlever* la ville de Géla, possession de Syracuse. Les Syracusains se révoltèrent contre lui. Denys réussit à étouffer la *sédition;* mais, à partir de ce jour, il devint tellement *inquiet* et soupçonneux, qu'il n'admit plus jamais sa femme ou ses enfants dans son appartement sans les fouiller. Cependant, un de *ses* courtisans, appelé Damoclès, vantait sans cesse le bonheur du tyran (c'était le titre que l'on donnait alors aux rois de Sicile). — « Mon Dieu, lui dit Denys, puisque tu me *trouves* si heureux, *prends* un instant ma place ; je te la *céderai* volontiers. » Damoclès consent avec joie. Il se voit bientôt *élevé* sur un siége d'or enrichi de *pierreries;* une douce *symphonie* charme ses oreilles ; *de* nombreux esclaves s'empressent d'exécuter ses moindres désirs ; un magnifique repas est servi : la table est couverte des mets les plus *exquis*, des vins les plus vantés ; Damoclès nage dans la joie. Mais voilà que *tout à coup*, en levant les yeux, il aperçoit, *suspendue* au-dessus de sa tête, par l'ordre du tyran, une épée nue qui ne tient au plafond que par un crin de cheval. Aussitôt Damoclès oublie l'éclat *qui l'environne* ; il n'entend plus les sons de la musique, il perd l'envie de toucher aux meilleurs mets, il ne songe plus qu'à la terrible épée qui menace sa tête. Pâle et tremblant, il supplie le roi de le rendre à son premier état. — « Je le veux bien, répond Denys ; mais s'il t'arrive encore de *célébrer* mon bonheur, pense à l'épée suspendue. »

Et nous aussi, quand nous sommes tentés d'envier le sort des autres ou que nous sommes *près de* commettre quelque faute, pensons aux soucis de Denys, pensons à l'épée de Damoclès.

Devoir. — Analyse de: *Quand nous sommes tentés,* etc.

387e Exercice. — *L'orage et la foudre.* — *Aux* lueurs de l'éclair, *au* fracas de l'averse, du tonnerre et des vents *déchaînés*, un grand acte providentiel s'accomplit. La foudre, en effet, est une *cause de vie* bien plus qu'une cause de mort. Malgré les terribles mais rares accidents qu'elle occasionne, *obéissant* en cela aux décrets impénétrables de Dieu, elle est un des plus puissants moyens que la Providence emploie pour *assainir* l'atmosphère, pour débarrasser l'air que nous respirons des *exhalaisons* meurtrières engendrées par la pourriture. Nous brûlons des torches de paille et de papier dans les appartements dont il faut assainir l'air; avec ses immenses traits de feu, la foudre remplit un effet *analogue* dans l'étendue atmosphérique. Chacun de *ces* éclairs qui vous font *tressaillir* de frayeur est un gage de salubrité générale; chacun de ces coups de tonnerre qui nous *glacent* de crainte est une preuve du grand travail de purification qui s'opère en faveur de la vie. Et qui ne sait avec *quelles* délices, après *un* orage, la poitrine s'emplit d'un air plus pur, alors que l'atmosphère *assainie* par les feux de la foudre, donne une nouvelle vie à tout ce qui respire! Gardons-nous donc d'une *folle* terreur lorsqu'il tonne, mais élevons notre esprit vers Dieu, de qui le tonnerre et l'éclair ont reçu leur salutaire mission. (*Indiquer les précautions à prendre en cas d'orage.*)

Devoir. — Sens des mots et des phrases. — Analyse de la dernière.

388e Exercice. — *L'hygiène* — Après avoir bu ou mangé *quelque* aliment, quelque boisson très-chaude, n'en *prends* pas une glacée : les dents ont *tout* à perdre à ces brusques transitions, et, une fois *gâtés*, ces organes de la mastication ne remplissant plus qu'imparfaitement leurs fonctions, les *gastrites* et les autres maladies surviennent. Peu ou point de *sucreries*. Sois réglé dans tes repas, sobre et tempérant : l'estomac d'un bon ouvrier n'a pas besoin d'être excité par la diversité des *mets*, et un verre de vin pris inutilement peut faire autant de mal qu'un aliment corrompu. *Crains* surtout les suites de l'*abrutissante* ivresse. En général, on doit quitter la table avec un léger reste d'appétit, et se livrer, après le repas, à un exercice modéré. Un froid aux pieds, une trop grande *tension d'esprit pourraient* troubler la digestion et devenir *nuisibles*. Durant le travail, on évitera le passage subit d'une température à l'autre : une boisson froide, *quelle qu'elle* soit, prise quand on est en sueur, peut causer la mort en arrêtant la transpiration; un courant d'air est également pernicieux. Il faut, en outre, remplacer à propos les vêtements humides par des vêtements *secs*, changer de linge au moins toutes les semaines et de *draps* tous les mois, aérer les alcôves, préférer les lits *fermes* aux lits moelleux qui favorisent la paresse, prendre des bains le plus souvent possible, mais à jeun, éloigner de son habitation toutes les mauvaises odeurs, *tous* les *miasmes* qui pourraient y pénétrer, user de *poêles ventilateurs* (*) préférablement aux autres, faire le bien et éviter les excès de toute nature. C'est en suivant ce régime que quelques vieillards ont pu vivre plus d'un siècle; c'est pour l'avoir abandonné qu'une foule de gens, *vieux* avant l'âge, *meurent* dans la fleur de la jeunesse.

(*) Au lieu de prendre l'air à l'intérieur, les poêles ventilateurs la prennent au dehors, et ils versent dans l'appartement des flots d'air chaud et pur qui se renouvellent sans cesse.

389e Ex.—*Le 14e siècle.* On n'entendait parler que de révélations de possessions, de *maléfices.* La maladie de Charles VI fut attribuée à un *sortilége,* et on fit venir un magicien pour le guérir. La prin- cesse de Glocester, en Angleterre, fut condamnée à faire amende honorable devant l'église de Saint-Paul, et une baronne du royaume, sa prétendue complice, fut brûlée vive comme sorcière (1). Si ces horreurs, *enfantées* par la crédulité, tombaient sur les premières têtes de l'Europe, on voit assez à quoi étaient *exposés* les simples citoyens. L'Allemagne, la France, l'Espagne, tout ce qui n'était pas en Italie grande ville commerçante, *était* absolument sans police. Les bourgades murées de la Germanie et de la France furent suc- cessivement *saccagées* dans les guerres civiles. L'empire grec fut inondé par les Turcs. L'Espagne était encore partagée entre les chrétiens et les *mahométans* arabes, et chaque parti était déchiré souvent par des guerres *intestines.* Enfin du temps de Philippe de Valois, d'Edouard III, de Louis de Bavière, de Clément VI, une peste générale enleva ce qui avait échappé *au glaive* et à la misère. — Immédiatement avant ces temps du quatorzième siècle, on a vu les croisades dépeupler et *appauvrir* notre Europe. Remontez de- puis ces croisades aux temps qui s'écoulèrent après la mort de Charlemagne, ils ne sont pas moins malheureux et sont encore plus grossiers. La comparaison de ces siècles avec le nôtre, *quelques* perversités et *quelques* malheurs que nous *puissions* éprouver, doit nous faire sentir notre bonheur, malgré ce penchant presque invin- cible que nous avons à louer le passé *aux dépens* du présent.

390e Exercice.— *La société moderne.*

[Paroles de Mgr Darboy, archevêque de Paris, à la distribution des récompenses de la société protectrice des apprentis et des enfants employés dans les manufactures (28 oct. 67.)]

Oui, la société vaut mieux que plusieurs ne le *disent.* Elle aime et *protége* ses fils les plus *déshérités;* elle a pour eux la grave et dévouée sollicitude d'un père et le vaillant cœur d'une mère. Sans doute elle ne veut pas qu'ils se reposent uniquement sur autrui et se *désintéressent* de leur propre destinée, mais elle ne refuse ja- mais non plus de venir en aide à ceux qui souffrent, surtout sans l'avoir mérité. Est-ce à dire qu'elle soit, de tout point, *excellente?* Evidemment non. Comme tout ce qui est de ce monde, la société moderne a *ses* imperfections et ses heures de défaillance; mais le sentiment moral et religieux ne l'abandonne pas, et elle *poursuit* sans cesse le progrès. *Au fond,* elle dédaigne les *sophistes* qui veulent l'emprisonner dans la matière et dans le temps; elle va *plus haut* et plus loin. Si des pieds elle touche la terre, de l'esprit et du cœur elle touche les cieux. Elle cherche quelquefois le bien *à travers l'intérêt,* mais elle le cherche aussi directement et pour lui-même, et en définitive elle le fait.

Devoir. — Analyser la première phrase et en développer le sens.

(1) La princesse de Glocester, ainsi que son amie, était accusée de sortilége contre la vie du roi. — (2) Profiter de la circonstance pour dire quelques mots d'une foule d'institutions de bienfaisance et de crédit fondées dans l'intérêt des classes populaires et trop peu con- nues: crèches, salles d'asiles, écoles gratuites, ouvroirs, cours d'adultes et d'apprentis, bureaux de bienfaisance, sociétés alimentaires, caisses d'épargne, sociétés de secours mu- tuels, prêts de l'enfance au travail, caisse des invalides du travail, caisses de retraite pour la vieillesse, hôpitaux et hospices, colonies agricoles, fermes-écoles, médecine gratuite, etc., etc. (Voir ci-après p. 221 et suiv.)

391ᵉ Exercice. — *Le vrai patriotisme.* — On se trompe si l'on croit pouvoir être bon citoyen quand on ne sait pas être bon fils, frère dévoué, époux sérieux ou *célibataire* ordonné. Le cœur de l'homme est *un. Tel* il se montre dans la famille et dans les rapports personnels, *tel* il est toujours dans la société politique. Tous les hommes, sans doute, ne sont pas *aptes* à connaître utilement et à traiter les affaires publiques ; le petit nombre *acquiert* cette aptitude. Mais l'honnêteté, la justice et le dévouement qu'*exige* la vie publique sont exactement les mêmes que ceux *qui sont* réclamés par la vie privée. La première les *demande* seulement à un degré plus élevé ; l'homme public n'est jamais que l'homme privé s'élevant lui-même à une puissance *supérieure.* Il faut donc d'abord chercher l'homme privé dans celui qui aspire à la vie publique, et *rester* bien convaincu que si le premier est vicieux *ou* sans valeur, le second laissera toujours beaucoup à désirer.

392ᵉ Ex. — *Une mère à sa fille.* — Je me suis *rappelé*, ma chère enfant, que vous vous *plaigniez* beaucoup et de vos compagnes et du sort, la dernière fois que je vous visitai. Vous m'avez énuméré longuement tous les malheurs, ou plutôt toutes les contrariétés qui se sont *succédé* depuis plusieurs mois, comme pour vous accabler. Je ne disconviens pas que, comme vous, on *n'ait* quelquefois le droit d'accuser le sort, mais aussi, combien de personnes n'avez-vous pas *entendu* blâmer à cause de leur caractère acariâtre, de leur humeur insupportable ! Il semble donc que, si nous ployions notre caractère aux petites exigences des personnes avec qui nous avons *affaire*, avec qui nous sommes *obligées* de vivre, nous serions souvent moins malheureuses. Hé, mon Dieu ! si chacune voulait tout soumettre à son empire et à *ses* caprices, vous sentez que la vie de ceux qui nous entourent deviendrait un supplice.

Consultez-vous vous-*même*, ma chère enfant ; descendez au fond de votre conscience ; demandez-vous si vous n'avez pas été parfois la cause de tous *ces* petits chagrins qui vous ont *assaillie:* peut-être trouverez-vous que c'est de vous *plutôt* que des autres que vous avez à vous plaindre. Séparez-vous un instant des personnes qui vous ont constamment *applaudie*, dont les louanges ne vous ont *servi* qu'à gâter votre caractère; et bientôt, croyez-en les paroles d'une amie, bientôt vous vous sentirez le courage et la force *nécessaires* pour supporter le peu de contrariétés qui pourraient vous arriver encore. Conduisez-vous enfin avec cette douceur, cette modestie qui *sied* tant aux personnes de votre âge, et je ne doute pas que vous ne vous *voyiez délivrée* de tous vos chagrins *plus tôt* que vous ne l'aurez espéré. Ma lettre vous paraîtra sans doute un peu dure, mais *quelle* que soit la réception que vous lui préparez, je me reprocherais ma faiblesse, si je vous avais *laissée* ignorer le peu de vérités que je vous ai *crues* utiles.

À traduire au masculin: *Un père à son fils*, etc.

393ᵉ Exercice. — *Le bon cultivateur.* — On se figure généralement qu'il suffit à un cultivateur de savoir manier la charrue, nourrir des chevaux et ensemencer la terre ; c'est une erreur capitale. Le bon cultivateur est celui qui, à la connaissance générale des terrains sur lesquels il peut être appelé à opérer, *ajoute celle* des diverses parties de la ferme ou de la propriété qu'il fait valoir.

Qui ne sait, en effet, que pour amender, améliorer une terre, il faut d'abord *en* connaître les qualités et les défauts? Ce premier point acquis (et il ne *s'acquiert*, la plupart du temps, que par une pratique assez longue), le cultivateur intelligent s'applique à rechercher les *meilleurs* moyens, et les plus économiques, de transformer utilement les différentes portions de son domaine afin d'en tirer le parti le plus avantageux : *drainer* les terres humides, marner ou chauler les sols argileux, répandre du calcaire et des cendres sur ceux où la tourbe domine, choisir l'espèce d'engrais : fumiers chauds ou froids, *guano*, tourbe, noir animal, etc., et le genre de plantes : bois, *céréales*, fourrages, qui conviennent le mieux à tel ou tel sol; établir une *telle* succession de cultures et employer assez de fumier pour que chaque portion de terre ne s'épuise jamais, c'est-à-dire reçoive toujours plus d'engrais qu'elle n'en consomme. Il doit, en outre, surveiller la croissance des arbres et des plantes : pincer, ébourgeonner, élaguer, greffer ; détruire les herbes et les insectes nuisibles : chardons, *ivraie*, chenilles, charançons, etc. ; connaître les moyens pratiques de mener à bien les différentes récoltes, de les *recueillir* et de les conserver économiquement, de savoir, au besoin les utiliser en les *transformant*, d'écouler avantageusement les produits et tenir un compte exact de ses recettes et de ses dépenses.

394° Exercice. — (*Suite du précédent.*) — On voit déjà quelle variété de *connaissances* doit posséder un cultivateur digne de ce nom; ce n'est pas tout, cependant. Les soins *hygiéniques* à donner à la famille et aux domestiques, aussi bien qu'au bétail lui-même, et, par conséquent, la meilleure disposition des bâtiments de la ferme, les conditions de propreté et de salubrité *indispensables*, ne peuvent lui rester *inconnus*. Il faut également qu'il *sache* choisir les meilleures races d'animaux, suivant l'usage qu'il veut en faire et la nature du terrain qu'il exploite : chevaux de course ou de trait, bœufs de travail ou d'engrais, etc. Il faut qu'il se *tienne* au courant des nouvelles méthodes inventées par la science, qu'il lise un bon journal d'agriculture pratique; que, par des expériences continuelles, *renouvelées* chaque année sur une petite portion de terrain, il *mette* en regard des bénéfices présumés les dépenses occasionnées par les cultures d'essai ; qu'il s'efforce ainsi de substituer aux espèces communes et aux procédés vulgaires, d'autres espèces ou d'autres procédés *perfectionnés*: qu'il connaisse les machines et instruments *aratoires* qui peuvent suppléer avantageusement, c'est-à-dire économiquement, au travail de l'homme : semoirs, fouilleuses, *défonceuses*, faucheuses, machines à battre, à vanner, à cribler, à faire le beurre ou le fromage, etc.; qu'il s'approprie ceux de ces instruments qui conviennent à son domaine et qu'il *apprenne* à s'en servir; que, dans ce but, il visite de temps en temps les expositions *cantonales* ou régionales de la contrée qu'il *habite*; qu'il se fasse expliquer l'effet utile ou désavantageux de ces machines ; qu'il instruise *ses* ouvriers, qu'il les *encourage*, qu'il les intéresse au succès de son entreprise, qu'il leur donne, en un mot, partout et toujours, l'exemple du travail intelligent, de la moralité, de l'ordre, de la constance et du dévouement, sans *lesquels* il est impossible de réussir dans quelque condition que ce soit.

395ᵉ Exercice. — Paraître.

(La *césure* est indiquée par un trait vertical.)

Par sot orgueil, | par désir de paraître (1)
Que de *sotti* | *ses* fait le genre (1) humain!
Tel jette l'or | ce soir par la fenêtre
Qui ne sait pas | *s'il* dînera demain.
Là ce *gandin* | étale une toilette
Qu'à son tailleur | il doit depuis deux ans ;
Un peu plus loin | cette mère coquette
Pour se parer | fait *jeûner* ses enfants.
Ailleurs un *fat* | dont toute la science
Est de *railler* | les talents qu'il n'a pas,
Est écouté, | grâce à l'impertinence,
Qui lui fait tout | juger de haut en bas.
Ce bon bourgeois | *singe* le *gentilhomme*,
Sa femme rêve | *équipage* et château.
Pour qu'un journal | aux *Faits divers* le nomme,
Cet autre fou | *court* se jeter à l'eau ;
Et de ces *fous* | pas un seul ne s'avise,
Que du bonheur | le paisible sentier,
— *Quand* de chacun | paraître est la devise,—
S'arrête au coin | d'un modeste foyer!   (Simonot).

Devoir. — Traduire en prose le morceau qui précède.

396ᵉ Exercice. — L'Amour du foyer.

Que me font les plaisirs | que nous *offre* le monde (1) ?
Sous de riants *attraits* | ils charment notre cœur
Et séduisent souvent; | mais, ô douleur profonde,
Ils ne donnent jamais | la paix et le bonheur.

Pour de tristes *hochets* | on voit la multitude
Sacrifier son temps, | son repos et son pain ;
Heureux, heureux *encor* (2), | lorsque la lassitude,
Est le moindre des *maux* | du sombre lendemain.

Il n'en est point de même (1) | au sein de la *chaumière* :
Le plaisir en famille | est pur et sans *remords*;
Les plaisirs du foyer | ne mouillent la paupière,
Que par des pleurs de joie | et de touchants transports. (Roussel.)

« Enfants qui grandissez | en rêvant le bonheur,
Disait un bon vieillard | au bout de sa *carrière*,
Semez, pour avoir l'arbre | où se cueille sa fleur,
Le travail, la vertu, | l'aumône et la prière. »   (Simonot.)

Devoir.—Expliquer le sens du morceau précédent et analyser la dernière strophe. — *Hémistiche*, moitié du vers de 12 syllabes. — *Césure*, coupure ou repos à la fin du premier hémistiche. Dans les vers de 10 syllabes (395ᵉ Exer.), la césure est après la 4ᵉ.— *Rimes plates*, celles formées de deux vers masculins suivis de deux vers féminins, comme dans la Prière d'Esther, p. 11.— *Rimes croisées*, un vers masculin suivi d'un féminin, comme ci-dessus.

___

(1) La syllabe *féminine* qui termine le vers et celle qui se trouve avant une voyelle ou une h muette, ne compte pas.— (2) Notez l'orthographe d'*encore* avant une consonne. C'est ce qu'on appelle une licence poétique.

CHAPITRE XII.
FIGURES DE GRAMMAIRE OU DE SYNTAXE.

397ᵉ Exercice. — (Gram., 1175 à 1185.)

Exemples de construction directe ou grammaticale.

La justice est la pierre fondamentale des États. Celui qui emprunte est l'esclave de celui qui prête. La construction directe est conforme au génie de la plupart des langues de l'Europe moderne, et particulièrement à celui de la langue française.

Inversions ramenées à l'ordre direct.

Vous pensez à quoi? On soulage parfois ses maux en les racontant. Il y a un gouffre (*ou* un gouffre existe) dans l'endroit où vous voyez tournoyer l'eau. On pourrait faire entrer Paris dans une bouteille, s'il était plus petit. Il faut éviter... (*ou* les mauvaises constructions, les équivoques doivent être évitées) quand on écrit. La bienveillance avec laquelle vous avez accueilli ma première demande est ce qui m'engage à vous en adresser une autre (771). La reconnaissance est le plaisir des bons cœurs (773).

Ellipses à signaler.— Les mots sous-entendus sont en italiques.

Vous, songez à ce que vous dites. — Que demandez-vous? *Je ne de*mande rien. — Que vouliez-vous qu'il fît contre trois? *Je voulais* qu'il mourût. — L'Afrique n'est pas si peuplée que l'Europe *l'est* (*peuplée*).— Comment veux-tu être traité? dit Alexandre à Porus. *Je veux être traité* en roi, répondit celui-ci. — Les animaux n'inventent ni *ils* ne perfectionnent rien. — Ils coururent aux armes et se saisirent *des objets qu'ils trouvèrent,* qui (les uns *se saisirent*) d'une épée, qui (les autres *se saisirent*) d'une pique, qui (d'autres *se saisirent*) d'une hallebarde.—Quelle médecine vous fera digérer? *Ce sera* l'exercice; quelle *médecine* réparera vos forces? *Ce sera* le sommeil.

Pléonasmes à signaler et à expliquer.

(*Ils*) sont rares, *ceux* qui préfèrent toujours le devoir au plaisir. *Nous* pensons (*nous*), que telle chose doit être. *Le livre* que vous cherchez, (*le*) voici, vous (*le*) voyez. *Les afflictions* que les saints ont toujours reçues comme des grâces, on (*les*) craint comme des malheurs; les prospérités que les justes ont toujours craintes comme des malheurs, on (*les*) souhaite comme des grâces. — *Explétifs*: Enfilez-*moi* la porte, et bien vite. Faites-*nous* taire ces gens-là. Donnez-leur-*moi* sur les oreilles.

Syllepses tirées des bons auteurs.

L'un et l'autre m'*est* (pour me *sont*) à charge. L'objet le plus odieux qu'eût toute la Grèce *étaient* (p. était) les barbares. Les personnes d'esprit ont en *eux* (p. en *elles*) les semences de tous les sentiments. Cet homme connaît aussi bien les littératures étrangères que *celle* de son pays. La plupart des hommes *sont* de grands enfants. Ce que vous me dites là *sont* tout autant de fables, tout autant de visions. Quand le peuple hébreu entra dans la terre promise, tout y célébrait *leurs* ancêtres. Les âmes vulgaires et obscures ne vivent que pour elles seules; *ils* peuvent faire des chutes, mais leur péché du moins se borne à *eux.* (MASSILL.)

9

CHAPITRE XIII.

EXERCICES SUR LA PONCTUATION.

398ᵉ Exercice. — Emploi de la virgule. (1186 à 1189).

Avec le temps, les haines s'assoupissent. Malheur au cœur double, qui pense une chose et en dit une autre. Les rois, qui paraissent les plus heureux des hommes, sont souvent les plus malheureux. Un sot n'entre, ni ne sort, ni ne se lève, ni ne se tait, ni ne se tient sur ses jambes comme un homme d'esprit. Il n'est pas vrai, comme on l'a prétendu, que l'autruche digère le fer. Le courage n'est pas ennemi de la sagesse, et la témérité n'est pas toujours une vertu. Croire que lorsqu'on se trouve treize à table il en doit mourir un dans l'année, c'est une superstition. Le témoin doit déclarer s'il est parent, allié, serviteur ou domestique de l'une des parties. A l'air dont Criton marche, dont il se met, dont il entre, on voit qu'il est plein d'orgueil. Si, sous prétexte que l'on a faim ou soif, on pouvait impunément s'approprier le bien d'autrui, la société serait bouleversée, la propriété détruite, et la loi du plus fort établie. Les plus grands philosophes ne font que bégayer quand ils veulent parler de ce qui est accessible à la raison humaine. Une virgule omise ou mal placée répand de la confusion dans une phrase, la rend obscure ou louche, et lui fait quelquefois signifier le contraire de ce qu'elle avait à exprimer. Charles VI était grand, fort, adroit dans les exercices du corps. Pour n'arriver pas sans ressource à notre éternelle demeure, avec le roi de la terre il faut encore servir le roi du ciel. Les canards domestiques, excepté ceux de Barbarie, paraissent descendre du canard sauvage. Renoncer, à certains jeux de cartes, signifie mettre une carte d'une autre couleur que celle qui est jouée, soit qu'on ait de cette dernière, soit qu'on n'en ait pas.

Devoir. — Analyse de la dernière phrase.

399ᵉ Exercice. — Virgules et points-virgules. (1186 à 1190).

Les voluptés énervent; elles énervent l'âme et le corps. Le ducat de Prusse vaut 11 fr. 77 centimes; celui de Saxe, 11 fr. 86 centimes; celui de Hollande, 11 fr. 93. En France, on porte le deuil en noir; en Turquie, en bleu ou en violet; à la Chine, en blanc; en Éthiopie, en gris. Les Turcs ne souffrent point de figures dans leurs peintures; ils n'ont que des moresques et des arabesques. L'homme effronté est sans pudeur; l'homme audacieux, sans respect et sans réflexion; l'homme hardi, sans crainte. On disait que les ennemis avaient désolé toute la France, mais le mal n'était pas si grand qu'on le faisait. Il y a des plantes qui prennent également en toutes sortes de pays; il y en a d'autres qui ne viennent qu'en de certaines terres. Une pensée qui demande un développement d'une certaine étendue, forme ce qu'on appelle un paragraphe; plusieurs paragraphes font un chapitre; plusieurs chapitres font un livre; plusieurs livres font un traité. Il y a des insectes qui rampent, comme les vers; d'autres qui marchent, comme les fourmis, et d'autres qui volent comme les mouches, les hannetons, les papillons. Dans la décoration, les frises sont peintes ou sculptées ; dans la menuiserie, elles encadrent les parquets et les panneaux ; dans la serrurerie, elles font partie des grilles et des rampes d'escalier. D'après la manière dont Dieu a disposé toutes choses, il y a moins d'inégalité qu'on ne croit dans le bonheur des hommes. Presque toujours, il existe une secrète compensation dans les diverses situations de chacun. Si le pauvre n'a pas les jouissances du riche, il n'en a pas non plus les inquiétudes ; si sa nourriture est plus frugale, son appétit est meilleur, il ne connaît pas les maladies qui suivent les excès ; s'il ne jouit pas de ces honneurs tant enviés, il jouit de la paix, de l'indépendance et d'un sommeil paisible.

Devoir. — Analyse de la dernière phrase.

400° Exercice.—Virgule, point-virgule et deux points. (1186 à 1191.)

L'Écriture dit : Priez et veillez, de peur que vous n'entriez en tentation. La rhétorique a trois parties : l'invention, la disposition, l'élocution. Un discours régulier se divise en sept parties, savoir : l'exorde, l'exposition, la division, la narration, la confirmation, la réfutation et la péroraison. Le malheur est bon à deux choses : à éprouver les amis et à épurer la vertu. Quoique invisibles, il est toujours deux témoins qui nous regardent : Dieu et la conscience. Pétrone a vécu en dissipateur et il est mort à l'hôpital : la fin couronne l'œuvre. Nous sommes solidaires : les torts de l'un de nous retombent sur tous les autres. Côme de Médicis disait à un savant mais méchant homme : Il est vrai que vous avez de bon vin, mais il est dans une méchante futaille. Un maître avare menaçait son valet de lui donner des coups de bâton ; celui-ci répondit : Je n'en crois rien, parce que ce serait donner quelque chose. La musique vocale comprend quatre parties principales, qui sont (1) : le dessus, la haute-contre, la taille ou le ténor et la basse. Chaque pièce d'argenterie est marquée de trois poinçons : celui de l'orfèvre qui l'a façonnée ; le poinçon de ville, qui en assure le titre ; et le poinçon de l'administration, qui est la quittance des droits de contrôle.

Devoir. — Développer le sens de la 7° phrase et analyser la dernière.

401° Exercice. — Sur tous les signes de ponctuation. (1186 à 1200.)

Êtes-vous bien ? tenez-vous y (2). Qui est là ? est-ce vous ? Qui est-ce qui a semé vos terres ? elles n'ont pas été bien semées. Voyons, parlez-moi franchement ; que pensez-vous de cette conduite ? Vous ne dites rien, est-ce que vous n'avez pas de langue ? Qu'est-ce à dire ? vous murmurez ? Qu'étiez-vous donc devenu ? nous vous cherchions partout. Quoi ! vous voilà déjà revenu ? Quel enfant insupportable ! c'est un vrai petit démon. Quoi ! vous croyez bonnement ce qu'on vous a dit ? Moi, je voudrais vous offenser ! j'en suis à mille lieues. Chansons, chansons ! je ne vous écoute point. Diable ! comme vous y allez ! Que diantre demandez-vous ? Comment ! est-il donc vrai qu'il soit mort ? Il pleut au moment où je veux sortir, quelle contrariété ! L'horoscope de ce libertin n'est pas difficile à tirer : on peut prédire qu'il finira ses jours à l'hôpital.

« As-tu présenté la note des frais à M. A...? » disait un huissier à son clerc. — « Oui, Monsieur. » — « Qu'a-t-il répondu ? » — « Il m'a dit d'aller au diable. » — « Et après, qu'as-tu fait ? » — « Ma foi, Monsieur, je suis venu vous trouver. »

(1) Ici et dans les cas semblables, on peut se dispenser d'employer les deux points.

(2) Ainsi qu'on l'a vu n° 483, le point interrogatif et le point exclamatif ne veulent être suivis d'une grande lettre que lorsque le sens, absolument terminé, aurait demandé un point indépendamment de l'interrogation ou de l'exclamation.

(Nos 1186 à 1200.)

402e Exercice. — *Les principaux arts.* — Les principaux arts sont la grammaire, qui fait parler correctement; la rhétorique, qui fait parler éloquemment; la poétique, qui fait parler divinement et comme si l'on était inspiré; la musique, qui, par la juste proportion des sons, donne à la voix une force secrète pour délecter et pour émouvoir; la médecine et ses dépendances, qui tiennent le corps humain en bon état; l'arithmétique pratique, qui apprend à calculer sûrement et facilement; l'architecture, qui donne la commodité et la beauté aux édifices publics et particuliers, qui orne les villes et les fortifie, qui bâtit des palais aux rois et des temples à Dieu; la mécanique, qui fait jouer les ressorts et transporter aisément les corps pesants, comme les pierres, pour élever les édifices et les eaux pour le plaisir ou pour la commodité de la vie; la sculpture et la peinture, qui, en imitant le naturel, reconnaissent qu'elles demeurent beaucoup au-dessous, et autres semblables. (BOSSUET).

Devoir. — Sens et analyse de la phrase.

403e Exercice. — *Le marquis de Villeneuve.* — L'armée française, la première du monde, n'est pas seulement l'école de l'honneur et de la discipline, elle est aussi celle de la plus touchante fraternité. En voici un exemple récent. Un jeune homme d'une famille illustre, le marquis de Villeneuve-Trans, qui s'était engagé pour prendre part à l'expédition de Crimée, en 1855, était de service un jour dans la tranchée. Le feu de l'ennemi tonnait avec violence. Un de nos soldats, qui s'était avancé imprudemment sur un point ouvert sans défense aux balles des Russes, tomba blessé. Dans les douleurs de l'agonie, il se tourna vers ses camarades et s'écria d'une voix mourante: « Personne ne viendra-t-il me serrer la main avant que je meure! » Villeneuve l'entend, s'élance vers lui au milieu d'une horrible mitraille, et serre dans sa main la main du pauvre jeune homme, qui meurt consolé par cette étreinte suprême. Comme ce trait peint bien le caractère français! Comme il fait honneur au marquis de Villeneuve!

Devoir. — Sens et analyse de la première phrase.

404e Exercice. — *Clarté du discours.* — Vous voulez, Acis, me dire qu'il fait froid; que ne dites-vous: « Il fait froid? » Vous voulez m'apprendre qu'il pleut ou qu'il neige; dites: « Il pleut, il neige » Vous me trouvez bon visage et vous désirez de m'en féliciter; dites: « Je vous trouve bon visage. » « Mais, répondrez-vous, cela est bien uni et bien clair; et d'ailleurs, qui ne pourrait pas en dire autant? » « Qu'importe, Acis? est-ce un si grand mal d'être entendu quand on parle, et de parler comme tout le monde? Une chose vous manque, Acis, à vous et à vos semblables, les diseurs de phébus (1); vous ne vous en défiez point, et je vais vous jeter dans l'étonnement: une chose vous manque, c'est l'esprit. Ce n'est pas tout: il y a en vous une chose de trop, qui est l'opinion d'en avoir plus que les autres. Voilà la source de votre pompeux galimatias, de vos phrases embrouillées et de vos grands mots, qui ne signifient rien. » (LA BRUYÈRE.)

Avant son exaltation, Sixte-Quint marchait tout courbé; dès qu'il fut devenu pape, il alla droit. Comme on lui en demandait la raison, il répondit: « N'étant alors que cardinal, je cherchais les clefs du paradis et je me courbais pour les ramasser; à présent que je les ai, je ne dois plus regarder que le ciel. »

---

(1) *Phébus*, style obscur et ampoulé: *donner dans le phébus.* (*Acad.*)

405ᵉ Exercice. — *Importance de la politesse.* — Avec de la vertu, de la capacité et une bonne conduite, on peut être insupportable. Les manières, que l'on néglige comme de petites choses, sont souvent ce qui fait que les hommes décident de vous en bien ou en mal : une légère attention à les avoir douces et polies prévient leurs mauvais jugements. Il ne faut presque rien pour être cru fier, incivil, méprisant, désobligeant ; il faut encore moins pour être estimé tout le contraire. La politesse n'inspire pas toujours la bonté, l'équité, la complaisance la gratitude ; elle en donne du moins les apparences, et fait paraître l'homme au dehors comme il devrait être intérieurement. Les manières polies donnent cours au mérite et le rendent agréable. Il faudrait avoir de bien éminentes qualités pour se soutenir sans la politesse. — L'esprit de politesse est une certaine attention à faire que, par nos paroles et par nos manières, les autres soient contents de nous et d'eux-mêmes. C'est une faute contre la politesse que de louer immodérément, en présence de ceux qui chantent ou qui touchent un instrument, quelque autre personne qui a ces mêmes talents, comme devant ceux qui vous lisent leurs vers un autre poëte. Dans les repas ou les fêtes que l'on donne aux autres, dans les présents qu'on leur fait et dans tous les plaisirs qu'on leur procure, il y a faire bien et faire selon leur goût : le dernier est préférable. (*La Bruyère.*)

« Monseigneur, disait un délateur à Louis de Bourbon, frère de Charles V, voici un mémoire qui vous instruira de plusieurs fautes que des personnes pour qui vous avez trop de bonté ont commises contre vous. » — « Avez-vous aussi tenu registre des services qu'elles m'ont rendus ? » répondit le prince.

Devoir. — Sens et analyse de la première phrase.

406ᵉ Exercice. — *La jeune fille.* — Antiope est douce, simple et sage. Ses mains ne méprisent point le travail, Elle prévoit de loin, elle pourvoit à tout ; elle sait se taire et agir de suite avec empressement ; elle est à toute heure occupée ; elle ne s'embarrasse jamais, parce qu'elle fait chaque chose à propos : le bon ordre de la maison de son père est sa gloire ; elle en est plus ornée que de sa beauté. Quoiqu'elle ait soin de tout, et qu'elle soit chargée de corriger, de refuser, d'épargner (choses qui font haïr presque toutes les femmes), elle s'est rendue aimable à toute sa maison. C'est qu'on ne trouve en elle ni passion, ni entêtement, ni légèreté, ni humeur, comme dans les autres femmes : d'un seul regard elle se fait entendre, et on craint de lui déplaire ; elle donne des ordres précis, elle n'ordonne que ce qu'on peut exécuter ; elle reprend avec bonté, et, en reprenant, elle encourage. Le cœur de son père se repose sur elle comme un voyageur abattu par les ardeurs du soleil se repose à l'ombre sur l'herbe tendre. Antiope est un trésor digne d'être recherché dans les terres les plus éloignées. Son esprit, non plus que son corps, ne se pare jamais de vains ornements ; son imagination, quoique vive, est retenue par la discrétion : elle ne parle que pour la nécessité, et, si elle ouvre la bouche, la douce persuasion et les grâces naïves coulent de ses lèvres. Dès qu'elle parle, tout le monde se tait, et elle rougit ; peu s'en faut qu'elle ne supprime ce qu'elle a voulu dire, quand elle s'aperçoit qu'on l'écoute si attentivement. A peine l'avons-nous entendue parler. (*Fénelon.*)

A un sermon prononcé dans une paroisse de campagne, tout le monde fondait en larmes, excepté un paysan. Quelqu'un lui dit : « Mais tu ne pleures pas, malheureux ! — Moi ! répondit-il, je ne suis pas de la paroisse. »

Devoir. — Sens et analyse de la dernière phrase.

407e Exercice. — *De l'eau.* — L'eau recouvre la plus grande partie de la surface de notre planète. Sous le nom de mer, d'océan, elle remplit de vastes bassins
dont le rôle est évidemment de fournir à l'atmosphère l'humidité nécessaire à
la production des phénomènes météorologiques que nous observons tous les
jours. Prise à la surface ou dans le sein de la terre, l'eau n'est jamais pure. Elle
contient en dissolution ou en suspension une quantité plus ou moins grande de
substances terreuses, alcalines ou métalliques, quelques gaz, du soufre ou des
matières végétales et animales. Elle se purifie bien un peu par le repos, mais
ce n'est que par la distillation qu'on l'obtient exempte de tous corps étrangers.
L'eau la plus ordinaire est prise dans les sources, les puits, les rivières et les
étangs ; celle qui est fournie par la neige et la glace fondues; celle qui constitue la
pluie est encore considérée comme de l'eau ordinaire ; mais, quoique ordinaires,
toutes ces eaux ne sont pas potables. Les unes, celles de certaines sources et
de certains puits, contiennent beaucoup trop de plâtre ou de sulfate de chaux ;
on les appelle eaux crues. Celles des marais et des étangs, dites stagnantes, renferment des matières organiques plus ou moins corrompues. Enfin, les eaux de
neige et de glace ne sont pas assez chargées de l'air nécessaire à leur digesti-
bilité. On purifie les premières en y ajoutant du carbonate de potasse, qui pré-
cipite la chaux ; les secondes se purifient par l'ébullition et l'agitation ; les troi-
sièmes, par l'agitation seulement. Les eaux de pluie sont les plus pures de
toutes, surtout si on a eu le soin de les recueillir dans des réservoirs pratiqués
exprès, et si l'on a mis de côté les premières tombées.

408e Exercice. — *Anecdotes.* — Le duc de Vendôme avait auprès de lui Villiers, un de ces hommes de plaisir qui se font un mérite d'une liberté cynique.
Il le logeait à Versailles dans son appartement. On l'appelait communément
Villiers-Vendôme. Cet homme condamnait hautement les goûts de Louis XIV en
musique, en peinture, en architecture, en jardins. Le roi plantait-il un bosquet,
meublait-il un appartement, construisait-il une fontaine ? Villiers trouvait tout
mal entendu et s'exprimait en termes peu mesurés. « Il est étrange, disait le
Roi, que Villiers ait choisi ma maison pour venir s'y moquer de tout ce que je
fais. » L'ayant rencontré un jour dans les jardins: « Hé bien ! lui dit-il en lui
montrant un de ses nouveaux ouvrages, cela n'a donc pas le bonheur de vous
plaire ? » — « Non, » répondit Villiers. — « Cependant, reprit le Roi, il y a
bien des gens qui n'en sont pas si mécontents. » — « Cela peut être, repartit
Villiers; chacun a son avis. » — Le Roi, en riant, répondit : « On ne peut plaire à
tout le monde. »

Un jour Louis XIV jouant au trictrac, il y eut un coup douteux. On disputait ;
les courtisans demeuraient dans le silence. Le comte de Gramont arrive. « Ju-
gez-nous, lui dit le Roi. » — « Sire, c'est vous qui avez tort, » dit le comte. —
« Et comment pouvez-vous me donner le tort avant de savoir ce dont il s'agit ? »
— « Eh ! Sire, ne voyez-vous pas que, pour peu que la chose eût seulement été
douteuse, tous ces messieurs vous auraient donné gain de cause. »

Aux environs de Biarritz en septembre 1868. — Le Prince Impérial dis-
tribuait aux pauvres qu'il rencontrait les dix louis que son père lui avait donnés
pour accomplir cette bonne œuvre. Le cortége passa justement devant un large
écriteau portant ces mots: « La mendicité est interdite dans toute l'étendue du
département des Basses-Pyrénées. » « Tenez, Prince, dit le capitaine Conneau,
vous violez un arrêté préfectoral. » — « La mendicité est interdite, répondit
l'Empereur, mais la charité est ordonnée !

409ᵉ Exercice. — *Le premier moutardier du pape.* — Quand un homme manifeste de grandes prétentions dans un petit emploi, on se rit de ses airs d'importance, en disant avec moquerie : « Il se croit le premier moutardier du pape ! » D'où vient ce proverbe ? Beaucoup l'ignorent. Expliquons-le.

Le cardinal Dossa, depuis pape sous le nom de Jean XXII, était fils d'un cordonnier de Cahors. A peine assis sur le trône pontifical, il vit ses parents, transportés de joie, faire le siége de son palais. Sa Sainteté était avare, mais les membres de sa famille croissant chaque jour à vue d'œil, le vingt-deuxième des Jean en plaça quelques-uns et congédia les autres.

Cependant il lui arriva de Dijon un cousin à qui le pape voulait du bien. — « Voyons, lui dit un jour le Saint-Père, je cherche un emploi, un prétexte pour te faire allouer 3,000 ducats. Que veux-tu faire ? » — « Mais, vénéré cousin, à Dijon nous ne savons tous faire que de la moutarde. » — « Cela suffit : dès aujourd'hui tu es moutardier du pape. » — Le cousin dijonnais était aux anges. Il prit un costume vert-pomme avec un moutardier en sautoir, et pour devise : *Je chatouille la bouche, et je pique le nez.*

A quelque temps de là arriva de Carpentras un nouveau cousin. C'était aussi un solliciteur, et il fut appuyé par le moutardier. Le pape, qui avait des cousins par-dessus les oreilles, essaya de congédier le nouveau venu et s'y prit ainsi : il lui promit la place de second moutardier, à la condition toutefois que le premier y consentît. Connaissant la jalousie du Dijonnais pour sa charge, il comptait sur son refus pour évincer l'autre. Le lendemain, ils arrivèrent tous les deux. — « Eh bien ! dit le Saint-Père au moutardier, vous ne voulez pas partager l'autorité avec notre cousin ? » — « Au contraire, dit le fonctionnaire : s'il devient second moutardier, je monte aussitôt en grade, et je deviens le *premier moutardier du pape.* » — Jean fut pris au piége et ne put refuser son assentiment. — « Saint-Père, et pour nos émoluments ? reprit le nouvel employé. » — « Des émoluments ? Je n'en donne pas : vous aurez quelque chose à ma mort. » — « Autant vaudrait de la moutarde après le dîner ! » — Le mot plut à Sa Sainteté, qui donna 1,500 ducats à son second moutardier.

410ᵉ Exercice. — *La partie de chasse.* — Un bon gros papa, muni d'un attirail complet (y compris le port d'armes), alla un jour faire une partie de chasse. Après avoir inutilement lâché plusieurs coups de feu, il s'en revint harassé, moulu, désespéré, le carnier vide.

Craignant les quolibets de ses amis, il entre à l'hôtel de *** et dépose le carnier sur le comptoir, en disant : « Remplissez-moi ça de gibier, j'ai une petite affaire à régler, je reviens dans cinq minutes. »

Il revient en effet, prend son carnier, que le maître d'hôtel lui présente avec ce sourire d'intelligence d'un homme qui connaît les faiblesses de ses semblables, et paie sans murmurer ce qu'on lui demande.

Enfin, il retourne au logis, où ses amis l'attendent :

— « Eh bien ! dit l'un d'eux, as-tu fait bonne chasse ? »

Le chasseur ouvre silencieusement sa *gibecière*, et en tire avec orgueil :

1° Un lièvre... (1ʳᵉ exclamation !) ; 2° deux perdrix... (2ᵉ exclamation !) ; 3° Trois cailles .. (3ᵉ exclamation !) ; 4° un homard cuit... (explosion de rires !).

Était-ce une plaisanterie du maître d'hôtel ? On ne l'a pas su.

CHAPITRE XIV.

PHRASES A ANALYSER

(Grammaticalement puis logiquement.)

411ᵉ Exercice. — *Analyse des propositions* (1). — (1201 à 1219.)

1. Dieu existe. — 2. L'univers est immense. — 3. La justice et la vérité sont sœurs. — 4. La puissance de Dieu est infinie. — 5. L'homme est faible et mortel. — 6. La lune est le satellite de la terre (2). — 7. L'homme sage est ménager du temps et des paroles. — 8. Contentement passe richesse. — 9. Les esprits inappliqués ne réussissent à rien. — 10. On lessive certaine terres afin d'en tirer du salpêtre. — 11. Une conscience pure est le plus doux oreiller. — 12. L'instruction sera toujours l'auxiliaire le plus sûr des progrès pacifiques. — 13. J'ai eu dans ma maison, des hôtes fort aimables. — 14. Je n'ai pas voix au chapitre. — 15. On lui a jeté de la poudre aux yeux (2). — 16. On dessale l'eau de mer en la distillant. — 17. J'ai fait là un pas de clerc. — 18. Nous pouvons dire, à quelques siècles près, la date du déluge. — 19. Le concours de l'Empereur et des deux Chambres est nécessaire à la confection des lois. — 20. Dans le pays du suffrage universel, tout citoyen doit savoir lire et écrire.

412ᵉ Exercice. — *Analyse des phrases* (3). — (1220 à 1230.)

21. Le métier ne peut avilir l'homme ; l'homme peut ennoblir le métier. — 22. Les filous prennent subtilement, et les voleurs de grand chemin prennent de force. — 23. Il prétend que je ne l'ai pas payé, mais j'ai son acquit. — 24. Dieu permet quelquefois que les méchants prospèrent. — 25. L'homme qui méprise le pauvre fait injure à celui qui l'a créé. — 26. Celui qui garde sa bouche et sa langue garde son âme de pressantes afflictions. — 27. Toutes les professions sont honorables dès lors qu'elles sont utiles et qu'on les exerce avec probité. — 28. Ces peuples, qui avaient gémi longtemps sous la tyrannie, ne songèrent plus qu'à rompre leurs fers. — 29. La religion chrétienne, qui ne semble avoir d'objet que la félicité de l'autre vie, fait encore notre bonheur dans celle-ci — 30. Tobie disait à son fils: « Nous sommes pauvres, mon fils, mais nous serons riches si nous craignons Dieu (4). » — 31. Faire penser de soi que l'on n'est que médiocrement fin, (c')est avoir fait un grand pas dans la finesse. — 32. Proscrire les arts agréables et ne vouloir absolument que ceux qui sont utiles, (c')est blâmer la nature, qui produit les fleurs, les roses, les jasmins, comme elle produit les fèves et les choux. — *(Rendre compte de l'emploi des signes de ponctuation.)*

---

(1) On suivra les modèles donnés dans la *Grammaire*, p. 180 et 181. Il est bien entendu que chaque exercice peut faire l'objet de plusieurs leçons, si besoin est.

(2) Ne pas oublier que les élèves doivent commencer par indiquer le sens propre ou figuré des phrases ou propositions qui présentent quelques difficultés.

(3) Pour analyser logiquement une phrase, voir en particulier le nᵒ 1235 de la *Grammaire*.

(4) On est dans l'habitude d'analyser ainsi ces sortes de phrases: *Tobie disait..* proposition principale ayant pour complément ce qui suit ; *nous sommes pauvres*, autre proposition principale. Cette méthode n'est pas rigoureuse, car *nous sommes pauvres* n'est qu'une proposition incidente qui sert de complément à la première. S'il est permis de la considérer comme principale, c'est uniquement parce qu'elle a, par elle-même, un sens complet. — *Mon fils*, apostrophe qui désigne la personne à laquelle on adresse la parole.

413ᵉ Exercice. — *Propositions directes, inverses, elliptiques,* etc.
(Gram., nᵒˢ 1231 à 1235.)
(Les mots sous-entendus sont entre parenthèses.)

33. (*Nous*) ménageons le temps. — 34. L'or est le plus beau et le plus précieux (*métal*) des métaux. — 35. Cet homme est raide comme une barre de fer (*est raide*). — 36. Le porphyre est plus dur que le marbre (*n'est dur*). — 37. *Le prince parla ainsi*, et chacun (*s'empressa*) d'applaudir. — 38. Les exemples conduisent plus efficacement à la vertu que les préceptes (*n'y conduisent*). — 39. La solitude avec des livres vaut mieux que (*ne vaut*) la société avec des sots. — 40. Qui ne fait des châteaux en Espagne (1)? — 41. Le sang artériel est plus rouge que (*n'est*) le sang veineux. — 42. Le pain de seigle est moins blanc et moins nourrissant que (*n'est*) le pain de froment (?). — 43. Dieu dit à Abraham : « (*Abraham*) prends ton fils Isaac, qui t'est si cher, et (*toi*) va me l'immoler sur la montagne que je te montrerai. » — 44. Le blé étant ordinairement cher à l'époque de la moisson, il convient de s'approvisionner dans les autres temps (3). — 45. La sévérité est à l'éducation ce que le frein est au coursier. — 46. A bon chat, bon rat (*survient*). — 47. (*Celui*) qui embrasse trop étreint mal. — 48. Autant de têtes (*opinent*), autant d'avis (*sont émis*). — 49. (*Si*) l'homme vaut tant, sa terre vaut tant. — 50. Le général prit sur lui (*le risque*) d'attaquer. — 51. Il s'éloigna tout honteux, et nous (*commençâmes*) de rire. — 52. Se vaincre est (*le plaisir*) d'un héros, pardonner est (*le propre*) d'un Dieu. — 53. (*Bien*) qu'ils soient très-puissants, les rois meurent comme les autres hommes (*meurent*). — 54. (*J'admets*) que vous écriviez quoi (*quoi que ce soit*), évitez la bassesse. — 55. Allons-nous-en chez nous; (*que*) chacun (*aille chez soi*). — 56. (*Ceci est le*) chapitre 15ᵉ; (*il traite de l'*) analyse logique (*il concerne l'*analyse logique). — 57. D'autres sauraient vous flatter; moi, je vous dis la vérité (proposition rédondante).

414ᵉ Exercice. — *Gallicismes.* — (Gram., nᵒˢ 1236 et 1237.)
(Traduction des gallicismes cités dans la partie de l'élève.)

58. S'endormir en société est indécent. — 59. Plaider est un mauvais métier. — 60. Ensevelir les morts est une œuvre de charité. — 61. (*L'action*) d'abandonner son ami est une grande lâcheté. — 62. Se croire parfait est une grande imperfection. — 63. La grippe (la fantaisie) de bien des gens *consiste* à acheter beaucoup de livres qu'ils ne lisent pas. — 64. Mille hommes furent tués. — 65. Acquérir ne suffit pas; savoir conserver est *également* nécessaire. — 66. Courir ne sert de rien, si l'on ne part à point. — 67. Le monde existe depuis six mille ans. — 68. Encore qu'il soit jeune (*ou bien qu'il soit jeune*), cependant il est sage. — 69. Bien commencer n'est pas tout; persévérer est nécessaire. — 70. Avoir la foi ne suffit pas; on doit *encore* faire de bonnes œuvres. — 71. Il vient sur-le-champ (*ou il viendra prochainement, très-prochainement*). — 72. Il est arrivé depuis un instant. — 73. Rien n'est infini, à moins que Dieu (*ou si ce n'est Dieu*) *ou encore*: Dieu seul est infini. — 74. Il n'est pas instruit (*ou instruit est ce qu'il est le moins*). — 75. Cela signifie quoi (quelle chose?) — 76. (*Vous*) soyez intègre, votre honneur y est intéressé. — 77. Quoi qu'elle dise (1237), son droit est douteux. — 78. J'ai faim, j'ai soif (*ou je suis affamé, je suis altéré*). — 79. Pour le succès des sociétés ouvrières, une somme de vertus bien supérieure à la somme des capitaux est nécessaire. (*Développer cette pensée.*)

Analyser ensuite les Exercices nᵒˢ 402 à 409.

(1) Avant les interrogations, on peut sous-entendre *je demande*, mais cela n'est nullement nécessaire. — (2) Notez que dans les nᵒˢ 36, 38, 39 à 42 le *ne* sous-entendu est une sorte d'explétif qui ne rend pas véritablement la proposition négative. — (3) La présence d'un participe, présent ou passé, indique parfois, comme ici, une proposition particulière, que certains auteurs nomment proposition *absolue*. La phrase nᵒ 42 peut se traduire ainsi : *Parce que le blé est ordinairement cher* etc.; elle renferme donc deux propositions. — On analyserait de même *ma tâche finie, je sortirai*, c'est-à-dire *je sortirai après r. tâche finie, quand ma tâche sera finie*.

EXPRESSIONS VICIEUSES

et expressions admises.

415ᵉ Exercice. — Dites : 1. J'ai *grand'peur*, *extrêmement* peur ; j'avais *certainement* raison, *parfaitement* raison, etc. — 2. La moitié de 8 est 4. — 3. L'affaire dont il *s'est agi* est en bonne voie. — 4. *Cependant, pourtant* vous avez fait cela. — 5. Les plus courtes folies sont les *meilleures*. — 6. Cette maison est construite avec *de* mauvais *matériaux*. — 7. Faner, c'est tourner et *retourner* les herbes d'un pré pour les faire sécher. — 8. La distance qui nous sépare des étoiles fixes est *tellement* grande qu'il est presque impossible de la mesurer. — 9. L'exécution de ces derniers travaux *commencera* prochainement. — 10. Après qu'on lui eut coupé le bras, il lui survint une *hémorragie* qu'on ne put arrêter. — 11. A la différence des arrhes proprement dites, le *denier* à Dieu ne s'impute point sur le prix. — 12. On admira la manière dont le prince d'Orange rétablit *l'ordre.* — 13. J'espère même, quand vous serez lasse des conversations générales, qui ressemblent assez au mille et un, à cela près qu'elles sont moins amusantes, *que* je pourrai trouver une minute pour avoir l'honneur de vous parler raison. (VOLT.)

Devoir. — Analyse de la dernière phrase.

416ᵉ Exercice. — *Expressions admises.* (A employer.)

1. L'adjoint *du* maire (1). — 2. Les fonts *de* baptême. — 3. Homme *tannant* (ennuyeux, molestant). — 4. Humeur massacrante. — 5. Bouche *torte* (pour torse). — 6. Un *quignon* (gros morceau) de pain. — 7. Écuelle *bosselée* en tombant. — 8. Baratte plus large *par en haut* que *par en bas*. — 9. Argent plus *d'à moitié* dépensé. — 10. Mer *océane*. — 11. Cour sale et malpropre. (*Acad., à* ordure.) — 12. J'en suis *choqué.* — 13. La journée d'aujourd'hui. — 14. Le temps *à venir* (2). — 15. L'année, le mois, la semaine *qui vient*. — 16. *Au sortir de* la classe. — 17. Sortir à la *brune*. — 18. Il a *pensé* se rompre le cou. — 19. *Prendre* ses jambes à son cou. — 20. Attendre *après* quelqu'un. — 21. Agir de concert. Naviguer *de conserve*. — 22. *Tirer* quelque chose de l'eau. — 23. Partir pour chez soi. — 24. *Ainsi donc*, vous refusez. — 25. A telle fin que de raison. Fin finale. — 26. Jour ouvrier *ou* jour ouvrable. — 27. Monter, remonter une horloge. — 28. Vendre cher, à bon marché. — 29. Planter des pois, des fèves, des pepins (3). — 30. Mener une vie ; avoir ou tenir une conduite. — 31. S'endormir vers les trois heures. — 32. Etre en léthargie. — 33. Il trépassa sur le minuit. (*Acad.*), sur les une heure. (*Id.*) — 34. Chandelle des 4, des 8, des 12 à la livre. — 35. Passer titre *nouvel* et reconnaissance. — 36. Avoir toute honte bue. — 37. Se faire moquer de soi. — 38. Dormir bien *avant* dans le jour ; plaindre sa peine. — 39. Extraire un livre (l'abréger). — 40. Faire de certaines choses, produire de certains effets. — 41. S'écrire sur la liste chez le portier. — 42. Je suis, j'étais tout contre le mur. — 43. Mettre quelqu'un au pied du mur. — 44. Venir comme mars en carême (à jour fixe), et venir comme marée en carême (à propos). — 45. Le mal qu'on laisse invétérer (pour s'invétérer). — 46. Quand sa mauvaise humeur lui prend, le tient. — 47. Faire quelque chose *à dessein que* d'autres le fassent. — 48. Trois francs 38 cent. sont un compte borgne. — 49. Qui de 6 ôte deux, reste 4. — 50. Troisième personne singulière. (*Acad., à apparoir.*) — 51. A ce qu'il me semble ou ce me semble ; à ce qu'il m'a dit, à ce que je crois.

---

(1) Voici l'adjoint du maire. J'ai tenu cet enfant sur les fonts de baptême, etc.
(2) *A venir*, locution adjective. (*Acad.*) — (3) L'Acad. dit aussi *semer* des pepins, etc.

417º Exercice.—*Suite du précédent.*—Au bout de l'aune *faut* le drap. Qu'est-ce que vous venez me ravauder ? Le prince veut être obéi. La bataille s'est donnée en *plaine* campagne. La gourmette de votre cheval est *défaite*. Le navire *alla briser* contre un écueil. Le cercle et le trapèze sont des figures de *mathématique* (au sing.). J'ai tout cela classé *dans ma tête*. Quel jour *est-il ?* Quel jour est-ce aujourd'hui ? Quel quantième du mois avons-nous ? J'étais à cette époque très-*loin* de Paris. Les banquets étaient *très-en vogue* chez les anciens. Il a pris un habit qui *lui* tiendra chaud. Il est si *fort en colère* qu'on aura bien de la peine à l'apaiser. Il n'est plus *si en colère*, il commence à se radoucir. C'est un homme qui vous glissera des mains *au moment que* vous y penserez le moins. Il dit des choses *si hors de propos* qu'on ne saurait s'empêcher de lui rire au nez. Cet ouvrage serait fort bon *n'était* la négligence du style. Ferrer la mule, c'est acheter une chose pour quelqu'un et la lui compter *plus cher* qu'elle n'a coûté. Juger comme arbitre, c'est décider *comme étant* choisi par ceux qui sont en différend. Renvoyer les parties comme n'*y ayant* pas lieu de prononcer juridiquement. Les ennemis avaient pris une bicoque; *en revanche* nous leur prîmes une de leurs meilleures places. Les noms et les adjectifs de genre commun sont ceux dont la terminaison est la même au féminin *qu'au* masculin. (*Acad.*)

418º Exercice. — *De quelques abus de langage.*

Nous ne savons plus, dit un écrivain moderne, exprimer simplement les idées les plus simples. Le domestique qui me sert à boire me demande si j'*accepterai* du vin de Bordeaux ou du vin de Bourgogne ; bon gré mal gré je suis devenu le *client* de mon cordonnier, et hier le *clerc* de mon perruquier m'a coupé les cheveux dans une *étude* ou, tout au moins, dans un *salon de coiffure.* Les portiers sont devenus des *concierges ;* j'en connais un qui a transformé sa loge en *bureau de renseignements,* et un autre qui a décoré la sienne d'un tableau sur lequel on lit en grosses lettres : *Administration.* Il n'y a plus d'épiciers, de maçons, de dentistes, mais des *marchands de denrées coloniales,* des entrepreneurs, des *professeurs de prothèse dentaire.* — Cette recherche du mot à effet se rencontre même dans la bonne société : on ne chante plus une *romance,* on l'*interprète ;* on ne joue plus un air sur le piano, on le *dit ;* on n'aime plus un poëte, on l'*adore ;* le thé que vous sert la maîtresse de la maison n'est pas très-bon, il est *exquis ;* son petit garçon n'est pas gentil, il est *délicieux :* sa robe n'est pas jolie, elle est *ravissante,* et ainsi de suite. Ouvrez les journaux, vous y rencontrerez aussi mille expressions forcées; il n'est plus question que d'événements *terribles,* d'applaudissements *frénétiques,* de crimes *effroyables,* de dévouements *héroïques,* d'enthousiasmes *indescriptibles,* de *fièvres nerveuses* qui s'emparent de toutes les imaginations, de temps *splendides favorisant* des fêtes *magnifiques* au sujet desquelles *l'anxiété de l'attente est à son paroxysme,* etc. Ces exagérations bizarres et parfois ridicules amènent la corruption du langage et du goût. Il faut les éviter avec soin.

SYNONYMES ET ANTONYMES.

(Les élèves indiqueront les synonymes des mots suivants.)

419ᵉ Exercice (nᵒ 1239).—*Noms.*— An (*année*), jour (*journée*), démon, chanteur, moment, église, univers, vallée, montagne, nord, sud, paresse, respect, ruse, marchand.

Abandon, contentement, division, empire, empereur, idée, secours, don, charge, lot, orient, ouest, remarque, route.

Vêtement, piété, danger, mort, rue, adresse, malheur, colère, avertissement, réponse, bonheur, étonnement, naïveté, menterie.

Tranquillité, difficulté, ténèbres, puissance, orgueil, calme, hauteur, musicien, adoration, plainte, prodige, probité, vivres, gages.

Frugalité, récompense, emploi, maison, domicile, valet, cabaret, voleur, faute, chagrin, dispute, affront, pauvreté, haine, alarme.

Dieu, Jésus-Christ, prêtre, modestie, bonté, esprit, pauvreté, image, conversation, courage, amour, langage, profit, récréation, joie, commune, pays, navire, etc.

420ᵉ Exercice. — *Adjectifs.* — Aisé, brillant, content, lourd, malaisé, rusé, sale, second, vrai, neuf, robuste, hardi, difforme, vaincu.

Poli, impoli, frugal, las, fainéant, beau, fou, vieux, sincère, fâché, célèbre, horrible, sûr, prodigieux, têtu, peureux, pauvre, savant, magnifique, commun.

Verbes. — Se nommer, diviser, être, aimer, achever, abandonner, mourir, respecter, secourir, envoyer, agréer.

Questionner, conduire, adorer, penser, comprendre, démolir, souhaiter, restituer, se plaindre, soulever, tolérer, décorer, animer, affliger.

Mots invariables. — Secondement, souvent, toujours, vraiment, cependant, autrefois.

Antonymes (nᵒ 1242). — Paix (*guerre*), vérité (*erreur*), fermier, bailleur, donateur, successeur, égoïsme, fin, chaud, supérieur, succinct, acheter, attiser, avant, sagement, faussement, etc.

421ᵉ Exercice. — Suite des synonymes (1239 à 1241).

Le *beau* est au-dessus du *joli*. La *soupe* diffère du *potage* en ce que celui-ci est confectionné avec des fécules ou du riz. On dit le plus ordinairement *assiette* de potage qu'*assiettée*. On dit le *commerce* et non le *négoce* de la France. On se *méfie* des autres, on *se défie* de soi. Luther et Calvin sont des *hérésiarques*. Vous m'avez *persuadé*, mais non pas *convaincu*. Pour faire une bonne *fondation* dans un terrain marécageux, il faut asseoir les *fondements* sur pilotis. Celui qui exerce les beaux-arts s'appelle *artiste* ; celui qui se livre aux arts mécaniques est un *artisan*. Un cordonnier a des *apprentis*, un peintre a des *élèves*. La religion païenne défendait le suicide, ainsi que la chrétienne ; il y avait même des places dans les enfers pour ceux qui s'étaient *tués* (*suicidés*). Tout locataire est responsable des détériorations faites *durant* (*pendant*) son bail. Ces ceps de vigne sont toujours *tortus* (1).

_____

(1) En général *tors* indique simplement la direction d'un corps qui va tournant en long et en biais (colonne torse, fil tors); *tortu* emporte une idée de défaut ou de censure ; *tordu* indique que l'on a employé des efforts pour faire changer à un corps sa direction propre ou naturelle.

122° Exercice.—Suite des antonymes (1242 et 1243).

A *présent* est le contraire d'*autrefois*. *Inhumer* a pour antonyme *exhumer*. Ce qu'il y a de plus opposé à la *douceur*, c'est la *rudesse* ou l'*emportement* ; à la *méchanceté*, c'est la *bonté* ; à l'*humanité*, c'est l'*égoïsme* ; à la *prodigalité*, c'est l'*avarice*. L'émulation est une *vertu*, l'envie est un *vice*. On *honore* en tous lieux la divinité et on la *déshonore*. Une *vieillesse* prématurée est souvent l'héritage d'une *jeunesse* vicieuse. Le style, le langage des *vers*, diffère beaucoup de celui de la *prose*. L'action de respirer comprend celle d'*inhaler* et celle d'*exhaler*. Le *tout* est plus grand que la *partie*. Le *contenant* est plus grand que le *contenu*. Il jouit du *revenu* de cette maison, mais un autre en a la *propriété*. Quand on ne se fie pas aux *copies*, il faut recourir aux *originaux*. La vue *myope* est l'opposé de la vue *presbyte*. Les lunettes *concaves* servent aux *myopes* ; et les lunettes *convexes* aux *presbytes*. La lumière pénètre tous les corps *diaphanes*. En France, on a longtemps mis des *prologues* au commencement des opéras. Chez les *animaux*, l'angle facial est moins ouvert et plus aigu que chez l'*homme*.

EXERCICES PRÉPARATOIRES DE STYLE.

Nous avons déjà présenté comme tels la conjugaison des phrases données p. 49, puis le passage du masculin au féminin, du singulier au pluriel et *vice versa* (p. 50, 141, 143, 168, 190), enfin la recherche des synonymes usuels ; il nous reste à rappeler brièvement quelques-uns de ces exercices et à en indiquer d'autres que les élèves pourront faire avec fruit.

I. — Passer de l'actif au passif (336).

Les pièces voulues *ont été transmises* au préfet. — Cette requête *a été répondue.* — Je ne veux pas *être désobéi*. — Les blés *ont été bruinés*, c'est-à-dire gâtés par la bruine. — *Serez-vous assez osé* pour soutenir cette erreur? cela *serait bien osé*, trop *osé*. — Il ne met cet habit que les jours de fêtes *carillonnées*. — Dans la conversation, on peut dire vous êtes tout *pardonné* ; hors ce cas, le participe *pardonné* ne s'applique point aux personnes. (*Acad.*)

II. — Imiter une tournure, une phrase donnée.

(Composer deux phrases semblables à chacune des suivantes.)

1. Tel croit prendre qui est pris. — 2. Tel fait des libéralités qui ne paye pas ses dettes. — 3. Bien des gens, affrontés par ce marchand, se plaignaient de lui. — 4. Une imagination qui s'échauffe trop exagère tout. — 5. Toute marchandise qui doit payer les droits et qui n'a point été déclassée est confiscable. — 6. Cette somme, jointe à celle qui est portée de l'autre part, forme un total de 1,000 francs. — 7. Les albinos ont les yeux tellement sensibles qu'il leur est impossible de supporter la lumière du jour. — 8. En termes de marine, naviguer à la part se dit lorsque chacun de ceux qui composent un équipage a sa part dans les bénéfices de la campagne. — 9. Il existe une musique de style, et celui qui ne la possède pas ne saura jamais écrire.

III. — *Terminer une phrase commencée.*

Le premier jour de la semaine est le *dimanche*. Une figure à trois côtés se nomme *triangle*. Les hirondelles annoncent *le retour du printemps*. La chute des feuilles annonce *l'approche de l'hiver*. La débauche mène à *la misère;* le crime, *à l'échafaud;* le travail, l'activité et l'économie, *à la fortune*. Les talents mènent plus souvent à *la réputation* qu'à *la fortune*. — Le lis est le symbole de *la pureté;* la violette, de *la modestie;* le chêne ou le lion, de *la force;* l'olivier, de *la paix;* le renard, de *la ruse;* la palme et le laurier, de *la victoire*.

IV. — *Assigner aux compléments leur véritable place.* (1244 à 1248.)

Les médecins ont abandonné la pharmacie aux apothicaires. Les beautés de la nature attestent à chacun de nous l'existence de Dieu. Le panetier est celui qui, dans les communautés, les collèges, les hospices, etc., est chargé de garder et de distribuer le pain. La première loi du discours étant de se faire entendre, la plus grande faute que l'on puisse faire est de parler sans être entendu. Ce fut Charles IX qui, par l'ordonnance de Roussillon, du mois de janvier 1563, établit que l'année, au lieu de commencer à Pâques, commencerait le premier janvier. Tout écrivain, pour écrire nettement, doit se mettre à la place de ses lecteurs, examiner son propre ouvrage comme quelque chose qui lui est nouveau, qu'il lit pour la première fois, où il n'a nulle part, et que l'auteur aurait soumis à sa critique; et se persuader ensuite que l'on n'est pas entendu seulement *à cause que* (n°1043) l'on s'entend soi-même, mais parce qu'on est en effet intelligible. (LA BRUYÈRE.

V. — *Employer le terme propre* (1240).

(Les mots entre parenthèses ne doivent pas être employés.)

Les *cabarets* (auberges) ne sont guère fréquentés que par les ivrognes. Les paysans habitent des *chaumières;* les hiboux se retirent dans les *masures*. Le rossignol est le *chantre* (chanteur) des bocages. Les grandes *routes* (chemins) sont entretenues aux frais de l'État. Les capitales sont presque toujours de grandes *villes* (communes). On ne voit guère de *basiliques* (églises) que dans les localités importantes. Payons exactement le *salaire* des ouvriers, les *gages* des domestiques, les *honoraires* des médecins, etc.

L'acier est *cassant;* le verre est *fragile*. Nos soldats sont *courageux;* la nation française est *belliqueuse*. La religion *dominante* (principale) en France est le catholicisme. Étant étranger à ce pays, j'espère que vous ne trouverez pas *extraordinaire* (mauvais) que j'en ignore *les* usages.

On *ensemence* un champ, on *sème* du trèfle. On *récolte* le grain, on *recueille* les suffrages. On *abat* un arbre, on *démolit* une maison. J'*adore* Dieu, j'*honore* mes parents. On *apure* un compte, on *épure* l'huile, on *nettoie* le blé. On *divise* un cercle, on *partage* un gâteau entre plusieurs personnes. Les animaux vivent et *meurent* (décèdent) comme nous. Je vous *rends* mes bonnes grâces; *restituez*-moi la somme que vous m'avez prise. On *réclame* un objet prêté, on *revendique* un droit. Il n'est pas permis de *déserter* son poste, mais on peut *quitter* son pays. On lui a *forcé* la main; on a *violenté* sa conscience. J'ai *transmis* (adressé) à un tel la lettre que vous m'aviez envoyée pour lui. Les conquérants *ravagent* les provinces et *saccagent* les villes (1). Autrefois *(naguère)* on brûlait les sorciers; aujourd'hui l'on s'en moque et cela suffit.

_____

(1) On dit aussi *saccager* une province (Acad.); mais on ne dit pas *ravager* une ville.

Quelques mots sur le style épistolaire.

Le *style* est l'art ou la manière d'exprimer ses pensées par écrit.

On distingue trois sortes de style : le style *simple*, le style *tempéré* et le *sublime*.

Les principales qualités du style sont :

1° La *clarté*, qui n'est autre chose qu'une division, une disposition simple et facile du sujet que l'on traite ;

2° La *pureté*, qui consiste dans l'emploi des expressions et constructions correctes ;

3° Le *naturel*, qui consiste à rendre nos pensées avec simplicité, avec aisance, sans recherche, sans efforts. Cette dernière qualité est essentielle au style *épistolaire* ou *des lettres.*

Pour écrire convenablement, il faut réfléchir longtemps, se bien pénétrer de son sujet, et exprimer ensuite ses idées avec simplicité et convenance. Ce qui rend souvent une phrase vicieuse, c'est l'emploi fautif ou mal ordonné des mots *qui, que, dont, il, le, la, son, sa, ses*, etc. Il faut, pour éviter cet écueil, faire des phrases courtes ; elle seront par cela même plus faciles à construire, et le sens en sera plus clair.

Une *lettre* est une conversation écrite entre des personnes absentes. Il faut donc écrire comme on parlerait à la personne même, en observant de ne point faire de fautes et d'éviter la trivialité.

Dans des lettres d'*affaires*, il faut surtout s'appliquer à être clair et précis, sans cesser pour cela d'être poli et respectueux. On doit dire la chose et rien de plus. Il est sans doute permis de faire valoir ses raisons, mais il faut toujours que l'on reconnaisse en celui qui écrit cette droiture et cette sincérité qui caractérisent l'honnête homme.

Les lettres *familières* doivent être pleines de franchise et d'enjouement. Les bons sentiments y tiennent une large place, et là, plus que partout ailleurs, la prétention serait déplacée.

Observation. — Il faut modifier son style suivant la qualité de la personne à qui on s'adresse et suivant le sujet que l'on traite. On doit donc être poli et respectueux avec un supérieur, libre et enjoué avec un égal, grave ou bienveillant avec un inférieur. On ne doit pas oublier non plus d'être prudent dans les reproches, sincère dans les consolations, poli dans les demandes, modéré dans les plaintes, naturel dans les récits, etc.

Cérémonial usité dans les lettres.

Les *pétitions* se rédigent en double, dont l'un sur papier timbré, l'autre sur papier libre de même grandeur.

Les *demandes* et *réclamations* se font également en double, mais sur papier libre et de grand format. Quant aux *lettres ordinaires*, on les fait sur du papier rogné à cet effet, dit *papier à lettre*.

La date se met à droite, en tête de la lettre. Cependant, si l'on écrit à un supérieur, il paraît plus convenable de la placer à la fin, et à gauche de la signature.

Dans toute lettre, on doit laisser à gauche, une marge de cinq centimètres ; toutefois, pour les pétitions, elle est de la moitié de la largeur du papier.

On place les mots *Monsieur, Madame,* etc., à sept ou huit centimètres du haut de la lettre, et le corps de la lettre doit commencer à trois centimètres au-dessous.

Si c'est à un supérieur que l'on écrit, il est bon de répéter les mots *Monsieur, Madame,* ou le *titre honorifique,* dans le corps de la lettre.

Il faut éviter avec soin de trop serrer les dernières lignes et de placer sa signature dans un coin où elle serait à peine aperçue, et où elle aurait mauvaise grâce. Les ratures, les renvois, les surcharges, les abréviations sont des négligences qu'on ne peut tolérer dans une lettre, qui doit toujours être écrite nettement et lisiblement.

La formule de salutation, qui se trouve à la fin de toute lettre, varie suivant la qualité de la personne qui écrit, et celle de la personne à laquelle on écrit.

En voici une très-usitée et très-respectueuse : elle s'adresse à un supérieur :

J'ai l'honneur d'être,
avec le plus profond respect,
Monsieur,
votre très-dévoué serviteur (1).

En voici une autre qui respire plus l'égalité :

Je suis, Monsieur,
votre dévoué serviteur.

Enfin les suivantes terminent convenablement les lettres familières :

Tout à vous.—Votre affectionné. (2) — *Je vous embrasse de tout mon cœur.*

On plie la lettre de manière à former un carré long : aujourd'hui, on se sert généralement d'enveloppes dans lesquelles ont introduit les lettres pliées de grandeur, et on affranchit.

---

(1) Quand on s'adresse à un supérieur il ne faut pas faire entrer le mot *considération* dans la formule.

(2) *Affectionné* se dit ordinairement de supérieur à inférieur, rarement d'égal à égal, jamais d'inférieur à supérieur,

SUJETS DE LETTRES (1).

(Lire et méditer attentivement les pensées ou les explications qui suivent l'énoncé du sujet; se rappeler ensuite les conseils donnés dans la *Grammaire*, n° 1251 et suivants, et ceux des deux pages précédentes.)

1 Lettre à un marchand mercier pour lui demander quelques articles.

Clarté, concision, politesse.

2 Réponse du marchand, qui envoie les objets demandés.

La probité, la diligence et le savoir-faire mènent à la bonne fortune.

3 Une personne renvoie à son marchand quelques articles qui ne conviennent pas.

Quoi que vous écriviez, évitez la bassesse,
Le style le moins noble a pourtant sa noblesse. (BOILEAU.)

4 Réponse du marchand qui n'a pas les articles voulus.

Le vendeur ne se paie pas de fausse monnaie ni l'acheteur de mauvaise marchandise.

5 Un marchand m'a envoyé des objets défectueux ; je lui propose de les conserver moyennant un rabais de 50 pour °/₀ ou de les lui renvoyer.

Surtout qu'en vos écrits la langue révérée,
Dans vos plus grands écarts vous soit toujours sacrée. (BOIL.)

6 Réponse du marchand, qui explique le motif de l'erreur et consent à la réduction proposée.

On hasarde de perdre en voulant trop gagner.
La bonne réputation du marchand, c'est sa fortune.

7 Un marchand de comestibles avec lequel vous êtes en rapports fréquents devient fort peu ponctuel depuis quelque temps ; vous lui écrivez à ce sujet.

Ne pas perdre de vue que la bonne volonté du marchand est quelquefois paralysée par l'incurie des commis.

8 Un tailleur d'habits écrit à l'une de ses pratiques, à laquelle il a déjà adressé une première facture, qu'il suppose n'être pas arrivée à destination.

Il faut penser, parler et agir mûrement, sans précipitation.

9 Lettre d'un créancier à son débiteur pour réclamer l'argent que celui-ci lui doit.

Ne tyrannisez point le débiteur pauvre, désireux d'acquitter ses dettes.

10 Lettre à une personne pour lui réclamer des objets prêtés.

Rappelez rarement un service rendu :
Le bienfait qu'on reproche est un bienfait perdu.

---

(1) A la suite de chaque sujet de lettre, nous donnons une pensée à méditer, ou nous exprimons les principales idées à émettre, mais il nous a paru superflu de donner des corrigés. Les élèves suivront leurs propres inspirations. Ils remettront leurs essais au Maître, qui les corrigera lui-même, lira publiquement, s'il le juge convenable, le meilleur devoir, et fera, au besoin, traiter une seconde fois le sujet avant la *mise au net*.

Pour les 65 premiers devoirs, les Maîtres peuvent consulter notre *Cours de dictées*. Ils y trouveront les idées à développer dans chaque devoir.

11 **Lettre d'un locataire** à son propriétaire pour lui demander de faire des réparations à sa maison.

Les grosses réparations sont à la charge du bailleur ; les réparations *locatives* (à faire aux âtres, au bas des murs, etc.) sont à celle du preneur.

12 **Une personne** écrit au greffier du tribunal civil pour lui demander 1° son acte de naissance ; 2° l'acte de décès de son père, etc.

(Il faut verser à un bureau de poste, à l'adresse du greffier, la somme nécessaire pour la délivrance des actes, puis joindre le mandat à la demande que l'on adresse.) *Donner brièvement les indications voulues.*

13 **Lettre** à un maire pour lui demander un alignement.

Exposer clairement et brièvement l'affaire. Ces sortes de demandes se font en double : l'un sur papier timbré de 50 c., l'autre sur papier libre.

14 **Lettre d'un fermier** à son maître. Il lui demande du temps pour le paiement.

A gens d'honneur, promesse vaut serment.

15 **Réponse** du maître, qui accorde un peu de temps.

Si le serviteur dépend du maître, le maître a besoin du serviteur.

16 **Lettre** d'une personne à une autre de sa connaissance pour la prier de lui prêter quelque argent.

Tenez votre parole inviolablement, mais ne la donnez pas inconsidé-
[rément.

17 **Réponse** à la lettre précédente.

Prêtez de bonne grâce, avec discernement ;
S'il faut récompenser — faites-le noblement. (MOREL DE VINDÉ.)

18 **Lettre de remerciment** à une personne qui a bien voulu nous prêter une certaine somme.

Celui qui rend un service doit l'oublier ; celui qui le reçoit, s'en souvenir.

19 **Une jeune personne** se recommande à une dame pour la prier de lui trouver une place convenable.

Un métier vaut un fonds de terre. (FRANKLIN.)

20 **Lettre** d'un jeune homme à son curé pour lui demander de le faire entrer comme apprenti dans un atelier voisin.

Une profession est un emploi qui réunit honneur et profit.

21 **Antoine** désirant entrer à l'école de dressage ou dans une ferme-école adresse une demande à M. le Préfet.

Les écoles de dressage et d'équitation reçoivent, dès l'âge de 14 ans, les jeunes gens qui se proposent de devenir piqueurs, cochers, palefreniers, grooms. Les bourses des fermes-écoles ne sont ordinairement accordées qu'à des fils de cultivateurs âgés de 16 à 20 ans, sachant lire, écrire et compter.

22 **Lettre** d'un jeune homme à son protecteur.

L'honnête homme à la reconnaissance,
Sur toute autre vertu donne la préférence.

23 **Léon** après avoir terminé ses études écrit à un commerçant pour le prier de lui procurer un emploi dans sa maison.

Que jamais du sujet le discours s'écartant,
N'aille chercher trop loin quelque mot éclatant.

24 Un jeune homme placé en apprentissage remercie ses parents ou ses maîtres de leurs bons conseils.

Père et mère honoreras, afin de vivre longuement.

.... Quant aux ingrats, il n'en est point qui ne meurent misérables.

25 Un cultivateur dont la ferme a été incendiée (ou dont les récoltes ont été détruites par la grêle, la gelée, les inondations, etc.), demande à M. le Préfet une remise totale ou une modération d'impôts.

A faire dans les 15 jours de l'accident. Détailler les pertes. Pièces à joindre : 1° Feuille d'avertissement; 2° Quittance des termes échus; 3° Extrait de la matrice cadastrale. (Voir n° 13, note.)

26 Noël ayant atteint sa 60ᵉ année au 1ᵉʳ janvier, demande à être déchargé de la prestation.

Avant 18 ans et au-delà de 60, nul n'est assujetti à la prestation en nature ou en argent.—A faire dans les 3 mois à partir de la publication du rôle. — Pièces à produire : avertissement, quittance des termes échus, acte de naissance ou certificat du maire pouvant en tenir lieu. Papier simple (1).

27 Fauvel, qui est imposé à la prestation pour 3 chevaux, en a perdu un avant le 1ᵉʳ janvier; il demande une réduction de 4 fr. 50 représentant la valeur de 3 journées de travail.

Mêmes formalités qu'au n° 26. Papier simple (1).

28 Jacques, imposé à Grandval, a quitté cette commune le 31 décembre pour venir habiter au Chêne. Il demande à être déchargé de la prestation.

Mêmes formalités qu'au n° 26. Le contribuable qui a quitté son domicile avant le 1ᵉʳ janvier et qui n'a conservé aucun établissement dans son ancienne résidence doit être, sur sa demande, dégrevé de la prestation lors même qu'il ne serait pas imposé ailleurs ; mais il ne serait pas fondé à réclamer la décharge de sa contribution *personnelle et mobilière* s'il ne justifiait pas qu'il est imposé, pour l'année courante, dans sa nouvelle résidence. (*Guide du contribuable*, par Isoard.) — Quant à celui qui change d'habitation après le 1ᵉʳ janvier, il ne peut obtenir aucune réduction sur sa cotisation personnelle ou mobilière.

29 Lettre d'un enfant studieux à son père après une distribution de prix, un examen ou une visite de l'Inspecteur.

Soyons humbles et modestes au milieu des succès. [faire.

Les récompenses honorifiques ne sont que des encouragements à mieux

30 Une petite fille raconte à sa mère la détresse d'une famille indigente, et la prie de secourir ces pauvres gens.

Pour me tirer des pleurs, il faut que vous pleuriez. (BOIL.)

31 Jules adresse à M. le Préfet une demande pour être admis à l'examen des bourses de l'enseignement spécial.

Les candidats doivent avoir 10 ans au moins et 15 ans au plus. Ils sont interrogés, selon leur âge, sur la lecture, l'écriture, la grammaire, le calcul, la géographie et l'histoire, le dessin, la géométrie plane, une langue vivante, les premières notions des sciences physiques et naturelles, etc. (V. l'arrêté du 6 mars 1866.)

---

(1) Celui qui n'atteint sa 60ᵉ année qu'après le 1ᵉʳ janvier doit sa prestation pour l'année entière, car cet impôt est annuel.— Il en est de même de celui qui perd soit un domestique, soit un cheval, etc., après le 1ᵉʳ janvier. (*Isoard*.)

32 **Alfred** répond à son frère, qui lui a demandé ce qu'il fait à l'école.

Clarté, exactitude, ordre et méthode.

33 **Luc** invite son ami à une fête qui aura lieu dans la localité.

34 **Réponse** de cet ami, qui ne peut venir.

35 **Lettre** d'une jeune fille à son parrain pour le remercier du cadeau qu'elle en a reçu.

Le plaisir des bons cœurs est la reconnaissance.

36 **Lettre** d'une jeune personne à sa mère. Elle lui envoie un petit cadeau pour le jour de sa fête.

La façon de donner vaut mieux que ce qu'on donne. (CORN.)

37 **Un jeune homme** qui avait offensé son ami, veut se réconcilier avec lui.

L'équité veut que nous accordions aux autres le pardon que nous demandons pour nous-mêmes. (HORACE.)

38 **Réponse** à la lettre précédente.

Avisez sans intérêt ; pardonnez sans faiblesse. (FÉNEL.)

39 **Gustave** fait à son frère absent la description de sa fête de paroisse.

Soyez vif et pressé dans vos narrations ;
Soyez riche et pompeux dans vos descriptions. (BOIL.)

40 **Lettre** d'une petite fille à son père pour le jour de l'an.

Soyons simples avec art, sublimes sans orgueil, agréables sans fard. (ID)

41 **Lettre** d'un domestique ou d'un apprenti à ses maîtres pour le jour de l'an.

Respect, reconnaissance, dévouement.

42 **Un militaire** annonce à ses parents son prochain retour.

C'est peu d'être un guerrier. La modeste douceur
Donne un prix aux vertus et sied à la valeur.

43 **Réponse** de son jeune frère.

44 **Une petite fille** apprend à sa mère qu'elle est sur le point de faire sa première communion.

45 **Un fils à son père.** Il lui peint ses regrets de l'avoir contristé par sa conduite dissipée.

On doit craindre le Ciel, et jamais libertin,
N'a fait encor, dit-on, qu'une mauvaise fin. (TH. CORNEILLE.)

46 **Réponse** de la sœur, qui annonce le succès de sa démarche.

Soyez officieux, complaisant, doux, affable,
Poli, d'humeur égale, et vous serez aimable.

47 **Zoé** conjure son frère de rompre avec des amis dissolus.
La vertu la plus ferme évite les hasards.
Qui s'expose au péril veut bien trouver sa perte. (P. CORN.)

48 **Réponse** du frère. Il ne veut pas déshonorer son nom.
Bonne renommée vaut mieux que ceinture dorée.

49 **Paul** ayant entendu dire que son frère, placé comme lui en apprentissage dans une localité éloignée, se fait remarquer par la singularité de sa tenue au dehors, dans les rues, les promenades et autres lieux publics, lui écrit à ce sujet.
Reprenez sans aigreur, louez sans flatterie.

50 **Joseph** raconte à sa sœur le bonheur qu'il goûte chez son grand-père, à la campagne.
Au sein de ses amis, auprès de ses parents,
Les plaisirs sont plus doux et les malheurs moins grands.

51 **Un jeune homme** placé en apprentissage reconnaît l'utilité de l'instruction et écrit à son ancien professeur.

52 **Un enfant** qui vient de perdre sa mère mande cette nouvelle à son ami.
Dieu me l'avait donné, il me l'a ôté; que son saint nom soit béni. (JOB.)

53 **Réponse** à la lettre précédente.
Le véritable ami se connaît dans l'adversité.

54 **Une demoiselle** annonce à son frère l'état désespéré de leur père.
Vouloir ce que Dieu veut est la seule science
Qui nous met en repos. (MALHERBE.)

55 **Réponse** du frère, retenu au lit par un accident.

56 **Une jeune personne** vient de perdre sa mère; son amie lui apprend cette douloureuse nouvelle.
La plaintive élégie en longs habits de deuil,
Sait, les cheveux épars, gémir sur un cercueil. (BOIL.)

57 **Un ancien militaire** devenu infirme adresse à S. Exc. le Ministre de la guerre une demande de secours.
Il faut que chaque chose y soit mise en son lieu;
Que le début, la fin répondent au milieu. (BOIL.)
Nom, prénoms, âge, états de services, position de fortune, charges, etc.,
du pétitionnaire.

58 **Une jeune personne** désireuse de suivre les modes (ou un jeune homme enclin au jeu), a prié sa sœur de lui procurer quelque argent.—**Réponse** de la sœur.
De l'éclat des vertus la femme toujours brille,
Quand elle vit modeste au sein de la famille.

59 **Lettre** de Charles à son frère pour lui inspirer l'horreur du mensonge. (*Une ou plusieurs histoires.*)

60 **Esther** à sa jeune sœur sur la politesse. (*Histoires.*) (1)

La politesse est à l'esprit | Ce que la grâce est au visage :
De la bonté elle est l'image | Et c'est la bonté qu'on chérit.

61 **Avantages** de l'ordre et de la propreté. (*Histoires.*)

Le désordre produit la misère et la malpropreté engendre les maladies.

62 **Lettre** à une sœur sur le babil et la curiosité. (*Histoires.*)

Nous avons deux oreilles et une seule langue pour nous apprendre à écouter beaucoup et à parler peu.

63 **Un ouvrier** qui habite la campagne désirerait s'installer à la ville. Il consulte à ce sujet une personne de sa connaissance, qui lui est toute dévouée. — **Réponse.**

Heureux l'homme des champs, s'il connaît son bonheur !

64 **Où conduisent** la paresse et l'oisiveté. (*Exemples.*)

La paresse, toujours endormie, sera vêtue de haillons.
L'oisiveté est la mère de tous les vices.

65 **Paul** adresse à son frère quelques conseils sur le choix d'un ami. (*Histoires ou exemples.*)

Ne vous liez jamais qu'avec d'honnêtes gens.

66 **Jules** ayant besoin de quelques bons livres de lecture, d'écriture et de calcul, expose à son père les avantages des connaissances qu'il se propose d'acquérir, et le prie de vouloir bien lui procurer les ouvrages dont il s'agit.

67 **Demande** d'inscription pour le concours d'admission à l'école des Arts-et-Métiers.

A M. le Préfet avant le 1er mai. Limites d'âge, 14 et 16 ans. Conditions requises, pièces à fournir. (V. le décret du mois d'avril 1867.)

68 **Lettre** de Blanche à son frère sur la nécessité de l'économie. (*Histoires.*)

1. Travailler, c'est le premier devoir; économiser, c'est le second.
2. L'économie met en réserve pour le moment du besoin.
3. Elle entretient la concorde dans les familles. Comment on économise.

69 **Louis** indique à son frère où il doit placer ses petites économies. (*Exemples.*)

1. Avantages des caisses d'épargne et autres établissements *publics.*
2. Inconvénients des loteries et des jeux de hasard, qui démoralisent les meilleurs esprits et les conduisent à la misère et à la honte.

---

(1) Après que le sujet aura été traité suivant le plan indiqué, le maître pourra, s'il le juge convenable, proposer à ses élèves d'inventer une ou deux histoires dans lesquelles ils feront ressortir les avantages de la politesse et les inconvénients de la grossièreté, ainsi que leurs déplorables conséquences.

Ce second exercice, qui fera l'objet d'une nouvelle leçon, aura l'avantage d'exercer le jugement des élèves en les forçant à essayer une combinaison, un certain arrangement d'idées.

Même observation à l'égard des lettres qui suivent.

70 **Avantages** de la diction et de l'orthographe, (On peut adopter la forme du n° 66).

1. On juge l'homme sur son langage et sur ses écrits.
2. L'orthographe achève notre considération dans le monde. [tance.
3. Sans ces choses, on ne peut parvenir à un poste de quelque impor-

71 **Lettre** sur les avantages du dessin linéaire (V. n° 66).

1. Simplicité des premières notions. Leurs usages.
2. Dans bien des cas, on ne peut être habile ouvrier sans connaître le
3. Agréments qu'il nous procure dans nos loisirs.   [dessin.

72 **François** à un de ses amis, sur la mort de leur bon curé.

1. Il annonce cette mort et peint la consternation qu'elle a causée.
2. Nombreuses qualités de ce bon prêtre.
3. Soin qu'il a pris de leur instruction en particulier.
4. Larmes de tous les habitants à son enterrement.

73 **Lettre**. Estelle fait à son oncle la description d'une procession le jour de la Fête-Dieu (voir n° 39).

1. Le beau temps favorise la fête.
2. Bel ordre de la procession, qui se déploie dans la campagne.
3. Les chants religieux remplissent l'air et montent vers le ciel.
4. Élégance et simplicité de ces reposoirs élevés à la hâte par la piété des fidèles. — Bénédiction.

74 **Lettre** de Noémi à son frère, à l'occasion du jour de la commémoration des Morts.

1. Impressions que lui a causées le glas funèbre retentissant la nuit.
2. Les chants, les ornements, tout dans le lieu saint parle de la mort.
3. Souvenir de ceux qui nous furent chers et pour qui l'on prie.
4. Que de pieuses larmes tombent des yeux de la foule recueillie !

75 **Lettre** de Sophie à sa tante. Elle lui peint le dévouement d'une sœur de saint Vincent de Paul.

1. Dénûment d'une pauvre veuve chargée de famille et gravement malade.
2. Une bonne religieuse paraît.—Son assiduité, ses veilles, ses fatigues.
3. Elle semble l'ange gardien de la maison.

76 **Lettre** d'une jeune personne à l'Impératrice.

Elle prie S. M. de vouloir bien faire admettre à l'école des Pupilles de la Marine un enfant de 7 ans, fils d'une pauvre famille de naufragés que ses parents ont recueillie. (*Papier tellière.*)

77 **Etienne** a raconté à son frère les ennuis qu'il éprouve dans l'établissement où ses parents l'ont placé.

Souvent la sagesse suprême | Sait trier notre bonheur même
Du sein de nos calamités. (ROUSSEAU.)

78 **Avantages** de l'histoire et de la géographie (V. n° 66).

1. Fréquent usage de l'histoire et de la géographie dans les conversations même familières.
2. L'histoire émeut ou égaie la famille le soir autour du foyer.—Elle instruit l'homme en louant les belles actions et en flétrissant les mauvaises.
3. La géographie de notre pays surtout est indispensable. — Curiosités dont elle nous entretient.

79 **Avantages** et utilité de l'hygiène, des notions de physique, de chimie et de cosmographie.

1. L'hygiène nous permet de conserver un esprit sain dans un corps sain.
2. La physique nous explique une foule de phénomènes intéressants.
3. La chimie nous apprend à tirer parti des substances les plus diverses.
4. La cosmographie nous révèle l'immensité et la beauté de l'univers.
5. Toutes ces sciences rapprochent l'homme de la Divinité.

80 **Un ancien militaire** suffisamment instruit et parfaitement noté voudrait obtenir un poste dans l'administration des chemins de fer. Il adresse à ce sujet une demande au directeur de la ligne dans laquelle il se propose d'entrer (V. n° 57).

81 **La veuve** d'un ancien fonctionnaire, sollicite de M. le Préfet la gérance d'un bureau de tabac dont le produit est inférieur à 1,000 fr. (*papier timbré; apostille du maire, etc.*).

Au-dessus de 1,000 fr., les demandes doivent être adressées à M. le Directeur général des contributions indirectes, à Paris.

82 **Un mauvais accommodement** vaut mieux qu'un bon procès. (*A développer en donnant des exemples.*)

83 **Un pauvre aveugle sans** famille demande à l'Impératrice la faveur d'être admis à l'hospice des Quinze-Vingts, à Paris. (*Certificats de médecins et autres; v. n° 57.*)

84 **Lettre** d'Hélène à sa sœur sur l'avarice.

1. L'avare augmente ses privations et ses soucis à mesure qu'il augmente ses trésors.
2. Ces inutiles richesses ne servent qu'à le faire détester.
3. Il est dur envers les pauvres et envers lui-même.
4. Tout le monde en rit, ses héritiers pleurent rarement sa mort.

85 **Sur les feux follets**, les sorciers et les revenants.

86 **Lettre** d'Eugénie à sa sœur sur l'amitié.

1. Aimer ceux qui nous entourent, c'est embellir notre vie.
2. L'amitié, en liant mutuellement les hommes, les rend meilleurs.
3. Elle ne connaît ni l'envie, ni la jalousie, ni les haines.
4. Elle adoucit nos peines, elle augmente nos jouissances.

87 **Sur les moyens** de s'enrichir et d'être heureux.

Si quelqu'un vous dit que vous pouvez faire fortune autrement que par le travail et l'économie, ne l'écoutez pas; c'est un empoisonneur. (FRANKLIN.)

88 **Sur une visite** de l'Inspecteur dans les classes.

89 **Sur la carrière** de l'enseignement.

90 **Sur le style** épistolaire et les formules de salutation.

FIN DE LA SECONDE PARTIE ET DU LIVRE DE L'ÉLÈVE.

*Toute cette partie, spécialement destinée aux maîtres,
sera renouvelée à chaque édition.*

---

1. Les Oies sauvages. — Ces oies sont absolument semblables à *celles* (1) de nos *basses-cours. Elles* (2) ont le même
large bec, le même cou long et raide, les *mêmes* pieds *palmés*;
car les oies, aussi bien que les *canards*, sont des oiseaux nageurs.
Seulement, les oies sauvages ont beaucoup plus de légèreté que
les oies domestiques, et *elles* volent aussi bien que les canards
sauvages. Comme eux, *elles émigrent* (3) aux approches de l'hiver
pour revenir au *printemps*, et *elles* ont à peu près le même
genre de vie. Cependant, comme *elles se plaisent* moins dans
l'eau que les canards, *elles* y vont moins souvent. *Quelquefois,*
il en vient dans nos pays, mais il est difficile de s'en emparer, tant
ces oiseaux sont agiles et *défiants.*

2. Le Printemps. — Il charme, pour ainsi dire, tous nos
sens. L'air est alors pur, frais, azuré; le *zéphyr* y circule sans
secousse et sans bruit pour y distribuer partout une douce température; et de nombreux papillons, comme des *gemmes animées* (1),
y *jettent*, en volant, mille reflets. Le ruisseau, remis en liberté par
le dégel, descend plus limpide et plus gai dans la plaine fleurie,
et, quand il passe, on dirait que les fleurs s'inclinent pour *s'y*
mirer. Ces fleurs, qui invitent la main à les *cueillir*, sont non-
seulement plus nombreuses qu'à *toute* autre époque, elles ont
encore des couleurs plus tendres et des parfums plus *exquis. Dé-
gagée* du long silence imposé par l'hiver, la voix des oiseaux semble
avoir plus de fraîcheur et plus de mélodie. Tous les animaux,
jusqu'au reptile, jusqu'à l'insecte, ont revêtu leurs habits de fête,
et la terre, ainsi parée dans *ses trois règnes*, épanouit à nos yeux
toutes les premices du nouvel an, pour que notre reconnaissance
monte avec transport vers la *Providence* divine, qui nous prodigue
tous *ces* dons. (TEULIÈRES.)

3. Le monde est l'œuvre de Dieu. — Si j'entre dans
une maison, j'y *vois* des fondements de pierres solides *posées* pour
rendre l'édifice durable; j'y vois des murs *élevés*, avec un toit qui
empêche la pluie de pénétrer au dedans; je remarque, au milieu,
une place vide qu'on nomme une cour; je rencontre un escalier
dont les marches sont visiblement *faites* pour monter; des appartements dégagés les uns des autres pour la liberté des hommes
qui *logent* dans cette maison; des chambres avec des portes pour

---

(1).—Ou *ceux*; dicter les deux formes; l'élève choisira. — (2) Ou *ils*. — (3)
C'est-à-dire qu'elles quittent les pays du Nord, où elles séjournent durant l'été,
pour venir habiter des climats moins froids. L'extrême chaleur et le froid extrême leur sont également nuisibles
(1) L'Académie ne cite *gemme* que comme adjectif masculin, et elle donne
pour exemples : *pierres* gemmes, *sel* gemme, ce qui prouve qu'elle veut dire
que *gemme* n'a qu'une forme pour les deux genres. D'après l'étymologie et les
bons auteurs, *gemme*, employé comme nom, est du féminin.

10

y entrer, des serrures et des clefs pour fermer et pour *ouvrir*; des fenêtres par *où* la lumière entre, sans que le vent puisse entrer avec elle; une cheminée pour faire du feu sans être *incommodé* de la fumée; un lit pour se coucher; des chaises pour *s'asseoir*; une table pour manger; *une écritoire* pour écrire. Jamais aucun homme sensé ne s'avisera de dire que cette maison, avec tous *ses* meubles, *s'est bâtie* et arrangée d'elle-même. L'ouvrage du monde entier a cent fois plus d'art, d'ordre, de proportion et de *symétrie* que tous les ouvrages les plus industrieux des hommes Ce serait donc s'aveugler par obstination, que de ne pas reconnaître la main *toute-puissante* qui a formé l'univers. (FÉNELON.)

4. L'homme est fait pour le ciel. — Pourquoi l'homme ne trouve-t-il le bonheur *nulle part* sur la terre? D'où vient que les richesses l'*inquiètent*; que les honneurs le fatiguent; que les plaisirs le lassent; que les sciences irritent sa curiosité loin de la satisfaire; que la réputation le gêne et l'embarrasse; que tout cela ensemble lui *laisse* encore quelque chose à désirer? Tous les autres êtres, contents de leur destination, paraissent heureux, à leur manière, dans la situation où l'auteur de la nature les a *placés*. Les animaux rampent dans les campagnes, sans envier la destinée de l'homme qui habite les villes et les palais *somptueux*; les oiseaux se réjouissent dans les airs, sans penser s'il y a des créatures plus heureuses qu'*eux* sur la terre. Tout est heureux, pour ainsi dire, tout est à sa place dans la nature : l'homme seul est *inquiet*, mécontent; l'homme seul est en proie à ses désirs, se laisse déchirer par des craintes, trouve son supplice dans ses espérances, devient triste et malheureux au milieu de ses plaisirs : l'homme seul ne rencontre rien ici-bas où son cœur puisse se fixer. D'où vient cela? O homme, ne *serait-ce* point parce que vous êtes ici-bas déplacé, et que vous êtes fait pour le ciel? (MASS.)

5. Les cours d'adultes — L'institution des cours d'adultes est une grande pensée: c'est peut-être la plus hardie qui soit jamais venue à un gouvernement intelligent et *libéral*; c'est, en tout cas, celle d'un gouvernement résolu à engager la nation tout entière dans la voie du progrès intellectuel et moral, en mettant la conscience de tous à même de comprendre et de servir les intérêts *sociaux*, et de développer en même temps leurs aptitudes et leur initiative *individuelles* au meilleur point de vue de chacun et pour la plus grande prospérité nationale.

Un peuple s'affirme et prospère, dans la mesure où les idées vraies, justes, pratiques et morales ont pénétré la masse nationale et y *forment* l'esprit public; et celui-là ira au plus haut et au meilleur de la civilisation et de l'humanité, dont toutes les classes auront le mieux appris deux choses : comment il faut penser et vivre au foyer; comment il faut agir au *forum*. La science de la vie est la première de toutes. Le programme de l'enseignement public peut embrasser l'ensemble des connaisssances humaines et porter la spéculation de l'idée pure au degré le plus élevé. Si l'éducation sociale ne se fait pas, le sol se couvre de subtils raisonneurs et de *sophistes*; mais nulle part ne s'élèvent les hommes pratiques ni les fermes esprits. (AMIEL, *Livre des Adultes.*)

6. De la Charité. — La charité est cette bonne odeur de Jésus-Christ, qui s'évanouit et s'éteint du moment qu'on la découvre. Ce n'est pas qu'il *faille* s'abstenir des offices *publics* de miséricorde : nous devons à nos frères l'édification et l'exemple ; il est bon qu'ils voient nos œuvres ; mais il ne faut pas que nous les *voyions* nous-mêmes ; et notre gauche doit ignorer les dons que *répand* notre droite. Les actions *mêmes* que le devoir rend les plus éclatantes doivent toujours être secrètes dans la préparation du cœur ; nous devons entrer pour *elles* dans une manière de jalousie contre les regards étrangers, et ne croire leur innocence en sûreté que lorsqu'elles sont sous les yeux de Dieu seul. Oui, les aumônes qui ont presque toujours coulé en secret arrivent bien plus pures dans le sein de Dieu même que *celles* qui, exposées, même malgré nous, aux yeux des hommes, ont été comme grossies et troublées sur *leur cours* par les complaisances inévitables de l'amour-propre et par les louanges des spectateurs : *semblables* à ces fleuves qui ont presque toujours coulé sous la terre, et qui portent dans le sein de la mer des eaux vives et pures, au lieu que ceux qui ont traversé à découvert les plaines et les campagnes n'y portent d'ordinaire que des eaux bourbeuses, et traînent toujours après eux les débris, les cadavres, le limon qu'ils ont *amassés* sur leur route.

7. La Hache. — J'avais un voisin qui acheta une hache et *voulut* que toute la surface du fer *fût* aussi brillante que le tranchant. Le marchand consentit à donner ce poli, à condition que l'acheteur tournerait la roue de la meule. Celui-ci se mit à tourner, tandis que le marchand *appuyait* fortement le fer sur la pierre. Mon voisin trouva bientôt la besogne *fatigante* ; il quittait la roue de temps en temps pour voir où en était l'opération, et, à la fin, il voulut reprendre la hache *telle qu'elle* était. — « Non, dit le marchand, tournez toujours, elle deviendra brillante dans un instant ; elle ne l'est encore que par *places*. » — « N'importe, répondit l'acheteur, je crois que je l'aime mieux avec ses taches. » Que d'hommes *ressemblent* à cet acheteur ! Ils trouvent trop difficile de prendre certaines bonnes habitudes ou d'en quitter de mauvaises ; ils renoncent à leurs efforts et ils disent que la hache vaut mieux avec ses taches. (FRANKLIN.)

8. Le bon Ouvrier. — N'allez jamais le chercher au cabaret ni dans les *grèves*, ni dans l'émeute, ni dans les foires à paroles. En un jour de profonde *commotion*, vous pourrez peut-être le rencontrer au milieu du tumulte ; mais soyez sûr que s'il y *aperçoit* la guerre civile il fera vite volte-face vers l'ordre et la patrie. La puissance et la grandeur des *démocraties* se mesurent au nombre de cette espèce d'ouvriers, comme la dégradation des *démagogies* se marque par le nombre des ouvriers du cabaret, de l'*estaminet*, des réunions douteuses, des bals à *sarabande* et de l'émeute avinée. Sur ce point, la France a beaucoup gagné depuis 30 ans ; car si le nombre des ouvriers *dévoyés* est augmenté, *en revanche*, le nombre des bons ouvriers a centuplé. Voilà pourquoi aussi la démocratie a considérablement monté, dans le vrai sens du mot, pour la prospérité du travail lui-même et de la pacification sociale.

9. Fénelon. — Fénelon, archevêque de Cambrai, confessait assidûment et indistinctement, dans sa *métropole*, toutes les personnes qui s'adressaient à lui. Il y disait la messe tous les dimanches. Un jour, au moment où il allait monter à l'autel, il aperçut une pauvre femme *fort* âgée, qui paraissait vouloir lui parler. Il s'approcha d'elle avec bonté, l'*enhardit* par sa douceur à s'exprimer sans crainte. « Monseigneur, lui dit-elle en pleurant et en lui présentant une pièce de douze *sous*, je n'ose pas; mais j'ai beaucoup de confiance dans vos prières. Je voudrais vous prier de dire la messe pour moi. » — Donnez, ma bonne, lui dit *Fénelon* en recevant son offrande, votre *aumône* sera agréable à Dieu. « Messieurs, dit-il ensuite aux prêtres *qui l'accompagnaient* pour le servir à l'autel, apprenez à honorer votre ministère. » Après la messe, il fit remettre à cette femme une somme considérable et lui promit de dire une seconde messe le lendemain à son intention. (MAURY.)

10. La Colère (1). — La colère est une *courte* folie; elle a pour quelques instants les symptômes que la démence furieuse présente sans cesse. N'est-ce pas une chose humiliante, pour une jeune fille surtout, qu'on *puisse* la comparer, ne fût-ce qu'une heure dans *toute* une semaine, à ces êtres *infortunés* qu'on n'a jamais abordés sans effroi ou sans pitié? Quelque *indulgente* que soit l'institutrice, elle doit non pas sévir durement contre l'enfant *colère*, mais la surveiller sans cesse, causer raison avec la jeune fille qui montre un caractère *irascible*, qu'un mot *fait sortir* des gonds. Si elle veut même que ses avis soient utiles, il faut qu'elle-même

(1) Questions adressées sur cette dictée: Analysez la première phrase. — Combien de propositions? Différence entre la principale et l'incidente? — *La colère est une courte folie.* Désignez les parties de cette proposition. — Quel rôle remplit le mot *courte*? — Si on le supprimait? — A quoi servent les compléments? — Qu'entendez-vous par sujet simple? — L'attribut est-il simple ou composé? — Le participe présent, pris comme adjectif, varie-t-il? — *Excepté, supposé, vu, demi*? — *N'est-ce pas une chose humiliante*, etc.? Analysez. — Pourrait-on interroger avec une forme affirmative? (Oui, en certains cas; ex.: *vous êtes bien, Monsieur?*) — *Pour une jeune fille.* Comment nommez-vous ce complément? — Définissez le complément direct. — Le complément indirect. — Pourquoi le verbe *puisse* est-il au subjonctif? — Y a-t-il des conjonctions après lesquelles on emploie le subjonctif? — Et des verbes? — Tous les verbes unipersonnels sont-ils suivis du subjonctif? De quoi se compose *infortunés*? Quels sont les différents sens de la particule *in*? Analysez la proposition: *Quelque indulgente...* — Analysez la proposition suivante. Comment est employé le mot *colère*? — Comment écrivez-vous *irascible*? — *Fait sortir*, règle du mot *fait* suivi d'un infinitif? — Elle *va partir*, il *doit sortir*; comment sont employés *va* et *doit*? (Comme auxiliaires.) — Peut-on employer le présent au lieu du passé? — Quand emploie-t-on l'auxiliaire *être*? — L'emploie-t-on avec un participe d'action? — Quand emploie-t-on l'imparfait de l'indicatif? — Le passé défini? — Avec quel temps de l'indicatif le conditionnel est-il en rapport? — Quand on met le premier verbe au présent avec une condition, à quel temps est le second? — Pourquoi *vu* invariable? — Quel est le complément direct? — *Émues*, pourquoi au féminin pluriel? — Le verbe *émouvoir* est-il régulier? — Où sont les irrégularités? — De quoi est composé ce verbe? — Comment écrivez-vous *discussion*? — Quelles sont les règles pour l'orthographe d'usage? — Pourquoi *ces yeux*; *ces* est-il démonstratif? — Quels sont les homonymes de *ces*? Quand emploie-t-on le futur? — L'imparfait du subjonctif?

conserve le calme et le sang froid qu'a perdus son élève ; et cependant n'en avons-nous pas *vu* qui se sont *émues* presque autant
que celles qu'elles avaient dessein de ramener ! Au lieu de *discus-
sions* aigres ou railleuses, qu'elle mène la jeune furieuse devant
une glace, et là force à se contempler : à la vue de *ces* yeux ardents, de cette figure grimaçante, de ce teint enflammé, la jeune
fille rougira ; et quels que soient ses cris et sa colère, elle adou-
cira sa voix *glapissante* ou rauque, étouffera ses plaintes, et des
larmes de repentir succéderont aux pleurs de rage qu'elle aura
versés auparavant. [*Examens de Paris.*]

11. L'Évangile. — La majesté des Écritures m'étonne ; la
sainteté de l'Évangile parle à mon cœur. Voyez les livres des *philosophes* avec toute leur pompe : qu'ils sont petits près de *celui-là !*
Quelle douceur ! quelle pureté dans les mœurs ! quelle grâce touchante dans les instructions ! quelle élévation dans les maximes !
quelle profonde sagesse dans les discours ! quelle présence d'esprit,
quelle finesse et quelle *justesse* dans les réponses, *quel* empire sur
les passions ! Il n'y a point de vérité morale ou politique qui ne
soit en germe dans un verset de l'Évangile ; toutes les philosophies
modernes en ont commenté un et l'ont oublié ensuite ; la *philan-
thropie* est née de son premier et unique précepte, la charité. La
liberté a marché dans le monde sur ses pas, et aucune servitude
dégradante n'a pu subsister devant sa lumière ; l'égalité politique
est née de la reconnaissance qu'*il* nous a *forcés* à faire de notre
égalité, de notre fraternité devant Dieu ; les lois se sont adoucies,
les usages *inhumains* se sont abolis, les chaînes sont tombées, la
femme a reconquis le respect dans le cœur de l'homme. A mesure
que sa parole a retenti dans les siècles, elle a fait crouler une erreur ou une *tyrannie*, et l'on peut dire que le monde actuel tout
entier avec ses lois, ses mœurs, ses institutions, ses espérances,
n'est que le Verbe évangélique plus ou moins incarné dans la civilisation moderne. (J.-J. ROUSSEAU et LAMARTINE.)

12. La Haie. — Une haie est une décoration. Les riches la
bannissent de *leurs jardins* parce qu'*elle* coûte peu ; ils lui préfèrent une charmille taillée comme une muraille ; mais il me semble
qu'il y a autant de différence d'une charmille *toute* nue à une haie
chargée de *fleurs* et de fruits qu'il y a entre une étoffe unie et une
étoffe magnifiquement brodée. Une belle haie présente seule le
spectacle d'un beau jardin. Voyez ces pruniers sauvages dont les
fruits *naissants* sont semblables à des olives. Ces sureaux voisins
parfument l'air de bouquets de fleurs en *ombelles* ; ces *houx* oppo-
sent leur vert lustré et leurs grains écarlates aux nuages blancs
des fleurs de l'aubépine ; l'églantier jette çà et là *ses* guirlandes
de roses, relevées d'un vert tendre. La ronce même n'est pas sans
beauté ; ici elle accroche d'un arbrisseau à l'autre ses longs *sarments*
garnis de girandoles couleur de chair, et là *se roule* autour du
tronc des arbres de la forêt, qui sont renfermés dans la haie,
et qui s'*élèvent* de distance en distance, comme autant de colonnes
qui la fortifient. Mille petits oiseaux trouvent à la fois de la nourriture et des *abris* sous ces *différents* feuillages. Chaque espèce a
son étage : en bas sont les merles et les fauvettes ; plus haut les

rossignols, et au faîte de ces vieux ormes, nous entendons murmurer la tourterelle et nous *voyons* voltiger la grive, qui y bâtit son nid. La nature a jeté depuis le sommet de la forêt jusque sur ces gazons, des rideaux de toutes sortes de verdure et de fleurs, pour mettre les *nids* des oiseaux à l'abri. Nos mères en faisaient autant lorsqu'elles couvraient d'un voile de taffetas vert, ourlé de leur main, le berceau de leurs enfants. (Bernardin de St-Pierre.)

13. Les Moissons. — Il faut d'abord remarquer que nous y trouvons cette charmante nuance de vert qui *naît* de l'alliance de deux couleurs primitives opposées : le jaune et le bleu Cette couleur harmonique se décompose à son tour, par une autre *métamorphose*, vers le temps de la moisson, en trois couleurs primordiales, qui sont le jaune des blés, le rouge des coquelicots et l'azur des bluets. Ces deux plantes se trouvent toujours dans les blés de l'Europe, *quelque* soin que les laboureurs prennent de les vanner et de les sarcler. Elles forment, par leur harmonie, une teinte pourpre très-riche, qui se détache admirablement sur la couleur fauve des moissons. Si l'on étudie ces deux plantes à part, on trouvera *entre elles* beaucoup de contrastes particuliers ; car le bluet a ses feuilles menues et le pavot les a larges et découpées ; le bluet a les corolles de ses fleurs rayonnantes et d'un bleu tendre, et le pavot a les siennes larges et d'un rouge foncé ; le bluet *jette* ses tiges *divergentes*, et le pavot les porte droites. On trouve encore dans les blés la nielle, qui s'élève à la hauteur de leurs épis, avec de jolies fleurs *purpurines* en trompette, et le convolvulus à fleurs couleur de chair qui grimpe autour de leurs chalumeaux, et les entoure de verdure comme des *thyrses*. La plupart de ces végétaux *exhalent* de douces odeurs, et, quand le vent les agite, vous diriez, à leurs ondulations, d'une mer de verdure et de fleurs. (Bernardin de Saint-Pierre.)

14. L'Histoire. — *Puissé-je* ne pas trouver de contradicteurs quand je dirai que l'histoire est la reine et la mère de toutes les sciences ! En effet, *quelles que soient* les prétentions de ses rivales, on ne saurait nier la supériorité que se sont *plu* à lui reconnaître les juges les plus *compétents*. Les langues que nous avons *appris* à parler ne seraient pas aussi utiles *qu'elles* le sont si elles n'arrachaient au temps et à la mort ce que leur faux impitoyable tâche de nous ravir. *Eût-on* connu les hommes dont nous nous sommes *proposé* d'imiter les vertus si l'histoire ne les eût immortalisés ? C'est elle qui fixe éternellement le théâtre de l'univers, qui *en* perpétue les scènes, en dévoile tous les mystères. Sans la connaissance de l'histoire, nous resterions *enfants* toute notre vie, car que pourrait nous apprendre le petit nombre des *événements* que nous aurions *vus* s'accomplir, en comparaison de ceux que nous avons *lus* ou *entendu* raconter. Tous les trésors que les filles de *Mnémosyne* (1) ont amassés à *l'envi* seraient perdus pour nous si leur sœur *Clio* n'eût pris soin de nous les conserver.

Un *charretier* sur son *chariot*. La *bizarrerie* des opinions. Un *matelas* de *bourre*. Voyez-vous cette *chattemitte?*

---

(1) Mnémosyne ou la Mémoire, mère des neuf Muses. Clio était une de ces déesses ; elle présidait à l'histoire.

15. La Prière. — Quand vous avez prié, ne sentez-vous pas votre cœur plus léger et votre âme plus contente ? La prière rend l'affliction moins *douloureuse* et la joie plus pure ; elle mêle à *l'une* je ne sais quoi de fortifiant et de doux, et à l'autre un *parfum* céleste. — Que faites-vous sur la terre et n'avez-vous rien à demander à *Celui* qui vous y a mis? Vous êtes un voyageur qui *cherche* la patrie. Ne marchez point la tête baissée : il faut lever les yeux pour reconnaître sa route. Votre patrie, c'est le ciel, et, *quand* vous regardez le ciel, est-ce qu'en vous il ne se remue rien ? est-ce que *nul désir* ne vous *presse* ? ou ce désir est-il muet ? Il en est qui disent: A quoi bon prier ? Dieu est trop au-dessus de nous pour *écouter* de si chétives créatures ? Et qui donc a fait *ces* créatures chétives? Qui *leur* a donné le sentiment, et la pensée, et la parole, si ce n'est Dieu ? Or, s'il a été si bon envers *elles*, était-ce pour les délaisser ensuite et les repousser loin de lui? En vérité, je vous le *dis*, quiconque dit dans son cœur que Dieu méprise ses œuvres, *blasphème* Dieu.

16. Il en est d'autres qui disent : A quoi bon prier? Dieu ne sait-il pas mieux que nous ce *dont* nous avons besoin? Oui, Dieu sait mieux que vous ce *dont* vous avez besoin, et c'est pour cela qu'il veut que vous *le* lui demandiez ; car Dieu est lui-même votre premier besoin, et prier Dieu, c'est commencer à *posséder* Dieu. Le père connaît les besoins de son fils; faut-il, à cause de cela, que le fils n'*ait* jamais une parole de demande et d'*actions de grâces* pour son père ? *Quand* les animaux souffrent, quand ils craignent ou quand ils ont faim, ils poussent des cris plaintifs. Ces cris sont la prière qu'ils adressent à Dieu, et Dieu *l'écoute*. L'homme serait-il donc, dans la création, le seul être dont la voix ne dût jamais monter à l'oreille du Créateur? — Il passe *quelquefois* sur les campagnes un vent qui dessèche les plantes, et alors on voit les tiges *flétries pencher* vers la terre; mais, *humectées* par la rosée, elles reprennent leur fraîcheur et relèvent leur tête languissante. Il y a toujours des vents *brûlants* qui passent sur l'âme de l'homme et la dessèchent; la prière est la rosée *qui la* rafraîchit. (LAMENNAIS.)

17. Les Peupliers. — Les peupliers sont abattus: *adieu* l'ombre ; adieu les sons *murmurants* de la fraîche colonnade ! Le vent ne vient plus jouer et chanter dans *leurs feuilles* ; l'onde ne reçoit plus leur *image* dans son sein. — Douze ans se sont *écoulés* depuis que, pour la dernière fois, j'ai visité mon champ *favori* et le bord sur lequel ils étaient *plantés* ; et maintenant, regardez, ils sont étendus sur le gazon; *il* me *sert* aujourd'hui de siége, l'arbre qui, jadis, me prêta son ombrage. Le merle a pris son vol pour choisir une autre retraite *là où* les *noisetiers* le protégent contre la chaleur. Et le paysage dans lequel me charmait autrefois sa mélodie ne *résonne* plus de ses chants, qui coulaient à flots si doux. Mes années fugitives se *hâtent*; bientôt je serai *couché* aussi humblement que ces peupliers ; j'aurai une touffe de gazon sur la poitrine, et, sur la tête, une pierre, en attendant qu'un autre *bosquet* s'élève à la même place. Ce changement occupe mon cœur et ma pensée ; il me fait songer à la fragilité de l'homme, puis à *ses* joies. Bien que notre vie ne soit qu'un songe, nos plaisirs, je le vois, ont une durée plus *courte* encore ; ils meurent encore plus vite que nous.

19. État d'une société sans religion. — On dit bien quelquefois *ce* qu'un peuple est devenu par l'abus qu'on *a* pu faire de la religion ; mais il faut bien comprendre aussi ce que deviendrait sans elle le monde social. Oui, n'en doutons pas, sans la religion, on verrait plus que jamais les familles *troublées* par la discorde et le libertinage, des époux sans union, des enfants sans respect, des serviteurs sans fidélité ; on verrait plus que jamais des êtres contre nature qui, n'étant plus *retenus* par le frein d'une éducation religieuse, connaî*tr*aient *dès* leur plus tendre jeunesse, les ruses et l'audace du crime, e*t* présenteraient devant les tribunaux épouvantés le plus hideux de tous les spectacles, celui des forfaits dans l'âge même de la candeur et de l'innocence ; on verrait des malfaiteurs qui, débarrassés de la crainte de la justice divine, calculeraient froidement qu'après tout le temps du supplice sera court, marcheraient ensuite à l'échafaud, portant sur le front, non la pâleur et la honte du crime, mais presque le calme de la vertu, et donneraient ainsi au peuple l'effrayant exemple d'un coupable qui meur*t* sans crainte et sans remords ; on verrait des hommes qui formeraient les projets les plus *iniques*, les plus insensés, les plus désastreux peut-être pour leur patrie, dans la pensée que tout finit au tombeau, et que, s'il le fallait, ils sauraient bien échapper par le *suicide* au châtiment et à l'opprobre. Sans la religion enfin, on verrait plus que jamais, de toutes parts, des égoïstes qui, détournant leurs regards des biens de la vie future, ne seraient que plus ardents pour les biens de la vie présente, plus dévorés de désirs ambitieux, moins touchés des maux d'autrui, moins capables de sacrifices généreux, plus *enclins* à tous les désordres qui sont le fléau des *États* comme des familles. (FRAYSSINOUS.)

20. A qui devons-nous l'usage du sucre, du *chocolat*, de tant de subsistances agréables et de tant de remèdes salutaires ? A des Indiens *tout nus*, à *de* pauvres paysans, à de misérables nègres. La bêche des esclaves a fait plus de bien que l'épée des conquérants n'a fait de mal. Cependant, dans *quelles* places publiques sont les statues de nos obscurs bienfaiteurs ? Nos histoires *mêmes* n'ont pas daigné conserver leurs noms. Mais, sans chercher au loin des preuves des obligations que nous avons à la nature, n'est-ce pas à l'étude de ses lois que *Paris doit* ses lumières *multipliées*, qui s'y rassemblent de toutes les parties de la terre, s'y combinent de mille manières et se réfléchissent sur l'Europe en sciences ingénieuses et en jouissances de toute espèce ? Où est le temps où nos *aïeux* sautaient de joie quand ils avaient trouvé quelque prunier sauvage sur les rives de la Loire, ou attrapé quelque chevreuil à la course dans les vastes *prairies* de la Normandie ? Nos terres, aujourd'hui si couvertes de moissons, de vergers et de troupeaux, ne leur fournissaient pas alors de quoi vivre ; ils erraient çà et là, *vivant* de chasses incertaines et n'osant se fier à la nature. Les moindres *phénomènes* leur faisaient peur ; ils trem-

blaient à la vue d'une éclipse, d'un feu follet, d'une branche de gui de chêne. Ce n'est pas qu'ils crussent les choses de ce monde *livrées* au hasard; ils reconnaissaient partout des *dieux* intelligents; mais n'osant les croire bons sous des prêtres cruels, ces infortunés pensaient qu'ils ne se plaisaient que dans *les* larmes, et ils *leur* immolaient des hommes sur tel terrain, peut-être, qui sert aujourd'hui d'hospice aux malheureux. (BERNARDIN DE SAINE-PIERRE.)

21. Les animaux sont à la fois formés d'une manière admirable pour vivre dans les sites les plus rudes, et animés de l'*instinct* le plus docile pour se rapprocher de l'homme. Le *lama* du Pérou gravit avec ses pieds fourchus et *armés* de deux ergots les précipices des Andes, et lui apporte sa toison couleur de rose. Le renne au pied large et fendu parcourt les neiges du Nord, et remplit pour lui ses mamelles de crème dans des pâturages de mousses. L'âne, le chameau, l'éléphant, le rhinocéros, sont *répartis* pour son service aux rochers, aux sables, aux montagnes et aux marais de la zone torride. Tous les territoires lui nourrissent un serviteur : *les plus* âpres, le plus robuste; les plus ingrats, le plus patient. Mais les animaux qui réunissent le plus grand nombre d'utilités sont les *seuls* qui vivent avec lui par toute la terre. La vache pesante paît au fond des vallées; la brebis légère sur le flanc des collines; la chèvre grimpante broute les arbrisseaux des rochers; le porc, armé d'un groin, fouille les racines des marais à l'aide des ergots en *appendices* que la nature a *placés* au-dessus de ses talons pour l'empêcher d'y enfoncer; le canard nageur mange les plantes *fluviatiles;* la poule à l'œil attentif ramasse toutes les graines perdues dans les champs; le pigeon aux ailes rapides *celles* des forêts les plus écartées, et l'abeille économe jusqu'aux poussières des fleurs. Il n'y a point de coin de terre dont *ils* ne puissent moissonner toutes les plantes. Celles qui sont rebutées des uns font les délices des autres, et jusqu'aux *poisons* servent à les engraisser. Le porc dévore la prêle et la jusquiame; la chèvre, *le* tithymale et la ciguë. Tous reviennent le soir à l'habitation de l'homme avec des murmures, des bêlements et des cris de joie, en lui rapportant les doux *tributs* des plantes changées, par une métamorphose inconcevable, en miel, en lait, en beurre, en œufs et en crème. (BERNARDIN DE SAINT-PIERRE.)

22. **Conseils.** — O homme, avant de t'engager sur la mer orageuse de la vie, *connais-en* les périls, et, lorsque tu les auras affrontés, *sache en* supporter les fatigues et les misères. *Quant à* toi, jeune imprudent, qui n'*as* ni la sagesse ni la fermeté *nécessaires* pour en prévenir et en soutenir les dures nécessités, *crains* de t'exposer à *l'étourdie* sur ses flots *mugissants.* Bientôt il se pourrait qu'*on aperçût* au grand jour ta pusillanimité. Ne te hâte point de faire le triste essai du peu de forces que le Créateur t'a *départies;* use *plutôt* d'une sage réserve. Malgré notre impatience, le moment du combat arrive souvent *plus tôt qu'on n'a* désiré de l'engager; souvent les jours du malheur nous prennent au dépourvu, et nous sentons tout à coup faillir le peu de confiance que nous avions *eue* jusque-là dans les préparatifs dont nous nous

étions *occupés*, que nous nous étions *plu* à faire. — Nous voici arrivés au moment solennel ; l'adversité te défie ; avance hardiment. Hé bien ! d'où vient que je te vois reculer ? *Où donc est* cette ardeur que ces paroles vaines nous ont si souvent *laissé es*pérer en toi ? Amère déception ! tu ne *m'écoutes* plus, tu fuis. Va cacher ta honte loin des regards de ton semblable, ou plutôt *va* t'en te préparer en secret à de nouvelles luttes, à une noble *revanche* ; mais ne rentre en *lice* que quand, au peu de précautions que tu auras *jugées* indispensables, tu joindras une volonté ferme et constante, une énergie à *toute* épreuve. Quelle que *soit* (1) ta position sociale ou tes richesses, *quelques* sages mesures que tu *croies* avoir arrêtées, n'oublie pas que la douleur est le sort de l'humanité, et qu'il n'est ni puissance, *ni* fortune, ni prudence qui *puisse* nous en garantir. Quoique nous *croyions* être à l'abri des coups du sort, en *définitive* l'adversité est une ennemie avec laquelle il faut en venir aux prises. Montrons nous donc, par notre courage, plus *forts* qu'elle ; sachons être grands pour le peu de jours qu'il nous est *donné* de passer sur la terre.

Devoir. — Mettre cette dictée au féminin : *O femme*, etc.

23. Importance d'une bonne éducation. — S'il est une vérité que tous les hommes se sont *plu* à reconnaître, c'est celle qui proclame les avantages d'une bonne éducation. Les plus grands philosophes, les plus sages *législateurs* qu'il y ait jamais *eu*, depuis les temps les plus reculés jusqu'à nos jours, ont attaché à cette question l'importance qu'elle mérite, et je pense qu'il n'a existé personne qui *n'ait cru* que l'éducation de la jeunesse est une des choses qui contribuent le plus à la prospérité des États. *Quels que* soient les talents qu'*on ait reçus* de la nature, il ne faut pas croire qu'on puisse se distinguer dans le monde si la culture et l'exercice ne viennent les développer. Combien d'hommes se sont *rencontrés* qui, privés de ce trésor inappréciable, se sont *vus en butte à* la misère sans pouvoir trouver des ressources pour sortir de la position embarrassante où leur ignorance les avait *jetés* ! Combien d'autres encore se seraient élevés aux postes les plus *éminents*, se seraient *fait*, peut-être, un nom immortel, si leurs parents s'étaient *imposé* quelques sacrifices pour féconder dans l'esprit de leurs enfants les germes que la nature y avait *déposés* !

24. *Quels* puissants instruments l'instruction n'a-t-elle pas *fournis* aux hommes que leur peu de dispositions naturelles *semblait* avoir destinés à une condition *tout* autre que celle qu'ils se sont *créée* ! En effet, *quelques* patients efforts qu'ils eussent *faits*, ils ne seraient jamais arrivés au but qu'ils se sont *efforcés* d'atteindre, si leur intelligence n'eût été développée et comme agrandie par les connaissances qu'on leur a *enseignées*. *Quant* à vous, que la nature *a favorisés* (2) et qui pouvez enrichir votre esprit de connaissances *devenues* chaque jour plus nécessaires, songez à bien user des instants précieux qu'on vous a *donnés* pour les ac-

(1) Par exception, on peut employer le singulier. (V. Gram., n° 673, note du bas. — (2) Ou le féminin pluriel s'il s'agit de femmes.

quérir. C'est à vous qu'il importe de dédommager vos parents des soins que leur a *coûté* (*Acad.*) votre enfance, afin qu'ils n'aient point à se repentir de tous les sacrifices qu'ils se sont *imposés* pour votre instruction. Si la chose était *tout* autre, *quelle* peine ils en éprouveraient, et combien *vous-mêmes* vous auriez à vous reprocher le peu d'application que vous auriez *montré* ! Mais j'aime à croire que vous agirez différemment. La meilleure, la plus douce récompense que vos parents aient le droit d'attendre de vous, c'est que vous *justifiez* plus tard les espérances qu'ils ont *conçues*, c'est que vous *acquériez* pour les années *à venir* un *fonds* de science et d'instruction qui ne se *perde* et ne s'épuise jamais.

25. Conseils d'un Père. — L'étude de la religion, mon fils, doit être le fondement, le motif et la règle de toutes les autres. Deux choses peuvent être *renfermées* sous ce nom : la première est l'étude des preuves de la vérité de la religion chrétienne ; la seconde est l'étude de la doctrine *qu'elle* enseigne, et qui est ou l'objet de notre foi ou la règle de notre conduite. L'une et l'autre *sont* absolument nécessaires à tout homme qui veut avoir une foi éclairée et rendre à Dieu *ce* culte spirituel, *cet* hommage de l'être raisonnable à son auteur, qui *est* le premier et le principal devoir des créatures intelligentes ; mais l'une et l'autre sont encore plus *essentielles* à ceux qui sont destinés à vivre au milieu du monde, et qui désirent sincèrement y conserver leur innocence en résistant au torrent du libertinage, qui s'y *répand* avec plus de licence que jamais. Vous ne sauriez mieux réussir à l'éviter qu'en vous attachant aux deux vues générales que je viens de vous *marquer* : l'une de vous convaincre toujours de plus en plus en plus, et du bonheur que vous avez d'être né dans la seule véritable religion, en vous appliquant à considérer les caractères *éclatants* qui en démontrent les vérités ; l'autre de vous remplir le cœur et l'esprit des préceptes qu'elle renferme, et qui sont la route *assurée* pour parvenir au souverain bien, que les anciens *sages* ont tant cherché, et que la religion *seule* peut nous faire trouver.

26. *Continuation.* — Vous allez entrer dans le monde, et vous n'y trouverez que trop de jeunes gens qui se font un faux honneur de douter de tout, et qui *croient* s'élever en se mettant au-dessus de la religion. *Quelque* soin que vous preniez pour éviter les mauvaises compagnies, il sera presque impossible que vous *soyez* assez heureux pour ne rencontrer jamais *quelques-uns* de ces prétendus esprits *forts* qui *blasphèment* ce qu'ils ignorent. Il sera fort important pour vous d'avoir fait de bonne heure un grand *fonds* de religion, et de vous être mis hors d'état de pouvoir être ébranlé ou même embarrassé par des *objections* qui ne paraissent *spécieuses* à ceux qui les proposent que *parce qu'elles* flattent l'orgueil de l'esprit et la dépravation du cœur, qui voudraient se mettre au large en secouant le joug de la religion. Vous sentirez alors le frivole des raisonnements qu'on *se* donne la liberté de faire contre la religion, et vous comprendrez que le système de l'incrédulité est infiniment plus difficile à soutenir que celui de la foi, puisque les *incrédules* sont réduits à oser dire, ou qu'il n'y a point de Dieu, ou que Dieu n'a rien révélé aux hommes, ce qui est démenti par tant de démonstrations et de faits qu'il est impossible d'y résister: en sorte que quiconque a bien médité toutes ces preuves *trouve* qu'il est non-seulement plus sûr, mais plus facile de croire que de ne pas croire, et rend *grâces* à Dieu d'avoir bien voulu que la plus importante des vérités fût aussi la *plus certaine*, et qu'il ne fût pas plus possible de douter de la vérité de la religion chrétienne qu'il l'est de douter s'il y a eu un *César* ou un *Alexandre*. (D'AGUESSEAU.)

27. Comment on doit reprendre les défauts de ses amis. — Les avis qu'on donne ne blessent d'ordinaire que *parce qu'*on les *donne* comme certainement *vrais*. Il ne faut ni juger, ni vouloir être cru. Il faut dire *ce* qu'on pense, non avec autorité, et comptant qu'une personne aura tort si elle ne *se* laisse corriger, mais simplement pour décharger son cœur, pour n'user point d'une réserve contraire à la simplicité, pour ne manquer pas à une personne *qu'on aime*, mais sans préférer nos lumières aux siennes, comptant qu'on peut facilement se tromper, et se *scandaliser* mal à propos; enfin étant aussi content de n'être pas cru, si on dit mal, que d'être cru si on dit bien. *Quand* on donne des avis avec ces dispositions, on les donne doucement, et on les *fait aimer*. *S'ils* sont vrais, ils entrent peu à peu dans le cœur de la personne qui en a besoin, et y portent la grâce avec eux ; s'ils ne sont pas vrais, on se *désabuse* avec plaisir soi-même, et on reconnaît qu'on avait pris, en tout ou en partie, certaines choses extérieures autrement qu'elles *ne* doivent être prises. (FÉNELON.)

28. Les Volcans. — Les montagnes ardentes qu'on *appelle* volcans renferment dans leur sein le *soufre*, le bitume et les matières qui servent d'aliment à un feu souterrain, dont l'effet, plus violent que celui de la poudre et du tonnerre, a de *tout* temps étonné, effrayé les hommes et désolé la terre. Un volcan est un canon d'un volume *immense*, dont l'ouverture a souvent plus d'une *demi*-lieue: cette large bouche à feu vomit des torrents de fumée et des flammes, des fleuves de bitume, de soufre et de *métal fondu*, des nuées de *cendres* et de *pierres*; et quelquefois elle lance à plusieurs lieues de distance des masses de rochers énormes, et que toutes les forces humaines *réunies* ne pourraient pas mettre en mouvement. L'embrasement est si terrible et la quantité des matières ardentes, fondues, *calcinées*, *vitrifiées*, que la montagne rejette, est si abondante, qu'*elles enterrent* les villes, les forêts, couvrent les campagnes d'une croûte de cent et de deux *cents* pieds d'épaisseur, *forment* quelquefois des *collines* et des montagnes qui ne sont que des monceaux de ces matières entassées. L'action de ce feu est si grande, la force de l'explosion est si violente, qu'elle *produit* par sa réaction des secousses assez fortes pour ébranler et faire trembler la terre, agiter la mer, renverser les montagnes, détruire les villes et les édifices les plus solides, à des distances *même* très-considérables. (BUFFON.)

29. Buffon. (1707 à 1788). — Le caractère et les habitudes des animaux, l'aspect et la *physionomie* des contrées, *furent retracés* par son pinceau avec une inconcevable magie. L'impression, souvent vague, que nous recevons de la première vue des objets, est par lui reproduite avec une précision et une simplicité qui *étonnent* à chaque instant. En lisant Buffon, on sent de nouveau ce qu'on avait éprouvé sans bien le définir ; on retrouve le sentiment] qu'avait fait naître en nous l'aspect du cheval parcourant fièrement la *prairie*, ou de l'âne portant son fardeau avec patience. La peinture des *frimas* éternels revient glacer tous nos sens; et quand *il* nous représente les marais *fangeux* de l'Amérique méridionale, une impression profonde de dégoût et *d'horreur* nous saisit entièrement. Jamais peintre ne montra plus d'imagination que Buffon. Son langage, *où* quelques personnes ne veulent voir que les traces de la patience et de l'art, est en même temps la représentation fidèle des sensations les plus vives. Souvent il a une *telle* vérité, que le lecteur se sent ému jusqu'au *fond* du cœur, comme si l'auteur avait voulu peindre les effets des passions. On agit sur l'âme dès qu'on parvient à représenter avec *justesse* et profondeur le moindre de ses mouvements. (DE BARANTE.)

30. Saint Paul. — Le discours de l'Apôtre est simple ; mais *ses* pensées sont divines. S'il ignore la *rhétorique*, s'il méprise la *philosophie*, Jésus-Christ lui tient lieu de tout. Il ira, *cet* ignorant dans l'art de bien dire, avec cette locution rude, avec cette phrase qui sent l'étranger, il ira en cette Grèce polie, la mère des philosophes et des *orateurs*; et, malgré la résistance du monde, il y établira plus d'Églises que *Platon* n'y a gagné de *disciples* par cette éloquence qu'on a *crue* divine. Il prêchera Jésus-Christ dans *Athènes*, et le plus savant des *sénateurs* passera de l'*aréopage* en l'école de ce barbare. Il poussera encore plus loin ses conquêtes; il *abattra* aux pieds du Sauveur la majesté des *faisceaux* romains en la personne d'un *proconsul*, et il fera trembler dans leurs tribunaux les juges devant *lesquels* on le cite. Rome même entendra sa voix; et un jour, cette ville maîtresse se tiendra bien plus honorée d'une lettre du *style* de Paul adressée à ses *concitoyens*, que de tant de fameuses *harangues* qu'elle a entendues de son *Cicéron*. (BOSSUET.)

31. Les Zones glaciales. — Pendant *de* longues semaines, le soleil ne se montre plus à l'horizon ; il n'y a plus de différence entre le jour et la nuit, ou *plutôt* il règne une nuit continuelle, la même à midi qu'à minuit. Cependant, quand le temps est serein, l'obscurité n'est pas complète ; la clarté de la lune et des étoiles, *augmentée* par l'éblouissante blancheur de la neige, sous laquelle tout est enseveli, *produit* une sorte de *crépuscule* monotone, suffisant pour la vision. D'ailleurs, vers le pôle, s'*allument*, par intervalles, les splendeurs de l'aurore|*boréale*, foyer électrique qui darde ses rayons de lumière au haut du ciel, comme une gerbe d'artifice ses *fusées*. A la faveur de ce demi-jour blafard, dans des *traîneaux* qu'*emportent* en désordre des attelages de chiens, les peuplades de ces régions *déshéritées* poursuivent une proie dont la blanche et chaude fourrure forme un article important de commerce.

32. Chétif de taille, trapu, l'habitant de ces rudes *climats* partage son temps entre la chasse et la pêche. La première lui fournit des *pelleteries* pour ses vêtements, la seconde lui fournit sa nour-

riture. Des poissons *desséchés* tenus en réserve, à demi corrompus, de l'huile infecte de baleine, *mets* rebutants pour nous, *sont* le régal habituel de *ses* entrailles *faméliques*. Il demande encore à la pêche le *combustible* de son foyer, alimenté avec des tranches de *lard* de baleine et des ossements de poissons. Ici, en effet, le bois est inconnu ; aucun arbre, si robuste qu'il soit, ne peut résister *aux rigueurs* de l'hiver. Un saule, un bouleau, *réduits* à de maigres buissons, traînant à terre, s'aventurent *seuls* jusqu'aux extrémités septentrionales de la Laponie, où cesse la culture de l'orge, la plus agreste des plantes cultivées. Au delà, toute végétation *ligneuse* disparaît, et, pendant l'été, on ne trouve plus que de rares touffes d'herbe et de mousse, *mûrissant* à la hâte leurs graines dans les creux abrités des rochers. Plus haut encore, la fusion complète de la neige et de la glace ne *peut* avoir lieu l'été ; la terre n'est jamais à nu, et toute végétation est absolument impossible. (FABRE.)

33. La lumière et les couleurs. — La lumière est la *palette* inépuisable où la nature entière puise ses couleurs, depuis les plus éclatantes jusqu'aux plus modestes. C'est la lumière qui donne aux fleurs leur riche *coloris*, au ciel son riant azur, à la mer son *indigo* sombre. C'est la lumière qui fait verdir les feuilles, *empourpre* les fruits et *dore* la moisson ; c'est elle qui fait resplendir les métaux et *scintiller* les pierres précieuses. C'est la lumière qui peint le plumage des oiseaux, qui sème des *rubis* et des émeraudes sur les *élytres* des scarabées, et jette sur l'aile du papillon d'inimitables *reflets* ; c'est elle qui incendie les nuages du soleil couchant, *qui* teint de rose l'aube *matinale* et donne l'éblouissant aspect de l'*ouate* aux nuées où *couve* l'orage. Mais comment donner même une faible idée de tout ce que les trésors de la lumière renferment de teintes, de nuances, de reflets? Comment surtout rendre compte d'une telle richesse de coloration avec des moyens aussi simples !

34. Sept rayons *différemment colorés*, qui se réfléchissent, séparés ou réunis, dans des proportions variables, constituent l'interminable échelle des couleurs ! Chaque nuance, pour si peu qu'elle *diffère* des autres, offre dans la surface du corps qui la présente, une *structure* spéciale, propre à réfléchir tels rayons et non tels autres ; et cela dans des proportions rigoureusement déterminées. Il faut, pour chaque teinte de la matière, un arrangement subtil que la raison devine, mais que l'œil n'*apercevra* jamais. Regardez une simple fleur des champs : voyez ce blanc si pur, ce rose si tendre, ce rouge si vif, ce jaune, ce vert, ce brun et toutes ces teintes qui *tranchent* ici vivement, qui là passent de l'une à l'autre par des transitions graduées avec une perfection exquise ; songez aux mille combinaisons nécessaires, dans l'arrangement intime de la matière de la plante, pour produire tous ces effets de lumière colorée, et reconnaissez qu'une main aussi délicate dans l'infiniment petit que puissante dans l'infiniment grand, que la main de Dieu est *là*. (FABRE.)

35. Les Rogations. — Les cloches du hameau se font entendre, les villageois quittent leurs travaux : le vigneron descend de la colline, le laboureur *accourt* de la plaine, le bûcheron sort de la forêt, les mères, *fermant* leurs cabanes, arrivent avec leurs enfants, et les jeunes filles laissent leurs *fuseaux*, leurs brebis et les fontaines pour assister à la fête. On s'assemble dans le cimetière de la *paroisse*, sur les tombes *verdoyantes* des *aïeux*. Bientôt on voit paraître tout le clergé destiné à la cérémonie : c'est un *vieux pasteur* qui n'est connu que sous le nom de curé, et ce nom vénérable, dans *lequel* est venu se perdre le sien, indique *moins le ministre* du *temple* que le père laborieux du *troupeau*. Il sort de sa retraite, bâtie auprès de la demeure des morts, dont il surveille la cendre. Il est établi dans son *presbytère* comme *une garde* avancée aux *frontières* de la vie, pour ceux qui entrent et ceux qui sortent de ce royaume *des douleurs*. Un *puits*, des peupliers, une vigne autour de sa fenêtre, quelques *colombes* composent l'héritage de ce roi des sacrifices.

36. Après l'exhortation, l'assemblée commence à marcher en chantant. L'*étendard* des saints, antique bannière des temps *chevaleresques*, ouvre la carrière au troupeau, qui suit *pêle-mêle* avec son pasteur. On entre dans des chemins *ombragés* et coupés profondément par la roue des chars *rustiques* ; on franchit de hautes barrières, formées d'aubépine où *bourdonne* l'abeille et où *sifflent* les bouvreuils et les merles. Les arbres couverts de leurs fleurs ou *parés* d'un naissant feuillage ; les bois, les vallons, les rivières, les rochers *entendent* tour à tour les *hymnes* des laboureurs. *Étonnés* de ces cantiques, les *hôtes* des champs sortent des blés nouveaux, et s'arrêtent à quelque distance, pour voir passer la pompe villageoise.

37. Chacun retourne à son ouvrage : la religion n'a pas voulu que le jour *où* l'on demande à Dieu les biens de la terre fût un jour d'oisiveté. Avec *quelle* espérance on enfonce le soc dans le sillon après avoir *imploré* celui qui dirige le soleil, et qui garde dans ses *trésors* les vents du midi et les tièdes ondées ! Pour bien achever un jour si saintement commencé, les anciens du village viennent, à l'entrée de la nuit, *converser* avec le curé, qui prend son repas du soir sous les peupliers de sa cour. La lune répand alors les dernières *harmonies* sur cette *fête*, que ramène chaque année le mois le plus doux, et le cours de l'*astre* le plus mystérieux. On croit entendre de toutes parts les blés germer dans la terre, et les plantes croître et se développer : des voix inconnues *s'élèvent* dans le silence des bois, comme le *chœur* des anges champêtres dont on a imploré le secours, et les soupirs du rossignol parviennent à l'oreille des vieillards assis non loin des tombeaux. (CHATEAUBRIAND.)

38. **Merveilles de la nature.**—Un jour d'été, pendant que je travaillais à mettre en ordre quelques observations sur les harmonies de ce globe, *j'aperçus*, sur un fraisier qui était venu par hasard sur ma fenêtre, de petites mouches si jolies que l'envie me prit de les *décrire*. Le lendemain, j'y en vis d'une autre sorte, que je décrivis encore. J'en observai, pendant trois semaines, trente-sept espèces *toutes* différentes ; mais il y en vint, à la fin, en si grand nombre et d'une si grande variété, que je laissai là cette étude, *quoique* très-amusante, parce que je manquais de loisir et, pour dire la vérité, d'expression,

Les mouches que j'avais observées étaient *toutes* distinguées les unes des autres par leurs couleurs, leurs formes et leurs allures. Il y en avait de dorées, d'argentées, de bronzées, de tigrées, de rayées, de bleues, de vertes, de rembrunies, de *chatoyantes*. Les unes avaient la tête arrondie comme un *turban* ; d'autres allongée en pointe de clou. A quelques-unes elle paraissait obscure comme un point de velours noir; elle *étincelait* à d'autres comme un rubis. Il n'y avait pas moins de variété dans leurs ailes : quelques-unes en avaient de *longues* et de brillantes comme des lames de nacre ; d'autres de courtes et de larges, qui ressemblaient à des réseaux de la plus fine *gaze*. Chacune avait sa manière de les porter et de s'en servir. Les unes les portaient perpendiculairement, les autres horizontalement et semblaient prendre plaisir à les étendre.

39. *Celles-ci* volaient en tourbillonnant à la manière des papillons : *celles-là* s'élevaient en l'air en se dirigeant contre le vent, par un mécanisme à peu près semblable à celui des *cerfs-volants* de papier, qui s'élèvent en formant avec l'axe du vent, un angle, je crois, de vingt-deux degrés et *demi*. Les unes abordaient sur cette plante pour y déposer leurs œufs; d'autres, simplement pour s'y mettre à *l'abri* du soleil. Mais la plupart y venaient pour des raisons qui m'étaient tout à fait inconnues ; car les unes allaient et venaient dans un mouvement *perpétuel*, tandis que d'autres ne remuaient que la partie postérieure de leur corps. Il y en avait beaucoup d'immobiles et qui étaient peut-être occupées comme moi, à observer. Je dédaignai, comme suffisamment connues, toutes les *tribus* des autres insectes qui étaient *attirées* sur mon fraisier, *telles* que les limaçons, qui se nichaient sous ses feuilles, les papillons, qui voltigeaient autour, les *scarabées*, qui en labouraient les racines, les petits vers, qui trouvaient le moyen de vivre dans le *parenchyme*, c'est-à-dire dans la seule épaisseur d'une feuille ; les guêpes et les mouches à miel, qui bourdonnaient autour de ses fleurs, les pucerons, qui *en* suçaient les tiges, les fourmis, qui léchaient les pucerons ; enfin les *araignées*, qui, pour attraper ces différentes proies, tendaient leurs filets dans le voisinage. (BERNARDIN DE SAINT-PIERRE.)

40. **Le groupe de l'Empereur à l'Exposition universelle de 1867.** — L'Exposition universelle, qui, pendant sept mois, a fait de Paris le centre du monde, n'est plus qu'un souvenir ; ses innombrables trésors se sont *dispersés* ; ses constructions *grandioses*, pittoresques ou industrielles, ont disparu ; tout ce qui était matière superbe ou frivole a cessé d'être.

L'heure est venue de *se recueillir* et de dégager des ruines de cette grande Exposition, tant admirée et tant *critiquée*, l'idée humanitaire et féconde qui doit lui survivre.

Tous les objets envoyés à l'Exposition universelle étaient divisés en dix groupes. Les neuf premiers embrassaient, dans une classification *méthodique*, les produits les plus remarquables des arts, de l'industrie et de l'agriculture ; là *s'étalait*, s'agitait et brillait de mille façons la matière perfectionnée, illustrée, vivifiée en quelque sorte par la main de l'homme.

Le dixième groupe était le plus important. C'était la collection de ce que l'Empereur et l'Impératrice *ont* fait depuis quinze ans pour les ouvriers.

41. L'œuvre *impériale* s'étend sur toute la vie du travailleur ; elle ne cesse de le protéger depuis le berceau jusqu'à la tombe. En voici le résumé court et simple ; le bien veut être raconté comme il a été fait, *sans phrases.*

Une ouvrière pauvre est sur son lit de misère. Elle va devenir mère. Comment se procurera-t-elle les secours de la science et de quoi couvrir la frêle nudité du cher petit être qu'elle va mettre au monde ? Un médecin entre, une *layette* arrive. Qui les *envoie ?* une société de charité maternelle. En 1867, 76 de ces sociétés ont secouru 15,800 familles.—La mère est retournée au travail de chaque jour, qui la réclame ; la *crèche* s'ouvre le matin au *nourrisson,* et le rend le soir au sein maternel. — Quand l'enfant a deux ans, la *salle d'asile* hérite de la crèche. Il y a déjà en France 3,572 établissements de ce genre. — Ces sociétés, ces institutions, *créées* avant l'Empire, mais considérablement développées depuis douze ans, sont placées sous la protection directe et vigilante de l'Impératrice, *première dame patronnesse de France.* C'est une mère qui est sur le trône.

42. L'enfant a-t-il perdu ses parents ? Il est recueilli par un honnête ménage d'ouvriers, qui, moyennant une subvention *annuelle* de 224 francs en moyenne, l'élève et lui apprend un état. Son *contrat d'apprentissage* est fait sous le contrôle du ministère de l'intérieur, et un bienveillant patronage le suit jusqu'à sa majorité. A qui cet enfant doit-il sa nouvelle famille et cette protection incessante ? Encore à l'Impératrice.—En 1856, à la naissance du Prince Impérial, la population du département de la Seine offrit à l'Impératrice comme témoignage d'*allégresse* et de dévouement, une somme de 100,000 francs montant de souscriptions limitées à 5 et 10 centimes. La Souveraine consacra *cette* offrande aux enfants du peuple et fonda l'Orphelinat du Prince Impérial, faisant ainsi de son fils le patron des pauvres orphelins. — Des dons considérables viennent *incessamment* augmenter les ressources de cette institution touchante, à laquelle l'Empereur a, *dès* le premier jour, assuré *sur sa cassette* une dotation annuelle de 30,000 fr.

43. Après les orphelins, les filles pauvres. Une maison modèle les *accueille* dès leur huitième année, leur donne une instruction religieuse, élémentaire et *professionnelle*, et en fait de dignes et bonnes ouvrières. C'est la Maison Eugène-Napoléon, ouverte en 1857, au faubourg Saint-Antoine, pour 300 jeunes filles. L'Impératrice *pourvoit* à toutes les dépenses, se renseigne, par un bulletin *trimestriel,* sur la conduite, la santé et les progrès de chaque élève, et souvent Sa Majesté vient oublier les soucis de la grandeur au milieu de ses protégées *reconnaissantes* et ravies. — On sait l'histoire de cette fondation. En 1853, le conseil municipal de Paris avait voté 600,000 francs pour l'achat d'un *collier de diamants,* présent de noces qu'il destinait à l'Impératrice ; mais la jeune Souveraine, comme l'illustre Romaine, choisit une plus belle parure : à la place des diamants *offerts,* elle se donna 300 pauvres *pupilles.*

Quand l'enfant de l'ouvrière est frappé d'une maladie grave, force est de recourir pour lui à l'hôpital. Il y a rue de Sèvres un établissement spécial ; mais, pour les visites de la mère *attristée*, la route est bien longue entre cette rue et les *faubourgs* de la rive droite. En 1854, l'Impératrice installe, rue de Charenton, l'hôpital Sainte-Eugénie, où, depuis treize ans, plus de 3,600 malades reçoivent, chaque année, les soins les plus dévoués et les plus efficaces.

44. Les enfants *déshérités* de l'*ouïe*, de la parole ou de la vue, ne pouvaient être oubliés. En 1830, l'Impératrice a pris sous son actif patronage les écoles gratuites des *sourds-muets* ou aveugles, et, en 1866, les institutions impériales des jeunes aveugles et des sourds-muets de Paris, de Bordeaux et de Chambéry.

Les jeunes détenus de la Roquette *s'étiolaient* moralement et physiquement dans les *cellules* de leur prison. Un matin, le 19 juin 1865, arrive *à l'improviste* une grande dame: c'est l'Impératrice, qui éclaire de sa présence cette sombre demeure pénitentiaire. Dès le lendemain, une commission est nommée pour remédier à l'état des choses; et bientôt les petits prisonniers sont *transférés* dans des *colonies agricoles*. Là, au grand air du travail des champs, sous une sage direction, ils reprennent la santé du corps et de l'âme. Les *prédestinés du vice* deviennent ainsi de bons travailleurs. Aujourd'hui l'épreuve est faite : la colonie agricole est le meilleur système d'éducation correctionnelle.

45. L'agriculture a besoin de bras intelligents. L'Empereur fonde à ses frais l'enseignement agricole. Il crée 3 écoles spéciales, 48 *fermes-écoles*, des chaires départementales d'agriculture, et des inspections générales. La Sologne, la Bretagne, la Champagne, les Landes, sont ainsi régénérées.

L'enseignement *industriel* ne préoccupe pas moins l'esprit de l'Empereur. Au Conservatoire des arts et métiers et à l'École centrale des arts et manufactures, *développés* sous son inspiration, s'ajoutent, en 1863, une École d'horlogerie, rivale de *celles* de Suisse, et trois Écoles d'arts et métiers, *réorganisées* en 1865.

Sous le patronage de l'Impératrice, se forme une société de protection des *apprentis* et des enfants des manufactures, ces *parias* d'autrefois. On se *rappelle* la grande cérémonie des récompenses distribuées, le 27 octobre 1867, par Sa Majesté à cette laborieuse et intéressante jeunesse, dans le *Palais de l'Industrie*.

A l'Impératrice appartient encore la création de l'école des *Pupilles de la marine*, où, depuis 1862, sont admis, à l'âge de sept ans, les orphelins et enfants de marins. Les élèves y reçoivent une instruction élémentaire, morale et *professionnelle* jusqu'à l'âge de treize ans, époque à laquelle ils passent à l'école des mousses, organisée sur des bases *toutes* nouvelles. Cette *pépinière* de nos *flottes* comptait, au 1er janvier 1867, 415 pupilles.

46. Faut-il maintenant parler de l'instruction *primaire*, autrefois resserrée dans un lit étroit, et qui, depuis plusieurs années, s'étend de tous côtés en nappes fécondes? Sans doute il est encore bien des esprits *incultes* à conquérir ; mais, grâce à l'initiative impériale, admirablement secondée à tous les degrés, déjà on peut prévoir le temps *où* partout en France, dans les villes et dans les

bourgades les plus reculées, nul ne dira plus ne savoir signer, vu
sa qualité d'ouvrier paresseux.

« Dans le pays du *suffrage universel*, a dit l'Empereur, tout
citoyen doit savoir lire et écrire. » Aussi, sur tous les points, que
voyons-nous ? Écoles primaires, cours d'adultes pour les deux
sexes, cours *techniques*, écoles *dominicales*, écoles du soir, or-
phéons, écoles régimentaires et maritimes, bibliothèques populaires,
sociétés de livres utiles, etc. Pour combattre l'ignorance *invétérée*,
l'esprit instructeur a recours à toutes les formes : c'est le *Protée*
de la civilisation (1).

47. Voilà donc l'enfant du pauvre élevé, secouru, instruit. Il est
homme, il a en main un état ; mais *le crédit* lui manque pour
s'établir : un bon génie est encore là.

En 1862, l'Impératrice, frappée des difficultés de la vie ouvrière, fonde la Société du Prince Impérial, dont le but est de
faciliter par des *prêts* l'achat des instruments, outils, *ustensiles*,
meubles ou matières premières nécessaires au travail, et de venir
en aide aux besoins accidentels et *temporaires* des familles labo-
rieuses. — De 1862 à 1867, la Société du Prince Impérial a con-
senti 15,767 prêts, montant à 4,291,245 francs.

Jusqu'alors il n'existait véritablement pour l'ouvrier qu'une sorte
de crédit, le crédit à la chose, le prêt *sur gage* ; l'institution nouvelle a inauguré pour lui le crédit personnel. — Avec ce crédit, la
dignité de l'emprunteur, loin de s'amoindrir, *s'affirme*. Voyant
que son courage est une valeur appréciée, il tient à ne pas déchoir de la confiance que lui accorde cette *banque gratuite des
prêts d'honneur*, et pratique mieux les vertus de la famille.

On répète souvent le vieil *adage* : « Qui donne aux pauvres prête
à Dieu. » N'est-il pas maintenant juste de dire : « Qui prête aux
pauvres donne à Dieu ? »

48. Ainsi *outillé*, encouragé, soutenu l'ouvrier, relève mieux de
lui-même : le sentiment de la responsabilité lui donne l'*esprit d'i-
nitiative*. Administrer lui-même l'opération industrielle *qu'il ali-
mente* par son travail, acheter les matières premières et vendre
ses produits, *sans prime* à des *intermédiaires*, tel est son rêve, son
but. Ainsi est née la Société coopérative.

Que n'a pas fait l'Empereur pour acclimater parmi nous ces
sociétés ouvrières? En 1866, il *crée* pour *elles* une caisse de crédit et verse 500,000 francs, moitié du capital primitif. Les *tisseurs*
de Lyon souffrent dans leur industrie, il les *aide* à constituer une
association *coopérative* en les *commanditant* de sommes considérables, auxquelles la Société du Prince Impérial ajoute un prêt de
300,000 francs. Enfin il se montre au plus haut point libéral pour
toutes les tentatives d'associations de ce genre.

Ainsi, après avoir, par la loi sur les *coalitions*, admis les ouvriers à la faculté de s'entendre légalement, l'Empereur leur a
donné le moyen de s'associer utilement. A lui l'honneur d'avoir
émancipé *le salarié* et fondé la liberté du travail.

(1) Les bibliothèques scolaires permettent aux ouvriers de se procurer,
moyennant une très-faible rétribution, une foule de bons ouvrages qui, achetés
séparément, coûteraient fort cher.

49. Par le crédit, l'ouvrier a vu se développer ses ressources ; bientôt il aspire à devenir propriétaire. Une combinaison nouvelle le lui permet : il aura sa maison, son jardin. Moyennant un *modique* payement prélevé *périodiquement* sur son salaire, il *acquiert* au bout de quelques années la propriété du foyer près duquel *croît* et prospère sa jeune famille.

Ce précieux avantage de la propriété, le travailleur en est redevable à la création des maisons et *cités ouvrières*. La première cité de ce genre a été construite en 1849, rue Rochechouart, par le Prince-Président. Depuis cette époque, l'Empereur a doté l'Asile de Vincennes de plusieurs maisons au boulevard Mazas ; il a fait élever, avenue Daumesnil, 41 maisons parfaites d'aménagement spécial, et il vient d'en faire don à la Société coopérative immobilière des ouvriers.

A l'Exposition figurait un modèle d'habitation à bon marché qui a obtenu tous les suffrages : l'exposant était l'Empereur. Le *jury* lui a décerné la plus haute récompense dont il pût disposer : la médaille d'or.

50. A un point de vue plus général, l'Empereur se montre *constamment* soucieux d'assurer aux travailleurs une demeure saine et à bon marché. En 1859, une loi intervient pour l'assainissement des logements *insalubres*. En 1852, 10 millions sont affectés à l'amélioration des logements d'ouvriers dans les grandes villes manufacturières ; des subventions importantes sont accordées à des sociétés de cités ouvrières, notamment 300,000 francs à celle de Mulhouse. Dans le même but, l'Empereur a tout *récemment* envoyé sur sa cassette 100,000 francs aux ouvriers de Lille et 10,000 francs à ceux d'Amiens.

Fondation de lavoirs *publics* et de bains gratuits ou à prix *minimes*, — création de *squares*, oasis de l'ouvrier, — développement des chemins vicinaux, *artères de la vie rurale*, — rachat de divers *péages*, — travaux publics qui, chaque année, produisent plus de 200 millions de salaires, — institution de l'*assistance judiciaire*, — abolition de la contrainte par corps, — abaissement du tarif des douanes et de l'impôt foncier, — telles sont encore, à divers points de vue, les marques *incessantes* de la sollicitude impériale pour ceux qui vivent péniblement de leur travail.

51. Pendant les rudes mois d'hiver, au moment où, pour certains ouvriers, *manque* le travail, que de bienfaits ignorés du public ! En faveur de milliers de familles nécessiteuses, l'Empereur et l'Impératrice prélèvent *sur leur cassette* des sommes considérables pour payer des loyers *arriérés*, retirer des objets mis en gage et faire distribuer, par les commissaires de police, des bons de pain, de viande et de bois de chauffage ; ils font mieux encore, ils consacrent, chaque année, une somme de plus de 200,000 fr. à l'organisation des *fourneaux économiques*, où les familles pauvres trouvent des aliments *tout* préparés, de bonne qualité, et aux prix les plus *réduits*.—Les quatre premiers fourneaux datent de 1865 ; il en existe aujourd'hui dans Paris vingt et un. — Des fourneaux semblables ont été créés à Lille, grâce à un don de 10,000 francs envoyé par l'Empereur.

L'ouvrier est-il malade ? il trouve à *l'hôpital* des soins *excel-*

ents. Les maîtres de la science sont *constamment* au service de la bienfaisance.

Depuis 1851, les hôpitaux ont pris une extension nouvelle : plus de 100 *hospices* ont été fondés et ont porté à 1,500, dans tout l'Empire, le nombre de ces asiles de l'humanité souffrante. Que de secours la générosité impériale ne leur a-t-elle pas *prodigués!* Entre autres dons, l'Impératrice établit 100 lits nouveaux aux *Incurables* moyennant 100,000 fr.; elle dote d'une somme importante l'hôpital des Eaux-Bonnes, et agrandit tellement la maison des aliénés de Charenton qu'elle l'a en quelque sorte fondée pour la seconde fois.

52. L'ouvrier est guéri, le mal a disparu ; mais la faiblesse est restée. L'atelier au sortir de l'hôpital serait un cas de rechute. L'Asile de Vincennes *est chargé de la transition.* Là, pour le convalescent, bien être physique et récréations morales. L'Empereur disait, en 1855, à l'architecte : « Évitez tout point de ressemblance avec un hospice ou une *caserne* ; offrez à chaque *convalescent* un local qui lui permette de rentrer dans la vie privée ; jetez partout la lumière et l'air ; ménagez de *grands* espaces, de vastes promenades ; éloignez tout aspect froid, triste et monotone.» Ce programme a été admirablement rempli ; en dix ans, plus de 80,000 ouvriers ont expérimenté que l'Asile impérial de Vincennes est bien le palais de la convalescence.

Comme *pendant* à cet Asile grandiose, l'Asile impérial du Vésinet assure aux mêmes avantages aux ouvrières qui ont à raffermir leur santé. — Les ouvriers du Rhône n'ont rien à envier à ceux de la Seine, car l'Impératrice a récemment acheté et donné pour eux aux hospices de Lyon le château de Longchêne.—Enfin, aux frais de l'Impératrice, un service de *conférences* par des hommes *d'élite* a lieu trois fois par semaine à l'Asile de Vincennes. L'ouvrier rentre chez lui plus fort, plus instruit et meilleur.

53. Tous les malades indigents ne sont pas à proximité d'un hôpital, *où* d'ailleurs ils ne pourraient tous être reçus; mais les secours ne *leur* manquent pas.— A côté des bureaux de bienfaisance, qui ont pris une *extension* considérable, la médecine gratuite pour les pauvres des campagnes a été organisée en 1855 par l'initiative de l'Empereur. En 1865, plus d'un million d'indigents ainsi assistés et 1,156,975 francs dépensés pour leur santé par les communes, les départements et l'État, témoignent des immenses bienfaits de cette organisation nouvelle de la charité publique.

Le sort des *gens de mer* a aussi sa part de protection.— Battu par la tempête, un navire va périr sur la côte; *impuissants, éperdus,* les matelots invoquent Notre-Dame-de-Bon-Secours. Tout à coup du rivage part en sifflant et tombe à bord *une amarre;* un *canot* s'avance intrépidement, à force de rames ; l'équipage est sauvé. — Qui donc envoie ces secours suprêmes? L'Impératrice, patronne de la Société de sauvetage des naufragés.—Cette Société a déjà installé 30 stations de sauvetage, munies de canots *insubmersibles* et de *porte-amarres.* De nombreux marins et 24 bâtiments menacés d'une perte certaine lui doivent leur salut.

Déjà l'Impératrice avait, en 1853, fondé des sociétés de secours mutuels en faveur des marins, et, en 1859, la caisse des offrandes nationales en faveur des armées de terre et de mer qui compte aujourd'hui près de 7,000 pensionnaires.

54. De même que les caisses d'épargne, dont l'encaisse a triplé depuis quinze ans, les sociétés de *secours mutuels*, admirable réseau de prévoyance étendu sur toute la France, ont reçu du Gouvernement impérial une puissante impulsion. De 1851 à 1866, leur nombre s'est accru de 3,377 ; il est aujourd'hui de 5,614. Leur capital, composé pour partie d'une *dotation impériale* de 10 millions, s'élève à plus de 43 millions ; 30 millions de réserve leur permettent de faire face aux charges, aux accidents et à toutes les *éventualités* de l'avenir.

Quand l'âge du repos est arrivé, l'épargne des années de travail doit assurer à l'ouvrier l'aisance ou du moins des ressources suffisantes. Le Gouvernement impérial lui vient en aide par une institution protectrice. La Caisse des rentes viagères pour la vieillesse prend un essor que l'avenir doit développer encore. Ses recettes dépassent cette année 123 millions.

55. Le second Empire ne pouvait laisser dans l'oubli et la misère les *glorieux débris* de nos armées de la République et du premier Empire. De 1852 à 1867, l'*initiative personnelle* de l'Empereur a fait distribuer en secours une somme de 38,500,000 fr. à 61,000 de ces vieux soldats, derniers témoins d'*un* âge héroïque, et qui, bien qu'*infirmes* et courbés sous le poids des années, ont conservé toujours *jeunes* leur patriotique ardeur et leur amour pour la cause qu'ils ont *servie*.

56. Comme la guerre, le travail a ses blessés. L'invalide du champ de bataille a sa retraite assurée ; pourquoi le *mutilé agricole* ou industriel n'aurait-il pas la sienne ? — L'Empereur a mûri cette pensée, et, l'an dernier, il a présenté au Conseil d'État un projet de loi ayant pour but d'organiser à la fois une Caisse des invalides du travail et une Caisse d'assurances en cas de décès. Cette mesure populaire, aujourd'hui adoptée par le Corps législatif, est un des grands *événements* du règne de Napoléon III.

Le pauvre a fini sa dernière misère : un *corbillard*, une bière nue, un chien qui suit tête basse, voilà le drame qu'a représenté un tableau popularisé par la gravure : le *Convoi du pauvre*. D'avance on entrevoit le *fossoyeur* qui, d'un pied banal, brutal, va pousser le corps dans la fosse commune, sans qu'une prière amie s'élève au ciel pendant que tombe et sonne la première pelletée de terre. — Le Prince-Président fut un jour frappé de ce pénible spectacle, et, le 21 mars 1852, il *décréta* le service des aumôniers des dernières prières. Maintenant, il n'y a plus *promiscuité* des morts dans la fosse commune ; un prêtre est toujours là pour faire au pauvre les tristes honneurs du cimetière, et présenter son âme à Dieu.

57. *Telle* est sommairement l'œuvre impériale. Suivant pas à pas le fils du peuple dans toutes les phases de son existence, elle lui tend la main à chaque épreuve qu'il rencontre ; elle fait de lui un citoyen utile en lui inspirant l'amour du bien, de la famille et de son pays.

Est-ce à dire que, dans cette carrière infinie de la bienfaisance, l'initiative impériale ait entrepris de tout faire et de combler toutes les *lacunes?* Non, assurément. Pour cette tâche immense, il faut le concours de tous les efforts, *efforts collectifs* et individuels. Mais partout l'Empereur a donné l'exemple, encouragé et récompensé les hommes qui ont fait le bien, ce qui est encore une manière de le faire; partout il a créé des *types,* fourni des modèles planté des jalons, et ouvert la voie qui conduira les générations nouvelles à un nouveau degré de bien-être et de prospérité.

Ce n'est pas seulement par des institutions secourables que se manifeste le dévouement de l'Empereur et de l'Impératrice. Leurs Majestés *payent* de leur personne même l'amour de leur peuple. Le monde entier a appris en admirant que, partout où il y a un danger, une *catastrophe,* un fléau, ce n'est pas seulement de l'or, c'est leur cœur, leur courage, leur vie qu'ils offrent! — Lyon, Angers, Paris, Amiens, ont désormais leur *légende* d'héroïque bienfaisance.

58. À tout homme qui n'aura pas les yeux opiniâtrement fermés à l'évidence, *on est* donc en droit de dire:

Quel prince, quel gouvernant, quel réformateur, a jamais accompli ou même rêvé *pareilles* choses en faveur du peuple? Il y a eu des rois, des empereurs, des maîtres de la terre, qui se sont *illustrés* par le génie des armes, des beaux-arts ou de la législation; mais l'Empereur Napoléon III, tout en maintenant la gloire de notre drapeau, notre supériorité *artistique* et l'excellence de nos *lois égalitaires,* est le premier qui ait mis constamment au premier rang des préoccupations de son règne la conquête du *bien-être intellectuel,* moral et matériel de la grande masse de ses sujets, de ceux-là qui combattent, en travaillant, la grande bataille de la vie de chaque jour.

Sans doute il est un roi que longtemps on a cité comme modèle *exceptionnel* de popularité. Un poète a dit de lui qu'il était

Le seul roi dont le peuple ait gardé la mémoire.

Pourquoi cette popularité de Henri IV? Qu'admirait-on avec tant d'amour dans le Béarnais? Était-ce le guerrier? était-ce le politique? était-ce le *huguenot* vert-galant qui disait: « Paris vaut bien une messe? » Non; c'était surtout l'excellent prince qui, dans un jour de belle humeur, avait lancé ce mot: « Je veux que tout paysan puisse mettre la poule au pot le dimanche. »

Voilà ce qui est resté gravé dans le souvenir du peuple, alors *taillable et corvéable à merci,* misérablement courbé sous le joug féodal, ce qui a passé traditionnellement de génération en génération: une boutade cordiale, un mot!

Quelle distance entre la poule au pot théorique de Henri IV et le grand œuvre *humanitaire* de Napoléon III!

L'Empereur suit sa voie providentielle. Derrière lui, il peut laisser des ingrats; c'est le privilége de ceux qui font le bien; mais les populations qui s'empressent sur son passage et qui *l'acclament* avec tant de reconnaissance chaque fois qu'il parcourt nos provinces avec l'auguste femme qui s'est associée à son œuvre

généreuse, attestent que son cœur parle invinciblement au cœur de
la France.

L'Empereur veut la France grande et heureuse; elle le veut
heureux et grand. (*Moniteur*.)

59. L'exilé. — Il s'en allait errant sur la terre. Que Dieu
guide le pauvre *exilé* !

J'ai passé *à travers* les peuples, et ils m'ont regardé, et je les
ai regardés, et nous ne nous sommes point *reconnus*. L'exilé
partout est seul.

Lorsque je voyais, au déclin du jour, *s'élever* du creux d'un
vallon la fumée de quelque *chaumière*, je me disais : « Heureux
celui qui retrouve le soir le *foyer domestique*, et s'y assied au
milieu des siens ! » L'exilé partout est seul.

Où vont ces nuages que *chasse* la tempête. Elle me chasse
comme eux, et qu'importe où? L'exilé partout est seul.

Ces arbres sont beaux, ces fleurs sont belles; mais ce ne *sont*
point les fleurs ni les arbres de mon pays; il ne me disent rien.
L'exilé partout est seul.

Le ruisseau coule mollement dans la plaine, mais son murmure
n'est pas celui qu'entendit mon enfance: il ne *rappelle* à mon
âme aucun souvenir. L'exilé partout est seul.

Ces chants sont doux, mais les tristesses et les joies qu'ils *ré-
veillent* ne sont ni mes tristesses ni mes joies. L'exilé partout est
seul.

60. — On m'a demandé : « Pourquoi pleurez-vous ? » Et quand
je l'ai dit, nul n'a pleuré, parce qu'on ne me comprenait point.
L'exilé partout est seul.

J'ai vu des *vieillards* entourés d'enfants, comme l'olivier de ses
rejetons ; mais aucun de ces vieillards ne m'a appelé son fils,
aucun de ces enfants ne m'appelait son frère. L'exilé partout est
seul.

J'ai vu des jeunes filles *sourire*, d'un sourire aussi pur que la
brise du matin, à celui que leur amour s'était choisi pour époux ;
mais pas une ne m'a souri. L'exilé partout est seul.

J'ai vu des jeunes hommes, poitrine contre poitrine, *s'étreindre*
comme s'ils avaient voulu de deux vies ne faire qu'une vie; mais
pas un ne m'a serré la main. L'exilé partout est seul.

Il n'y a d'amis, d'épouses, de pères et de frères que dans la
patrie. L'exilé partout est seul.

Pauvre exilé! cesse de gémir ; *tous* sont bannis comme toi:
tous *voient* passer et s'évanouir pères, frères, époux, amis.

La patrie n'est point *ici-bas*; l'homme vainement l'y cherche ;
ce qu'il prend pour elle n'est qu'un gîte d'une nuit. Il s'en va
errant sur la terre.

Que Dieu guide le pauvre exilé ! (LAMENNAIS.)

Histoires et Fables à raconter.

Cette partie, spécialement destinée aux maîtres, sera renouvelée à chaque édition.

———————

1. Une prévention favorable.—Une princesse de Hesse-Darmstadt ayant amené ses trois filles à une impératrice d'Allemagne, afin que celle-ci choisît parmi elles une femme pour le grand-duc, l'impératrice se décida promptement pour la seconde. On lui demanda le motif de sa prévention favorable. Elle répondit : « Je « les ai regardées toutes les trois descendre de voiture ; l'aînée a fait « un faux pas, la seconde a descendu naturellement, la troisième « a franchi le marche-pied. En effet, l'aînée est gauche, et la plus « jeune est trop décidée. »

2. Guatimozin.—Guatimozin, chef des Mexicains, fut fait prisonnier par les Espagnols au moment où il se sauvait dans une barque (1), et conduit au quartier général de Cortez (2). L'avidité des vainqueurs dévorait en idée les trésors de Guatimozin ; l'armée en attendait la distribution. On le somma vainement de dire où il les avait cachés. Cortez craignant d'être soupçonné de s'entendre avec lui, ordonna que l'on mît à la torture ce chef infortuné. On l'étendit sur des charbons ardents. Tandis que le feu pénétrait jusqu'à la moelle de ses os, Cortez, d'un œil tranquille, observait les progrès de la douleur et lui disait : « Si tu es las de souffrir, déclare où tu as caché tes trésors, »—Soit qu'il n'eût rien caché, soit qu'il trouvât honteux de céder à la violence, le héros du Mexique honora sa patrie par sa constance dans les tourments ; et, comme Cortez le menaçait d'inventer pour lui de nouveaux supplices : « Barbare, lui dit-il, peut-il être pour moi un supplice égal à celui de te voir ? » Et il ne laissa échapper ni plainte, ni prière, ni aucun mot qui implorât une humiliante pitié.

Près de lui, sur le même brasier, on avait étendu son fidèle ministre ; mais celui-ci, plus faible que son maître, avait peine à résister aux tourments ; prêt à succomber, il tournait vers son chef des regards douloureux, et se plaignait de l'excès de ses souffrances. « Et moi, lui dit Guatimozin, suis-je donc sur un lit de roses ? » Vaincu par ces nobles paroles, Cortez fit cesser cette odieuse exécution ; mais, en 1522, il fit pendre Guatimozin, soupçonné d'avoir voulu s'enfuir de sa prison. Ce malheureux prince n'avait guère que 25 ans. — On ne saurait imaginer un conquérant plus barbare ni un plus magnanime vaincu.

3. Un usage anglais.—Un Anglais contait, il y a quelques jours, un usage fort curieux de son pays, assez peu répandu toutefois pour que beaucoup de nos lecteurs ne le connaissent pas.

Quand un homme se montre grossier dans son langage, dans son attitude ou dans sa conduite, et qu'il devient désagréable à ceux qui l'approchent, *on l'envoie à Coventry*, c'est-à-dire qu'on le suppose absent, et qu'alors il est parfaitement isolé.

———————

(1) La ville de Mexico, capitale du Mexique, est située entre deux lacs.
(2) Fernand Cortez, conquérant et dévastateur du Mexique, en 1519.

Personne ne lui répond, personne ne lui rend aucun bon office, si ce n'est dans les objets qui tiennent du devoir.

Il est assis au milieu d'eux, il mange avec eux, s'il est leur commensal, et tout le monde cause librement de lui en sa présence ; on le traite comme un absent ; on se rend compte des motifs qui l'ont fait *envoyer à Coventry.*

Si l'on conserve encore pour lui quelque considération, l'on en parle amicalement, et l'on témoigne le désir de le voir rentrer dans la société ; mais on ne prête aucune attention à ce qu'il dit ou à ce qu'il fait.

Dans les premiers moments, l'individu *envoyé à Coventry* est en général mécontent, quelquefois querelleur, et veut se battre avec toute la compagnie. On n'a pas l'air de s'en apercevoir, car c'est une règle que ce qu'il fait ne peut être vu ni entendu ; il est absent, il ne saurait donc blesser personne. Au contraire, plus il se fâche, plus on se réjouit à ses dépens.

Cela dure jusqu'à ce qu'il soit fatigué de sa situation, ce qui arrive ordinairement au bout de quelques semaines, souvent même au bout de quelques jours.

S'il désire alors avec empressement revenir de *Coventry*, et qu'il consente à faire toutes les réparations qui peuvent être exigées de sa part, les gens de la société s'apprennent réciproquement la nouvelle de son retour ; tout le monde se félicite de son bon voyage et tout ce qui s'est passé s'oublie à l'instant.

N'est-ce pas charmant ? et l'usage d'*envoyer les gens à Coventry* ne devrait-il pas se généraliser un peu partout, dans toutes les sociétés et dans tous les mondes ?

4. La Pie et l'Aigle.

Fable.

Désirant se créer un sort pour l'avenir,
    Une pie, accorte et pimpante,
A l'aigle, son voisin, un jour alla s'offrir
    En qualité de gouvernante.
Admettez-moi, dit-elle, au nombre de vos gens,
Je suis propre et tiendrai parfaitement votre aire ;
Madame n'aura pas meilleure chambrière
    Et je bercerai vos enfants ;
Etant, comme on le sait, très-leste et fort légère,
Je pourrais vous servir, au besoin, de courrière.
Vous n'en rencontreriez aucune assurément
Parmi tous les oiseaux qui peuplent ces parages,
    Pour porter plus habilement
Vos ordres souverains et vos galants messages.
J'ai d'autres qualités, qui, certes, vous plairont
    Et surtout vous amuseront :
Avec facilité, je cause, je babille
    Que c'est plaisir de m'écouter ;
    C'est par là surtout que je brille,
Et, lorsque je m'y mets, on ne peut m'arrêter ;
Aussi chacun me trouve amusante et gentille.

J'ose donc espérer, mon noble et beau seigneur,
Que vous m'accorderez cette insigne faveur
D'être votre servante et votre messagère.
— Moi t'employer, dit l'aigle, en fronçant le sourcil!
Non, non, car je craindrais que ta langue légère
Ne divulguât partout ce qui se passe ici ;
Porté ailleurs tes talents ; va, ma bonne commère,
    De tes services, grand merci !
     A mon gré, cet aigle était sage :
Ah ! qu'on éviterait de luttes, de tapage
     Au dehors et dans le ménage,
     En écartant de son logis
     Les bavards et les étourdis!   (Delarue.).

5. Le Devin. — Un devin qui, par son art, avait recueilli une somme d'argent assez considérable (car partout les fourbes trouvent des dupes), allait de ville en ville prédisant l'avenir, découvrant les secrets les plus cachés, disant à chacun ce qu'il avait à faire pour s'enrichir et pour déjouer les desseins de ses ennemis. Il arriva un jour à Villefranche (1), où sa profession peu connue lui donnait l'espérance de faire une abondante recette. Monté sur une calèche attelée de deux chevaux, brillamment vêtu, il se posta sur le marché public. Là, son fidèle écuyer fait retentir les sons d'une trompette bruyante, qui avertit le public de sa présence. La foule s'empresse autour de l'équipage du devin. « Messieurs et dames, s'écriait-il d'une voix sonore et imposante, venez à moi, et, par la puissance de mon savoir, je vous révélerai tout ce qu'il vous importe de connaître, car l'avenir et le passé me sont tout aussi bien connus que le présent. Ce n'est pas tout ; je connais la pensée de votre âme aussi bien que vous-mêmes. L'art de la divination, que je possède seul en France, m'a été transmis de père en fils à dater du roi Salomon et de l'Egyptien Trismégiste (2), qui avait appris cet art divin chez les Mages et chez les Chaldéens. Me voici, que chacun me demande ce qu'il veut savoir, et, de suite, il sera satisfait. » — Pendant que notre devin haranguait son auditoire attentif, sa femme, qu'il avait laissée à l'auberge pour garder son argent, arriva tout éplorée, et lui dit que, pendant qu'elle causait dans la chambre d'une voisine, des voleurs étaient entrés furtivement dans son appartement, et avaient enlevé son trésor. Alors quelqu'un parmi la foule adressant la parole au devin tout effaré : « Comment se fait-il, monsieur le devin, que vous qui connaissez si bien l'avenir, le présent et même le passé, vous n'ayez pas su que les voleurs vous dévalisaient au moment où vous nous vantiez votre science et votre savoir ? Bien sot celui qui vous croira. »
Cette fois, le devin y fut pour ses frais d'éloquence.

(1) Plusieurs communes portent ce nom. L'histoire ne dit pas de laquelle il s'agit ici, mais peu importe.
(2) Hermès Trismégiste ou Mercure trois fois grand, personnage fabuleux que les Egyptiens regardaient comme l'inventeur de toutes les sciences.

6. Georges d'Amboise (1460 à 1510) (1). — Cet illustre prélat, l'un des hommes les plus vertueux de son siècle, possédait en Normandie un château et une terre qui faisaient ses délices. Il aurait vivement désiré que le parc eût plus d'étendue; malheureusement un domaine voisin, le serrant de près, y était presque enclavé et ne permettait pas de l'agrandir. Le cardinal eût été heureux d'acquérir ce domaine, mais il savait que son voisin tenait beaucoup à sa propriété, et il ne faisait à cet égard aucune démarche.

Un jour (quelle fut sa surprise!) son voisin vint lui-même offrir de lui vendre son bien. « Je l'achèterais très-volontiers, dit le cardinal, et votre offre m'est infiniment agréable; mais, ajouta-t-il en remarquant que son voisin était en proie à une tristesse qu'il cherchait à dissimuler, en même temps que votre proposition me réjouit, elle m'étonne. Je vous croyais extrêmement attaché à votre domaine, et je pensais que vous ne vous décideriez jamais à le vendre. » — « Telle était, en effet, ma résolution, répondit son interlocuteur en soupirant. C'est l'héritage de mes pères, je croyais bien ne le quitter qu'avec la vie; mais ma fille est sur le point de contracter un mariage avantageux; on exige une dot en argent: je n'en ai pas, je sacrifie mon bonheur au sien. » — « Mon cher voisin, dit l'excellent cardinal, renonçant sur-le-champ à tout le plaisir qu'il se promettait de cette acquisition, puisque votre bonheur tient à la conservation de ce domaine, n'y aurait-il pas moyen de le garder tout en donnant une dot à votre fille? Ne pourriez-vous pas, par exemple, emprunter à quelqu'un de vos amis la somme dont vous avez besoin, sans intérêts, et remboursable à des termes fort éloignés, économiser tous les ans quelque chose sur votre dépense et vous trouver quitte sans presque vous en apercevoir? » — « Ah! monseigneur, où sont aujourd'hui les amis qui prêtent une pareille somme à de telles conditions? » — « Ayez meilleure opinion de vos amis, répliqua le ministre en lui tendant la main; mettez-moi du nombre et recevez la somme dont vous avez besoin aux conditions que je viens de vous expliquer. » Son interlocuteur ne put répondre que par des larmes à un procédé si noble et si généreux. Le cardinal paraissait encore plus heureux que lui. « Quelle excellente affaire pour moi, disait-il; au lieu d'acquérir un domaine, je viens d'acquérir un ami. »

Ce bel exemple de loyauté et de désintéressement devrait nous apprendre à modérer nos prétentions et nos désirs.

7. La foire au pain d'épice, à Paris. — I. Une petite fille âgée de cinq ou six ans marchait, en donnant la main à sa mère, le long des baraques au pain d'épice. Elle était jolie comme un chérubin. Des grappes de boucles blondes, épaisses et soyeuses, s'agitaient sur son cou et sur ses épaules. Elle était habillée comme une poupée: robe et manteau de velours anglais cramoisi garnis de

---

(1) Né près d'Amboise en 1460, mort en 1510. D'abord archevêque de Narbonne, puis de Rouen; ensuite cardinal et premier ministre de Louis XII. Son tombeau est à Rouen.

cygnes, feutre gris emplumé, bottines hongroises mordorées, et une poupée Huret à la main, moins belle qu'elle, mais non moins élégamment habillée.

La petite fille avait une envie folle de pain d'épice et ne se gênait pas trop pour en demander à sa mère, laquelle, soit par fausse honte, soit parce qu'elle ne crût pas ce bonbon assez hygiénique pour son enfant, faisait la sourde oreille et la laissait se lamenter.

Des instances et des lamentations, la petite fille en était venue aux larmes. La mère la grondait, et, après l'avoir grondée, avait rebroussé chemin et cherchait des yeux sa voiture qu'elle avait probablement laissée aux abords de la place. Cette résolution, comme bien vous pensez, ne séchait pas les larmes de la pauvre enfant.

Or, à quelques pas de la petite fille et derrière elle marchait une enfant du peuple, le type opposé de la fille de la dame. L'une était blanche et blonde, l'autre brune et bistrée comme une petite bohémienne: des cheveux de jais, non pas bouclés, mais frisés naturellement, la figure barbouillée; sur elle, une petite robe incolore et en haillons; à la main, un gros morceau de pain d'épice marqueté d'amandes.

II. Tout en suivant la blonde enfant pour admirer de plus près la belle poupée, dont elle n'aurait jamais la pareille, elle entend les plaintes et voit les larmes. D'un mouvement spontané et généreux, elle casse en deux son pain d'épice et tend l'une des deux moitiés à la petite *demoiselle*, qui hésite un instant, jette un regard timide à sa maman, et saisit le morceau de pain d'épice tandis que celle-ci la boude et détourne la tête.

Les gémissements et les pleurs ayant cessé tout à coup, ce changement la trahit. D'un simple regard la mère comprend tout ce qui vient de se passer. Il lui faut réprimander d'un côté, récompenser de l'autre.

Elle commence par tirer une pièce blanche et la donner à la petite gamine; puis s'adressant à sa fille:—Bébé, lui dit-elle, vous n'êtes qu'une gourmande. Vous allez vite donner un jouet à cette enfant, qui vous a fait un cadeau.

Mais pendant qu'elle cherche du regard une baraque de marchand de jouets, le petit chérubin blond ouvre ses grands yeux bleus, réfléchit un moment, puis, avant que la mère puisse l'en empêcher:—Tiens, dit-elle, et elle met sa poupée entre les mains de la fillette brune, qui fait entendre un de ces cris de joie comme seuls les enfants en savent pousser.—Tu ne la battras que lorsqu'elle ne sera pas sage, lui recommanda-t-elle.

Que faire? la mère n'ose réclamer.

Après avoir fait deux pas, la petite blonde se retourne et ajoute:—Elle s'appelle Nini, tu sais!

C'est tout ce qui m'est resté dans la mémoire de ma visite à la foire au pain d'épice: cet acte de communisme, au rebours de la petite *partageuse*, le communisme du pauvre qui donne au riche, et qui donne sans prévoir que celui-ci le lui rendra avec usure.

8. **Une vengeance**. — I. Le cercueil était simple : c'était un pauvre cercueil de sapin; aucune fleur ne l'ornait; pas de coussin de satin blanc rosé pour reposer cette tête au front pâle; pas de soyeux rubans autour de ce triste linceul. Les cheveux bruns qui encadraient ce visage décoloré étaient décemment arrangés, mais nulle coiffure ne les dérobait aux regards. La victime de la cruelle misère semblait sourire dans son sommeil ; elle avait trouvé du pain, le repos et la santé.

« Je veux voir ma mère, » dit en sanglotant un pauvre enfant au moment où l'entrepreneur des pompes funèbres de la ville clouait le cercueil. — Vous ne le pouvez pas, répliqua rudement ce dernier; hors de mon chemin, garçon; comment quelqu'un ne prend-il pas ce gamin? — « Laissez-moi la voir une minute seulement, s'écria l'orphelin abandonné sans aide et sans espoir, se cramponnant au couvercle de la bière que la charité avait donnée à sa mère. » Et, tandis que son regard se fixait avec angoisse sur les traits farouches de cet homme, des larmes de désespoir coulaient le long de ses joues, sur lesquelles n'avait jamais brillé la fleur de l'enfance. C'était désolant de l'entendre crier : « Une fois seulement ; laissez-moi voir ma mère seulement une fois ! »

Le monstre sans cœur rejeta si brutalement l'enfant en arrière que le pauvre petit trébucha. Un instant il frémit de douleur et de rage; son œil bleu s'agrandit, sa lèvre se projeta, ses dents grincèrent, et un éclair traversa ses larmes. Il leva son bras chétif, et, d'une voix qui n'avait rien de l'enfant : « Quand je serai grand, dit-il, je vous tuerai ! »

. . . .

II. L'immense salle du tribunal était comble.

« Personne ne se présente-t-il pour servir d'avocat à cet homme? » demanda le juge.

Un silence glacial accueillit ces paroles.

Il y avait dans l'auditoire un jeune étranger dont les lèvres fortement serrées trahissaient une profonde émotion ; ses traits accusaient une intelligence supérieure qui n'excluait pas une certaine réserve. Il s'avança d'un pas ferme et le regard plein de feu pour plaider la cause de l'accusé sans défense. Son discours ft une profonde sensation, son éloquence entraîna l'auditoire, et son génie convainquit les juges : l'homme sans défense fut acquitté. « Que Dieu vous bénisse, dit ce dernier ; moi, je ne le puis. — Je n'ai que faire de vos remerciements, répondit froidement l'étranger. — Je... je crois que vous m'êtes inconnu. — Accusé, je viendrai au secours de votre mémoire. Il y a vingt ans, vous rejetâtes loin du cercueil de sa mère un pauvre enfant dont le cœur était brisé. J'étais ce pauvre enfant. »

L'homme devint livide.

« M'avez-vous sauvé pour me prendre la vie ? » demanda-t-il.

— Non, repartit le jeune homme, j'ai une plus douce vengeance : j'ai sauvé la vie de l'homme dont la brutalité a fait à mon cœur une plaie qui s'est envenimée pendant vingt ans. Allez, souvenez-vous des pleurs de l'enfant sans protection ! »

L'homme courba la tête sous le poids de sa honte et quitta l'é-

ſranger, dont la magnanimité était aussi grande qu'incompréhen-
sible, mais dont Dieu avait le secret; aussi le jeune avocat sentit-il
dans son âme le sourire de celui à qui il avait sacrifié sa vengeance.

9. **La commune aux aliénés.**—I. J'étais à la recherche d'une
maison de campagne, que je désirais non loin de la Seine ; j'en
trouve une de belle apparence dans un village de Normandie. —
« Il me paraît, me dit le propriétaire, bon vivant, que vous ne
craignez pas d'augmenter le nombre des aliénés? » — Que voulez-
vous dire? m'écriai-je. »—« Vous ignorez donc le sobriquet donné
aux habitants de ce village? » — « Oui, Monsieur, je l'ignore;
mais, s'ils sont fous, je ne me soucie guère de vivre parmi eux,
car la frayeur que j'aurais de gagner la maladie commune pourrait
me la faire contracter. » — « Oh ! rassurez-vous ; il n'y en a pas
plus ici qu'ailleurs ; c'est la simplicité d'un maire qui leur a valu
ce surnom. Si vous le voulez, je vais vous raconter l'anecdote qui
y a donné lieu. »

Le village de B... était administré, il y a cinq ou six ans, par
un cultivateur aisé ayant de la droiture, de bonnes intentions, mais
peu lettré. Or, cet homme, que je nommerai Thouret, reçut un
jour une circulaire de M. le préfet du département, par laquelle ce
magistrat demandait l'état nominatif des aliénés existant dans la
commune. M. le maire relut cette lettre trois fois de suite avec beaucoup d'attention, espérant y trouver la signification du mot *aliénés*,
qu'il ne connaissait pas. « Diable! se disait-il en se grattant
l'oreille, qu'est-ce que c'est donc que ça? » Après bien des réflexions qui n'aboutirent à rien, il se décida à aller trouver son adjoint, M. Bélant, honnête vigneron avec qui il était fort bien, et il
le pria de prendre communication de la lettre. M. l'adjoint savait un
peu lire, mais pas très-couramment. Craignant d'ennuyer l'autre
il lui dit : « Lis toi-même ; je t'écoute. » Quand la lecture fut
faite : « Eh bien? dit Bélant. »—« Eh bien? dit Thouret ; peux-tu
me dire ce que c'est que les aliénés? » — « Ah ! c'est ce mot là
qui t'embarrasse? » — Parbleu! sûrement tu sais ce que ça veut
dire, toi. » — « Oh ! je sais à peu près. » — « Eh bien? dis-moi
à peu près. » — « Dame, oui, je sais à peu près ; mais je ne peux
pas te l'expliquer. » — « Cousin, si tu ne peux pas me l'expliquer,
c'est que tu ne sais pas. Il ne faut pas me faire le fanfaron! Allons
trouver M. le Maître. Lui qui est secrétaire de la mairie, il va
nous dire cela tout de suite. »

II. Chemin faisant, ils rencontrèrent un jeune notaire du voisinage, qui venait de faire signer un contrat de mariage. L'idée
vint à M. Thouret de le consulter sur le mot qu'il leur fallait
connaître à tout prix. « Tu vas te faire moquer de toi, lui dit
Bélant. » — « Pourvu qu'il ne se moque pas de nous deux,
qu'est-ce que cela te fait ? » M. le maire s'approche ; son adjoint
le suit. « Monsieur le notaire, lui dit le premier, voudriez-vous
bien nous donner un *avis de conseil* sur une lettre qui nous embarrasse ? » Quand le notaire eut examiné l'affaire : « Messieurs,
répondit-il gravement, les aliénés sont ceux qui vont à la messe
le dimanche. » — « Ah ! tiens, je ne m'en serais jamais douté,
dit le maire ; je vous remercie, monsieur. » — « Oui, c'est cela,

s'écria Bélant, je le savais bien, moi. » Le notaire s'esquiva, craignant d'éclater de rire à leur barbe et les laissa dans cette croyance. Or, ceci se passait un samedi. Les deux cousins reconnaissant qu'il était inutile de se rendre chez l'instituteur, dont la demeure était encore éloignée, décident qu'ils iront à la messe le lendemain, et qu'ils sortiront un peu avant les autres paroissiens pour compter le nombre des dévots dits *aliénés*. Ils exécutent leur projet, puis ils se réjoignent. Le nombre n'était que de quarante-cinq. — « C'est bien peu, se dirent-ils, sur plus de mille âmes ; on va dire que nous n'avons pas de dévotion, et nous n'obtiendrons pas le curé que nous sollicitons. » — « Peuh ! nous pouvons bien doubler, tripler même le nombre de quarante-cinq ; qui est-ce qui nous contredira ? » — « Pardine, personne. » Voilà l'affaire entendue. Rentré chez lui, M. le maire fit cette réponse au préfet. « Monsieur le préfet pour répondre à votre *honorée* en date du..., je vous dirai que, *pour quant* aux aliénés qui existent dans la commune, ils sont 180, le maire et l'adjoint compris. » Je laisse à deviner l'étonnement où une pareille réponse jeta M. le préfet. Il ne pouvait croire qu'il y eut tant de fous dans le village de B..., et pourtant, il n'osait presque en douter, en voyant M. le maire et M. l'adjoint compris dans le nombre. « A coup sûr, se dit-il, ces deux-là le sont ; mais je dois m'informer s'ils ont autant de confrères qu'ils le croient. M. le préfet fit prendre des renseignements ; il apprit la vérité, qui se répandit bientôt dans tous les rangs de la bureaucratie départementale. L'hilarité fut générale et prolongée ; on fit mille plaisanteries sur le maire et les habitants de B... Bref, maints surnoms leur furent donnés ; resta celui d'*aliénés*.

10. Quelques anecdotes sur Napoléon Ier. — 1. A la fin du Consulat, le 29 mars 1804, Napoléon se rendit au Prytanée militaire, situé alors rue St-Jacques, où se trouve actuellement le lycée Louis le-Grand, à Paris. Les élèves, fractionnés en vingt-deux compagnies, étaient armés de fusils proportionnés à leur taille. Il y avait des enfants depuis l'âge de neuf ans. Beaucoup étaient connus personnellement du premier Consul, qui allait de temps à autre dans les établissements de ce genre. C'était toujours une grande joie parmi les élèves quand on annonçait sa visite. Ce jour-là, le petit bataillon était sous les armes. En passant devant la dernière compagnie, Napoléon reconnaît un pensionnaire avec la famille duquel il est très-lié. L'enfant baissait la tête ; le premier Consul passe son doigt dans son col pour lui relever le visage, et, voyant que le col le serre beaucoup, il se retourne vers le directeur, M. Champagne : « Est-ce que vous croyez, lui dit-il, que vous me ferez des hommes, en étriquant ainsi ces enfants ? » Puis, s'adressant directement à l'élève : « Alphée, lui dit-il, cours au magasin, va changer d'uniforme et reviens te présenter à moi ; je veux te voir avec un nouvel habit. Bientôt Alphée accourt, et se place devant le premier Consul en lui présentant les armes : « A la bonne heure ! » dit Napoléon en pinçant l'oreille de l'élève. Il était à peine hors du Prytanée, que tous les enfants se précipitent en courant vers le magasin, demandant à grands cris qu'on leur livre l'habit touché par le premier Consul. Ce vêtement fut, en effet, partagé en vingt-deux portions, une par compagnie, et chaque élève eut un petit morceau de ce vêtement, passé à l'état de relique. Il est difficile, on en conviendra, d'inspirer un sentiment plus dévoué à la jeunesse que celui qu'elle avait alors pour le premier Consul.

II. Par suite des guerres que Napoléon soutint ou dans lesquelles il fut fatalement entraîné, personne ne fit faire une plus grande consommation de soldats; mais personne n'était plus avare du sang des Français en dehors du champ de bataille. Il ne pouvait souffrir l'idée du duel. Au camp de Boulogne, il malmena sa garde, qui s'était laissée aller à des querelles sanglantes avec des régiments de la ligne. Le 7 mai 1802, il écrivit au ministre de la guerre Berthier : « Je vous prie, citoyen ministre, de faire connaître au général Reynier que le duel qu'il a eu et qui a privé la patrie de l'un de ses plus braves généraux (Destaing), est un deuil public; qu'il est à craindre que de pareilles scènes ne se renouvellent encore, et que l'intention du Gouvernement est qu'il s'éloigne de Paris de plus de trente lieues En plusieurs autres circonstances, Napoléon fut intraitable et punit très-sévèrement les combats de ce genre Quant au suicide, il ne pouvait admettre qu'un soldat s'en rendît coupable. Le 12 mai 1802, il mit à l'ordre : « Le grenadier Gobain s'est suicidé pour des raisons d'amour; c'était, d'ailleurs, un très-bon sujet. C'est le second événement de cette nature qui arrive au corps depuis un mois. Le premier Consul ordonne qu'il soit mis à l'ordre de la garde: « Qu'un soldat doit savoir vaincre la douleur et la mélancolie des passions; qu'il y a autant de vrai courage à souffrir avec constance les passions de l'âme qu'à rester fixe sous la mitraille d'une batterie. S'abandonner au chagrin sans résister, se tuer pour s'y soustraire, c'est abandonner le champ de bataille avant d'avoir vaincu. »

III. Vers 1805, un jeune matelot anglais fait prisonnier, s'échappa d'un dépôt et parvint à gagner les bords de la mer, aux environs de Boulogne, où il vivait caché dans les bois. Dévoré du désir de revoir son pays à quelque prix que ce fût, il construisit, à l'aide de son couteau et avec des écorces d'arbres, un léger esquif sur lequel il espérait gagner les croiseurs anglais, qu'il était occupé, une grande partie du jour, à guetter de la cime de quelques arbres Il fut pris au moment où, chargé de son canot, il allait se jeter à l'eau et s'y aventurer. On l'emprisonna comme espion ou voleur. La chose étant parvenue jusqu'aux oreilles de Napoléon, qui se trouvait à Boulogne, il eut la curiosité de voir cette embarcation, dont on parlait beaucoup ; il ne put croire, à sa vue, qu'il y eût un être assez insensé pour avoir osé en faire usage, et se fit amener le matelot, qui lui confirma que telle avait été sa résolution, lui demandant pour toute faveur la grâce de lui permettre de l'exécuter. « Tu as donc une bien grande envie de revoir ton pays? lui dit l'Empereur; y aurais-tu laissé ta fiancée? » — « Non, répond le matelot; c'est ma mère, pauvre et infirme, que je voudrais revoir. » — « Tu la reverras! s'écria Napoléon. » Et, sur-le-champ, il commanda qu'on prît soin de ce jeune homme, qu'on l'habillât, qu'on le transportât à bord du premier croiseur de sa nation, et qu'on lui remit une forte somme d'argent pour sa mère. « Elle doit être bien bonne, ajouta l'Empereur, car elle a un bien bon fils. »

IV.—L'Empereur lisait quelquefois, le matin, les nouveautés et les romans du jour. Quand un ouvrage lui déplaisait, il le jetait au feu. S'il nous trouvait, le soir. occupés à lire dans le petit salon, où nous l'attendions à l'heure du coucher, il regardait quels livres nous lisions, et, quand c'étaient des romans, ils étaient brûlés sans miséricorde. S. M. manquait rarement d'ajouter une petite semonce à la confiscation, et de demander *si un homme ne pouvait pas faire une meilleure lecture?* Un matin qu'il avait parcouru et jeté au feu un livre de je ne sais quel auteur, Rous(an se baissa pour le retirer, mais l'Empereur s'y opposa en disant : « *Laisse donc brûler toutes ces sottises-là ; c'est tout ce qu'elles méritent.* »

(CONSTANT (1); *Mémoires.*)

11. Lettre de Paul-Louis Courier à sa cousine (*Mme Pigalle.* — I. « Un jour je voyageais en Calabre. C'est un pays de méchantes gens, qui, je crois, n'aiment personne, et en veulent surtout aux Français. De vous dire pourquoi, cela serait long ; suffit qu'ils nous haïssent à mort, et qu'on passe fort mal son temps lorsqu'on tombe en leurs mains. J'avais pour compagnon un jeune homme d'une figure... ma foi, comme ce monsieur que nous vîmes au Raincy ; vous en souvenez-vous ? et mieux encore peut-être. Je ne dis pas cela pour vous intéresser, mais parce que c'est la vérité. Dans ces montagnes, les chemins sont des précipices, nos chevaux marchaient avec beaucoup de peine ; mon camarade allant devant, un sentier qui lui parut plus praticable et plus court nous égara. Ce fut ma faute ; devais-je me fier à une tête de vingt ans ? Nous cherchâmes, tant qu'il fit jour, notre chemin à travers ces bois ; mais plus nous cherchions, plus nous nous perdions, et il était nuit noire quand nous arrivâmes près d'une maison fort noire. Nous y entrâmes, non sans soupçon ; mais comment faire ? Là nous trouvons toute une famille de charbonniers à table, où du premier mot on nous invita. Mon jeune homme ne se fit pas prier : nous voilà mangeant et buvant, lui, du moins ; car, pour moi, j'examinais le lieu et la mine de nos hôtes.

« Nos hôtes avaient bien mine de charbonniers ; mais la maison, vous l'eussiez prise pour un arsenal. Ce n'étaient que fusils, pistolets, sabres, couteaux. coutelas. Tout me déplut, et je vis bien que je déplaisais aussi. Mon camarade, au contraire, il était de la famille, il riait, il causait avec eux ; et, par une imprudence que j'aurais dû prévoir (mais quoi ! s'il était écrit...), il dit d'abord d'où nous venions, où nous allions, qui nous étions. Français, imaginez un peu ! chez nos plus mortels ennemis, seuls, égarés, si loin de tout secours humain ! Et puis, pour ne rien omettre de ce qui pouvait nous perdre, il fit le riche, promit à ces gens pour la dépense et pour nos guides, le lendemain, ce qu'ils voulurent.

« Enfin, il parla de sa valise, priant fort qu'on en eût grand soin, qu'on la mît au chevet de son lit ; il ne voulait point, disait-il, d'autre traversin. Ah ! jeunesse, jeunesse ! que votre âge est à plaindre ! Cousine, on crut que nous portions les diamants de la

(1) Valet de chambre de Napoléon Ier.

couronne ; ce qu'il y avait de plus intéressant pour lui dans cette valise, c'étaient les lettres de sa maîtresse.

« Le souper fini, on nous laisse ; nos hôtes couchaient en bas, nous dans la chambre haute, où nous avions mangé. Une soupente élevée de sept à huit pieds, où l'on montait par une échelle, c'était là le coucher qui nous attendait, l'espèce de nid dans lequel on s'introduisait en rampant sous des solives chargées de provisions pour toute l'année. Mon camarade y grimpa seul, et se coucha tout endormi, la tête sur la précieuse valise. Moi, déterminé à veiller, je fis bon feu et m'assis auprès.

11. « La nuit s'était déjà passée presque entière assez tranquillement, et je commençais à me rassurer, quand, sur l'heure où il me semblait que le jour ne pouvait être loin, j'entendis au-dessous de moi notre hôte et sa femme parler et disputer. Prêtant l'oreille par la cheminée, qui communiquait avec celle d'en bas, je distinguai parfaitement ces propres mots du mari : *Eh bien ! enfin, voyons, faut-il les tuer tous les deux?* A quoi la femme répondit : *Oui,* et je n'entendis plus rien.

« Que vous dirai-je? je restai respirant à peine, tout mon corps froid comme un marbre ; à me voir, vous n'eussiez su si j'étais mort ou vivant. Dieu ! quand j'y pense encore !... Nous deux presque sans armes contre eux, douze ou quinze, qui en avaient tant ! Et mon camarade mort de sommeil et de fatigue ! L'appeler, faire du bruit, je n'osais ; m'échapper tout seul, je ne pouvais ; la fenêtre n'était guère haute, mais, en bas, deux gros dogues hurlant comme des loups... En quelle peine je me trouvais, imaginez-le si vous pouvez.

« Au bout d'un quart d'heure qui fut long, j'entends sur l'escalier quelqu'un, et, par les fentes de la porte, je vois le père, sa lampe dans une main, dans l'autre un de ses grands couteaux. Il montait, sa femme après lui et moi derrière la porte : il ouvre ; mais avant d'entrer, il pose la lampe, que sa femme vient prendre; puis, il entre pieds nus, et elle, de dehors, lui disait à voix basse, quant avec ses doigts le trop de lumière de la lampe : *Doucement, va doucement.* Quand il est à l'échelle, il monte, son couteau dans les dents, et, venu à la hauteur du lit de ce pauvre jeune homme étendu, offrant sa gorge découverte, d'une main il prend son couteau, et, de l'autre... Ah ! cousine !... il saisit un jambon qui pendait au plancher, en coupe une tranche et se retire comme il était venu. La porte se referme, la lampe s'en va, et je reste seul à mes réflexions.

« Dès que le jour parut, toute la famille à grand bruit vint nous éveiller, comme nous l'avions recommandé. On apporte à manger; on sert un déjeuner fort propre, fort bon, je vous assure. Deux chapons en faisaient partie, dont il fallait, dit notre hôtesse, emporter l'un et manger l'autre. En les voyant, je compris enfin le sens de ces terribles mots : *Faut-il les tuer tous deux?* Et je vous crois, cousine, assez de pénétration pour deviner à présent ce que cela signifiait. »

12. La feuille de chêne et la feuille de tremble. — I. Un jour, la feuille de chêne dit à la feuille de tremble : « Que vous

semble, ma sœur, de la vie que nous menons? N'est-il pas bien
dur d'être, comme nous sommes, toujours attachées à la même
branche, sans la quitter jamais que pour mourir! Tout ce qui a
vie autour de nous est libre : le nuage va porter où il veut sa rosée
bienfaisante ; l'oiseau bâtit son nid où il lui plaît et parcourt les
airs à sa guise ; les animaux des bois vont tranquillement où la
fantaisie les mène ; pourquoi donc sommes-nous captives comme
si nous n'étions pas, nous aussi, des créatures de Dieu? » — « Et
où irions-nous, ma sœur? répondit la feuille de tremble. Que fe-
rions-nous de la liberté, si un souffle ennemi nous la donnait?
Attachées à notre branche, nous y trouvons la vie, l'air nous
berce doucement, le soleil couchant nous visite de ses plus beaux
rayons, que nous faut-il de plus? » — « Oh! beaucoup de choses
qui me manquent, à moi, et vous vous contentez à bon marché,
pauvre feuille de tremble que vous êtes. Dans ce canton, j'en con-
viens, il n'y a guère de feuilles qui me valent ; je suis verte et de
bonne apparence; à quoi, dans notre solitude, me servent tous ces
avantages? Grâce à Dieu, je dois le dire, je trouve ici tout le nécessaire La rosée du ciel, les sucs nourriciers de la terre ne me manquent pas ; mais que c'est peu de chose quand on pense aux parfums qui là-bas s'exhalent des fleurs embaumées pour nourrir les
abeilles! L'air vous berce doucement, dites-vous; moi j'étouffe
dans cette forêt, au milieu de tant de feuilles de mon espèce, qui
me cachent le monde. Le monde doit être si beau! il fait si sombre sous ces grands arbres, tandis que le jour est brillant dans la
plaine! Le soleil couchant me visite, c'est vrai, mais c'est le
soleil levant qu'il me faut. Enfin, notre vie tranquille me déplaît
et je m'ennuie. Si haut que je sois placée sur mon arbre, c'est
toujours ce vieux hêtre que je vois devant moi; hâtons-nous donc,
ma sœur, hâtons-nous, détachons-nous; fuyons. Abandonnées
sur l'aile du zéphyr, ou emportées par la tempête, je veux aller
comme l'oiseau vers la nue, je veux courir en liberté sur la montagne, je veux contempler la nature au bord des frais ruisseaux. »

II. — « Vous m'effrayez, ma sœur, dit à ces paroles la feuille
de tremble tout émue ; un peu trop de séve trouble, je crois,
votre raison. Nous détacher? Fuir? Y pensez-vous? Qui donnera
l'ombre à nos bois quand nous n'y serons plus? Quel voile mystérieux couvrira les retraites de la biche timide? qui recevra la rosée
pour abreuver la terre et qui pompera les sucs aériens pour l'arbre
séculaire qui nous porte? » — « Cela m'inquiète peu, je vous
assure; assez d'autres resteront quand je serai partie. » — « Vous
n'irez pas loin, croyez-moi, sans trouver un sort pire que le nôtre.
Voyez toutes nos pauvres sœurs mortes qui jonchent le sol à nos
pieds? A peine détachées par le vent, elles sont tombées sur la
terre pour s'y flétrir. » — « Elles étaient déjà faibles et languis-
santes, la liberté les a perdues; je suis, moi, pleine de verdure et
de force, la liberté me sauvera. » — « Tant d'ennemis, tant de
dangers seront sur votre route! » — « Je suis feuille de chêne,
ma sœur, et je ne connais pas la crainte. » — « Vous rappelez-vous
ce bûcheron, qui nous fit grand'peur au printemps; il disait comme

vous : « Je veux aller courir le monde, car malgré peines et la-
beurs, ici je meurs de faim et je n'ai pas même d'eau à boire. » Il
partit pour la ville ; vous savez comme il est revenu : pâle de misère, découragé par l'indifférence des hommes et le cœur oppressé
de tristesse, mais encore bien heureux de retrouver sa hache, son
pain noir et sa forêt. Il y en a d'autres qui, partis comme lui, ne
sont pas même revenus. » — « Bah! il y a mauvaise chance pour
les uns et bonne chance pour les autres ; le nuage ne manque pas
d'air pour le porter, l'oiseau trouve son grain et le ruisseau sa
pente. » — « L'oiseau, le ruisseau, le nuage sont où le Créateur
les a placés. Vous êtes feuille, ma sœur, et votre place est sur
votre branche. » — « Chansons, que tout cela ! le vent se lève,
adieu ; j'en profite et je pars. » — Elle partit, en effet, l'impru-
dente feuille de chêne, dédaignant l'arbre qui l'avait fait naître ;
elle quitta pour des chimères la branche qui la nourrissait. Qu'en ar-
riva-t-il? Elle n'alla point jusqu'à la montagne et le frais ruisseau
ne la vit jamais sur son bord. Le soir n'était pas venu que flétrie,
desséchée, gisante sur la terre, foulée aux pieds des troupeaux, il
ne restait plus d'elle que de tristes débris. Plus sage, la feuille de
tremble, humblement satisfaite de son sort. vécut encore de longs
jours, et ne tomba aux sombres bords qu'à l'heure où les vents
dépouillent la nature. — Si petite qu'elle soit, conservez la position
que Dieu vous a faite. L'homme qui, sans y être contraint, abandonne son pays ou son état, court le plus souvent à sa ruine.

13. **Aventure d'Ebn-el-Magazi.** — I. Sous le règne de Motadad, il y avait à Bagdad un homme appelé Ebn-el-Magazi, dont
le métier était de conter dans les rues des anecdotes et des bons
mots. Il avait un talent remarquable, et on ne pouvait l'entendre
sans rire. Voici une de ses aventures rapportée par lui-même :
« J'étais un jour devant la porte du palais du calife ; j'égayais le
peuple par des récits piquants. Un des serviteurs de Motadad vint
se placer derrière moi. Aussitôt je me mis à conter des histoires
de domestiques. Elles l'amusèrent. Il s'en alla et revint quelques
instants après. Il me prit par la main et me dit : « Je suis entré
dans l'appartement du calife ; je me tenais debout devant lui,
lorsque j'ai pensé à toi et à tes discours ; j'ai ri, le calife a trouvé
cela étrange et m'a dit : « Hé bien ! qu'as-tu donc ? » J'ai répondu :
« Il y a près de la porte un certain Ebn-el Magazi qui raconte des
« choses à faire rire une pierre. Là-dessus le calife m'a ordonné
« de t'amener en sa présence ; mais je veux la moitié de la grati-
« fication qu'il t'accordera. » L'idée de cette gratification excitant
mon avidité, je lui répondis : « Monsieur, je suis un pauvre homme
« chargé de famille ; si vous vouliez vous contenter du sixième ou
« du quart.... » Il fut inflexible. »

II. Introduit par lui, je saluai le calife, qui me rendit le salut.
Ses regards étaient attachés sur un livre. Il le parcourut presque
en entier, tandis que j'étais debout devant lui. Enfin il le ferma,
leva les yeux vers moi et me dit : « Tu es Ebn-el-Magazi ?... On
« m'a rapporté, continua-t-il, que tu racontes des histoires curieuses
« et plaisantes. » — « Seigneur, répliquai-je, le besoin rend in-
« dustrieux. Je réunis autour de moi un cercle d'auditeurs ; je

« captive leur bienveillance par mes récits et je sollicite leurs
« bienfaits. » — « Voyons ton répertoire, ajouta le calife. Si tu
« me fais rire, je te donnerai deux mille pièces d'argent. Et si je
« ne ris pas, que me donneras-tu ? » — « Je n'ai rien à vous
« offrir que ma tête, lui dis-je ; vous en ferez ce que vous vou-
« drez. » — « C'est proposer une condition fort équitable, reprit
« Motadad ; hé bien ! si tu ne me fais pas rire, je t'appliquerai dix
« coups sur la nuque avec ce sac. » Je me dis à moi-même : « Un
« prince ne frappe qu'avec quelque chose de léger, de doux. » Je
tournai les yeux vers le sac, qui était de maroquin, et suspendu
dans un coin de la salle : « Je ne me trompe pas, me dis-je ; il y
« a probablement de l'air dans ce sac. Si je fais rire le calife, j'ai
« tout profit ; si je n'y réussis pas, hé bien ! dix coups d'un sachet
« gonflé de vent seront faciles à supporter. » Je commençai à
raconter des bons mots, des anecdotes, traits de bédouins, de pé-
dants, de juges, de filous, je débitai de tout. Enfin mon répertoire
s'épuisa ; le mal de tête me prit ; je tombai dans la tiédeur, puis
dans le froid. Cependant, tous les pages et domestiques placés
derrière moi étouffaient de rire : le calife seul conservait un sérieux imperturbable : « Je suis au bout, lui dis-je ; ma foi, je n'ai
« jamais vu un homme comme vous. » — « C'est fini ? demanda-
« t-il. » — « Je n'ai plus qu'une chose à dire, repris-je. » —
« Parle, répondit-il. »

III. « Vous m'avez promis, ajoutai-je, de me donner pour gra-
« tification dix coups sur la nuque ; je vous prie de me les appliquer,
« et d'en joindre encore dix autres à ce nombre. » Il eut envie de
rire, mais il se retint et répondit : « Accordé. » Je tendis la tête.
Au premier coup qu'il me donna, je crus qu'une tour s'écroulait
sur moi : le sac était rempli de cailloux. Il m'en frappa dix fois et
mon col faillit être brisé. Mes oreilles tintaient ; le feu sortait de
mes yeux. Je m'écriai : « Seigneur, un mot ! » Il se disposait à
compléter le nombre de vingt, mais il s'arrêta. « Qu'est-ce ? dit-
« il. » — « Suivant les principes de la religion, répondis-je, il
« n'est rien de plus louable que de tenir sa parole, ni de plus
« odieux que d'y manquer. Or, je me suis engagé envers le domes-
« tique qui m'a introduit ici à partager avec lui ma gratification,
« quelle qu'elle fût, petite ou grande. Par un effet de votre géné-
« rosité et de votre munificence, vous avez bien voulu la porter au
« double ; j'ai ma moitié, l'autre moitié lui appartient. » Ces mots
firent rire le calife au point qu'il se renversa sur le dos ; il frappait
des mains, il trépignait, il se pressait le ventre. Enfin il se calma
et dit : « Qu'on amène un tel devant moi. » Et il commanda qu'on
lui donnât le reste des coups. — « Qu'ai-je donc fait ? s'écria le
« domestique. » — « C'est moi, lui dis-je, qui ai commis la faute
« et mérité cela, mais tu es mon associé. On m'a payé mon con-
« tingent, on va maintenant te payer le tien. » Tandis qu'on le
battait, je me mis à lui adresser des reproches et à lui parler
ainsi : « Je te disais que je suis pauvre et chargé de famille ; je te
« peignais ma misère et te priais de te contenter du sixième ou du
« quart ; tu as exigé la moitié. Si j'avais su n'obtenir du comman-
« deur des croyants d'autre gratification que des coups, je te l'au-

« rais abandonnée tout entière. » Le calife recommença à rire en entendant ce discours. Quand le patient eut reçu sa portion, Motadad prit une bourse dans laquelle étaient deux mille pièces d'argent ; il les partagea entre le domestique et moi. Ensuite je me retirai. CAUSSIN DE PERCEVAL.

Devoir. — Développer les raisons qui faisaient rire le calife.

14. Une consultation. — I. Il a quelques mois arrivait à Paris un Américain dont on disait merveille. En effet, les journaux du Nouveau-Monde, dans leurs immenses colonnes d'annonces, proclamaient depuis des années « que M. W. connaissait le présent, le passé et l'avenir, et que grâce aux esprits ou au somnambulisme, il lisait dans le cœur humain comme dans un livre ouvert. »

M. W. arriva donc à Paris, accompagné de sa renommée, de ses esprits et de sa somnambule, une petite femme âgée d'une quarantaine de printemps. Il loua dans une maison meublée un appartement plein de dorures, de glaces et de fausses porcelaines de Chine; il fit afficher son nom sur tous les murs de Paris; il daigna annoncer que le prix de sa consultation spirite ou magnétique ne dépasserait pas un louis, et il attendit.

On ne le fit pas attendre longtemps. Les — comment les appellerai-je? — les curieux — cela ne blessera personne, — les curieux donc commencèrent à faire queue chez M. W. Sa somnambule faisait miracle ; sur dix fois, elle se trompait bien une fois, mais de si peu !

Le succès de M. W. durait depuis une semaine, le jour où on lui annonça la visite de deux messieurs à l'air très-distingué. M. W. les reçut dans son salon. Il comprit qu'il avait affaire à deux Anglais; il entama la conversation dans cette langue. Ces deux messieurs étaient l'un très-blond, l'autre très-brun; celui-ci répondait par monosyllabes, celui-là était très-loquace. Le blond expliqua à M. W. qu'il désirait consulter sa somnambule sur son présent et sur sa famille, et qu'il désirait aussi voir son ami assister à cette consultation.

— Alors ce sera une consultation double, répondit M. W. — Aôh, yes, ça m'est égal.

II. — M. W. appela la petite femme, qui s'endormit après quelques passes. — Voulez-vous donner quelque chose à mon sujet pour le mettre en communication avec les personnes dont vous désirez des nouvelles? dit M. W. au gentleman blond. — C'est juste, fit celui-ci. Et il tira de son portefeuille une boucle de cheveux très-noirs. M. W., après avoir mis la boucle dans les mains de la somnambule : « Où êtes-vous ? Que voyez-vous ? lui dit-il. — Je marche, je marche, commença la somnambule d'une voix monotone, tout droit devant moi; je passe beaucoup d'eau. — C'est la Manche, dit M. W. — C'est vrai, répondit le gentleman blond, tandis que le brun faisait un signe affirmatif. — Je marche encore, continua la somnambule, j'arrive à une grande ville. Oh! quelle grande ville ! Il y a beaucoup de fumée... — C'est Londres, dit M. W. Continuez... — Je prends le chemin de fer, me voici dans la campagne. J'arrive à une grande habitation; un palais au milieu d'un jardin, d'un parc… — C'est mon château, s'écria le monsieur blond vivement émotionné. — C'est votre château, comme vous le dites très-bien, riposta M. W. Et que voyez-vous dans ce jardin? dit-il en s'adressant à la somnambule; regardez bien, faites-nous la description… — Devant ce palais, recommença la somnambule, il y a une grande pelouse. A gauche, une pièce d'eau avec un jet au milieu… Dans l'eau des oiseaux blancs .. — Oh! mon lac, mes cygnes, s'écria le monsieur blond. — Il y a plusieurs oiseaux blancs, une petite barque… et la somnambule s'arrêta. — Et au bord du lac, vous ne voyez pas de grandes ou de petites personnes, interrogea d'un ton un peu irrité M. W. — Au bord du lac, je vois une petite personne, très-jeune, un enfant… — C'est mon Georges, interrompit le gentilhomme blond. — Un garçon très-jeune, il s'amuse avec un cygne; oh! il tombe dans l'eau… — Le monsieur blond jeta un cri de douleur. — … Un monsieur le sauve, un monsieur âgé… — C'est son précepteur, dit avec joie le gentleman blond à M. W… qui triomphait.

— Deux dames arrivent, continua toujours sur le même ton la somnambule. L'une est brune et jolie, l'autre est un peu vieille… — C'est ma femme avec son ex-gouvernante…

— … La jeune pleure de joie. Elle embrasse l'enfant… Celui-ci pleure… On le met au lit… La jeune femme va dans son boudoir… Elle s'assied devant un bureau… Elle regarde un portrait d'un monsieur blond… Elle l'embrasse… Elle commence une lettre.., elle écrit : « Mon cher mari… »

— Assez, assez, s'écria le monsieur blond en se levant. C'est sublime, c'est merveilleux. Vous pouvez réveiller votre somnambule.

III. J'espère que vous êtes content, dit M. W., et que vous proclamerez dans tout Paris ce que vous avez pu voir vous-même…

— Avec plaisir, mon cher monsieur. Seulement, je vous préviens d'une chose. Je n'ai pas de château, je n'ai pas d'enfants, je n'ai jamais été marié, je suis né dans le quartier de la Chaussée-d'Antin, je suis blond sans être Anglais et je parle anglais sans avoir jamais mis les pieds à Londres.

— Mais, monsieur…. balbutia M. W. blême de colère.

— Je suis venu avec le docteur, mon ami, pour voir comment vous saviez arranger vos affaires. Nous vous avons fait perdre du temps, voilà cinq francs pour la peine.

En disant cela, le monsieur blond jeta une pièce de cent sous sur un guéridon et partit avec son ami.

Ceux qui s'étonnèrent du départ subit du célèbre W…, en lisant ces lignes, auront la clef du mystère.

(Il n'y a que les ignorants et les sots qui croient aux somnambules, aux sorciers ou aux revenants.

15. **Es-tu content, ou l'histoire des Nez,** *nouvelle drôlatique.* — I. A Dewitz, aux environs de Prague, vivait un fermier, riche et bizarre, qui avait une jolie fille à marier. Les étudiants de Prague (en ce temps-là, il y en avait vingt-cinq mille), allaient souvent du côté de Dewitz, et il en est plus d'un qui eût volontiers conduit la charrue pour devenir le gendre du fermier. Mais

comment faire ? La première condition que le rusé paysan impo-
sait à chaque nouveau valet était celle-ci : « Je t'engage pour un
an, c'est-à-dire jusqu'à ce que le coucou chante le retour du
printemps ; si d'ici là tu me dis une seule fois que tu n'es pas
content, je te coupe le bout du nez. Du reste, ajoutait-il en riant,
je te donne le même droit sur ma personne. » Et il faisait comme
il avait dit. Prague était rempli d'étudiants auxquels on avait re-
collé le bout du nez, ce qui n'empêchait pas la cicatrice et encore
moins les mauvaises plaisanteries. Revenir de Dewitz défiguré et
ridicule, c'était de quoi refroidir la passion.

Un certain Coranda, assez lourd de sa personne, mais froid, fin
et rusé, ce qui n'est pas un mauvais moyen de faire fortune, voulut tenter l'aventure. Le fermier l'accueillit avec sa bonhomie
ordinaire, et, le marché conclu, l'envoya aux champs labourer.
A l'heure du déjeuner, on appela les autres valets, mais on eut
soin d'oublier notre homme ; à dîner on fit de même. Coranda ne
se troubla point, revint au logis, et tandis que la fermière portait
du grain aux poules, il décrocha dans la cuisine un énorme jambon, prit un grand pain dans la huche et s'en alla aux champs
dîner et faire un somme.

Lorsqu'il revint le soir : « Es-tu content ? lui cria le fermier.
Très-content, répondit Coranda ; j'ai mieux dîné que vous. » Voilà
la fermière qui accourt en criant au voleur et notre homme de
rire. Le fermier pâlit. « Vous n'êtes pas content ? dit Coranda. —
Un jambon n'est qu'un jambon ! reprit le maître. Je ne me trouble pas pour si peu. » Mais depuis lors on eut soin de ne pas
laisser à jeun notre étudiant.

II. Vint le dimanche. Le fermier et sa femme montèrent en
char pour se rendre à l'église, et dirent au prétendu valet :
— Tu soigneras le dîner ; tu mettras dans la marmite ce morceau de viande, et tu y joindras oignons, carottes, ciboules et persil. — Bien, dit Coranda.

Il y avait à la ferme un petit chien mignon qui se nommait
Persil. Coranda le tue, le dépouille et le fait bouillir proprement
dans le pot-au-feu. Quand la fermière revint, elle appela son favori ; hélas ! elle ne trouva qu'une peau sanglante pendue à la
fenêtre.

— Qu'as-tu fait ? dit-elle à Coranda. — Ce que vous m'avez
commandé, maîtresse ; j'ai mis oignons, carottes, ciboules et persil
dans la marmite. — Méchant sot ! cria le fermier, tu as eu le cœur
de tuer cette innocente créature, qui faisait la joie de la maison ?
— Vous n'êtes pas content, dit Coranda, en tirant son couteau de
sa poche ? — Je ne dis pas cela, reprit le bonhomme. Un chien
mort n'est qu'un chien mort. Et il soupira.

III. Quelques jours plus tard, le fermier et sa femme allèrent
au marché. Comme ils se méfiaient de leur terrible valet, ils lui
dirent : — Tu resteras au logis, tu ne te permettras rien de ton
chef, tu feras exactement ce que feront les autres. — Cela suffit,
dit Coranda.

Il y avait dans la cour un vieil appentis dont le toit menaçait
ruine. Vinrent les maçons pour le réparer ; suivant l'usage, ils

commencèrent par le démolir. Voilà mon Coranda qui prend une échelle et monte sur le toit de la maison, qui était tout neuf. Bardeaux, lattes, clous, crampons, il arrache tout, et en disperse au vent les débris. Quand le fermier revint, la maison était à jour:

— Drôle, s'écria-t il, quel nouveau tour m'as-tu joué? — Je vous ai obéi, maître, reprit Coranda; vous m'avez dit de faire ce que feraient les autres. Est-ce que vous n'êtes pas content? Et il tira son couteau. — Content, dit le fermier; content; pourquoi serais-je mécontent? Quelques lattes de plus ou de moins ne me ruineront pas. Et il soupira.

IV. Le soir venu, le fermier et sa femme se dirent qu'il était grand temps d'en finir avec ce diable incarné. Comme c'étaient des gens sensés, ils ne faisaient jamais rien sans consulter leur fille, l'usage étant en Bohême que les enfants aient toujours plus d'esprit que les parents.

— Père, dit Hélène, je me cacherai de bon matin dans le grand poirier, et je ferai le coucou; tu diras à Coranda que l'année est passée, puisque le coucou chante; tu le paieras et tu le renverras.

Chose dite, chose faite. Dès le matin, on entend dans la campagne le cri plaintif de l'oiseau du printemps: *Coucou! coucou!*

Qui parut surpris, ce fut le fermier. — Or çà, mon garçon, dit-il à Coranda, voici la saison nouvelle qui nous surprend; le coucou chante sur le poirier là-bas; viens que je te paie et séparons-nous bons amis. — Un coucou? dit Coranda, je n'ai jamais vu ce bel oiseau.

Il court à l'arbre et le secoue à tour de bras. On entend un cri, et voilà que de l'arbre tombe une jeune fille, Dieu merci avec plus de peur que de mal. — Scélérat! criait le fermier. — Vous n'êtes pas content? dit Coranda en tirant son couteau. — Misérable! tu me tues ma fille et tu veux encore que je sois content; je suis fou de colère; va-t'en, si tu ne veux périr de ma main. — Je partirai quand je vous aurai coupé le nez, dit Coranda. J'ai tenu ma parole, tenez la vôtre. — Holà, dit le fermier en mettant la main devant son visage, tu me laisseras bien racheter mon nez. — Soit, dit Coranda. — Veux-tu dix moutons? — Non. — Deux bœufs? — Non. — Dix vaches? — Non, j'aime mieux vous couper le nez.

Et il aiguisa son couteau sur le seuil de la maison.

V. Père, dit Hélène, j'ai fait la faute, je la réparerai. Coranda, voulez-vous ma main au lieu du nez de mon père? — Oui, dit Coranda. — J'y mets une condition, dit la jeune fille; je prends pour ma part la suite du marché. Le premier de nous qui ne sera pas content en ménage, on lui coupera le nez. — Bien, dit Coranda; j'aimerais mieux que ce fût la langue, mais, après le nez, on y viendra.

Jamais on ne vit plus belles noces à Dewitz, et jamais il n'y eut plus heureux ménage. Coranda et la belle Hélène furent des époux accomplis; jamais on n'entendit se plaindre ni le mari ni la femme; ils s'aimèrent à couteaux tirés, et, grâce à leur ingénieux contrat, gardèrent, pendant leur longue union, et leur amour et leurs nez.

Edouard LABOULAYE, de l'Institut.

Devoir. — Moralité de cette histoire.

16. Misère et Pauvreté. — I. Notre-Seigneur Jésus-Christ et saint Pierre vinrent un jour se promener aux environs de Bergues-Saint-Winoc, une fort jolie ville du pays de Flandre. Ils étaient vêtus plus que simplement, comme gens dont la position est faite, et qui ne tiennent pas à jeter de la poudre aux yeux du vulgaire. Chemin faisant, l'âne qu'ils montaient tous les deux perdit un de ses fers ; au moment où ils s'en aperçurent, les voyageurs se trouvaient devant la forge de Pierre Lambrecht, que tout le monde dans la contrée appelait Misère, parce qu'il n'était pas riche. Le forgeron était en train de travailler de son dur métier, sans autre compagnie que celle de son chien, Pauvreté, qui venait de temps en temps lui lécher les mains et lui dire, de ses grands yeux mélancoliques : Courage, maître ; la vie que tu mènes est rude, mais ton fidèle ami Pauvreté t'aime bien.

Notre-Seigneur Jésus-Christ demanda au forgeron s'il voulait ferrer son âne.—Entrez et asseyez-vous, dit-il, je vais vous servir tout de suite.

Notre-Seigneur et saint Pierre s'assirent, et Misère ferra l'âne avec un fer d'argent, pendant que Pauvreté se laissait caresser par les étrangers, ce qui était une grande preuve d'estime. — Combien vous dois-je ? demanda Notre-Seigneur Jésus-Christ, lorsque l'ouvrage fut terminé.—Rien, répondit le forgeron, qui croyait avoir affaire à plus pauvre que lui.—Notre-Seigneur Jésus-Christ, qui sait tout, ayant naturellement lu dans la pensée de Misère. — Puisque vous êtes si bon et si généreux, lui dit-il, je vous permets de faire trois souhaits. — Bien, dit Misère, sans manifester le moindre étonnement ; et il se mit à réfléchir à ce qu'il demanderait. — Choisis le ciel, lui souffla saint Pierre à l'oreille. — D'abord, reprit Misère, je désire que tous ceux qui viendront s'asseoir désormais dans mon grand fauteuil ne puissent se lever sans ma permission. — Accordé, dit Notre-Seigneur. — En second lieu... — Choisis le ciel, répéta saint Pierre, un peu plus haut cette fois, en tirant le forgeron par la manche de son habit. — Laissez-moi donc tranquille, vous, répondit brusquement Misère, qui n'aimait pas à être dérangé quand il réfléchissait... En second lieu, continua-t-il, je voudrais que ceux qui grimperaient au haut d'un noyer qui s'élève dans mon jardin ne pussent plus en descendre sans ma permission. — Accordé, dit Notre-Seigneur. — En troisième lieu... — Choisis donc le ciel ! s'écria saint Pierre avec une certaine véhémence, — Je ne m'en soucie pas... En troisième lieu, dit-il en élevant la voix, j'ai ici une petite bourse en cuir, je veux que tout ce qui y entre n'en puisse sortir sans ma permission. — C'est bien, tout sera ainsi que vous le désirez, dit Notre-Seigneur.

Et, souhaitant le bonjour à Misère, il partit avec son apôtre saint Pierre, qui ne dissimulait pas son mécontentement.

II. Quelques mois après la visite de Notre-Seigneur, les temps étaient durs, le forgeron tomba dans une misère si grande, qu'on lui eût donné alors son nom, s'il ne l'avait eu déjà. Il avait employé son dernier morceau de fer et jeté sa dernière croûte de pain à Pauvreté. La nuit noire venait ajouter encore à la tristesse de cette forge sans vie. Il déposa son marteau dans un coin et s'assit à califourchon sur son enclume; il regrettait amèrement de ne pas s'être fait donner un peu d'argent, plutôt que d'avoir formé ces trois souhaits, qui ne lui avaient été d'aucune utilité. Pendant qu'il était perdu dans une immense rêverie, on frappa à sa porte. « Entrez ! » cria-t-il sans se déranger. On leva le loquet, et un homme, petit de taille et courbé par l'âge, entra dans sa forge. — Misère, vous paraissez triste, dit-il. — Oui, répondit le forgeron; on le serait à moins. Autrefois j'étais riche, et aujourd'hui je suis pauvre. — N'est-ce que cela ? c'est un malheur qui n'est pas sans remède ; il m'est aisé de vous rendre aussi riche que la mer est profonde. — Si vous pouviez faire cela, je vous considérerais comme le premier des hommes. — Je le puis, mais à une condition : c'est que, dans dix ans, vous me donnerez votre âme. — Que faut-il faire ?—Signer votre nom au bas de ce parchemin avec votre sang. — Volontiers, s'écria le forgeron. Plutôt vendre mon âme au diable que de croupir toute ma vie dans la gêne ! Et il donna du poing contre l'enclume, en fit sortir quelques gouttes de sang et signa. Le petit vieillard prit le parchemin et s'éloigna en ricanant.

III. Misère avait de l'argent autant qu'il en voulait. Tous les matins il remplissait ses poches. Il mangeait, buvait et chantait le jour, le soir et la nuit, et le lendemain il recommençait. Tout le monde lui souriait depuis que la fortune lui avait souri. Mais son bonheur était trop complet pour pouvoir durer ; les dix ans passèrent bien vite, et le diable revint à la forge sous la forme du petit vieillard, pour emporter l'âme de Misère. « Asseyez-vous dans mon grand fauteuil, dit le forgeron, lorsqu'il eut introduit Satan ; vous devez être fatigué, votre voyage est long. Vous ne serez pas fâché de vous réconforter un peu ; j'ai là un excellent jambon et de la forte bière de mars dans ma cave. » Le diable s'assit, allongea sa jambe boiteuse et sentit bientôt un certain bien-être se répandre dans tous ses membres. Pendant qu'il se prélassait dans le fauteuil, en rêvant au merveilleux jambon et à la bière mousseuse, Misère était allé prendre dans sa forge une verge en fer, avec laquelle il entra en sifflant un air connu. — « Avant de manger du jambon, dit-il d'un ton goguenard, nous avons à causer d'autres petites affaires. » Et il se mit à frapper si violemment sur le dos de Satan, que celui-ci en devint bleu et gris. Le pauvre diable grinçant des dents de colère, voulut se lever et saisir Misère ; impossible : il était comme collé au fauteuil.—Délivrez-moi ! cria-t-il. Le forgeron frappait toujours.—Délivrez-moi, de grâce ! Le forgeron frappait de plus belle. —Délivrez-moi, je vous accorde un sursis.—Voilà enfin une parole conciliante. Je ne vous frapperai plus ; mais, avant de vous laisser quitter ce fauteuil, je veux que vous me promettiez loyalement de me donner encore dix ans, et de fournir autant d'argent que j'en ai eu depuis votre première gracieuse visite. — Je vous le promets, s'écria le boiteux. — Eh bien ! partez donc, vieux drôle ! dit Misère. — Le diable s'envola en se frottant les côtes.

IV. La vie de Misère redevint un long éclat de rire ; les fêtes succédèrent aux fêtes, les bouteilles aux bouteilles et les chansons aux chansons ; mais, hélas ! dix ans sont bientôt passés quand on est heureux. Un jour, au moment où il y pensait le moins, le forgeron vit entrer chez lui, non plus le vieux diable, qui le craignait, mais bon nombre de solides gaillards, illustrés de deux cornes monumentales et d'une queue immense. — Mes amis, dit Misère avec une apparente bonne humeur, nous sommes au temps des noix, et une noix succulente est un régal inconnu en enfer. Si, pendant que je vais faire un bout de toilette indispensable pour voyager en votre honorable compagnie, vous aviez envie de grimper quelque peu dans mon noyer, ne vous gênez pas.

Les démons ne se le firent pas dire deux fois; en moins d'une minute, ils étaient tous montés pêle-mêle à l'arbre.

Misère entra dans sa forge, alluma son feu, éteint depuis vingt ans, chauffa à blanc la longue verge qui avait déjà servi à rosser le vieux diable, et, armé de ce tison, il harcela si bel et si bien ses nouveaux hôtes, qu'ils se mirent à crier comme des damnés :— Meurtre et feu ! Mais Misère ne cessa la correction que lorsqu'on lui eut promis de le laisser vivre encore dix ans et de lui donner autant d'argent que par le passé. Dès que l'accord fut conclu, les diables s'enfuirent en boitant des deux pattes.

V. Misère passa gaiement ses nouveaux dix ans, qui s'envolèrent comme s'envole un beau rêve. Cette fois, tout ce que l'enfer avait de diables valides vint le chercher. Lucifer lui-même était à la tête de son armée. Quand le forgeron vit cette effroyable bande, il ne put se défendre d'un instant de frayeur; mais il se rassura en songeant que la vanité est le vice qui a perdu le démon. — « Je me suis laissé assurer, dit-il à Lucifer, qui s'avançait en fronçant le sourcil, que vous pouviez, si c'était votre bon plaisir, vous rendre si petits, que cette bourse vous contiendrait facilement, vous et toute votre estimable société. Si cela était vrai, ce serait bien commode pour voyager ; je vous porterais un bout de chemin. Mais c'est sans doute un conte bleu que l'on m'a fait. » Lucifer se méfiait bien un peu du forgeron, mais il ne pouvait deviner sa ruse ; d'un autre côté, il était assez fier de montrer qu'il pouvait l'impossible. En un clin d'œil, toute l'armée fut dans la bourse, que Misère ferma vivement. — Vous êtes en mon pouvoir, engeance cornue, il vous en cuira ! s'écria Misère en se précipitant dans sa forge. Il plaça la bourse sur l'enclume, et, d'un bras vigoureux, leva son gros marteau, qui retomba de tout son poids sur les malheureux diables. Ils furent bientôt aussi plats que des pièces de six blancs ; les malheureux poussaient des cris à faire trembler la terre. — Criez, hurlez, c'est comme si vous chantiez. — Grâce ! grâce ! — Point de grâce ; dit le forgeron. J'ai un peu d'argent en réserve, je resterai encore quelque temps sur la terre, et lorsque je mourrai de ma belle mort, je vous emporterai avec moi. Je vous empêcherai ainsi de faire du mal à mes semblables. Et il mit la bourse dans sa poche.

VI. Dès le lendemain, il se passa sur terre les plus étranges choses : un des amis de Misère vint lui rendre cent écus d'or qu'il lui avait volés au jeu, et le cabaretier lui servit du vin fait avec du raisin ; mais, comme toute médaille a son revers, la cabaretière ne lui sourit plus quand son mari avait le dos tourné;

Les neveux ne souhaitèrent plus la mort de leurs oncles;
Les usuriers ne prêtèrent plus qu'à six pour cent ;
Comme on ne passait plus ses nuits à jouer, on n'avait plus mal
aux nerfs ; comme on ne courait plus le guilledou à la belle
étoile, on n'avait plus de rhumatismes ; bref, comme on ne
mangeait plus que pour vivre, on n'était plus malade d'indi-
gestion ni d'aucune autre maladie: les médecins furent ruinés ;
Comme on ne volait plus et qu'on n'assassinait plus, les avocats
et les juges furent ruinés ;
Comme on ne se battait plus, l'armée n'eut plus d'avancement.
Les femmes ne furent plus:
Ni coquettes, ni médisantes, ni intéressées, ni infidèles, ni gour-
mandes, ni fausses ;
Elles devinrent insupportables pour tout le monde, surtout pour
leurs maris.
La vie était d'une monotonie désespérante.
Personne ne comprenait d'où venait cette vertu chronique, plus
déplorable que les plus déplorables calamités, dont on connaît à
peu près les causes et dont on prévoit la fin.
On avait nommé des commissions, qui avaient fait de l'eau
claire, comme toutes les commissions passées et à venir ; toutes
avaient constaté le mal, mais aucune n'avait trouvé le remède.
On avait institué des prix Montyon pour celui qui découvrirait
un vice, fût-ce le plus mignon de tous.
On avait écrit des volumes contre la vertu, comme on en avait
écrit jadis contre les vices ; ils étaient pleins de lettres, de mots et
de phrases, mais on avait oublié d'y mettre des idées.

VII. Le comte de Flandre, qui régnait alors que se passaient
ces bizarres choses, fit comme le célèbre calife des *Mille et une
Nuits*, il parcourut la plus grande partie de ses villes sous un
déguisement. Lorsqu'il arriva devant la forge de Misère, entendant
un bruit effroyable, il entra. — Que se passe-t-il ici ? dit-il au
forgeron.
Misère montra la bourse et raconta tout à son souverain, qui
lui apprit, à son grand étonnement, combien il avait fait de mal
en croyant faire le bien.
Tout désolé que fût le forgeron, il n'oublia pas de demander son
parchemin, ses dix ans et son argent, avant de délivrer Lucifer
et les siens.
Lorsque la promesse fut faite, il délia la bourse, et toute la
bande s'enfuit, comme si elle avait eu l'épée de saint Michel dans
les reins.
Les vices refleurirent alors comme par enchantement, et le monde
reprit sa physionomie.
Le forgeron vécut de nouveau comme un prince, et Pauvreté
comme un chien de prélat. L'un buvait dans un verre de cristal
de Bohême, l'autre mangeait dans une écuelle d'argent, et l'hiver
il portait une lévite de futaine, comme une personne naturelle.
Mais on se lasse de tout, même du bonheur : Misère voulut
mourir. Se sentant un peu souffrant, il appela le meilleur médecin
de la contrée. Ce praticien, qui ne manquait jamais un malade,

lui signa promptement ses passeports pour l'autre monde. Quand le forgeron fut mort, il alla tranquillement, avec son chien fidèle qui avait voulu le suivre, frapper à la porte du paradis.

VIII. Malheureusement l'apôtre porte-clefs a la mémoire longue ; lorsqu'il vit l'homme qui avait méprisé ses conseils, il lui dit en grognant:—Vieil entêté, vous auriez pu choisir le ciel, vous ne m'avez pas écouté ; vous n'entrerez pas, c'est moi qui vous le dis. Et, sans plus de cérémonie, il lui ferma la porte au nez.

Ce début ne plut pas trop à Misère ; mais, obligé de se soumettre, il s'en alla au purgatoire.—Vous n'avez pas de petits péchés sur la conscience, lui dit-on avant qu'il fût arrivé à la porte ; il n'y a pas de place ici pour vous.

—Il ne me reste plus que l'enfer, murmura Misère en soupirant.

—Arrivé devant le palais de Satan, il tira la sonnette, et un pauvre diable, maigre comme un cent de clous, qui remplissait les fonctions de concierge, ouvrit un judas, regarda du coin de l'œil et reconnut le terrible forgeron, qui l'avait si rudement aplati. Il tomba à la renverse, en criant à ses camarades de ne pas toucher à la porte, que c'était Misère qui avait sonné. Personne n'osa placer un pied devant l'autre, et l'infortuné forgeron, après avoir attendu longtemps, fut obligé de s'en aller avec son brave chien. Voilà pourquoi *Misère* et *Pauvreté* sont toujours de ce monde.

CHARLES NARREY.

FIN DES HISTOIRES ET DE LA PARTIE DU MAITRE.

ERRATA.

Page 15, ligne 2 ; *Gram. n° 123 et 135* ; lisez *à 135.*
P. — 37, — 41 ; au lieu de *soyons logique* ; écrivez *logiques.*
P. — 80, — 15 ; *les ennemis sont poussés* ; lisez *repoussés.*
P. — 80, — 19 ; *Louis II disparaît* ; lisez *Louis XI apparait.*
P. — 83, — 5 ; *les aparte* ; lisez *aparté* (Acad.)
P. — 83, — 44 ; *quasi-cantrats* ; lisez *contrats.*
P. — 88, — 25 ; *becs figues* ; lisez *becfigues*, en un mot.
P. — 91, — 34. *A demi-rendue*, supprimez le trait d'union.
P. — 100, — 31 ; *fort versant* ; lisez *versants* au pluriel.
P. — 142, note du bas ; au lieu de *s'y jettent eux-mêmes pour les repêcher* ; lisez *y tombent eux-mêmes en essayant de les retenir.*
P. — 161, — 8 ; au lieu de *confinjes*, lisez *confinées.*
P. — 166. —27 ; au lieu de *ne tombe pas*, dites *ne tombe.*
P. — 193. — 28 et 29. *Ce sera* pour ce *sera*, sans majuscule.
P. — 212. — 19. *Avisez* sans intérêt, pour *aimez.*
P. — 21 — 38 et 40. *Raconté et sait trier* pour *raconté et sait tirer.*
P. — 217. — 48. *Secouse* pour *secousse.*
P. — 222. — 50. *Chattemille* pour *chattemite.*
P. — 331, n° 37. Commencer ainsi: *La cérémonie terminée*, etc.
P. — 336, ligne 7. *Croit* pour *croît.*

TABLE DES MATIÈRES

Pages

Avertissement.. 3

1re PARTIE.

Exercices sur les remarques relatives à la lecture........... 5
CHAP. I. — Exercices sur les noms ou substantifs...... 13
CHAP. II. — Exercice sur l'article................... 18
CHAP. III. — Exercices sur les adjectifs............. 18
CHAP. IV. — Exercices sur les pronoms............... 26
CHAP. V. — Exercices sur les verbes................ 30
CHAP. VI. — Exercices sur les participes........... 50
CHAP. VII. — Exercices sur les adverbes............ 58
CHAP. VIII. — Exercices sur les prépositions.......... 60
CHAP. IX. — Exercices sur les conjonctions.......... 61
CHAP. X. — Exercice sur les interjections......... 61
CHAP. XI. — Exercices sur les remarques orthographi-
           ques, les homonymes et le sens des mots. 62

2e PARTIE. — SYNTAXE.

CHAP. I. — Exercices sur la syntaxe des noms........ 75
CHAP. II. — Exercices sur la syntaxe de l'article...... 91
CHAP. III. — Exercices sur la syntaxe des adjectifs..... 97
CHAP. IV. — Exercices sur la syntaxe des pronoms..... 111
CHAP. V. — Exercices sur la syntaxe des verbes....... 121
CHAP. VI. — Exercices sur la syntaxe des participes.... 145
CHAP. VII. — Exercices sur la syntaxe des adverbes..... 163
CHAP. VIII. — Exercices sur la syntaxe des prépositions.. 169
CHAP. IX. — Exercices sur la syntaxe des conjonctions.. 172
CHAP. X. — Exercices sur la syntaxe des interjections.. 174
CHAP. XI. — Exercices sur les Remarques détachées..... 175
CHAP. XII. — Exercices sur les figures de grammaire ou
           de syntaxe.................................. 193
CHAP. XIII. — Exercices sur la ponctuation.............. 194
CHAP. XIV. — Phrases à analyser....................... 200
EXPRESSIONS vicieuses et expressions admises........... 202
SYNONYMES et antonymes.............................. 204
EXERCICES préparatoires de style 205
SUJETS de lettres...................................... 209
DICTÉES données dans les examens...................... 217
HISTOIRES et fables à raconter......................... 241

Caen. — Typographie Pagny. — 1860.

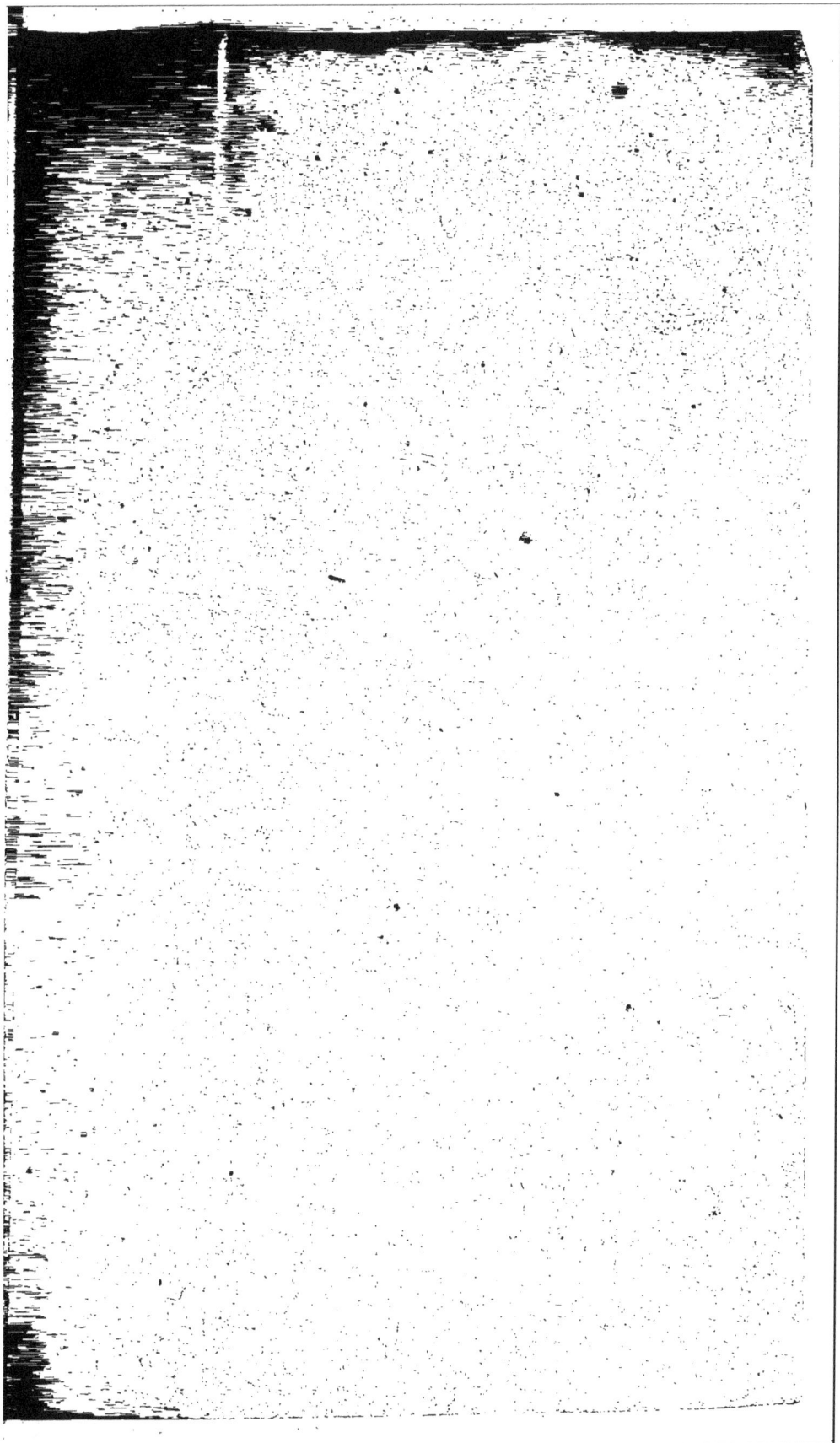

AUX MÊMES LIBRAIRIES

LECTURE.

Premier Alphabet ou Syllabaire des commençants, par
MM. Aubraye et Férard; un vol. in-18. . . . . 10 cent.

Second Alphabet, suite du précédent, par les mêmes;
in-18 cartonné . . . . 30 cent.

Tableaux de lecture, par les mêmes (17, sur demi-raisin) 1 fr. 25

ÉCRITURE.

Neuf feuilles de 8 **Modèles**; prix de chaque feuille. . . . 10 cent.

ORTHOGRAPHE ET GRAMMAIRE.

Petit Recueil de mots usuels, ou premiers Exercices
d'orthographe et de grammaire, par MM. Aubraye et Férard;
in-12 (6000 mots) . . . . , ... 30 cent.

Grammaire des enfants, avec Exercices en regard du
texte et Modèles d'analyse; par plusieurs Instituteurs. . . 60 cent.

Questionnaire sur la Grammaire des enfants. . . . . 10 cent.

Exercices orthographiques sur la même, in-12. . . . 1 fr. 50
La 1re ou la 2e partie séparément . . . . 80 cent.

Cours de dictées, renfermant le corrigé des Exercices
orthographiques et de nombreux Exercices de style; fort in-12 2 fr.

Grammaire française d'après la méthode de Lhomond
et les principes du Dictionnaire de l'Académie, par MM. Aubraye et Férard; un vol. in-12 de 200 pages. . . . . . . 1 fr. »

Exercices français et Sujets de lettres, par les mêmes;
in-12; cart. . . . . 1 fr. 25
La 1re *Partie* séparément, 50 cent.; la seconde, 85 cent.

Corrigé des exercices français, suivi de Dictées sup-
plémentaires et d'Exercices de style . . . . 1 fr. 50

CALCUL ET ARITHMÉTIQUE.

Premiers exercices de calcul sur la numération et les
quatre règles, avec de nombreux problèmes, par MM. Aubraye et Férard. . . . . 30 cent.

Corrigé des exercices de calcul (réponses). . . . 40 cent.

Arithmétique des enfants, ou Cours de calcul sur les
quatre règles et le système métrique, par plusieurs Instituteurs; in-12 cartonné. . . . . 60 cent.

Partie du Maître de l'Arithmétique des enfants. . . . 80 cent.

Arithmétique élémentaire (théorique et pratique), renfermant de nombreuses applications sur le système métrique,
les règles de trois, d'intérêt, de société, les racines, le toisé, etc.,
par MM. Aubraye et Férard. . . . . 1 fr. »

Partie du Maître de l'Arithmétique élémentaire. . . . 1 fr. 50

Supplément à l'Arithmétique élémentaire, ou
Notions théoriques et pratiques sur les racines, les progres-
sions, les logarithmes et le calcul des annuités, par les mêmes. 15 cent.

Le *Supplément* avec les réponses. . . . . 20 cent.

Tableaux d'Arithmétique pour la lecture et l'écriture
des nombres. . . . . 50 cent.

NOTA. — La plupart de ces ouvrages ont été autorisés par les Conseils
académiques de Caen et de Rennes, et par Son Exc. M. le Ministre de
l'Instruction publique.

Imp. Pagny.

www.ingramcontent.com/pod-product-compliance
Lightning Source LLC
Chambersburg PA
CBHW070804270326
41927CB00010B/2277